ALTDEUTSCHE TEXTBIBLIOTHEK

Begründet von Hermann Paul · Fortgeführt von G. Baesecke und Hugo Kuhn
Herausgegeben von Burghart Wachinger

Nr. 98

Die Werke Notkers des Deutschen
Neue Ausgabe

Begonnen von Edward H. Sehrt und Taylor Starck
Fortgesetzt von James C. King und Petrus W. Tax

Band 4 A

Notker der Deutsche

Notker latinus zum Martianus Capella

Herausgegeben von James C. King

Max Niemeyer Verlag
Tübingen 1986

CIP-Kurztitelaufnahme der Deutschen Bibliothek

Notker ⟨Labeo⟩:
[Die Werke]
Die Werke Notkers des Deutschen / begonnen von Edward H. Sehrt u. Taylor Starck.
Fortges. von James C. King u. Petrus W. Tax. – Tübingen : Niemeyer
  (Altdeutsche Textbibliothek ; ...)
NE: Sehrt, Edward H. [Hrsg.]; Notker ⟨Labeo⟩:
[Sammlung]
Bd. 4A. Notker Latinus zum Martianus Capella. – 1986

Notker latinus zum Martianus Capella / Notker der Deutsche. Hrsg. von James C.
King. – Tübingen : Niemeyer, 1986.
  (Die Werke Notkers des Deutschen ; Bd. 4A)
  (Altdeutsche Textbibliothek ; Nr. 98)
NE: Notker ⟨Labeo⟩ [Mitarb.]; King, James C. [Hrsg.]; GT

Geb. Ausgabe ISBN 3-484-21198-9

Kart. Ausgabe ISBN 3-484-20198-3

ISSN 0342-6661

© Max Niemeyer Verlag Tübingen 1986
Alle Rechte vorbehalten. Ohne ausdrückliche Genehmigung des Verlages ist es auch
nicht gestattet, dieses Buch oder Teile daraus auf photomechanischem Wege zu verviel-
fältigen. Printed in Germany. Druck: Voralpendruck Sulzberg, 8961 Sulzberg im Allgäu.
Einband: Heinrich Koch, Tübingen.

INHALT

	S.
Vorwort	VII
Einleitung	IX
Anknüpfung an den Textband	IX
Kommentierung des Martianus Capella durch Johannes Scottus, einen Anonymen und Remigius von Auxerre	IX
Martianus Capella nach Codex Bruxellensis 9565/9566	X
Codices latini Monacenses 14271 und 14792, auch Codex Bernensis B56	XII
Textus compositus von Remigius' Kommentar mit Abweichungen	XIII
Notkers Verwertung von Johannes Scottus und dem Anonymen neben Remigius von Auxerre	XV
Weitere von Notker zu Rate gezogene Schriften	XVII
Die aus den sieben freien Künsten hervorgehobene Astronomie	XX
Sapientia Dei	XXII
Die Abschnitte und Überschriften bei Notker	XXIII
Abkürzungs- und Siglenverzeichnis	XXIV
Literaturverzeichnis	XXIX
Aufnahme- und Zeichnungsregister	XXXVII
Notker latinus. Die Quellen zu Notkers Erweiterung des Textes bei der Verdeutschung von Martianus Capella, „De nuptiis Philologiae et Mercurii"	1
Inhalt des Textbandes	252
Nachträge und Berichtigungen zum Textband	253

VORWORT

Der nun vorliegende *Notker latinus zum Martianus Capella* ergänzt den Textband, *Notker der Deutsche. Martianus Capella, „De nuptiis Philologiae et Mercurii"*, der 1979 erschienen ist. Alle Quellen zu Notkers Erweiterung des Textes bei der Verdeutschung von Martians Allegorie sind nun faktisch ergründet worden; die relevanten Stellen befinden sich in diesem Band.

Meiner Arbeit liegen die Forschungen anderer zugrunde. Es seien in diesem verpflichtenden Sinne die Herausgeber des lateinischen Textes genannt - u.a. A. Dick, J.-G. Préaux und J.A. Willis, die mir vorangegangenen Herausgeber von Notkers Martianus Capella - E.G. Graff, H. Hattemer, P. Piper, E.H. Sehrt und T. Starck, diejenigen, die sich mit den lateinischen Kommentaren befaßt haben - A.K. Dolch, C.E. Lutz und K. Schulte, auch die Verfasser von phonologischen, morphologischen und syntaktischen Studien zu Notkers Text - F.A. Feigl, J. Kelle und W. Manthey, die Notkerforscher H. Backes, St. Sonderegger und P.W. Tax nicht zu vergessen.

Viermal (1976/78/81/85) habe ich die Handschriften der Stiftsbibliothek St. Gallen benutzt. Ich habe 1976 auch die Codices der Burgerbibliothek in Bern, der Bibliothèque Royale Albert Ier in Brüssel und der Bayerischen Staatsbibliothek München einsehen dürfen. Für den Gebrauch von Gedrucktem bin ich der Stiftsbibliothek SG, der Library of Congress in Washington und der Melvin Gelman Library der George Washington Universität sehr verbunden.

Ein besonderer Ausdruck des Dankes gebührt Frau Dr. Ingeborg Schleier, die die Einleitung stilistisch durchgesehen hat, und meiner lieben Tochter, Sheila Anne King-Michaels, sowie Alan Tracy McLaughlin, die Abbildungen in zwei Handschriften getreu nachgezeichnet haben. Herr Manfred Korn-Weller vom Max Niemeyer Verlag hat sich wiederholt hilfreich erwiesen. Die George Washington Universität hat mir ein Forschungssemester (Januar bis Mai 1985) gewährt, das den zeitigen Abschluß dieses Buchmanuskripts ermöglicht hat.

Washington, D.C., im Juni 1986   James Cecil King

EINLEITUNG

Anknüpfung an den Textband

Dieser *Notker latinus zum Martianus Capella*, der die Quellen zu Notkers Erweiterung des Textes bei der Verdeutschung von Martians Allegorie umfaßt, versteht sich als Ergänzung des 1979 erschienenen Textbandes, *Notker der Deutsche. Martianus Capella, „De nuptiis Philologiae et Mercurii"* (ATB 87), dessen Inhalt – Einleitung, Literatur- und Abkürzungsverzeichnis, Text mit Lesarten und Aufnahmeregister – im vorliegenden Band auf S.252 verzeichnet steht. Diese Zusammenstellung von Belegen führt vor Augen, wie Notker bei der Bearbeitung des Martianus Capella mit den ihm zur Verfügung stehenden Handschriften verfuhr, und liefert damit einen Beitrag zur Bildungs- und Geistesgeschichte des Mittelalters.

Kommentierung des Martianus Capella durch Johannes Scottus, einen Anonymen und Remigius von Auxerre

Es entstanden im neunten Jahrhundert im Gebiet des heutigen Frankreichs drei Kommentare zum Martianus Capella, u.zw. 1) der des Johannes Scottus bzw. Eriugena († ca. 877), 2) der eines Anonymen (vielleicht der problematische Dunchad bzw. Duncaht von Reims, Martin von Laon † 875 oder Heiric von Auxerre † ca. 876) und 3) der des von Notker genannten Remigius von Auxerre († ca. 908).

Cora E. Lutz hat sich mit diesen drei Kommentaren befaßt. Den von ihr besorgten *Iohannis Scotti annotationes in Marcianum* liegt Codex Parisinus BN lat. 12960, aus dem neunten Jahrhundert, ff.47r-115v zugrunde. Danach wurde Codex Bodleianus Auct. T.II.19, auch 9.Jh., ff.1r-166v, entdeckt. Die erwünschte neue Ausgabe dieses Kommentars müßte beide vollständige Auslegungen umfassen neben drei weiteren, die *Libri VI-IX* nach Johannes Scottus überliefern. (Lutz 1939 und 1971)

Der von Lutz herausgegebene *Dunchad. Glossae in Martianum*, der den schon genannten Codex Parisinus BN lat. 12960, ff.25r-30v abdruckte, gilt dem letzten Drittel des *Liber II*, dem ganzen *Liber IV* und dem ersten Drittel des *Liber V*. Wenn dieser Kommentar eines Anonymen einmal neu und in größerem Ausmaß herausgegeben wird, sind vor allem Codex Leidensis BP lat. 88, 9.Jh. und Codex Leidensis Vossianus lat. F48, 9.Jh. in Betracht zu ziehen. Von Belang sind auch Cod. Bodleianus Laud. lat. 118, Cod. Laudunensis BM lat. 444, Cod. Leidensis

BP lat. 87 und Cod. Parisinus BN lat. 8670, alle aus dem neunten Jahrhundert. (Contreni Torino und Washington 1976, Laistner, Lutz 1944 und 1971, Préaux 1953)

Lutz hat sich weiterhin durch *Remigii Autissiodorensis commentum in Martianum Capellam, Libri I-II* und *Libri III-IX* verdient gemacht. Sie unterscheidet die Manuskriptgruppen A und B, die in *Libri I-V* übereinstimmen, aber abweichende Fassungen der *Libri VI-IX* aufweisen, wobei die B-Fassung möglicherweise von einem Nachfolger Remys stammt. Außerdem enthalten nur die Handschriften der Gruppe A den sog. *Accessus*. Obschon Lutz von zwei Handschriften der Gruppe A ausgegangen ist, hat sie vier weitere A- und zehn B-Handschriften (darunter unser E^1 und N^1) kollationiert. Unser β und N^2 gehören auch zur Gruppe B. (Lutz 1962, 1965, 1971)

Martianus Capella nach Codex Bruxellensis 9565/9566

Als Abt Hartmut 883 zurücktrat, verordnete er, daß seine Privatsammlung von Handschriften nach seinem Tod (er starb um 896) an die St.Galler Stiftsbibliothek fallen sollte, darunter auch

>   Martiani de nuptiis mercurii et philologię . libri .II.
>   Item de .VII'. liberalibus artibus . libri .VII.
>   Aus Ratperts *Casus sancti Galli* nach Cod.Sang. 614, S.127, Z.14/15
>   (Lehmann S.87)

Der Katalog vom Jahre 1461 führt noch den Martianus Capella neben Notkers Bearbeitung (= Cod.Sang. 872, S.2-170) auf.

>   23
>   K Liber Martiani Felicis Capelle.
>   L Idem barbarice.
>   Cod.Sang. 1399, S.7a, Z.32-34 (Lehmann S.118)

Seitdem verschwand der lateinische Text. Dieser, wie auch das Original von Notkers Werk, mag durch Ausleihen in eine fremde Bibliothek gewandert oder während des Humanismus in privaten Besitz befördert worden sein. Schieß verwies 1903 - Hertenstein 1975 - auf einen Brief des St.Galler Juristen Bartholomäus Schobinger vom 15. Juni 1602 nach Genf an den Philologen Melchior Goldast, dem zu entnehmen ist (so Hertenstein S.121 und Schieß S.274), Schobinger habe Goldast schriftlich um die Rückgabe eines von jenem nach Genf geschickten Martiancodex aus der Stiftsbibliothek St.Gallen gebeten, da der neue Bibliothekar darauf gedrungen hätte. Mit großem Schrecken habe er aus Goldasts Antwort und einem Schreiben von dessen Hausherrn Lectius (beide Briefe fehlen) erfahren, daß die Handschrift einem Dritten geliehen worden sei, der sie gar nicht zurückgeben wolle. Goldast soll vorgeschlagen haben, an Stelle des weggekommenen Manuskripts ein anderes zu unterschieben, was Schobinger aufs nachdrücklichste abgelehnt habe. Der erhaltene Briefwechsel schweigt über den Ausgang von Schobingers Bemühungen. (King 1979, S.XII)

Von besonderem Interesse für die nähere Bestimmung von Notkers lateinischer Textvorlage ist Codex Bruxellensis 9565/9566 (Br), denn Jean-G. Préaux (von E.Derolez und Bernhard Bischoff unterstützt) meinte, daß diese Handschrift aus St.Gallen stamme. Wann und wie sie in die Abtei St.Laurentius in Lüttich gekommen ist, konnte Préaux (1956, S.221/222) nicht beantworten. Dies wäre mit anderen Worten der 883 und 1461 verzeichnete, um 1600 durch Goldast verlorengegangene Codex des Martianus Capella. In der Tat erbringt der auf S.2-170 des Textbandes stehende zweite Apparat manche Beweise für die Annahme, daß diese oder eine ihm verwandte Handschrift Notker zur Verfügung stand.

Das heute in der Brüsseler Bibliothèque Royale Albert Ier zu suchende Manuskript aus dem neunten Jahrhundert kam zu einer unbestimmten Zeit über Lüttich in die Bibliothek der Herzöge von Burgund. Die beiden ersten Bücher stehen auf ff.13v,1-42v,17, während die Bücher 3-9 ff.42v,17-196v,28 beanspruchen. Das Ganze, das aus 23 Lagen besteht, bricht mitten im neunten Buch *De musica* mit *Et simplices quidem dicuntur qui tem[poribus diuiduntur .]* (Dick/Préaux 520,4) ab; die 24. Lage fehlt. (Calcoen 2, S.57/58; Leonardi S.18/19; Préaux 1956)

Jede Folioseite hat ein Format von ca. 23,5x17,5 cm (unter Voranstellung der Längenangabe); der Schriftspiegel mißt ca. 18x12,5 cm. Eine jüngere Hand begann den Rand mit dem Kommentar zu beschreiben, aber diese Randglossen hören, mit wenigen Ausnahmen, auf f.14v,7 (im Textband 8,11 zu *diti*) auf. Neben den Randglossen begegnen interlineare bis f.16r,8 (im Textband 17,3 zu *excedere*). Die vereinzelten Glossen nach f.16r sind meistens Lesarten, die mit dem Grundtext gleichaltrig sein können. Zu den Glossen siehe die Photographie des f.13v im Textband gegenüber S.4. Die Vermutung liegt nahe, daß der geliehene Codex, aus dem der Kommentar - um 1000 in St.Gallen? - ansatzweise abgeschrieben worden sein dürfte, in aller Eile, also vorzeitig, zurückgegeben werden mußte.

Die meisten dieser Glossen geben allerdings Remigius, wenn nicht vollständig, so doch in Auszügen oder zusammengefaßt wieder. So wurde z.B. zu 3,22-4,1

> Nam ignis est caliditas . aeris humiditas . terrę siccitas . aquę frigiditas.... Caliditas uero aeris cum frigiditate aquę coniungitur in humiditate. Aeris autem humiditas cum igne coniungitur in caliditate.

nach Remigius zu folgender Randglosse in Br:

> Rursus aqua in humiditate copulatur aeri . quia aer est humidus

> et calidus . qui aer igni in caliditate coniungitur.

Zu 4,6-8 wurde

> Et nota tria quę dicit . sexum . amorem . fidem. His enim tribus stabilitur omne coniugium. Sexus namque pertinet ad naturam nubentium. Amor ostendit mutuam coniugii caritatem. Fides ęternam et stabilem perseuerantiam.

nach Remigius zu folgender Randglosse in Br:

> Nota tria . sexum . amorem et fidem . sexus pertinet ad naturam . amor ad mutuam karitatem . fides ad perpetuam stabilitatem.

Von fünf Glossen aus Johannes Scottus und einer aus dem Anonymen in Br wird später die Rede sein. Zu 4,21 teilt Br *Comere .i. ornare* aus einer unbekannten Quelle mit β N-T E-T IG.

In Br ff.81v-89v stehen viele Interlinear- und Randglossen zu *Liber IV, De dialectica*, die noch zu verwerten sind. Ob sie etwa von Notker stammen?

Codices latini Monacenses 14271 und 14792, auch Codex Bernensis B56

In Anlehnung an Johann Kelle (1888, S.246 Anm.1) gründete Karl Schulte seinen Vergleich von Notkers *Nuptiae* mit Remigius' Kommentar zum Martianus Capella auf Codices latini Monacenses 14271 (N) und 14792 (E). Beide entstanden im elften Jahrhundert im Regensburger Kloster St.Emmeram, befinden sich aber heute in der Bayerischen Staatsbibliothek München. Mit Sehrt/Starck habe ich Schultes A durch N ersetzt, denn bei Dick/Préaux bezeichnet die Sigle A Codex Leidensis 36. (Dick/Préaux S.XI-XIII, XXVIII; Schulte S.2; Sehrt/Starck 1935, S.VIII)

In Clm.14271 steht der zweispaltige Text der *Libri I-II* (N-T) mit Interlinear- und Randglossen (vielleicht von der gleichen Hand) auf ff.2ra,1-11rb,11. Remigius' durchgehender Kommentar, zweimal ausgeführt und mit gelegentlichen Randglossen versehen, steht auf ff.12ra,1-36vb,45 (N^1 zweispaltig) und 37r,1-54v,4 (N^2 einspaltig). Stichwörter (bei N^1), vollständige oder abgekürzte Sätze (bei N^2) aus dem Text wechseln mit der Auslegung bzw. den Glossen ab. Das Format der Durchschnittsseite ist ca. 28x22,5 cm; der Schriftspiegel mißt ca. 23x17,5 cm. (Dick/Préaux S.XXI und Leonardi S.93/94) Siehe die Photographie von f.6v (N-T) im Textband gegenüber S.56, von ff.12r (N^1) und 37r (N^2) im vorliegenden Band gegenüber S.5/6.

Der einspaltige Text der *Libri I-II* (E-T) steht mit Interlinear- und Randglossen, auch manchmal mit Eingeheftetem (alles von der gleichen Hand?) in Clm. 14792 auf ff.1r,1-39v,12. Der einspaltig geschriebene, durchgehende Kommentar (E^1) folgt auf ff.40r,1-131v,11. Wie bei N^1 geht der Glosse jeweils ein Lemma

voran. Eine Seite hat im Durchschnitt das Format von ca. 14,5x12 cm, wobei der
Schriftspiegel ca. 11,4x9,7 cm mißt. (Dick/Préaux S.XXI und Leonardi S.97/98)
Eine Aufnahme von f.7r (E-T) steht im Textband gegenüber S.92, eine von f.61r
(E¹) in diesem *Notker latinus* gegenüber S.7.

Hans Naumann trat 1913 (S.30/31) für eine Erweiterung von Schultes Untersuchung
durch das Heranziehen des Codex Bernensis B56 (β) ein - eine Ergänzung, die im
Textband sowie im *Notker latinus* tatsächlich durchgeführt worden ist. Dieses
Manuskript aus dem neunten bzw. zehnten Jahrhundert, das im zehnten Jahrhundert
vielleicht dem Kloster Lorsch gehörte und im sechzehnten in privaten Besitz
überging, befindet sich heute in der Burgerbibliothek Bern. *Libri I-II* stehen
auf ff.7r,1-41v,7, *III-IX* auf ff.41v,7-182r,22 (bis *flamine*, nach Dick/Préaux
534,7 *flemine*). Der Kommentar nach Remigius (von einer jüngeren Hand), bis f.
24r in Auszügen oder umschrieben, ab f.24v dagegen durchgehend und vollständig,
nimmt den linken und rechten Rand ein, gelegentlich auch den oberen und unte-
ren; Interlinearglossen hören nach f.24r auf. Die Durchschnittsseite mißt ca.
31,5x28, der Schriftspiegel ca. 21,4x11,3 cm. (Dick/Préaux S.X/XI,XXXVII; Hom-
burger S.164-166, LX; Leonardi S.11) Siehe die Photographie von f.25v im Textband gegenüber S.5, von f.7r in diesem Band gegenüber S.4.

Textus compositus von Remigius' Kommentar mit Abweichungen

Schulte wirkte bahnbrechend, als er 1911 relevante Stellen aus Remigius' Kommentar abdruckte. Lutz' kritische Ausgabe des vollständigen Remigius *Libri
I-II* erschien erst 1962. Der vorliegende *Notker latinus* ist viel umfassender
geworden als Schultes Auswahl; er fügt erstens den Lesarten nach E-T E¹ und
N-T N¹ N² die nach β und Br hinzu. Zweitens wird manches in der Ausgangssprache
Latein von Schulte Übersehene ergänzt, insofern es eine Vokabel bzw. einen Ausdruck in der Zielsprache Althochdeutsch erhellt, so z.B. 3,2/3 zu *sîn friunden*:

> (Introducitur hoc loco quędam satyra) martiani amica (hos uersus
> in honorem hymenęi cecinisse .)

4,1 Zu *ûnde mît tîu gebérhaftôst tû dia uuérlt* gehört:

> Maritas .i. foetas . uernali scilicet tempore quando terra aperitur
> agricolis . mare nautis . cęlum horoscopis.

Wird drittens eine schwerverständliche Stelle bei Martian dadurch deutlicher,
so wird auch dann aus Remigius zitiert, wenn sich das Angeführte nicht unmit-
telbar auf die ahd. Übertragung bezieht, so z.B. 4,6-8 zu *în ûnde sîa gemînne
tûonde . ûnde trîuua mît mînnôn stérchende.*:

> Hoc secundum tenorem superiorem ad coniunctionem elementorum est
> referendum. Si uero ut quidam uolunt hoc ad corporales nuptias
> transferre uolueris . ita est accipiendum.

Schließlich sollte darauf aufmerksam gemacht werden, daß schon Remigius öfters den Martian im Sinne der *constructio in legendo* umformt, die im sog. St.Galler Traktat betont wird, so daß Notker sich bei seiner Umordnung des lateinischen Textes ein Beispiel an Remigius nehmen konnte. Solche Belege bei Remy werden alle in diesem Band aufgeführt, so z.B. 32,15/16 *Penetrans archana inmodico labore. Tûrh/crúndende tôugeniu ding mít míchelen árbeiten.* nach Remy: *Penetrans archana inmodico labore.* gegenüber Martian: *inmodico penetrans archana labore*, nach Dick/Préaux 16,14. 23,19 *Quem pręter cęteros fortunarum ille consistens populus appetebat.* richtet sich dagegen nach Martianus (Dick/Préaux 12,12/13), während 23,20 *Tés uuázeres kérota díu mánigi dero uuîlosâldon* eher *Quem .s. amnem appetebat ille populus fortunarum pręceteris.* bei Remigius befolgt.

Diese Zusammenstellung geht auch über die Schultes hinaus, indem jede weitere von Notker benutzte Quelle nach Vermögen festgestellt und angeführt worden ist; siehe dazu den Abschnitt „Weitere von Notker zu Rate gezogene Schriften" unten. Zu dem weitgehenden Heranziehen des Johannes Scottus und der gelegentlichen Zuhilfenahme des Anonymen siehe den Abschnitt „Notkers Verwertung von Johannes Scottus und dem Anonymen neben Remigius von Auxerre" unten.

Bei Remigius ist ein *textus compositus*, durch Ω bezeichnet, aus β E¹ N¹ N² entstanden, wobei sich N² (neben β ab f.24v) als am zuverlässigsten erwies. Unser Ω wurde übrigens mit Lutz' Ausgabe verglichen, was eine erstaunlich umfangreiche Übereinstimmung ergab. Abweichungen von dieser Norm werden angegeben, soweit sie von Bedeutung sind. Siehe z.B. zu 151,20 *Ambifarium .i. inuium siue duplicem* β N², *Ambifarium . hoc est munitum uel duplicem* N¹ E¹, auch zu 153,8-10 *crocodillus ... crocodillum* N¹ E¹ gegenüber *crocodrillus ... crocodrillum* β N².

Die Interlinear- und Randglossen (IG RG) von Br sind fast ausnahmslos wiedergegeben, kann Br doch Notker vorgelegen haben. Wenn die meisten IG und RG in E-T und N-T auch denen im durchgehenden Remigius-Kommentar entsprechen, so gibt es doch manche Ausnahmen; in β sind die Fälle viel zahlreicher. Alles diesen Glossen Eigentümliche ist in den *Notker latinus* aufgenommen worden, denn einiges könnte zum Kommentar des noch näher zu bestimmenden Anonymen gehören, so zu 22,11 *nebuloso .i. obscuro* und 26,21 *cunctos .s. amnes* β N-T E-T IG; 27,19 *mísseliches kezíuges* setzt so eine Glosse voraus wie *metallisque .s. diuersis* β N-T E-T IG. 12,4 *íh mêino án démo sî gebórn uuárd* steht *natali die quo nata fuit* β IG nahe; 13,11 *gíbohûs* gibt *Donarium domus ubi dona ten[e]ntur* β IG wieder.

Notkers Verwertung von Johannes Scottus und dem Anonymen neben Remigius von Auxerre

Daß Notker Remigius den anderen Kommentatoren vorzog, beweist J2,3-7:

> Remigius lêret únsih tîsen auctorem in álenámen uuésen gehéizenen martianum . únde mineum úmbe sîna fáreuua . felicem úmbe héilesôd . capellam úmbe sînen uuássen sîn . uuánda capra apud grecos dorcas a uidendo gehéizen íst.

Diese Aussage bestätigte Schulte, als er 1911 die einschlägigen Stellen aus Remigius' Kommentar veröffentlichte. Alfred Karl Dolch erbrachte aber 1952 Beweise dafür, daß Notker neben Remigius auch Johannes Scottus und Dunchad bzw. den Anonymen benutzt hat.

Im folgenden führe ich nach eigenen Feststellungen die auffälligsten Entlehnungen Notkers aus Johannes Scottus (45) und dem Anonymen (17) auf. Liegt einmal die Auslegung des Anonymen in vollem Ausmaß gedruckt vor, so werden die Belege aus dessen Kommentar wohl viel zahlreicher sein.

> 1) 8,5 fóne dero fróuuun uuírde *nach* ipsius Iunonis ... humanitate ac veluti feminea facilitate *Johannes Scottus*; 2) 8,21/22 berecinthia *nach* Ops et Cybele et Berecinthia et Rea *JS*; 3) 12,19 Sô gezímit animę . dáz si intima sî sapientię . *nach* Non inmerito itaque Tritonia interulam, hoc est intimam suaeque naturę proximam virtutem, rationabili animae largitur. *JS*; 4) 18,3 blûotes *nach* CONTAMINE MONENDORUM contagione cruoris hostiarum *JS*; 5) 21,5-7 álso die ándere sínt . íh méino lunę . solis . martis . iouis . et saturni stellę die tûont succentum. *nach* AUT CONCENTUS EDERE Concinit quippe secundum Pytagoram sol lunę et spera soli in dupla comparatione; spera vero lunę in quadrupla proportione; succinunt autem soli Venus et Mercurius, sperę autem Saturnus Iovis Mars. *JS*; 6) 27,14 latonę filium *nach* Latoius Apollo nominatur, Latonę filius *JS*; 7) 31,2 íh méino ûz-kébendo *nach* IN PARTICIPATUM OPERIS sive administrationis urnularum *JS*; 1) 39,2 Caliope .... Sonoritas *nach* Calliope interpretatur sonoritas uel bona uox uel uox deae clamantis. *Anon*; 8) 44,17 sîn ârende *nach* suos cum Apolline celerrimos discursus *JS*; 9) 47,22 .s. quia ... nata es *nach* quia ... nata es *JS*.
>
> 10) 50,4/5 sî neuuérde ... ún-dôdig ketân *nach* nisi prius inmortalis fieri ... iubeatur *JS*; 11) 51,19 hérd-cota *nach* LARES singulos, singulorum domorum focos veteres vocabant Lares. *JS*; 12) 52,20 76,9/10 2mal chórn-géba, 73,9 chórn *nach* Ceres frugum dea fingitur et maxime frumenti. *JS*; 13) 53,17 unfúrhta *nach* NEVERITA dea quę nihil veretur. *JS*; 14) 54,13 ûzenan rînges *nach* extra zonas, id est extra circulos *JS*; 15) 54,19 ter ándir chúning ... nâh romulo *nach* Numa quippe Pompilius qui post Romulum regnavit *JS*; 16) 56,1 absque ordine *nach* Quidam Atropos absque modo et ordine in latinum vertunt *JS*; 17) 59,11/12 Uuánda míttiu nâht íst ío fínsteriu . âne ín plenilunio. *nach* Potest etiam de orbe plenilunii quae noctem splendificat intelligi cuius absentia gratiam lucubrationis aufert ab umbra *JS*; 18) 64,10/11 gemini . únde cancer únde leo *nach* propter tria altissima signiferi signa Geminorum videlicet et Cancri et Leonis *JS*; 19) 64,21/22 ab astro . dáz chît

a stella nach ἄστρον enim stella JS.

20) *Die Reihenfolge von* 67,21 Eliotropios, 68,12 Dentrites, 68,18 Iacinctus *nach* eliotropios, dendrites, iacintus JS; 21) 71,12 ôrcholchine *nach* auricalco JS; 22) 80,2/3 mînen tóugenen uuíllen *nach* ARBITRIUM MEUM INTIMUM hoc est meam secretam voluntatem JS; 23/24) 80,5 fúre íuuih, 80,19 palam .i. coram *nach* IN MEDIUM, hoc est coram vobis .... coram omnibus JS; 25) 80,7/8 éin/ráte *nach* per me ipsum absque vestro consilio JS; 26) 80,15 léidsam uuíllo *nach* mala consilia JS; 27) 80,16 diu hérzen neléidegoen *nach* ne ... audientium corda ciant doloribus, hoc est in dolores vocent JS; 28) 81,6 bedígeda *nach* ORSA petitiones JS; 29) 82,21/22 búrtig fóne érdo *nach* De terra ... orta JS.

30) 83,3-5 dáz chît . íro rósken sîn fúre-séndet sî. Únde fárendo . dáz chît îro mûot récchendo . überstîget sî ófto día sínuuelbi des hímelis. *nach* Quamvis, inquit, Mercurius velox sit, illo tamen velocior est virgo. Studium quippe rationis omnem caelestium corporum motum praecedit tociusque mundi globum altitudine raciocinacionis comprehendit JS; 31) 83,9/10 dáz íro sô gebórnero díe chînt/uuága . netuén nehéina tára. *nach* QUO NIL EDITE CENSENDUM ut nihil sit imputandum editae in terris, hoc est ut non ei inpediat quod de terra orta sit. JS; 32) 85,17 bootes hérosto dero nórd-zéicheno *nach* SENIOR BOOTES non quod senex sit vocatur Bootes senior, sed quod aquilonalis verticis signa claritate sui praecedit. JS; 2) 88,16 sî neuuólta níeht chrûteliches plûomen brêchen. *nach* Ergo post inuentionem oportet te iam discernere ac iudicare quod inuenitur.... Post enim diiudicationem eligis quid dicas, quid dispuas, eligere utile caducumque dispuere caeleste ingenium est. Anon; 33) 92,7/8 .i. detractas *nach* SUBROGATAS subtractas de decadibus. JS; 34) 97, 10/11 uuío án dien planetis ménniskon úrlag sî . únde métemunga íro líbes *nach* FATALIS TEMPERAMENTI In primo enim libro dixit septem fata uel fortunas in septem fluminibus planetarum fieri. JS; 35) 101,15/16 .i. periergia *nach* CUM IPSA id est Periergia. JS; 36) 3) 104,18 post mortem *nach* post mortem JS Anon; 37) 109,10 pindari musici *nach* PINDARUS quidam musicus. JS.

4) 141,3 ze troio *nach* TROIANAM quae fuit in Troia Anon; 5) 142,8 chíusko *nach* HONESTATE scilicet qua utuntur in corporibus. Anon; 6) 143,10 poetę *nach* Poetę dicunt Anon; 38) 144,4 in ludo ... sînt *nach* SATYRI ludentes. JS; 39) 144,19 .i. iuno *nach* Aeria IUNO usque modo fuit JS; 7) 144,22-145,1 Sólih tv̂ uuâre *nach* tua quae adhuc mortalis eras diva non eram Anon; 8) 148,18 chíukesta *nach* PUDICISSIMA castissima Anon; 9) 149,22 suárzív *nach* PICEUS nigerrimus Anon; 10) 151,1 keuuálte *nach* CULMINE potestate Anon; 40) 151,8 .i. immolatis *nach* multis sacrificiis immolatis JS; 41) 152,10/11 táz sînt tríu semitonia . uuíder zuéin *nach* Tria emitonia contra duo JS.

42) 156,9 uuánda dû sie álle getûost diuites *nach* DITEM quia ditat homines. JS; 43) 158,10/11 *nídenân ... óbenân *nach* EX CALIDIS ex parte Martis inferius et ex humore superius Saturni. JS; 11) 158,18 conspicata est *nach* CONSPICATA EST id est vidit. Anon; 12) 159,9 zâlâ *nach* EXITIALIS periculosus. Anon; 13) 162,12 keskéidenên *nach* ALTERNATIS diversis, non in eisdem sillabis. Anon; 14) 165,11 gehôrta *nach* PERCEPIT audivit. Anon; 44) 167,4 uuánda día lôbeta ér *nach* Virginitas, quamvis praecellat

caeteros naturae ordines, non prohibet tamen nuptias, sed laudat.
JS; 45) 167,6 ér scréib *nach* ARCHESILAS scripsit de natura avium.
JS; 15) 167,10 íogelichêr *nach* DISSONABAT sicut fuit unicuique
suum studium. Anon; 16) 170,5 ne dúrh-prâche *nach* DISSICARET penetraret. Anon; 17) 170,21 hímel-góta *nach* CAELITUM deorum. Anon.

Daß Notker also nicht nur Remigius, sondern auch Johannes Scottus und den
Anonymen auswertete, unterliegt meines Erachtens keinem Zweifel mehr.

Johannes Scottus ist im vorliegenden Band weitgehend angeführt, u.zw. nicht
nur an den Stellen, die, wie soeben ausgeführt wurde, Notker offenbar ver-
wertete, sondern auch an anderen, so z.B. 25,3-6, wo das Nebeneinander von
Remigius und Johannes das Verständnis fördert. Mit wenigen Ausnahmen kommt
der Anonyme erst zu 140,10/11 *Alii quoque huius generis homines* in Frage,
wonach JS und Anon unverkürzt abgedruckt sind, damit der Leser RA, JS und
Anon vergleichen kann.

Auch Br, β, E-T und N-T enthalten Glossen aus Johannes Scottus und dem Anonymen. In Br stammen fünf Interlinearglossen von JS: zu 5,20/21 ΓΥΜΝΟΛΟΓΥCΕΙC
.i. *philosopharis*, 6,16 *marcescentes defitientes*, 8,16 *neriae s. filię* (Nerienis .s. filię nerinę β IG, von Notker übernommen), 12,13 *Tritonia .i. pallas*
und 15,1 *arcas mercurius a loco* (*arcas mercurius* β IG). 24,14 *mercurii . unde
lunę* baut auf *Mercurialem et lunarem* JS, *mercurius et luna* β IG und *mercurii
et lunę* N-T E-T IG auf. Zu 145,18 weisen N-T E-T IG *nidoribus .i. odoribus*
nach NIDORIBUS *odoribus* Anon auf. Die Ausführung zu 158,22-159,2 *In hoc differt musica cęlestis* bis *ut in circulo Saturni* aus Anon steht als RG in N-T.
Die Randglosse in Br zu 3,21 *elementa*

> Elementa dicta quasi eleuamenta . secundum isidorum [XIII iii 1-3]
> elimenta dicuntur a uerbo . elimo elimas .i. formo formas. Siue
> elementa dicuntur a greco quod est yle .i. materies . quasi ile-
> menta.

steht der Glosse nahe, die Laistner S.436, 446 aus *Scholica Graecarum glossa-
rum* zitiert und Martin von Laon (= dem Anonymen) zuschreibt:

> Elimentum per isidorum scribitur ut quibusdam videtur ueniens a
> verbo quod est elimo id est formo ipsumque a nomine trahitur .
> quod est lima instrumentum fabri . sed melius ab yle venit quod
> est graecum et interpretatur materies . et mutatis litteris scri-
> bitur elementum . quod graece dicitur stochium.... yle dicitur
> confusa materies . unde cuncta procedunt . inde dicitur ylementum.

Weitere von Notker zu Rate gezogene Schriften

Neben den Kommentaren des Remigius von Auxerre, des Johannes Scottus und des
Anonymen griff Notker zu etwa sechzig Schriften (darunter zu sieben Büchern
des Alten Testaments und fünf des Neuen, auch zu acht von seinen eigenen

Werken) wie folgt:

Ein Anonymer zum Astronomischen[1]; Aratus, *Phaenomena*[1] nach Germanicus Caesar; Beda, *De natura rerum*[2], *De temporum ratione*[2] und *Historia ecclesiastica gentis Anglorum*[3]; Boethius, *De consolatione Philosophiae*[3], *De institutione arithmetica*[2], *Ars geometriae et arithmeticae*[2] (ihm wohl falsch zugeschrieben) und *De institutione musica*[2].

Cicero, *De inventione*[2], *De natura deorum*[3], *Somnium Scipionis*[3] und *Topica*[3]; Einhard, *Vita Karoli magni*[3]; *Glossae Salomonis*[2]; Gregorius I., *Homiliae in Evangelia*[3]; Hartker, *Antiphonarium*[3]; Hieronymus, *Epistolae*[3]; Hrabanus Maurus, *Martyrologium*[3]; Hyginus, *Poeticon astronomicon*[1] und *Fabulae*[3]; und Isidorus, *Etymologiae siue origines*[1].

Julius Firmicus Maternus, *Mathesis*[2]; Juvenalis, *Satirae*[3]; Lupus von Ferrières, *Epistolae*[3]; Macrobius, *Commentarii in Somnium Scipionis Ciceronis*[2]; Martialis, *Epigrammata*[3]; Martianus Capella, *Libri III-IX, De septem liberalibus artibus*[2]; Notker Balbulus, *Gesta Karoli magni imperatoris*[3]; Ovidius, *Fasti*[3]; Persius, *Satirae*[3]; und Plinius, *Naturalis historia*[1].

Remigius von Auxerre, *Commentum in Martianum Capellam, Libri III-IX*[2]; Sallustius, *Bellum Catilinarium*[3]; *St.Galler Traktat*[1]; Servius, *Kommentar zum Vergilius*[2]; Suetonius, *De vita Caesarum*[3]; Vergilius, *Aeneis*[2], *Eclogae* bzw. *Bucolica*[2] (Notkers Verdeutschung ist verloren gegangen) und *Georgica*[3]; und Vitruvius, *De architectura*[3].

Vulgata, Vetus Testamentum[2]: Genesis, Liber secundus Samuelis, Psalmi, Proverbia, Sapientia, Ecclesiasticus und Isaia; Novum Testamentum[2]: Evangelium secundum Johannem, Actus Apostolorum und Epistolae Pauli ad Romanos, Philippenses et Colossenses.

Zahlreich sind auch die Wechselbeziehungen zu den übrigen Werken Notkers, u. zw. zu Aristoteles, *Categoriae*[2] und *De interpretatione*[2] nach Boethius; Boethius, *De consolatione Philosophiae*[2]; *De musica*[2]; dem *Psalter*[2] und der *Fides sancti Athanasii episcopi*[3]; *De arte rhetorica*[2] und *De syllogismis*[2].

In der obigen Aufzählung besagt hochgestellte [1] am häufigsten, [2] mehrmals, [3] selten bzw. einmal benutzt.

Manchmal verweist Remigius auf seine Quelle, so daß Notker die Ausführung nur wiederzugeben oder umzuarbeiten hat, wobei er diese Quelle nennt (152,14-17 Cic scip) oder auch nicht nennt (98,4/5 Macr zu Cic scip). Weder Remigius noch Notker nennt 161,17/18 Paulus' Brief an die Philipper. 139,10/11 geht

Notker über das hinaus, was Remigius aus MC 6 schöpfte, indem er Plin nat
heranzieht. 136,17/18 ersetzt Notker Remigius' Verweis auf Verg aen durch
einen auf Verg ecl.

In den meisten Fällen aber kam Notker selbständig auf die Quelle, die an einer
beliebigen Stelle für seine Auslegung am geeignetsten ist. Nennt Notker das
Werk oder den Autor, an das bzw. den er anknüpft, so ist die Aufgabe des
Herausgebers erleichtert. Jenes (geom) ist 110,18/19,21/22 genannt, dieser
(Hier) 89,3/4 und Autor mit Werk (in consolatione boetii) 53,9/10. Notkers
Angabe 141,7/8 führt irre, denn die Anekdote stammt nicht von Vergilius, sondern von Remigius.

Ist weder Autor noch Werk genannt - was oft vorkommt - dann ist der Forscher
auf sich selbst angewiesen, so z.B. 97,20-22 (Jul math). Weniger anspruchsvoll ist 88,8, wo Ps 113,24 als Quelle naheliegt. Bemerkenswert ist das wiederholte Vorkommen von Daten aus Isidorus und Plinius, ohne daß der Verfasser
ein einziges Mal genannt ist.

69,2-5 (Serpentarius auf Scorpio in GC ar) und 126,10-15 (octo modi in Boeth
mus) wurde Notker eher durch eine Abbildung angeregt als durch den Text. Zu
79,16/17 ist eine Stelle aus der von Notkers Schüler Ekkehart IV. besorgten
Fortsetzung der *Casus sancti Galli* wiedergegeben, denn dieser berichtet über
die Begegnung der St.Galler mit den Sarazenen im zehnten Jahrhundert.

Die meisten der ausgewerteten Werke sind durch Handschriftenverzeichnisse für
die Stiftsbibliothek St.Gallen belegt, wenn auch nicht immer ausdrücklich zu
Notkers Lebzeiten. Im Abkürzungs- und Siglenverzeichnis unten weist ‚für St.
Gallen nicht belegt' auf den fehlenden Beweis hin, so z.B. bei Jul math. Aber
auch in diesen Fällen kann man annehmen, daß Notker doch die Handschrift in
die Hände bekam, etwa durch Ausleihe aus den Reichenauer Beständen. Wenn sich
die Handschrift noch heute in St.Gallen befindet, ist meistens im vorliegenden
Notker latinus wörtlich aus dem Manuskript zitiert. Boethius' *Institutio musica* ist nach Codex Einsidlensis 298 angeführt. Für jedes Werk ist eine gedruckte Ausgabe im Literaturverzeichnis aufgeführt, nach der bei fehlender
oder nicht eingesehener Handschrift die in Frage kommende Stelle abgedruckt
ist (so zu 105,4/5 Notker B gesta nach Haefele). Martianus Capella, *Libri III
-IX, De septem liberalibus artibus* ist nach Dick/Préaux angeführt, Remys Kommentar dazu nach Lutz 1965; siehe z.B. NL zu 15,10-12.

Es sei auf das Aufnahme- und Zeichnungsregister unten hingewiesen, das acht
Photographien von Handschriftenseiten und zwölf Nachzeichnungen von Abbildun-

gen in zwei Manuskripten verzeichnet.

Schulte schreibt S.119:

> Manche Frage über Notkers Nuptiae ist noch offen. Da sind die häufigen Gegensätze zum Kommentar. Manches fand sich nicht bei Remy, so besonders viele, z.T. ausgedehnte astronomische Erörterungen. Für diese Stellen ist den Quellen nachzuforschen. Oft sind die Bemerkungen ohne Zweifel selbständig.

Diese Fragezeichen glaube ich nun fast restlos dadurch beseitigt zu haben, daß ich nicht nur den Remigius völlig erschöpft, sondern auch sonst praktisch alle weiteren Quellen ermittelt habe.

Die aus den sieben freien Künsten hervorgehobene Astronomie

Die von Martianus Capella verfaßten *Libri III-IX* sind für die sieben freien Künste vorgesehen, aber diese werden schon im zweiten Büchlein der *Nuptiae* vereinzelt gestreift, u.zw. in den Abschnitten 10-18 (106,21-119,15), auch in §§23/24 (123,6-128,4). Zu dem schon bei Martian und Remy belegten Numerologischen siehe I §29 (49,2-11) und II §§3/4 (89,17-99,9).

In beiden Teilen der „Hochzeit" legt Notker besonderen Wert auf den Unterricht in der Astronomie, von der bei Martian erst *Liber VIII* handelt. In Anlehnung an Remy deutet Notker in I §§39-42 (64,5-70,11) die zwölf Edelsteine an Apolls Krone als die Zeichen und Sternbilder des Tierkreises. Martian nennt selber Gestirne an vier weiteren Stellen, in I §48 (74,6,8/9) und in II §1 (85,16/17, 19/20 86,6/7 87,5-7). Erst Notker aber beschreibt, wie die Gebilde zusammengestellt sind, wie sie sich zueinander am Himmel verhalten, wie sie sich ja überhaupt erkennen lassen.

Notkers Exkurse über Astronomisches stützen sich auf Sangallensia, u.zw. 1) auf mehrere damals in der Stiftsbibliothek vorhandene Handschriften, 2) auf visuelle Hilfsmittel und 3) auf eigene Beobachtung des nächtlichen Himmels. Zu den relevanten Schriften, über die Notker verfügte, zählen a) das Lehrgedicht Φαινόμενα von Aratos (3.Jh.v.Chr.), allerdings in einer durch Auszüge und Einschiebsel bezeichneten, dem Römer Germanicus Caesar (gest.19 n. Chr.) zugeschriebenen lateinischen Bearbeitung in Codex Sangallensis 250 (9. Jh.), S.447-522 mit 48 genau ausgeführten Federzeichnungen und in Cod.Sang. 902 (9.Jh.), S.69-104 mit den gleichen Zeichnungen ohne Schattierung; b) *Poeticon astronomicon* von Hyginus (gest.17 n.Chr.) in Cod.250, S.540-639; c) *Somnium Scipionis* von Cicero (gest.43 v.Chr.) mit dem Kommentar des Macrobius (fl.ca.400 n.Chr.) in Cod.Sang.65 (10.Jh.), S.2-7, 7-151; d) *Naturalis historia, Liber II de astronomia* i.a. von Plinius (gest.79 n.Chr.) in

einem aus St.Gallen verschwundenen Codex; e) *Liber VIII, De astronomia* von
Martianus Capella (fl.ca.425 n.Chr.) in Cod.Brux.9565/66 (9.Jh.), ff.163v-
179v mit einem Kommentar des Remigius von Auxerre (gest. um 908) in einer
noch nicht ermittelten Handschrift; f) *Etymologiae, Liber III de astronomia*
i.a. des Isidorus von Sevilla (gest.636 n.Chr.) in Cod.Sang.231 (9./10.Jh.),
S.119-134; g) *De natura rerum, De temporibus* und *De temporum ratione* von Beda
(gest.735 n.Chr.) in Cod.250, S.121-145, 146-163, 164-425; h) Astronomisches
in lateinischer Sprache von einem Anonymen in Cod.250, S.523-526; und i) eine
christliche Sterndeutung in lateinischer Sprache von einem Unbekannten in Cod.
250, S.532-538.

In seiner Verdeutschung der *Consolatio* von Boethius nennt Notker zwei die
Astronomie betreffende Anschauungsmittel, den kürzlich in St.Gallen angefer-
tigten Himmelsglobus und den noch aktuellen Abakus. Die offene Sphäre zeigte
beide Pole, eine Achse, die zwei Polarkreise, den Äquator, beide Wendekreise,
die Ekliptik und den Tierkreis, an dem die Zeichen nicht als Sternbilder, sondern als Gestalten gemalt standen. Der Globus war mit einer Vorrichtung versehen zur Einstellung auf jede örtliche Lage bzw. geographische Breite. Ob eine
viel kleinere Erdkugel den Kern der Sphäre bildete, bleibe dahingestellt.

> Táz mág man uuóla séhen . án déro spera . díu in cella SANCTI GALLI
> nouiter gemáchôt îst . sub PURCHARDO ABBATE. Sî hábet állero gentium
> gestélle . únde fóne díu . sô man sia sô stéllet . táz ter polus
> septentrionalis ûf in ríhte síhet . sô sínt sex signa zodiaci ze
> óugôn . septentrionalia . sex australia sínt kebórgen.
> Nb nach A97,15-19

Im zweiten Büchlein des Martianus Capella erinnert Notker seine Schüler an
die Sphäre und die Ausführung der Gestalten im Tierkreis.

> Spicas manu . celatamque ex hebeno pinacem .i. tabellam . argumen-
> tis .i. indiciis talibus afferebat. Áher trûog sî in hénde . álso
> man uirginem mâlêt án dero spera . únde éina tabellun ûzer ebeno
> geuuórhta . mít súslichên zéichenen.
> Nc nach J149,3-7

Der seit Menschengedenken wiederholt entstandene Abakus diente nicht nur als
Rechenbrett, sondern auch als Zeichentafel.

> Cum describeres mihi radio .i. uirga . uias syderum .i. planetarum.
> Tô du mír bíldotôst án dero áscûn . mít tînero zéigo-rûoto . die
> uérte dero síben uuállôntôn stérnôn. Philosophi hábetôn éin brét
> fóre ín . dáz sie híezen mensam . súmeliche híezen iz abacum .
> dáz uuás pezétet mít clésinemo puluere . chléino gemâlnemo . únde
> gnôto geuéutemo . únde sâzen sie mít íro rûote in hénde . mít téro
> sie íro iúngerôn án déro sélbun áscûn píldotôn die uérte dero stér-
> nôn . únde álle die figuras . tie man lírnen sól in geometrica.
> Abacus îst éin descriptio . dáz chît éin bílde án éinemo bréte .
> álde an éinero pagina . sô uuír iz nû séhen in dísên zîten . târ

> mísseliches píldes caracteres ûf-keléget uuérdent . álso dâr man
> uuúrf-zâueles spílôt. Mít tien caracteribus uuérdent spûotigo er-
> uáren állero numerorum diuisiones . únde multiplicationes . so
> uuéder man iro bedárf . in musica . álde in arithmetica. Tíu di-
> sciplina héizet mathematica.
>
> Nb nach A19,24-20,10

Noch gegen Mitte des sechzehnten Jahrhunderts, wie schon im neunten Jahrhundert, waren in der Stiftsbibliothek Messingtafeln anzuschauen, auf denen Sternbilder und -bahnen schön gestochen standen.

> Das Closter hatt domals gar geleerte Münch/allermeist vom Adel/
> züchtigs vnd fridsams wandels/denen Bernhardus mit gůtem exempel
> vorstůnd. Die fürnemsten vnd geleertisten warend Notkerus/Ratper-
> tus/Tutilo/Hartmannus/Egkhart vnd Kerolt/etc. Notker vnd Tutilo
> werdend nachmals für heiligen geachtet. Tutilo was füravß kunst-
> rych in mancherley schönen geschickligkeiten/sonderlich was er
> ein fürnämer ἀνάγλυφος/das ist ein subtiler stächer in gold/sil-
> ber/kupffer/mösch/oder ander metall; darzů ein gůter maler. Sei-
> ner arbeit werdend noch etliche gar kunstliche Astronomische Taf-
> len vnd außteilung des gestirns vnd himmelslauff/auf Mösch gar
> rein gestochen/in der Librarey zů S.Gallen behalten/die ich selbs
> nie künstlicher gesehen hab.
>
> Stumpf S.17

Codex Sangallensis 18, S.43 stellt auf einer Miniatur einen Mönch dar, der durch ein Fernrohr einen zwölfteiligen Kreis, wohl den Zodiakus, beschaut, dessen inneres Feld, etwa die Ekliptik, herausgeschnitten ist. Schade, daß der zugrunde liegende, um 1000 geschriebene astronomische Text S.41-46 ausradiert werden mußte, um einer jüngeren, theologischen Schrift zu weichen.

Zu den visuellen Hilfsmitteln gehören auch die schon erwähnten 48 Zeichnungen in Codex 250.

Notkers Belehrung wirkt manchmal so lebendig (z.B. 68,4-10 und 85,21-86,6), daß man nicht umhin kann zu meinen, der Klosterlehrer muß nachts oben in St. Georgen gestanden sein und den Himmel genau betrachtet haben.

Sapientia Dei

> Artibus autem illis quibus me onustare uultis ego renunciaui neque
> fas mihi est eis aliter quam sicut instrumentis frui. Sunt enim
> ecclesiastici libri . et precipue quidem in scolis legendi quos
> impossibile est sine illis prelibatis ad intellectum integrum duci.
> Ad quos dum accessvm habere nostros uellem scolasticos au[sus] svm
> facere rem pene inusitatam . ut latine scripta in nostram conatus
> sim uertere et syllogystice aut figurate aut suasorie dicta per
> aristotelem uel ciceronem uel alium artigraphum elucidare.
>
> Codex Bruxellensis 10615-729, f.58ra, Z.6-12

Es erhellt aus diesem bekannten Brief an Bischof Hugo II. von Sitten um 1015, daß Notker die klassischen Schultexte als Mittel zum Zweck ansah, durch die

der Schüler Zugang zur höchsten Wissenschaft, der Theologie, gewinnen sollte.
So redet Notker, wohl von Eccli 1,3 ausgehend, schon 12,8 von der ẹterna dei
sapientia. 47,15/16 zitiert er mit Remigius Eccli 24,7. Er greift 93,1/2 ohne
Remys Hilfe auf Sap 8,1 zurück. 109,17/18 verweist er auf die Antiphon O Sapientia. Notker redet 129,1-3 von diu gótelicha [uuîzenthéit], indem er Boethius' Consolatio (Nb nach A212,4-6 239,11-13) in Betracht zieht, wo allerdings die Rede vielmehr von gótes prouidentia ist, wie auch in Nc nach J31,17
(Prouidentia dei), 60,5 (în gótes prouidentia) und 79,4 (gótes prouidentia)
in Anlehnung an dei prouidentia et dispositio bei Remigius. Meines Erachtens
ersetzte Notker 161,17/18 *gótes pax absichtlich durch gótes sapientia, denn
Remigius hatte Philp 4,7 mit pax Dei getreu wiedergegeben.

Zu einer ausführlicheren Behandlung des Begriffs sapientia vor und bei Notker
siehe Backes S.155-161.

Die Abschnitte und Überschriften bei Notker

Wie in den übrigen Schriften außer dem Psalter, den Cantica, dem Katechetischen
und De partibus logicae teilte Notker auch den lateinischen Text der Nuptiae
logisch nach dem Inhalt in Abschnitte (56 in Liber I, 48 in II) auf, die er
mit originellen lateinischen Überschriften versah. Sind einige Einschnitte
auch selbstverständlich, wie z.B. der Anfang eines Metrums (I §16 31,5 und
II §8 104,20), so zeigen doch die Handschriften bis auf N² wenige Absätze.
Die Einteilung bei Notker entspricht der in N² insgesamt 32mal, nämlich 14mal
in Liber I (§§1 2 4 5 8 11 12 18 20 23 26 27 29 54) und 18mal in II (§§1 2 6
8 9 11 12 13 14 15 16 17 18 19 20 27 40 48). Meine Angaben weichen übrigens
z.T. von denen bei Schulte S.90 ab.

Notkers Überschriften entstanden unabhängig von den häufigen Randvermerken in
N¹ und den minder zahlreichen in N². Einige stützen sich auf Martian, so z.B.
I §7 13,19 und II §5 99,10, andere auf Remigius, z.B. I §1 3,5/6 und II §21
121,14/15; die Überschrift II §11 108,11/12 verbindet Autor mit Kommentator.
I §9 16,8 sowie II §6 100,21 unter manchen anderen fassen den Inhalt des Abschnitts zusammen. Notker verdankt I §25 40,21 Cic inv, MC 5 und Nr neben Remigius, während II §9 106,17 auf Serv zu Verg ecl neben Remigius beruht.

ABKÜRZUNGS- UND SIGLENVERZEICHNIS

A	Cod.Sang.825, 11.Jh., S.4-271, Notkers des Deutschen Bearbeitung von Boethius, De consolatione Philosophiae (Nb); siehe Tax 1986-.
ABAW	Abhandlungen der philosophisch-philologischen Klasse der Bayerischen Akademie der Wissenschaften.
Act	Actus Apostolorum, u.a. nach Cod.Sang.72, 9.Jh.; siehe Nova Vulgata.
AhdSG	Das Althochdeutsche von St.Gallen. Texte und Untersuchungen zur sprachlichen Überlieferung St.Gallens vom 8. bis zum 12.Jahrhundert.
Anon	Der Anonyme, Glossae in Martianum; siehe Contreni Torino und Washington 1976, Laistner, Lutz 1944 und 1971, Préaux 1953.
Anon astr	Lateinische Ausführungen eines Anonymen über Astronomisches in Cod.Sang.250, 9.Jh., S.523-526.
B	Cod.Sang.818, 11.Jh., S.3-143, Notkers Bearbeitung von Aristoteles, Categoriae nach Boethius (Nk) und S.143-246, dess. Bearbeitung von Aristoteles, De interpretatione nach Boethius (Ni); siehe King 1972 und 1975.
β	Cod.Bern.B56, 9.bzw.10.Jh., ff.7r-182r, Text des Martianus Capella, Libri I-IX mit Interlinear- und Randglossen; siehe Dick/Préaux.
Beda hist	Beda Venerabilis, Historia ecclesiastica gentis Anglorum nach Cod.Sang.247, 9.Jh.; siehe Spitzbart.
nat	Ders., De natura rerum nach Cod.Sang.250, 9.Jh., S.121-145; siehe Jones 1, S.174-234.
rat	Ders., De temporum ratione nach Cod.Sang.250, 9.Jh., S.164-425; siehe Jones 2, S.235-544.
Beitr	Beiträge zur Geschichte der deutschen Sprache und Literatur.
Boeth arith	Anicius Manlius Severinus Boethius, De institutione arithmetica nach Cod.Sang.248, 9.Jh., S.3-56; siehe PL 63, Sp.1079-1168.
con	Ders., De consolatione Philosophiae nach Codd.Sang.844, 9.Jh. und 845, 10.Jh.; siehe Bieler.
geom	Die dems. wohl falsch zugeschriebene Ars geometriae et arithmeticae nach Cod.Sang.830, 11.Jh., S.283-309; siehe PL 63, Sp. 1307-64.
mus	Ders., De institutione musica, aus St.Gallen verschwunden, nach Cod.Eins.298, 10.Jh., S.23-145; siehe PL 63, Sp.1167-1300.
Br	Cod.Brux.9565/9566, 9.Jh., ff.13v-196v, Text des Martianus Capella, Libri I-IX; siehe Dick/Préaux.
BSGRT	Bibliotheca scriptorum Graecorum et Romanorum Teubneriana.
CC	Corpus Christianorum, series Latina.

Cic deor	Marcus Tullius Cicero, De natura deorum, für St.Gallen nicht belegt; siehe Plasberg/Ax.
inv	Ders., De inventione nach Cod.Sang.820, 10.Jh., S.72-172; siehe Ströbel.
scip	Ders., Somnium Scipionis (= De re publica VI ix-xxvi) nach Cod.Sang.65, 10.Jh., S.2-7; siehe Meißner/Landgraf.
top	Ders., Topica, u.a. nach Cod.Sang.818, 11.Jh., S.247-287; siehe Reis.
Clm.	Codex latinus Monacensis
Cod.Bern.	Codex Bernensis
Cod.Brux.	Codex Bruxellensis
Cod.Eins.	Codex Einsidlensis
Cod.Sang.	Codex Sangallensis
Cod.Tur.	Codex Turicensis
Col	Epistola Pauli ad Colossenses, u.a. nach Cod.Sang.72, 9.Jh.; siehe Nova Vulgata.
CSEL	Corpus scriptorum ecclesiasticorum Latinorum.
DWB	Deutsches Wörterbuch von Jacob und Wilhelm Grimm.
E-T	Clm.14792, 11.Jh., ff.1r-39v, Text des Martianus Capella, Libri I-II mit interlinear- und Randglossen, auch manchmal mit Eingeheftetem; siehe Dick/Préaux.
E^1	Clm.14792, 11.Jh., ff.40r-131v, Kommentar zum Martianus Capella, Libri I-II; siehe Lutz 1962.
Eccli	Ecclesiasticus, u.a. nach Cod.Sang.28, 9.Jh.; siehe Nova Vulgata.
Einh vita	Einhard, Vita Karoli magni nach Cod.Sang.547, 12./13.Jh., S.653-660; siehe Abel/Wattenbach und Pertz/Waitz/Holder-Egger.
GC ar	Aratus, Phaenomena nach Germanicus Caesar in Codd.Sang.250, 9.Jh., S.447-522 und 902, 9.Jh., S.69-104; siehe Breysig.
Gen	Genesis, u.a. nach Cod.Sang.80, 10.Jh.; siehe Nova Vulgata.
GLS	Griechische und lateinische Schriftsteller.
Greg hom	Gregorius I. bzw. Magnus, Homiliae XL in Evangelia, hier zur Lectio sancti evangelii secundum Matthaeum 2,1-12, nach Cod.Sang.204, 10.Jh.; siehe PL 76, Sp.1075-1312.
GS	Glossae Salomonis nach Cod.Sang.905, 10.Jh.; siehe Lindsay 1926 und McGeachy.
Hart ant	Hartker, Antiphonarium nach Codd.Sang.390/391, 10./11.Jh.; siehe Froger.
Hier epist	Hieronymus, Epistolae, hier ad Pammachium de optimo genere interpretandi, nach Cod.Sang.159, 9./10.Jh.; siehe Hilberg.
Hrab mart	Hrabanus Maurus, Martyrologium nach Cod.Sang.458, 9.Jh.; siehe McCulloh.
Hyg I-IV	Gaius Julius Hyginus Augustus Libertus, Poeticon astronomicon, Libri I-IV, nach Cod.Sang.250, 9.Jh., S.540-639; siehe Micyllus bzw. Möltzer S.65-113.

Hyg 1-277	Ders., Fabulae, für St.Gallen nicht belegt; siehe Micyllus bzw. Möltzer S.8-64.
IG	Interlinearglosse(n)
Is	Isaia, u.a. nach Cod.Sang.39, 9./10.Jh.; siehe Nova Vulgata.
Is et	Isidorus Hispalensis, Etymologiarum sive originum libri XX, u.a. nach Codd.Sang.231/232, 9./10.Jh.; siehe Lindsay 1911.
J	Cod.Sang.872, 11.Jh., S.2-170, Notkers Bearbeitung von Martianus Capella, De nuptiis Philologiae et Mercurii (Nc); siehe King 1979.
Joh	Evangelium secundum Johannem, u.a. nach Cod.Sang.49, 9.Jh.; siehe Nova Vulgata.
JS	Johannes Scottus bzw. Eriugena, Annotationes in Marcianum; siehe Lutz 1939 und 1971.
Jul math	Julius Firmicus Maternus, Mathesis, für St.Gallen nicht belegt; siehe Kroll/Skutsch/Ziegler.
Juv sat	Decimus Junius Juvenalis, Satirarum libri V, u.a. nach Cod. Sang.871, 11.Jh.; siehe Friedländer.
Lup epist	Lupus Ferrariensis, Epistolae, hier Quid sit ceroma, nach Cod.Sang.831, 11.Jh., S.173-175; siehe Dümmler.
Macr	Aurelius Ambrosius Theodosius Macrobius, Commentarii in Somnium Scipionis Ciceronis nach Cod.Sang.65, 10.Jh., S.7-151; siehe Willis 1963.
Mart epigr	Marcus Valerius Martialis, Epigrammata, aus St.Gallen verschwunden; siehe Heraeus/Borovskij.
MC	Martianus Mineus Felix Capella, Libri I-II, De nuptiis Philologiae et Mercurii, Libri III-IX, De septem liberalibus artibus; siehe Dick/Préaux.
MGH	Monumenta Germaniae historica.
ML	Martinus Laudunensis.
MVG	Mitteilungen zur vaterländischen Geschichte, hrsg. vom Historischen Verein des Kantons St.Gallen.
N-T	Clm.14271, 11.Jh., ff.2r-11r, Text des Martianus Capella, Libri I-II mit Interlinear- und Randglossen; siehe Dick/Préaux.
N^1	Clm.14271, 11.Jh., ff.12r-36v, Kommentar zum Martianus Capella, Libri I-II; siehe Lutz 1962.
N^2	Clm.14271, 11.Jh., ff.37r-54v, Kommentar zum Martianus Capella, Libri I-II; siehe Lutz 1962.
Notker B gesta	Notker Balbulus, Gesta Karoli magni imperatoris, aus St.Gallen verschwunden; siehe Abel/Wattenbach und Haefele 1959.
N ath	Notker Teutonicus, Fides sancti Athanasii episcopi; siehe R und Tax 1979-.
Nb	Ders., Boethius, De consolatione Philosophiae; siehe A und Tax 1986-.
Nc	Ders., Martianus Capella, De nuptiis Philologiae et Mercurii; siehe J und King 1979.

Ni	Ders., Aristoteles, De interpretatione nach Boethius; siehe B und King 1975.
Nk	Ders., Aristoteles, Categoriae nach Boethius; siehe B und King 1972.
NL	Notker latinus, Sammlung der von Notker benutzten Quellen zur Erweiterung des Textes.
Nm	Ders., De musica; siehe Piper S.851-859.
Np	Ders., der Psalter; siehe R und Tax 1979-.
Nr	Ders., De arte rhetorica; siehe Piper S.623-684.
Ns	Ders., De syllogismis; siehe Piper S.596-622.
Ov fasti	Publius Ovidius Naso, Fastorum libri VI, aus St.Gallen verschwunden; siehe Merkel.
Per sat	Aulus Persius Flaccus, Satirae, aus St.Gallen verschwunden; siehe Jahn.
Philp	Epistola Pauli ad Philippenses, u.a. nach Cod.Sang.72, 9.Jh.; siehe Nova Vulgata.
PL	Patrologia Latina bzw. Patrologiae cursus completus, series Latina, hrs. von Jacques-Paul Migne.
Plin nat	Gaius Plinius secundus maior, Naturalis historiae libri XXXVII, aus St.Gallen verschwunden; siehe Jan/Mayhoff.
Prov	Proverbia, u.a. nach Cod.Sang.28, 9.Jh.; siehe Nova Vulgata.
Ps	Psalterium, Psalmus, Psalmi, u.a. nach Cod.Sang.15, 9.Jh.; siehe Nova Vulgata.
R	Cod.Sang.21, 12.Jh., aus Einsiedeln, S.8-539 Notkers Psalter (Np), S.540-575 die Cantica und die katechetischen Texte; siehe Tax 1979-.
RA	Remigius Autissiodorensis, Commentum in Martianum Capellam, Libri IX; siehe Lutz 1962, 1965, 1971.
RG	Randglosse(n)
Rom	Epistola Pauli ad Romanos, u.a. nach Cod.Sang.72, 9.Jh.; siehe Nova Vulgata.
Sall cat	Gaius Sallustius Crispus, Bellum Catilinarium, u.a. nach Cod.Sang. 636, 11.Jh., S.1-95, 195-206; siehe Vretska.
2 Sam	Liber secundus Samuelis, u.a. nach Cod.Sang.78, 9.Jh.; siehe Nova Vulgata.
Sap	Sapientia, u.a. nach Cod.Sang.28, 9.Jh.; siehe Nova Vulgata.
Serv	Servius Maurus Honoratus, Commentarii in Vergilii carmina nach Codd.Sang.861/862, 9.Jh., zur Aeneis VI-XII, das Übrige aus St. Gallen verschwunden; siehe Thilo/Hagen.
SG	St.Gallen
Suet caes	Gaius Suetonius Tranquillus, De vita Caesarum, II Augustus, aus St.Gallen verschwunden; siehe Ihm.
SWC	Sammlung wissenschaftlicher Commentare.

Verg aen	Publius Vergilius Maro, Aeneis; Cod.Sang.1394, S.7-49, 3./4.Jh., Fragmenta aus Aeneis und Georgica, S.109-112, 9.Jh., Fragmenta aus Eclogae und Georgica, das Übrige aus St.Gallen verschwunden; siehe Ribbeck.
ecl	Ders., Eclogae bzw. Bucolica; siehe Ribbeck.
geo	Ders., Georgica; siehe Ribbeck.
Vitr arch	Marcus Vitruvius Pollio, De architectura libri X, aus St.Gallen verschwunden; siehe Krohn.
ZfdA	Zeitschrift für deutsches Altertum und deutsche Literatur.
ZfdPh	Zeitschrift für deutsche Philologie.
Ω	Consensus von, Textus compositus aus β E^1 N^1 N^2 in der Wiedergabe von Remigius Autissiodorensis, Commentum in Martianum Capellam, Libri I-II.

LITERATURVERZEICHNIS

Abel/Wattenbach	Einhard/Notker der Stammler. Leben und Taten Karls des Großen, aus dem Lat. übertr. von O. Abel und W. Wattenbach, mit einem Nachwort von Hermann Schreiber und Anmerkungen von Anton Ritthaler, München ²1968 (= Die Fundgrube 14).
Backes	Herbert Backes, Die Hochzeit Merkurs und der Philologie. Studien zu Notkers Martian-Übersetzung, Sigmaringen 1982 (Hab.schr. Saarbrücken 1979).
Beeson	Charles H. Beeson, The Authorship of 'Quid sit ceroma', in: Classical and Mediaeval Studies in Honor of Edward Kennard Rand, hrsg. von Leslie Webber Jones, New York 1938, S.1-7.
Bieler	Anicii Manlii Severini Boethii Philosophiae Consolatio edidit Ludovicus Bieler, Turnhout 1957 (= CC 94).
Breysig	Germanici Caesaris Aratea cum scholiis edidit Alfredus Breysig, Hildesheim 1967 (Nachdr. der Ausg. Berlin 1867).
Bruckner	Scriptoria medii aevi Helvetica. Denkmäler schweizerischer Schreibkunst des Mittelalters, bearb. und hrsg. von Albert Theophil Bruckner, 14 Bde., Genf 1935-78; 2/3 (1936/38): Schreibschulen der Diözese Konstanz. St.Gallen I-II.
Brüske	Wolfgang Brüske, Untersuchungen zur Geschichte des Lutizenbundes. Deutsch-wendische Beziehungen des 10.-12. Jahrhunderts, Münster und Köln 1955 (= Mitteldeutsche Forschungen 3).
Calcoen	Roger Calcoen, Inventaire des manuscrits scientifiques de la Bibliothèque Royale de Belgique, 2 Bde., Bruxelles 1965/71.
Cappuyns	Maïeul Cappuyns, Capella (Martianus), in: Dictionnaire d'histoire et de géographie ecclésiastiques, commencé sous la direction d'Alfred Baudrillart, 11 (Paris 1949), Sp.835-848.
Contreni 1976a	John J. Contreni, Three Carolingian Texts Attributed to Laon: Reconsiderations, Studi medievali ser.3, 17 (Torino 1976), S.797-813.
Contreni 1976b	Ders., A Note on the Attribution of a Martianus Capella Commentary to Martinus Laudunensis, in: Catalogus translationum et commentariorum, hrsg. von Paul Oskar Kristeller und F. Edward Cranz, 3 (Washington 1976), S.451/452.
Contreni 1978	Ders., The Cathedral School of Laon from 850 to 930: Its Manuscripts and Masters, München 1978 (Münchener Beiträge zur Mediävistik und Renaissance-Forschung 29; umgearb.Diss. Michigan State University, East Lansing 1971).
Dick/Préaux	Martianus Capella (Martiani Minnei Felicis Capellae De nuptiis Philologiae et Mercurii libri VIIII) edidit Adolfus Dick, addenda et corrigenda iterum adiecit Jean Préaux, Stuttgart 1978 (Nachdr. der Ausg. Leipzig 1925 mit Berichtigungen und Ergänzungen; = BSGRT 1532).

Dolch	Alfred Karl Dolch, Notker-Studien Teil III. Stil- und Quellenprobleme zu Notkers Boethius und Martianus Capella, New York 1952 (New York University Ottendorfer Memorial Series of Germanic Monographs 16).
Dümmler	MGH, Epistolarum tomus VI, Karolini aevi IV, pars prior (1902) recensuit Ernestus Duemmler, Berlin 1925; S.115-117: Lupi abbatis Ferrariensis epistola Quid sit ceroma.
Feigl	Friedrich A. Feigl, Die Stellung der Satzglieder des Vollsatzes in Notkers Marcianus Capella, Jahresbericht des k. k. Stiftsgymnasiums der Benediktiner zu Melk 54-58 (1904-8), S.3-92, 1-80, 1-78, 1-72 bzw. 1-36.
Firchow/Gilmour	Evelyn Scherabon Firchow und Stephen Gilmour, Towards an Analysis of Notker Labeo's Old High German, Computers and the Humanities 12 (1978), S.81-88.
Friedländer	D. Junii Juvenalis Saturarum libri V, mit erklärenden Anmerkungen von Ludwig Friedländer, Darmstadt 1967 (Nachdr. der Ausg. Leipzig 1895).
Froger	Antiphonaire de Hartker, nouvelle édition par Jacques Froger, Bern 1970 (= Paléographie musicale, 2.ser. Monumentale 1).
Goetz	Corpus glossariorum Latinorum edidit Georgus Goetz, 7 Bde., Stuttgart 1965 (Nachdr. der Ausg. Leipzig und Berlin 1888-1923; = SWC 4204-12).
Graff	Althochdeutsche, dem Anfange des 11ten Jahrhunderts angehörige, Übersetzung und Erläuterung der von Mart.Capella verfaßten 2 Bücher DE NUPTIIS MERCURII ET PHILOLOGIAE, hrsg. von Eberhard Gottlieb Graff, Berlin 1837.
Grimm	Deutsches Wörterbuch von Jacob und Wilhelm Grimm, 33 Bde., München 1984 (Nachdr. der Ausg. Leipzig 1854-1971).
Haefele 1959	Notker der Stammler. Taten Kaiser Karls des Großen, lat. Text hrsg. von Hans F. Haefele, Berlin 1959 (= MGH, Scriptores, nova series tomus XII: Notkeri Balbuli Gesta Karoli magni imperatoris).
Haefele 1980	Ekkehardi IV. Casus sancti Galli/Ekkehard IV. St.Galler Klostergeschichten, hrsg. und übers. von Haefele, Darmstadt 1980 (= Ausgewählte Quellen zur deutschen Geschichte des Mittelalters 10).
Hattemer	Denkmale des Mittelalters. St.Gallens altdeutsche Sprachschätze, hrsg. von Heinrich Hattemer, 3 Bde., Graz 1970 (Nachdr. der Ausg. St.Gallen 1844-49); 3 (= Notkers des Deutschen Werke 2), S.257-372: Martianus Capella.
Helbling	Die Geschichten des Klosters St.Gallen, aus dem Lat.übers. und erläut. von Hanno Helbling, Köln und Graz 1958 (= Die Geschichtschreiber der deutschen Vorzeit, nach den Texten der MGH in deutscher Bearbeitung, 102).
Heraeus/Borovskij	Martialis epigrammaton libri edidit Wilhelmus Heraeus, correctiones curavit J. Borovskij, Stuttgart 1976 (Nachdr. der Ausg. Leipzig 1925; = BSGRT 1531).

Hertenstein	Bernhard Hertenstein, Joachim von Watt (Vadianus), Bartholomäus Schobinger, Melchior Goldast. Die Beschäftigung mit dem Althochdeutschen von St.Gallen in Humanismus und Frühbarock, Berlin und New York 1975 (= AhdSG 3).
Hilberg	Sancti Eusebii Hieronymi epistularum pars I recensuit Isidorus Hilberg, Wien 1910 (= CSEL 54); epistula 57 Ad Pammachium de optimo genere interpretandi.
Homburger	Otto Homburger, Die illustrierten Handschriften der Burgerbibliothek Bern, Bern 1962.
Ihm	C. Suetoni Tranquilli opera 1: De vita Caesarum libri VIII recensuit Maximilianus Ihm, Stuttgart 1978 (Nachdr. der Ausg. Leipzig 1933; = BSGRT 1827).
Jacobitz	Luciani Samosatensis opera, ex recensione Caroli Iacobitz, accedunt scholia auctiora et emendatiora, 4 Bde., Hildesheim 1966 (Nachdr. der Ausg. Leipzig 1836-41).
Jahn	A. Persii Flacci Satirarum liber cum scholiis antiquis edidit Otto Jahn, Hildesheim 1967 (Nachdr. der Ausg. Leipzig 1843).
Jan/Mayhoff	Plini naturalis historiae libri XXXVII, post Ludovici Jani obitum recognovit et scripturae discrepantia adiecta edidit Carolus Mayhoff, 7 Bde., Stuttgart 1967/70/80 (Nachdr. der Ausg. Leipzig 1865-1909; = BSGRT 1650-56).
Jellinek 1913/14	Max Hermann Jellinek, Geschichte der neuhochdeutschen Grammatik von den Anfängen bis auf Adelung, 2 Bde., Heidelberg 1913/14.
Jellinek 1916	Ders., Besprechung von Schultes Untersuchung, ZfdPh 47 (1916), S.101/102.
Jones	Bedae Venerabilis opera, pars VI Opera didascalica 1-3 edidit Charles W. Jones, Turnhout 1975/77/80 (= CC 123 A B C).
Karg-Gasterstädt	Elisabeth Karg-Gasterstädt, Notker Labeo, in: Die deutsche Literatur des Mittelalters. Verfasserlexikon, begr. von Wolfgang Stammler und fortgef. von Karl Langosch, 5 (Berlin 1955), Sp.775-790.
Kelle 1886	Johann Kelle, Verbum und Nomen in Notkers Capella, ZfdA 30 (1886), S.295-345.
Kelle 1888a	Ders., Die philosophischen Kunstausdrücke in Notkers Werken, ABAW 18/1 (1888), S.1-58.
Kelle 1888b	Ders., Die S.Galler deutschen Schriften und Notker Labeo, ABAW 18/1 (1888), S.205-280.
Kelle 1892	Ders., Geschichte der deutschen Litteratur von der ältesten Zeit bis zum dreizehnten Jahrhundert, 2 Bde., Berlin 1892/96; 1, S.232-263 zu Notker dem Deutschen.
King 1972	Notker der Deutsche. Boethius' Bearbeitung der ‚Categoriae' des Aristoteles, hrsg. von James C. King, Tübingen 1972 (= ATB 73).
King 1975	Notker der Deutsche. Boethius' Bearbeitung von Aristoteles' Schrift ‚De interpretatione', hrsg. von dems., Tübingen 1975 (= ATB 81).

King 1979	Notker der Deutsche. Martianus Capella, ‚De nuptiis Philologiae et Mercurii', hrsg. von dems., Tübingen 1979 (ATB 87).
Knonau 1872	Ratperti casus sancti Galli, hrsg. von Gerold Meyer von Knonau, St.Gallen 1872 (= MVG 13).
Knonau 1877	Ekkeharti casus sancti Galli, hrsg. von dems., St. Gallen 1877 (= MVG 15/16).
Koegel	Rudolf Koegel, Geschichte der deutschen Litteratur bis zum Ausgange des Mittelalters I/2: Die endreimende Dichtung und die Prosa der althochdeutschen Zeit, Straßburg 1897; S.598-626 zu Notker dem Deutschen.
Krohn	Vitruvii De architectura libri decem edidit F. Krohn, Leipzig 1912 (= BSGRT 1883).
Kroll/Skutsch/Ziegler	Iulii Firmici Materni Matheseos libri VIII ediderunt W. Kroll, F. Skutsch et K. Ziegler, corrigenda adiecit K. Ziegler, 2 Bde., Stuttgart 1968 (Nachdr. der Ausg. Leipzig 1897, 1913; = BSGRT 1350/51).
Laistner	M.L.W. Laistner, Notes on Greek from the Lectures of a Ninth Century Monastery Teacher, Bulletin of the John Rylands Library, Manchester 7 (1922/23), S.421-456.
Lehmann	Mittelalterliche Bibliothekskataloge Deutschlands und der Schweiz, hrsg. von der Bayer. Ak. der Wiss., 3 Bde., München 1969 (Nachdr. der Ausg. 1918-62); 1: Die Bistümer Konstanz und Chur, bearb. von Paul Lehmann, S.55-146 zur St.Galler Stiftsbibliothek.
Leonardi	Claudio Leonardi, I codici di Marziano Capella, Aevum 33 (1959), S.443-489 und 34 (1960), S.1-99, 411-524.
Lindsay 1911	Isidori Hispalensis episcopi Etymologiarum sive originum libri XX, hrsg. von Wallace Martin Lindsay, 2 Bde., Oxford 1911.
Lindsay 1926	Glossaria Latina, iussu Academiae Britannicae edita, 5 Bde., Hildesheim 1965 (Nachdr. der Ausg. Paris 1926-31); 1: Liber glossarum, hrsg. von Lindsay.
Luginbühl	Emil Luginbühl, Studien zu Notkers Übersetzungskunst, mit einem Anhang: Die altdeutsche Kirchensprache, Berlin 1970 (Nachdr. der Ausg. [Diss. Zürich] Weida/Thür. 1933 und St.Gallen 1936; = AhdSG 1).
Lutz 1939	Iohannis Scotti annotationes in Marcianum, hrsg. von Cora E. Lutz, Cambridge/Massachusetts 1939 (= Publications of the Mediaeval Academy of America 34).
Lutz 1944	Dunchad. Glossae in Martianum, hrsg. von ders., Lancaster/Pennsylvania 1944 (= Monographs of the American Philological Association 12).
Lutz 1962/65	Remigii Autissiodorensis commentum in Martianum Capellam, Libri I-II, Libri III-IX, hrsg. von ders., Leiden 1962/65.

Lutz 1971/76	Dies., Martianus Capella, in: Catalogus translationum et commentariorum, hrsg. von Paul Oskar Kristeller und F. Edward Cranz, 2 (Washington 1971), S.367-381; Martianus Capella. Addenda et corrigenda, in: Catalogus 3 (Washington 1976), S.449-452.
Manitius	Max Manitius, Geschichte der lateinischen Literatur des Mittelalters, 3 Bde., München 1965 (Nachdr. der Ausg. 1911/23/31; = Handbuch der Altertumswissenschaft 9/2, 1-3).
Manthey	Willy Manthey, Syntaktische Beobachtungen an Notkers Übersetzung des Martianus Capella, Diss. Berlin 1903.
McCulloh	Rabani Mauri Martyrologium edidit John M. McCulloh, Turnhout 1979 (= CC Continuatio mediaevalis 44, erster Teil).
McGeachy	J.A. McGeachy, Jr., The Glossarium Salomonis and Its Relationship to the Liber Glossarum, Speculum 13 (1938), S. 309-318.
Meißner/Landgraf	Cicero, Somnium Scipionis, erklärt von Carl Meißner und Gustav Landgraf, Stuttgart 1964 (= GLS 4005).
Merkel	P. Ovidi Nasonis Fastorum libri sex, editore et interprete R. Merkel, Hildesheim 1971 (Nachdr. der Ausg. Berlin 1841).
Micyllus bzw. Möltzer	C. Iulii Hygini Augusti Liberti Fabularum liber, eiusdem Poeticon astronomicon, libri quatuor, hrsg. von Jacobus Micyllus bzw. Jacob Möltzer, New York und London 1976 (Nachdr. der Ausg. Basel 1535; = Garland Series The Renaissance and the Gods 6); S.160-189 Arati Phaenomena fragmentum Germanico Caesare interprete, S.190-235 ΑΡΑΤΟΥ ΣΟΛΕΩΣ ΦΑΙΝΟΜΕΝΑ/Arati Solensis Apparentia.
Migne	Patrologiae cursus completus, series Latina, hrsg. von Jacques-Paul Migne, 222 Bde., Paris 1844-55.
Näf	Anton Näf, Die Wortstellung in Notkers Consolatio. Untersuchungen zur Syntax und Übersetzungstechnik, Berlin und New York 1979 (= AhdSg 5; Diss. Freiburg/Schw. 1976).
Naumann	Hans Naumann, Notkers Boethius. Untersuchungen über Quellen und Stil, Straßburg 1913 (= Quellen und Forschungen 121); S.30/31: Exkurs zum Martianus Capella.
Nova Vulgata	Nova Vulgata Bibliorum Sacrorum Editio, Libreria Editrice Vaticana 1979.
Pertz/Waitz/ Holder-Egger	Einhardi vita Karoli magni post G.H. Pertz recensuit G. Waitz, editio sexta curavit O. Holder-Egger, Hannover 1965 (Nachdr. der Ausg. 1911; = MGH Scriptores).
Piper	Die Schriften Notkers und seiner Schule, hrsg. von Paul Piper, 3 Bde., Freiburg/Br. und Tübingen 1882/83 (= Germanischer Bücherschatz 8-10; 1: Schriften philosophischen Inhalts, S.CLXXVI-CLXXXVII, 685-847: Text des Martianus Capella mit Lesarten.
Plasberg/Ax	M.Tulli Ciceronis De natura deorum, post O. Plasberg edidit W.H. Ax, Stuttgart 1980 (Nachdr. der Ausg. Leipzig ^{2}1933; = BSGRT 1221).

Préaux 1953	Jean-G. Préaux, Le commentaire de Martin de Laon sur l'oeuvre de Martianus Capella, Latomus 12 (1953), S.437-459.
Préaux 1955	Ders., Un nouveau texte sur la Vénus androgyne, Annuaire de l'Institut de Philologie et d'Histoire Orientales et Slaves 13 (1955; = Mélanges Isidore Lévy), S.479-490.
Préaux 1956	Ders., Un nouveau manuscrit de Saint-Gall: Le Bruxellensis 9565-9566, Scriptorium 10 (1956), S.221-228.
Préaux 1966	Ders., Le manuscrit d'Avranches 240 et l'oeuvre de Martianus Capella, Sacris erudiri 17 (1966), S.135-149.
Préaux 1977	Ders., Jean Scot et Martin de Laon en face du ‚De nuptiis' de Martianus Capella, in: Actes du Colloque international N° 561 (Laon 7-12 juillet 1975) sur Jean Scot Érigène et l'histoire de la philosophie, hrsg. von René Roques, Paris 1977, S.161-170.
Préaux 1978	Ders., Les manuscrits principaux du ‚De nuptiis Philologiae et Mercurii' de Martianus Capella, in: Lettres latines du moyen âge et de la renaissance, hrsg. von Guy Cambier u.a., Bruxelles 1978 (= Collection Latomus 158), S.76-128.
Raby	Frederick James Edward Raby, Martianus Capella, in: The Oxford Classical Dictionary, hrsg. von N.G.L. Hammond und H.H. Scullard, Oxford 1970, S.653.
Reis	M. Tulli Ciceronis Topica recognovit Petrus Reis, Leipzig 1932 (= BSGRT 1174).
Ribbeck	P. Vergili Maronis opera apparatu critico in artibus contracto iterum recensuit Otto Ribbeck, 4 Bde., Stuttgart 1966 (Nachdr. der Ausg. Leipzig 1866/94/95; = SWC 4265-67/69).
Schanzer	Danuta Schanzer, Besprechung von Stahl/Johnson/Burge, Beitr. 104 (Tübingen 1982), S.110-117.
Scherrer	Gustav Scherrer, Verzeichnis der Handschriften der Stiftsbibliothek von St.Gallen, Hildesheim und New York 1975 (Nachdr. der Ausg. Halle/S. 1875).
Schieß	Traugott Schieß, Beiträge zur Geschichte St.Gallens und der Ostschweiz, St.Gallen 1932 (= MVG 38); S.246-284: Zu Goldasts Aufenthalt in St.Gallen (am 3. März 1903 gehaltener Vortrag, zuerst gedruckt in der Zeitschrift für die Geschichte des Oberrheins NF 32 [1917], S.241-282).
Schröder	Edward Schröder, Über das Spell, ZfdA 37 (1893), S.241-268.
Schulte	Karl Schulte, Das Verhältnis von Notkers Nuptiae Philologiae et Mercurii zum Kommentar des Remigius Antissiodorensis, Münster/W. 1911 (= Forschungen und Funde 3/2).
Sehrt	Notker-Glossar. Ein althochdeutsch-lateinisch-neuhochdeutsches Wörterbuch zu Notkers des Deutschen Schriften, zusammengest. von Edward Henry Sehrt, Tübingen 1962.
Sehrt/Legner	Notker-Wortschatz, das gesamte Material zusammengetr. von Sehrt und Taylor Starck, bearb. und hrsg. von Sehrt und Wolfram Karl Legner, Halle/S. 1955.
Sehrt/Starck	Notkers des Deutschen Werke, hrsg. von Sehrt und Starck, 3

	Bde., Halle/S. 1933/34 1935 1952 1954/55; 2 (ATB 37): Marcianus Capella, De nuptiis Philologiae et Mercurii.
Singer	Samuel Singer, Notkers Irrtümer, Neophilologus 18 (1933), S.21/22.
Sonderegger 1970	Stefan Sonderegger, Althochdeutsch in St.Gallen, St. Gallen und Sigmaringen 1970 (= Bibliotheca Sangallensis 6); Kap.7: Notker der Deutsche.
Sonderegger 1980	Ders., St.Galler Schularbeit, in: Die deutsche Literatur des Mittelalters. Verfasserlexikon, 2.Aufl. hrsg. von Kurt Ruh u.a., 2 (Berlin und New York 1980), Sp. 1049-51.
Spitzbart	Venerabilis Bedae Historia ecclesiastica gentis Anglorum edidit Günter Spitzbart/Beda der Ehrwürdige, Kirchengeschichte des englischen Volkes, übers. von Spitzbart, 2 Teilbände, Darmstadt 1982 (= Texte zur Forschung 34).
Stahl	William Harris Stahl, To a Better Understanding of Martianus Capella, Speculum 40 (1965), S.102-115.
Stahl/Johnson/Burge	Ders., Martianus Capella and the Seven Liberal Arts, 2 Bde., New York 1971/77; 1: The Quadrivium of Martianus Capella. Latin Traditions in the Mathematical Sciences 50 B.C.-A.D.1250, with a Study of the Allegory and the Verbal Disciplines by Richard Johnson and Evan L. Burge; 2: The Marriage of Philology and Mercury, ins Englische übertr. und mit Anmerkungen versehen von Stahl, Johnson und Burge (= Records of Civilization: Sources and Studies 84).
Ströbel	M. Tulli Ciceronis Rhetorici libri duo qui vocantur de inventione recognovit Eduardus Ströbel, Stuttgart 1977 (Nachdr. der Ausg. Leipzig 1915; = BSGRT 1170).
Stumpf	Johannes Stumpf, Gemeiner loblicher Eydgnoschafft Stetten, Landen und Völckeren chronickwirdiger Thaaten Beschreybung, Winterthur 1975 (Nachdr. der Ausg. Zürich 1548).
Tax 1972/73/75	Notker latinus. Die Quellen zu den Psalmen, den Cantica und den katechetischen Texten, hrsg. von Petrus W. Tax, 3 Bde., Tübingen 1972/73/75 (= ATB 74/75/80).
Tax 1979/81/83	Notker der Deutsche. Der Psalter, die Cantica und die katechetischen Texte, hrsg. von dems., 3 Bde., Tübingen 1979/81/83 (= ATB 84/91/93).
Tax 1986-	Notker der Deutsche. Boethius, ‚De consolatione Philosophiae', hrsg. von dems., 3 Bde., Tübingen 1986- (= ATB 94-).
Thilo/Hagen	Servii grammatici qui feruntur in Vergilii carmina commentarii recensuerunt Georgius Thilo et Hermannus Hagen, 3 Bde., Leipzig 1881-1902.
Vahlen	Ennianae poesis reliquiae iteratis curis recensuit Iohannes Vahlen, Amsterdam 1967 (Nachdr. der Ausg. Leipzig ^{2}1928; = SWC 4217).

Vretska	De Catilinae coniuratione C. Sallusti Crispi, kommentiert von Karl Vretska, Heidelberg 1976.
Wackernagel	Wilhelm Wackernagel, Geschichte der deutschen Litteratur. Ein Handbuch, 2.Aufl. besorgt von Ernst Martin, 2 Bde., Basel 1879/94 (= Deutsches Lesebuch 4/1-2); 1, S.100-104 zu Notker dem Deutschen.
Weßner	Paul Weßner, Martianus Capella, in: Paulys Realencyklopädie der classischen Altertumswissenschaft, neue Bearb. begonnen von Georg Wissowa, fortgef. von Wilhelm Kroll und Karl Mittelhaus, hrsg. von Konrat Ziegler u.a., 14/2 (Stuttgart 1966; Nachdr. der Ausg. 1930), Sp.2003-16.
Willis 1963	Ambrosii Theodosii Macrobii Saturnalia apparatu critico instruxit, in Somnium Scipionis commentarios selecta varietate lectionis ornavit Iacobus Willis, 2 vols., Leipzig 1963.
Willis 1966-	James Alfred Willis, In Martianum Capellam adnotatiunculae, Helikon 6 (1966), S.229-231; Ad Martianum Capellam, Rheinisches Museum für Philologie, NF 111 (1968), S.79-92; De Martiano Capella emendando, Leiden 1971 (= Mnemosyne. Bibliotheca classica Batava, Supplementum 18); Martianea IV, Mnemosyne 27 (1974), S.270-280; Martianea V, Mnemosyne 28 (1975), S.126-134.
Ziegler	M. Tulli Ciceronis De re publica librorum quae manserunt recognovit Konratus Ziegler, Stuttgart ^{7}1969 (= BSGRT 1215).
Zürcher	Josef Zürcher, Graphetik - Graphemik - Graphematik unter besonderer Berücksichtigung von Notkers Marcianus Capella, Diss. Zürich 1978.

AUFNAHME- UND ZEICHNUNGSREGISTER

                                                                                             gegenüber S.

1. Codex Bernensis B56 (β), Text des Martianus Capella mit Interlinear- und Randglossen nach Remigius von Auxerre, f.7r 4
2. Codex latinus Monacensis 14271, Kommentar des Remigius von Auxerre zum Martianus Capella (N^1), f.12r 5
3. Codex latinus Monacensis 14271, Kommentar des Remigius von Auxerre zum Martianus Capella (N^2), f.37r 6
4. Codex latinus Monacensis 14792, Kommentar des Remigius von Auxerre zum Martianus Capella (E^1), f.61r 7
5. Codex Sangallensis 250, i.a. Aratus' „Phaenomena" nach Germanicus Caesar, S.515: Der Tierkreis 100
6. Aries, gezeichnet nach Codex Sangallensis 250, S.490 101
7. Taurus, gezeichnet nach Codex Sangallensis 250, S.485 101
8. Aquarius, gezeichnet nach Codex Sangallensis 250, S.496 108
9. Capricornus, gezeichnet nach Codex Sangallensis 250, S.497 108
10. Virgo, gezeichnet nach Codex Sangallensis 250, S.481 109
11. Serpentarius auf Scorpio, gezeichnet nach Codex Sangallensis 250, S.479 109
12. Sagittarius, gezeichnet nach Codex Sangallensis 250, S.498 132
13. Gemini, gezeichnet nach Codex Sangallensis 250, S.482 132
14. Canis mit Sirius, gezeichnet nach Codex Sangallensis 250, S.502 ... 132
15. Bootes, gezeichnet nach Codex Sangallensis 250, S.480 133
16. Orion, gezeichnet nach Codex Sangallensis 250, S.501 133
17. Codex Sangallensis 862, Servius' Kommentar zu Vergilius' „Aeneis" libri IX-XII, S.342 148
18. Codex Sangallensis 390, erster Band von Hartkers Antiphonarium, S.40: i.a. O SAPIENTIA mit Neumen 149
19. Codex Sangallensis 636, Sallustius' „Bellum Catilinarium", S.78 ... 168
20. OCTO MODI, gezeichnet nach Codex Einsidlensis 298, i.a. Boethius „De institutione musica", S.131 169

Notker latinus zum Martianus Capella

Die Quellen zu Notkers Erweiterung des Textes
bei der Verdeutschung von Martianus Capella,
„De nuptiis Philologiae et Mercurii"

NOTKER LATINUS ZUM MARTIANUS CAPELLA

J2   1-3 *Zur Überschrift:* MARTIANI . MINEI . FELICIS CAPELLAE AFRI.CARTAGI-
NIENSIS LIBER PRIMVS INCIPIT . DE NVPTIIS PHILOLOGIAE . ET MERCVRII. Br
Fehlt β.
MARTIANI . MINEI . FELICIS . CAPELLAE INCIPIT LIBER PRIMUS DE NVPTIIS . MERCU-
RII ET PHILOLOGIAE. N-T
Nicht mehr lesbar E-T.

3-7 *Zu* Remigius *bis* îst: Titulus iste quattuor nomina dat suo auctori . et
martianus suum est ipsius auctoris proprium. Mineus dictus est ab habitu faci-
ei .i. a coloris qualitate . rubicundus enim fuit .... Felix ad bonum omen
pertinet.... Capella dictus est ab acumine ingenii. Capella enim ceteris animalibus acutius uidet . unde et grece dorchas uocatur a uerbo dorcho .i. uideo.
Ω = β N1 N2 E1

6 *Zu* capra: quae sunt agrestes caprę . quas greci pro eo quod acutissime
uideant .i. ΟΞΥΔΕΡΚΕΣΤΕΡΟΝ dorcas appellauerunt. Morantur enim in excelsis
montibus et quamuis de longinquo . uident tamen omnes qui ueniunt. Is et XII
i 15; *Dolch S.350*

7-11 *Zu* Âber *bis* ciues¹: Martianus iste genere afer . ciuis uero carthagi-
nensis . dignitate tamen romanus extitit . quod ostenditur ex eo quod quadri-
nomius fuit. Nulli enim hoc nisi romano ciui licebat. Floruit autem partim
romę . partim in italia . partim carthagine. Ω

9 *Zu* cartagine *bis* îst: Zeugis . ubi cartago magna . ipsa est et uera afri-
ca inter byzacium et numidiam sita .... Ex his profecta et dido . in litus
africę urbem condidit et cartadam nominauit . quod fęnica lingua exprimit ciuitatem nouam. Mox sermone uerso . cartago est dicta. Is et XIV v 8, XV i 30;
Dolch S.350

11-15 *Zu* Romani *bis* hîezen: Urbani uocabantur . qui romę habitabant . qui
uero in ceteris locis . oppidani.... Ex his [seruis] quidam postea . a dominis
manumissi propter suppliciorum notas . quas manifeste perpessi sunt ad dignitatem ciuium romanorum non peruenerunt.... Inde quia per testamentum non fiebant . nec ex testamento aliquid capere . nec suos heredes facere poterant .
ciues romani postea sub consulibus per testamenta in urbe roma effecti sunt.
Dicti autem ciues romani quia testamento liberi effecti . in numerum romanorum
ciuium rediguntur. Is et IX iv 42,50-52; *Dolch S.351*

15-17 *Zu* Pe *bis* sum: Accedens autem tribunus [lisias] dixit illi [paulo].
Dic mihi . tu romanus es? At ille dixit . etiam . et respondit tribunus. Ego
multa summa . ciuitatem hanc consecutus sum. Et paulus ait. Ego autem et natvs
sum. Act 22,27/28

17/18 Zu Tía bis augusti: Magni praeterea existimans sincerum atque ab omni colluvione peregrini ac servilis sanguinis incorruptum servare populum, et civitates Romanas parcissime dedit et manumittendi modum terminavit. Tiberio pro cliente Graeco petenti rescripsit, non aliter se daturum, quam si praesens sibi persuasisset, quam iustas petendi causas haberet; et Liviae pro quodam tributario Gallo roganti civitatem negavit, immunitatem obtulit affirmans facilius se passurum fisco detrahi aliquid, quam civitatis Romanae vulgari honorem. Servos non contentus multis difficultatibus a libertate et multo pluribus a libertate iusta removisse, cum et de numero et de condicione ac differentia eorum, qui manumitterentur, curiose cavisset, hoc quoque adiecit, ne vinctus umquam tortusve quis ullo libertatis genere civitatem adipisceretur.... Urbium quasdam [provinciarum], foederatas sed ad exitium licentia praecipites, libertate privavit, alias aut aere alieno laborantis levavit aut terrae motu subversas denuo condicit aut merita erga populum Romanum adlegantes Latinitate vel civitate donavit. Suet aug 40,3/4 47; *Dolch S.351*

18-21 Zu Táz bis nesínt: Nam philologia interpretatur amor uel studium rationis. Mercurius dictus est quasi medius currens . quia sermo inter duos seritur . uel quasi mercatorum kyrios .i. dominus . quia maxime sermo inter mercatores uiget. Philologia ergo ponitur in persona sapientię et rationis . mercurius in similitudine facundię et sermonis. Ut autem cicero [inv I i 1] dicit . eloquentia .i. sermonis copia . sine ratione et sapientia nocet aliquando . raro aut numquam prodest. Sapientia uero sine eloquentia prodest semper . numquam obest. Cum ergo in sapiente hęc duo conuenerint . et acumen uidelicet rationis . et facundia sermonis . tunc quodammodo sociantur mercurius et philologia. Ω
D.An sapientia sine eloquentia oberit? M.Oberit quidem quia per eloquentiam uim suam exierit sapientia . uerum tamen sapientia prodest sine eloquentia . eloquentia autem numquam proderit sine sapientia. Nr *nach Piper S.637*

2,21-3,3 Zu Ze bis spréche: Introducitur hoc loco quędam satyra martiani amica hos uersus in honorem hymenęi cecinisse . qui fertur deus esse nuptiarum .i. naturalium conceptionum. Hymen grece dicitur membranula. Et est proprie muliebris sexus . in qua fiunt puerperia . inde dicitur esse hymenęus nuptiarum deus. Ω
Himen autem grece . latine uia . unde et prohemium quasi prohimium .i. preuiatio. Himeneus ergo dicitur prępsul nuptiarum ab eo quod est himen .i. uia . uel locus conceptionis. Br RG

2,21/22 Zu hélfo . únde héilesodes *siehe* NL zu 5,6/7.

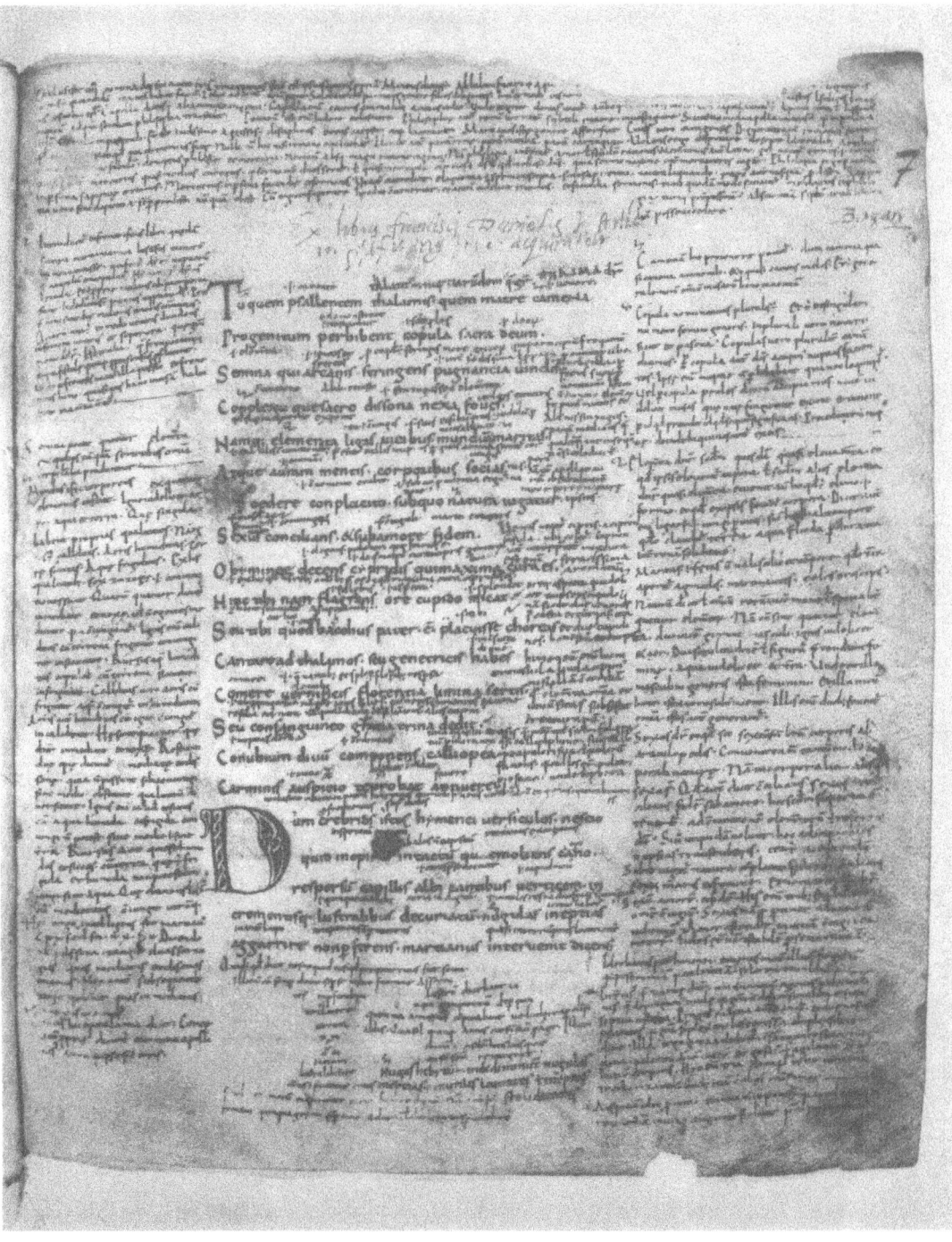

Codex Bernensis B56 (β), Text des Martianus Capella mit Interlinear- und Randglossen nach Remigius von Auxerre, f.7r

Fotoatelier Gerhard Howald, Bern

uptiales carmen finire martianus qd
cantaunt quasi inpferitia filii sui mai-
[...] huc aut de causa illud carmen fictum est
fuer onii du a des in nuptiis philologie a mercurii alios deos habere filios ac nepotes mercurius cū non haberet uxidente ergo mater
maia et nonone [...] quae sunt mercurius diuersas feminas sicut legit in hoc libro
si nulla poterat inperitiae nisi philologia sola
et illa cū maxima difficultate inpetrata ē a
non esse inperita nisi dedisset mercurii tale
decē quale mat philologia uolebat ideo unius femina quasi finire martianus vii liberales
artes quas singulas feminas detulit ideo apollo
in traducebat debelis igitur nuptiis cantauit primo satyra idest poetria uersus quos ab illa
dicit martianus ille uetulus. Et ille uocabat
[...] suo marciano. Martianus aut iunior de
[...] libris conposuit sua dona [...]
ac docens. Philologia ergo ide rationis amor
iuncta est mercurio id e qd sermo facit. Igitur
amor rationis a sermone significant mercurio a
philologia. Si igitur philologia iuncta ēē mercurio non haberet quasi pferentialiter inter
homines. Si ergo philologia non esset inter homines liberales artes non essent. Sed quia nuptiae [...] ideo septem artes sunt scriptae. Nisi
enim sermo fuisset nullae literae scriberent
[...] apparet in traducens liberales artes qua
apollo interpres [...] manifestans sicut
apparet manifestat plenus apollinis ide sol occultas formas corporalium rerum sic etiam sol interior ide sapientia manifeste demonstra[t]
differentias artium liberalium Non sine eni
ratione grammatica primo loco ponit qa illa
ē fundamentum ide de literis disputat. Et
mercurii negocius prē uolt cuius inter-
nuncii furarum uocant. Mercuri-
quasi mercurium currus dr. pennata talaria [...] habere propter discursū ubiq. negoti-
antiū. Ob hoc et uirga serpentibs noua[...]
[...] ad mercurū aliquando dat regnum ut ser-

trū de uiuius ut serpentes ideo eius caput
galero coopertū pingit quia omne negociū sep ab-
scondit. Ideo gallus nullius tutela ponunt qa
omnis negociosus inuigilat ut ad certum surgat
Ideo grece hermes dr quasi hermenese hoc est
discere. qa negociatori linguarum sit necessaria
peritia. Et tres regna [...] serre supra uti-
q. atq. infera. qd indo maius uentis nauigando
surgant. in inferna apperiunt. Presidē fur-
ti ē. dicunt. qa nihil uituis est inter negocia-
tū rapinā et puerū furantis stella quae grece STILBON dr quia et pagani ascribi. uoto
celerior planctis omnibs currit. ut septimo
die suos per noue circulos qsat nisi ox uiii. annis [...] possunt. Unde lucan Moti q. ce-
ler colle eius habet

Iste marcianus genere cartaginensis fuit studiū
primo philosophia postmodū poetria. Partis de
romae parti italia floruit. Unde culpauit se
cur deserit philosophiā conuertit q. ad poetria
Edidit nāq libros VIIII. duos scilicet. de nuptiis philologie et mercurii. Posteriores ū de liberalibs
artibs in quibs [...] figmenta differens [...]
ueritate consequens operi suae dedit. Interpretatur aut philologia amor rationis. Mercurii
uero quasi mercatorum currus ide dominus
et medius currens uel medius sermo discurrens. qa inter mercatores sermo discurritur
qa hermes graece latine sermo dr. Traditus
aut huī operis quattuor dat nomina auctoris suo. Sed cur mīneuts dicit incertū est. nisi
forte aquadi corporis rubedine. In principio
uersus vii. proche ide curriculantis requiren-
de se quae significant locū viij. psona re- q.
uerate. eiusi. facultate. hec quot uneat fuer-
isset fidelibus et optime nāde q. omnis often-
dit libri huī aspiciū peter cepi qd respūquon-
dū requirere. a. ne ad huc claraē si incerti
mana. Titulaut hi duo libri de nuptiis
philologiae et mercurii et non absq ratione.
Cū eni philologia amor rationis interpraet-
mercurii uero insignificatione sermonis
ponatur. post psso q qd sine ratio a sui

J3 2 Zu prohemio: Iam nunc ordo admonet promissorum . ut partes orationis
excurram .... Et in docendo tam narrationem quam confirmationem partis ascri-
bunt . in mouendo autem proemium et epilogum nexuerunt . quia et initio prę-
parandus est et commouendus sententiam prolaturus auditor. MC V §544 nach
Dick/Préaux 271,20/21,24-272,1
Proemium enim prius est narratione per ordinem. Tíu uóresága .i. prefatio .
día rehtores héízent exordium . díu íst êr in órdeno . dánne díu sága. Nk nach
Bl33,25-27

3/4 Zu Áber bis carmina: satyra poetisa ... Satyra genus erat lancis quod
in sacris deorum refertiebatur omni genere obsoniorum . dicta satira a saturitate . hinc satira dicta poetria quia referta est figmentis et adinuentionibus
poeticis . inde et saturici illi poetę dicuntur qui omnium uitia reprehendent
. carpent et lacerant. Br IG RG zu 6,15 satyra
SATURA LEX UERO EST QUAE DE pluribus simul rebus eloquitur. Dicta a copia rerum et quasi a saturitate . unde et saturas scribere est . poemata uaria con-
dere . ut oratii . iuuenalis et persii.... Duo sunt autem genera comicorum .i.
ueteres et noui. Ueteres qui et ioco ridiculares extiterunt . ut plautus . ac-
cius . terentius. Noui qui et satirici . a quibus generaliter uitia carpuntur
. ut flaccus . persius . iuuenalis . uel alii. Hi enim uniuersorum delicta
corripiunt . nec uitabatur eis pessimum quemque describere . nec cuilibet pec-
cata moresque reprehendere. Unde et nudi pinguntur . eo quod per eos uitia
singula denudentur. Saturici autem dicti . siue quod pleni sint omni facundia
. siue a saturitate et copia . de pluribus enim simul rebus loquuntur. Seu ab
illa lance quę diuersis frugum uel pomorum generibus ad templa gentilium solebat deferri . aut a satyris nomen tractum . qui inulta habent ea quę per uino-
lentiam dicuntur. Is et V xvi, VIII vii 7/8
Satyra seu satyrę dicuntur poetę seu poetrię facetis carminibus; ludentes sa-
tyrae enim χορευταί, id est choriales, in choro videlicet cantantes appellantur. JS nach Lutz 5,28-30
Satyra loquitur ad martianum quę omnes fabulas huius libri composuit.... Satyra .i. cypris uxor hymenęi . a saturitate dicta quasi diuitiarum dea. RA
nach Lutz 12,2/3 und 127,25/26 zu MC IV §327 und VI §576 nach Dick/Préaux 151,
11 und 287,8

  5 Zu Nû bis chéde: iam ipsius libri inicium audiamus. N2
  5/6 Zur Überschrift siehe Ω zu 2,21-3,3.

  8 Zu .i. bis sacra, 9 zu diu bis góto: Per copula autem deos accipiamus nuptias facientes.... Uel per copula deorum proles accipiamus .VIIII. uidelicet

musas quę natę finguntur esse ex ioue et iunone . per id quod pręcedit id quod sequitur intellegentes . pręcedunt enim nuptię . deinde hi qui nascuntur ex eis. Ω

per copula intelliguntur filii . qui ex copulis .i. ex nuptiis nati sunt Br IG

8 Zu Himenee *und* satira *siehe 5/6 und 4,8.*

9 Zu sîngenten: psallentem .i. canentem β IG

10 Zu dáz *bis* brûtechémanaton *siehe* NL *zu 4,16-18. Zu* brûtechémanaton: THALAMIS in Thelema grece uoluptas . hinc dicitur thalamus Br IG
thalamus est nuptiarum domus quę grece THALMA dicitur β IG

11 Zu sâng-cúttenno: Dicta camena quasi canena a canendo . uel quasi canens melos . et est generale nomen omnium musarum bene canentium. Ω
CAMENA quasi canena canendo . et est generale nomen nouem musarum quę sunt preficę carminum Br IG
ISIDOR [et VIII xi 96] Musas filias. Musas pagani . ipsas dicunt musas . quas et nimphas . id est deas aquarum . nec inmerito. Nam aquae motus musicen efficit. VIRGILIUS [aen 1,8] Musa dea literarum. GS

11/12 uuánda *bis* bíst *von Notker ergänzt.*

12/13 Zu Tû *bis* ueneris: *Man sucht umsonst die Verbindung* amorem . filium ueneris *bei Vergilius.*
NATE MEAE VIRES aut quia Veneria voluptas exerceri sine amore non potest, aut secundum Simoniden qui dicit Cupidinem ex Venere tantum esse progenitum. Serv *zu* Verg aen 1,664 = J4,13/14
Camena hic pro uenere ponitur. Ω
MATRE CAMENA .i. ex uenere Br IG
CAMENAM non generalem hic dicit quia omnis Musa bene canens Camena dicitur, sed quia omnium in nuptiis canentium magistra est Venus; non inmerito eam Camenam vocavit quam postea apertissime genitricem asserit Hymenei. JS *nach* Lutz 3,23-26
Siehe auch NL *zu 5,1-3.*

13/14 Zu Fóne *bis* amor: Omnia vincit Amor: et nos cedamus Amori. Verg ecl 10,69
Únde er áber chád. Omnia uincit amor. Nb *nach* A181,14

14/15 Zu Tû *bis* ándermo: Hymenęum enim hoc loco nihil aliud accipimus nisi amorem illum et concordiam qua elementa omnia et uniuersitas subsistit creaturarum. Ω, Br RG

15 Zu .i. stringis: Stringens pro stringis secundum grecos . qui participium frequenter pro uerbo ponunt. Ω

Codex latinus Monacensis 14271, Kommentar des Remigius von Auxerre zum Martianus Capella (N²), f.37r

absorpto in effectu, quia ita est pulchritudo quae significatur p(er) venerem·
plangere solet q(uae) significatur p(er) adone(m) ad australes circulos
descendente(m) spurcitia(m) aerige(re) hyemali q(uas)i denub(us) a
pri(us) in effectu unioq(ue) lacrimas imbriu(m) et fluentes ita
p(ro)ducer(etur). Ad u(niversa) sal(is) resplenderet(ur) atq(ue) adipsius d(e)i de(cur)-
rer(e)m s(an)c(t)a et reliq(ua) usq(ue) hanc unionis ubera memorab(iliter)
a(n)te i(d est) fertilitate(m) et habudantia(m) autumnale(m) enim tem(pus)
i(d est) rerum omnium fertilitas· unde et autumnus vocat(ur) h(?)
nare enim maturescere et colle(c)tio et tunc est maturitas
et collectio om(n)iu(m) frugu(m). Ex his urnis d(icitu)r q(uia) rerum sac(ra)me(n)t(um)
hauriebatur· expediebatur. Na(m) quotiens obt(ine)b(at) o(ratione) placato
i(d est) hominib(us) sibi acceptis. Cu(m) v(ero) peste d(iv)i(na) e(gr)uer(et)
i(d est) valde meritis et dignis sub tali peste et in affligend(o)
d(eu)m orbe(m) meare cogebat. ecce poeta i(d est) meoniu(s)
mercurio exp(rim)ebant(es) i(d est) c(um) laudantes. P(rae)pos(itio) i(d est) p(ro)p(ter)
no huius q(ue)d(am) versus tal(is) est · phebus i(d est) novus crisocom(us)
i(d est) aureo(coma)· NOV· i(d est) pestes nefelen i(d est) nube(m) aporibit
i(d est) resolvit phoeb(us) i(d est) p(raesen)s est novus. Sol eni(m) cu(m) orit(ur)
novus apar(et)· en sol eni(m) g(er)it auru(m). Radii enim splendentes q(uas)i aureas comas p(rae) monstrant· nube(m) pestis
i(d est) acerb(a)e et obscurae pestilentiae et m(or)talib(us) resolvit i(d est) repellet ab h(omi)nib(us)· ut apolline(m) oni(?) eige(?)
et pell(er)et et auferet. Si u(er)o est p(e)r ces(?) h(o)m(i)nu(m) p(ri)me(?)
accede(re)t prime p(ro)p(ter) q(uo)mo(do) dixer(at). vestigiis q(uibus) v(el) mercurii sensus · dicebat ille mercuriu(m) posse q(uam)d(am) pes-
te(m) pellere si plicaret ab hominib(us) ipsam ia(m) peste(m)

J3,15-4,3

stringis für stringens Br

16/17 Zu Tie bis elementa: Semina uocat quatuor elementa ex quibus tamquam ex seminibus omnia corporalia producuntur.... Pugnantia .i. propagari quęrentia per foetus suorum prouentuum. Ω
Semina iiíí̃ elementa ... pugnantia inter se illa semina Br IG
pugnancia inter se dissona uel propria β IG

17 Zu tóugenên: arcanis .i. ignotis et secretis β IG

19 Zu côtelichemo: Sacro .i. diuino Ω, Br IG

19 Zu gehîleiche, 20 zu gehîleih, 20/21 zu bánde: Conplexu .i. coniunctione β IG

20/21 Zu Dáz bis bánde: Restant duę [sinzugię .i. coniunctiones] quę uocantur mediatę et dissonę . quia non possunt sibi coniungi sine medio . obstante qualitatum diuersitate.... Dicendo dissona . tangit duas sinzugias quas mediatas et dissonas uocamus. Nexa autem subsequendo . tangit quatuor quas inmediatas et nexas uocamus. Ω
Restant duę [sinzugię .i. coniunctiones elementorum] quę non possunt fieri sine medio.... Cum enim dicit dissona . tunc duas mediatas et dissonas . cum autem addit nexa . tangit iiíí̃ inmediatas et nexas. Br RG

21 Zu .i. compescis: ligas tu . uel coniungis β IG

J4 3,22-4,1 Zu Hérton bis uuérlt: uicibus .i. per uices et alternatim . sicut hiemali tempore quando clauditur terra . aqua fluida perduratur in terrenam soliditatem .i. in glaciem. Maritas .i. foetas . uernali scilicet tempore quando terra aperitur agricolis . mare nautis . cęlum horoscopis.... Mundus iste corporeus ex quatuor elementis constat . igne uidelicet et aere . aqua et terra. Quę singula habent proprias qualitates. Nam ignis est caliditas . aeris humiditas . terrę siccitas . aquę frigiditas.... Caliditas uero aeris cum frigiditate aquę coniungitur in humiditate. Aeris autem humiditas cum igne coniungitur in caliditate. Ω
maritas fecundas ... Rursus aqua in humiditate copulatur aeri . quia aer est humidus et calidus . qui aer igni in caliditate coniungitur. Br IG RG

1/2 Zu Übe bis érda: hic [sol] vices temporum annumque semper renascentem ex usu naturae temperat. Plin nat II iv 13

3 Zu .i. spiritum uitę: Socias auram mentis corporibus .i. etiam illis coniunctionibus et illis nuptiis pręes tu per quas anima sociatur corpori. Auram mentis .i. auram quę est mens . mentem appellat auram ob subtilitatem incorporeę naturę ipsius. Ω
auram mentis subtilitatem Br IG

Ecce ego adducam diluuii aquas super terram . ut interficiam omnem carnem in
qua est spiritus uitę subter cęlum. Gen 6,17
Siehe auch Dolch S.365.

4-6 *Zu* Mĭt *bis* uuĭrt: Sub quo .i. sub tua prouidentia et gubernatione. Iugatur .i. coniungitur. Natura .s. rerum uel etiam elementorum omnium. Complacito .i. conuenienti et apto. Nam cum sint quatuor elementa . duo uicem gerunt
masculi . ignis uidelicet et aer . duo similitudinem uel figuram prętendunt
feminę . aqua scilicet et terra. Unde et illa masculini generis sunt . et ista
feminini . et illa incumbunt . ista subteriacent. Illis enim duobus fouentur
omnia . his duobus generantur. Ω
quo te ... iugatur iungitur Br IG
Siehe auch NL zu 6-8.

6-8 *Zu* ĭn *bis* stĕrchende: Concilians sexus et concilians fidem sub amore.
Hoc secundum tenorem superiorem ad coniunctionem elementorum est referendum.
Si uero ut quidam uolunt hoc ad corporales nuptias transferre uolueris . ita
est accipiendum. Sub te iugatur natura complacito foedere . concilians sexus
maris et feminę . et concilians .i. confirmans fidem coniugii sub amore mutuo
maris et feminę. Et nota tria quę dicit . sexum . amorem . fidem. His enim
tribus stabilitur omne coniugium. Sexus namque pertinet ad naturam nubentium.
Amor ostendit mutuam coniugii caritatem. Fides ęternam et stabilem perseueran-
tiam. Ω
Hoc de elementis. Istud de humano sexu.... Sexus .s. maris et feminę concilians confirmans ... amore .s. mutuo fidem .s. coniugii ... Nota tria . sexum .
amorem et fidem . sexus pertinet ad naturam . amor ad mutuam karitatem . fides
ad perpetuam stabilitatem. Br IG RG
Sexus .s. masculinum ac femininum concilians .i. coniungens β IG

9/10 *Zu* zĭmigo *bis* sĭzzentero: Decens .i. elegans pulcher atque formose.
Qui est maxima cura cypridis .i. de quo multum curat cypris genitrix tua . hoc
est uenus quę cypris uocatur a cypro insula ubi colitur. Ω
decens elegans . cypridis uenus a cypro ubi colitur.... Ordo hic est. O himi-
nee tu decens annue auspitio mei carminis .s. nam calliopea . componens conubium diuum . te probat annuere auspitio mei carminis . quem perhibent sacra
copula deum psallentem thalamis. Br IG RG

9 *Zu* hĭmachare *siehe 2,22-3,1.*

10 *Zu* papho ciuitate cypri: IPSA PAPHVM civitatem Cypri .... AMATHVS et PA-
PHOS Cypri insulae civitates sunt, Veneri consecratae. Serv zu Verg aen 1,415
10,51

Ciprus insula . a ciuitate cipro quę in ea est nomen accepit. Ipsa est et pafos ueneri consecrata. Is et XIV vi 14; Dolch S.367

11/12 Zu Dáz bis nîet: Hinc .i. ex hoc quod his rebus omnibus pręes . et quod maxima cura es cypridis. Micat .i. resplendet . tibi cupido flagrans .i. resplendens . ore .i. aspectu . quia uidelicet tu ipse es cupido. Ω
ore .i. aspectu proprie dei ... micat splendet .i. uidelicet cupido Br IG RG
flagrans .i. fulgens β IG

13/14 Zu Fóne bis solus: nate, meae vires, mea magna potentia solus Verg aen 1,664

14 Zu .s. perhibent: Perhibent .s. a superioribus placuisse Ω
placuisse quem perhibent .s. a superioribus Br IG

16-18 Zu Apollinis bis uuás: Choreas hic epithalamia dicit. Chorę autem proprie dicuntur carmina apollinis a choro . quia ipse pręest choris. Ω
thalamos deorum ... Epitalamia sunt carmina. Br IG RG
Epitalamia cantus nuptiarum N2 RG
Epitalamia sunt carmina nubentium . quae cantantur a scolasticis in honorem sponsi et sponsae. Haec primum salomon edidit in laudem ecclesiae et CHRISTI . ex quo gentiles sibi . epitalamium uindicarunt. Et istius generis carmen assumptum est . quod genus primum a gentilibus in scenis caelebrabatur . postea tantum in nuptiis haesit. Vocatum autem epitalamium . eo quod in thalamis decantetur. Is et I xxxix 18
Vuanda sus hiêr ána gelóbot sint sponsus et sponsa . pediû heízet díser sálmo . epithalamium . daz chît prûtelob. Np nach R158,14/15 zu Ps 44,18
(priûtegómo unde brût)

18 Zu déro iû síto uuás siehe auch 133,12 ut mos erat uirginis.

18 Zu tibi, 19/20 zu Táz bis kelúste: Cur hoc? seu quia bachus est tibi pater . seu .... Ideo autem bachus pater et uenus genitrix illius fingitur esse . quia post nimiam petulantiam . solet excitari libido. Ω
Dicunt enim mulieres ei [libero] attributas et uinum propter excitandam libidinem.... Apud grecos autem inuentorem uitis . liberum appellarunt . vnde et eum gentiles . post mortem deum esse uoluerunt. Is et VIII xi 43, XVII v 1
Euan .i. liberum patrem. Metonomia est . quia pro uino liberum posuit. Euan .i. bacchum . ab eo quod est heu uah. RA nach Lutz 238,31-239,1 zu MC VIII §804 nach Dick/Préaux 423,5
Et uinum lętificat cor hominis. Vnde uuin gefréuuet danne menniscen herza. Np 103,15 nach R383,4; Dolch S.365/366

19 Zu uuíngot siehe auch 53,3/4 und 73,19-21.

4,21-5,1 Zu Álde bis blûomon: seu quia habes .i. nosti uel consuesti . seu etiam habes in consuetudinem ... de uernificis sertis .i. uernantibus et splendentibus Ω

bachus pater uenus mater ... genitricis tuę . habes .i. nosti Br IG
uernificis .i. uernantibus domibus . florentia floribus respersa β IG
Comere .i. ornare Br β N-T E-T IG
sertis coronis Br β IG

22 blůomenne] *zíerenne

J5 1 Zu díe bis récchent siehe NL zu 4,19/20.

1/2 Zu .i. soror ueneris, 2 zu tibi, 2/3 zu .s. dona bis gestum: consanguineo .i. tibi propinquo suo. Nam gratię iouis sunt filię . cuius nepos est hymenęus ex uenere filia eius natus. Gratię tres sunt . quę et caritę dicuntur . unius nominis et unius pulchritudinis.... Illa ergo gratia dedit tibi consanguineo suo trina .s. dona . pulchritudinem . uocem et gestum .i. agilitatem et mobilitatem corporis. Ω

consanguineo .i. tibi propinquo suo ... gratia nam gratię filię iouis sunt cuius est nepos ymeneus ... trina .i. pulchritudinem . uocem et gestum .i. agilitatem Br IG RG

3 Zu díe bis zíhent: Hęc enim tria dantur bene canentibus et rethorizantibus . quibus etiam conciliatur omnis amor. Ω

5/6 Zu sáng/cúten: Calliopea una est ex nouem musis. Interpretatur autem secundum fulgentium callion phone .i. pulchra uox . siue calliopea dicta pulchrifica uel pulchre faciens . quia callos grece pulcher . poio facio . hinc et poeta dicitur. Ω

Calliopea una ex nouem musis. Kallos enim pulcher . hinc calliopea dicta quasi pulchrifica uel pulchre fatiens. Poio enim grece . latine fatio . uel calliopea dicitur quasi kallion phone .i. pulchra uox. Br RG

Siehe auch 3,11 sáng-cúttenno.

6 Zu díu bis scâfôt: Conubium diuum .i. nuptias deorum componens .i. ordinans β IG

6/7 Zu tíu bis sánges: Probat te illa calliopea annuere .i. fauere et consentire. Auspicio .i. initio carminis mei. Auspicium autem ideo pro initio et inchoamento posuit . quia apud antiquos rerum omnium initia augurato fiebant . precipue nuptiarum. Ω

Carminis .s. mei auspicio inicio ... annuere .i. consentire Br IG
probat adprobat commendat β IG
probat commendat N-T IG

7 Zur Überschrift, 9/10 zu álso bis lêrta: Nuptiale carmen finxit martia-

nus . quod cantauit quasi in pręsentia filii sui martiani .... de his igitur
nuptiis cantauit primo satyra .i. poetria uersus . quos ab illa didicit martianus ille uetustus. Et ille tradidit filio suo martiano. Martianus autem iuni-
or hac de causa hunc librum composuit suadente satyra ac docente. N¹ E¹
Siehe auch 17/18 Quid *bis* deproperas *und* 6,15 quam edocuit satyra.

10/11 *Zu* .s. *bis* pîn, 12 *zu* Dáz *bis* sîn: Quid est quod dicit nescio quid
inopinum cano cum semper dicat . nisi quia secta peripateticus fuit? Illi enim
cum semper dicant . semper se nescire fatentur . asserentes sicut in profundo
putei latere ueritatem. Ω
Martianus secta perypateticus fuit. Illi enim cum semper dicant . semper se
nescire fatentur . asserentes sicut in profundo latere putei ueritatem. Br RG

11/12 *Zu* uuáz *bis* úngehándelotes: inopinum insperatum ignotum . intactum
ab aliis non expositum . moliens meditans excogitans β IG
inopinum insperatum . intactum non inchoatum N-T IG
inopinum .i. insperatum ... molliens componens modulos temptans E-T IG

15-17 *Zu* Mîn *bis* chédende: Decuriatum lustralibus incrementis . hoc est prouectu ętatis simul et morum maturitate curię honore dignum.... Interuenit .i.
interposuit se martianus ęquiuocus siue omonimus meus. Ω
uerticem incrementisque lustralibus .i. prouectu ętatis simul et morum maturitate curię . decuriatum uel decoratum ... Decuriatum perfectum et ueluti honore
curię dignum ... nugulas ineptas leues siue uiles uanitates . aggarrire inaniter loqui ... martianus ęquiuocus uel omonimus meus . interuenit .i. interposuit se Br IG RG
albicantibus .i. canis per senectutem . uerticem .i. caput meum ... nugulas
ineptas .i. inutiles res . aggarrire inaniter loqui . non perferens non pati-
ens .i. non permittens ... interuenit dicens quasi interrumpens locutione β IG
nugulas .i. stoliditates N-T E-T IG

15 *Zu* gráuua hóubet: DECURIATUM VERTICEM antiquum caput JS *nach Lutz* 5,8

18/19 *Zu* Uuáz *bis* sîngest: Quid .s. est istud ... uulgata manifestata ...
deproperas festinas Br IG
Quid istud .i. quid est mi pater martiane ... nondum non adhuc uulgata .i. pro-
palata ... cantare .s. unde uelis scribere deproperas .i. festinas et apparas
β IG
Quid est istud N-T E-T IG

18/19 *Zu* fáter mîn *gegenüber* 17 mi pater *vgl.* Pater noster ‚Vater unser'.

19/20 *Zu* Tû *bis* sîngest: .i. quid est hoc apparas cantare cum nondum mani-
festasti materiam unde canere uelis β RG

21 Zu pontificis] *antistitis; antistitis pontificis romani β IG
Pontifex princeps sacerdotum est quasi uia sequentium. Ipse et summus sacerdos . ipse pontifex maximus nuncupatur.... Antistes . sacerdos dictus . ab eo quod ante stat. Is et VII xii 13, 16
Siehe auch 7,21 pontifices.

21/22 Zu Únde bis bíscofes: Nictantis .i. uigilantis a greco quod est nix . nictos .i. nox.... Antistites enim antequam templum aperirent mane . solebant uerba quędam uel preces profundere .... Postea apariebant ostium .... Gymnologisis .i. ratiocinaris a greco quod est gymnologiso .i. exerceo(r). Hinc gymnus dicitur nudus. Et gymnasium locus exercitationis. Ω
ΓΥΜΝΟΛΟΓΙΖΕΙΣ exercitas vel philospharis; verbum Grecum γυμνολογίζω, cuius propria interpretatio est exercito. *JS nach Lutz 5,14/15*
ritu more nictantis uigilantis ... reseraris pręserauerris ΓΥΜΝΟΛΟΓΥCΕΙC .i. philosopharis ... Antistites solebant antequam fores aperirent quędam uerba uel preces profundere. Gimnologiso .i. exerceor. Gimnus nudus grece . hinc gimnasium. Br IG RG
fores .i. templum aditumque .i. secretum reseraris aperiaris . ΓΥΜΝΟΛΟΓΥCΕΙC sermocinaris ... Et est tractus sermo ab eo quod est gimnologiso .i. exerceor. ... Et tangit morem romanum. Romani enim cum in bellum essent profecturi . pontifex mane antequam procederent surgebat. Et antequam templum aperiret .... β IG RG

21 Zu síngest: gimnologisis] *himnologisis = ὑμνολογίζεις *nach Dick/Préaux 4,11; siehe auch 18 cantare und 19/20 2mal síngest.*

J6 2 *Der das Verständnis fördernde Übergang* Nū ne-hīl iz *stammt von Notker.*

2/3 Zu nûbe bis hélle: apportes narres ... pręedicta .s. uerba Br IG
edoce manifestas quid adportes .i. quid uelis dicere ... quorsum .i. in quam partem pręedicta .s. carmina ... reuelato manifestandis β IG

3 *Zur Überschrift:* Et est sensus. Cum inquit audieris hymenęum pręlibantem .i. pręgustantem et pręsignantem disposita .s. carmina . et cum tibi notus sit liber ille egerimion elegantissimi et perspicui operis apud grecos . cur creperum sapis .i. cur dubitas me de nuptiis deorum uelle loqui . cum audias hymenęum nuptias resultare .i. recinere et resonare? Ω

4 Zu Ne-uuéist bis îh: Ne tu magis desipis .i. nonne tu magis infatuaris et a sapore sapientię desciscis .i. desipis? Ω
Ne nonne Br IG
Ne .i. nonne tu inquam .i. dico . desipis .i. fatuaris et a sapientia desciscis .i. tu dicis me desciscere . sed tu plus desipis qui audis me himeneum

alloqui et ignoras quid uelim canere. β IG

5-9 Zu Únde bis uuérdên: Egerimion .i. surrectionum uel ascensionum siue mutationum. Egerimo grecum uerbum est .i. surgo. Est enim egerimion liber apud grecos de apotheosia .i. deificatione . ubi refertur qualiter homines deificati sint et in deorum surrexerint dignitatem. Creperum sapis .i. dubium. Ω
ΕΓΕΡΥΜΙΟΝ liber de deificatione ... Egerimo grece . latine surgo . hinc liber egerimion apud grecos . in quo refertur qualiter homines per apoteosin .i. per deificationem in deos surrerint. Br IG RG
Quomodo uidelicet homines deificati sint referens et coniugium deorum merentes . quomodo inter deos surrexerint . et in deorum numero computati sint. β RG
Siehe auch Ω zu 3.

10-12 Zu Únde bis sînt: nec .i. nonne ... praelibante .i. demonstrante disposita .s. carmina ... resultare .i. recinere et resonare Br IG
liquet claret et manifestum est tibi ... prelibante pregustante disposita .i. omnia que disposueram . carmina uidelicet β IG
Siehe auch Ω zu 3.

13 Zu .s. carmina, 13/14 zu Úbe bis sîn: Ex cuius scaturriginis uena .i. fonte profluxerint concepta .s. carmina. Scaturrigo dicitur quasi scatens origo. Scaturrigines autem sunt sparse aquarum profluxiones. Ω
concepta .s. carmina ... scaturiginis dicitur quasi scatens origo ... Scaturrigines sunt sparse aquarum profluxiones. Br IG RG
concepta .i. ea que in mente concepi . cuius scaturriginis uena .i. de quo fonte . profluxerint emanauerint . properus .i. auidus et studiosus scrutator inquisitor . inquiris .i. perquiris ... profluxiones uel ebullitiones β IG RG

16-20 Zu Sô bis dúruuacho: Comminiscens .i. recordans siue comminitans .i. intentans . et tam me quam lucernas marcescentes increpans . quia et ego iam lassabar . et ille deficiebant propter longam uigiliam qualis solet esse hiemali tempore . et hoc est quod dicitur hiemali peruigilio. Nisi prolixitas perculerit .i. offenderit. Ω
MARCESCENTES defitientes. HIEMALI PERVIGILIO hoc est longissimis ueluti hiemalibus uigiliis. COMMINISCENS increpans, minas faciens. JS nach Lutz 5,26/27
comminiscens .i. recordans ... marcescentes defitientes ... perculerit .i. offenderit Br IG
peruigilio pernoctatione ... lucernas quarum lumine uigilans utebar ... explicabo .i. narrabo . et manifestabo β IG

17/18 Zu tánnan bis sînt siehe 13/14.

20/21 Zur Überschrift: Clausula tamen est. Uxorem ducere instituit. Ω

Nuptię autem propterea factę sunt quia uidit mater mercurii alios deos habere filios ac nepotes . mercurius autem non habebat. Suadente ergo matre maia . et iunone . et uenere . quęsiuit mercurius diuersas feminas sicut legitur in hoc libro. N¹ E¹ *Siehe auch 9,10-13,17-19 und 10,13/14.*

J7   1 *Zu Suspensio uocis,* 7,5,7,9,12/13,17,19 8,7,13,17,19 9,1,4 *zu 12mal Et hic und* 9,13 *zu Depositio: Notker benutzt öfters solche rhetorisch-syntaktischen Anweisungen in seinen Werken, um verwickelte lateinische Perioden bzw. Satzgefüge im Sinne der* constructio in legendo, *zwecks des leichteren Verständnisses zu bewältigen. Siehe z.B. Nb nach A100,25,27,29, Ni nach B186,10/11,13, 17,23/24 187,5 und Nk nach B83,8,11,13/14. So eine Aufteilung des Satzes geschieht 12mal in Nc, u.zw. nach J7,1-9,13 43,5-44,5 47,10-14 55,20-56,6 76,16-21 77,17-78,5 80,2-7 80,17-22 112,8-113,19 133,15-134,22 145,12-22 160,10-162, 3. Wie Backes im ersten Teil seiner Studie ausführt, gründet sich Notkers syntaktische Umformung der jeweiligen lateinischen Vorlage auf einen seinerzeit in St.Gallen vorhandenen lateinischen Traktat. Diese noch näher zu bestimmende Abhandlung, die aus vier Teilen besteht* QUOMODO SEPTEM CIRCUMSTANTIĘ RERUM IN LEGENDO ORDINANDĘ SINT., QUOT SINT GENERA ELOCUTIONIS ET QUID SIT COLON ET COMMA., DE CONSTRUCTIONE CASUUM INTER SE ET UERBORUM CUM CASIBUS. *und* QUOD QUIDAM AUCTORES DE ILLIS GENERIBUS SUNT AMBIGUE LOCUTI. - *ist neben Notkers Brief an Bischof Hugo II. von Sitten,* De arte rhetorica *und* De partibus logicae *in Codex Bruxellensis 10615-729, 11.Jh., ff.60rb-62vb und neben Grammatisch-Dialektisch-Rhetorischem in Codex Turicensis C98, 11.(?)Jh. aus St.Gallen, ff.38v-66v überliefert und bei Piper 1, S.XIII-XLIX abgedruckt. Zu diesem sog. St.Galler Traktat siehe auch Jellinek 2, S.426 ff. 464 f. und Näf S.78-84.* Figura quędam apud rethores quę climax uocatur .i. ascensio siue scalenos .i. gradatum . quodammodo enim per quasdam scalas ab inferioribus scandit ad superiora. Est autem ordo longissimus magno uerborum excursu protensus atque ideo obscurior. Ω *Worauf das zu 6,20/21 angeführte* Clausula ... *folgt.*

1-4 *Zu* Tánne *bis* mánigi: Undique .i. a matribus et patribus.... pręclues .i. nobiles . generosi et ualde gloriosi.... pręcluis .i. inclitus et ualde gloriosus. Ω

undique .i. a patribus et a matribus . numerosae multiplicis ... pręclues nobiles . siue eugones [*eugenei] . uel gloriosi Br IG
aetheria cęlestis β IG

2 *Notkers Formulierung in* állen sínt tes hímelis *widerspricht Remigius' Auslegung von* undique.

5 *Zu* Únde *bis* hábetín: Potirentur .i. oblectarentur. Ω, Br IG

complexu .i. amore β IG

6 *Die Erweiterung des Textes* sô *bis* sîn *verdanken wir Notker.*

7/8 *Zu* Únde *bis* mêrunga: Potissimos .i. prẹcipuos et maximos inter deos. Adiectio conubialis .i. augmentatio et amplificatio generis. Ω

potissimos maximos sublimiores uel prẹcipuos inter deos ... adiectio .i. ampli[fica]cio generis . augmentatio Br IG

bearet beatificaret . adiectio copulatio β IG

9/10 *Zu* Únde *bis* mênnisghêit: deditum ... .i. concessum et traditum. Loquax ... .i. garrula et uerbosa. Triuiatim .i. uulgo et passim. Dissultaret .i. resultaret et resonaret uel diuulgaret. Ω

deditum .i. concessum ... loquax .i. uerbosa . triuiatim uulgo . ubique passim . dissultaret diuulgaret Br IG

13-16 *Zu* Únde *bis* ságetin: Prẹcipue poetẹ consonarent hoc.... Epica pagina .i. laudabili carmine. Epos grece laus . inde epicum carmen dicitur laudabilibus pedibus compositum. Laudabiles uero pedes sunt spondeus . iambus . trocheus . dactilus et anapestus. Lyrica pagina .i. uario carmine. Hinc lyrici poetẹ dicti a uarietate carminum . hinc etiam lyra dicta est apo tu lyrin .i. a uarietate cordarum. Ω

caecutientis uel caligantis ... epica .i. laudabili ... lyrica .i. uaria ... Epos grece . latine laus inde laudabile carmen siue laudabilibus pedibus compositum .s. aut spondeo iambo trocheo dactilo anapesto. Epicum carmen est quod post quosdam uersus certis clausulis terminatur . liricum autem carmen quod uariis metrorum generibus constat . dictum apo tu lyrin .i. a uarietate . hinc et lyra dicta a cordarum et sonituum uarietate. Br IG RG

euagrium proprium nomen poetẹ greci ... secuti imitati ... senectutem quia senex iam erat . epica laudabili ... lyrica uariis carminibus respersa ... Cẹcutientis .i. prẹ senectute iam cẹcus... Meonius autem fuit pater omeri. β IG RG

17-19 *Zu* Únde *bis* uuîniun: una .s. excepta ... loquerentur .s. poetẹ Br IG

dulcius .i. suauius ioui et delectabilius .s. quam de nuptiis ... aetherias cẹlestes . uoluptates delectationes . una cum coniuge simul cum iunone β IG

19/20 *Zu* Únde *bis* fides: Fides una dearum . de qua uirgilius . cana fides et uesta. Ω

Promptior Fides, devotior Fides dearum est una de qua poeta 'Cana Fides,' inquit, 'et Vesta.' JS *nach Lutz 6,17/18*

His .s. poetis ... fides una dearum . unde uirgilius . cana fides et uesta Br IG

promptior manifestior fides dea β IG

J8 2-5 Zu Díu bis gskéhen: Hęc ergo fides dea suadente aruspicio .i. diuinatione uel responso diuino conuocat in testimonium grandęuos .i. senes morum simul et ętatis maturitate prouectos. Hoc dicebat illa fides simul cum illis. Cum quid iupiter negaret uotis hominum implacabilis ipse .i. inexorabilis .i. cum etiam multis hostiis et sacrificiis placari et repropitiari non posset . prouenire exorata eius matrona iunone. Ω
EXORATA placata. MATRONA id est Iunone. PROVENIRE adesse, impetratum, et est talis sensus: Dea Fides custos deorum sacerdotes in testimonium convocat ut et ipsis cum illa contestantibus comprobaretur. Quod si contigisset ut homines de suis causis dubitantes, multis sacrificiis immolatis, certum Iovis responsum consulerent, et ille quadam duritia multis hostiis placari nolens, mortaliumque vota spernens, certum consultum reddere negarit; mox ut illi homines meliori consilio utentes, incassumque Iovi sacrificasse cognoscentes, ad Iunonem conversi eamque sacrificiis placantes, omne quod prius ipse Iovis non concesserit, ipsius Iunonis dico humanitate ac veluti feminea facilitate interposita, absque ulla hęsitatione venire dubium non sit. JS nach Lutz 6,21-31
aruspicio diuinatione . grandeuos .s. senes .... Cum quid Iuppiter hoc dicit fides.... implacabilis inexorabilis ... matrona .i. iunone Br IG
pontifices antistites ... uotis .i. uoluntatibus ... ambage sollicitudine . suspensis sollicitis ... inplacabilis non possens placari ... exorata deprecata β IG

7-10 Zu Únde bis ferbīeten: Et .s. dicebat illa fides remouere illum iouem quicquid ipse dictauerat .i. quicquid mali disposuerat facere mortalibus. Asseruante .i. excipiente . pugillo .i. scriptura parcarum. Parcę sunt exceptrices et librarię iouis. Sunt autem tres. Ω
DELENITUM deletum, aboletum. EX PROMPTA SENTENTIA hoc est definita et prolata .... Tres autem Parcas poetae fingunt veluti tres cancellarias arcarias sententiarumque ipsius custodes. JS nach Lutz 7,8/9,19/20
et quicquid .s. dicit illa fides ... prompta manifesta uel fixa ... parcarum fatorum . pugillo scriptura . asseruante excipiente ualde seruante . dictauerit .i. disposuerat ... .i. quicquid mali disposuerat facere mortalibus.... delinitum permulsum placatum . suadae suabilis ... remouere illum .i. iouem ... Parcę sunt exceptrices et librarię iouis . sunt autem tres. Br IG RG
prompta manifesta ... coniugis uel iunonis amplexibus .i. oblectamentis ... remouere a tabulis parcarum delere β IG

11 Zu .s. fides: attestabatur .s. fides Br IG
attestabatur affirmabat ipsa fides β IG

13-16 Zu Únde bis nereí: Uxorium .i. uxori deditum.... Diti .i. plutoni.
Pluto grece . latine dis .i. diues ... inferorum deus .... Portunus deus por-
tuum . ipse est neptunus uel melicerta. Gradiuus .i. mars. Ω
Dis ipse est Pluto et Orcus et Acheron; .... Portunus autem dicitur quia navi-
gantibus portum prestat.... Gradivus Mars dicitur quasi gradiens divus ad bellum videlicet.... NERIENIS uxor Martis quę Nerine dicitur quia filia Nerei a
poetis fingitur. JS nach Lutz 7,22,25,26/27,30/31
uxorium uxori deditum ... diti plutoni ... Platos [sic] grece . latine dis .i.
diues . deus inferni ... portuno deus po[rtuum] ... nerinae s. filię Br IG RG
solum tantum . superum .i. cęlestem iouem uidelicet ... propositum .i. in animo stabilitum ... Nerienis .s. filię nerinę ... torreri incendi uel flagrari
... Pluto deus inferni grece ... Gradiuus dicitur mars deus belli. β IG RG

15 Zu méregóte siehe auch 53,16 mére-got, zu uuĭgcot auch folgendes: Martem
deum belli esse dicunt .... Mars autem apud tracos gradiuus dicitur. Is et
VIII xi 50 52

17 Zu Sámilih bis árzatgóte: Ęsculapius qui grece asclepios dicitur . apollinis et coronę filius fuit. Ω
AESCULAPIUS filius Apollinis artis medicinę maximus repertor. JS nach Lutz 7,32
non dispar .s. similis adfectio .i. uoluntas ... Et fuit [asclepios] inuentor
medicinę. β IG RG

19-22 Zu Únde bis héizet: Męstissimum seniorem uocat saturnum iouis patrem.
Hic secundum fabulam a filio regno pulsus ad italiam uenit et a iano rege italię susceptus est .... Męstissimus autem fingitur quia pulsus regno est . et
castratus a filio . uel etiam quia sidus eius tardissimum est .... Permulsa
.i. blandita et placata .... Cybele dicta est quasi cubele a soliditate . ipsa
enim est terra qua nihil solidius est in elementis. Ω
Ops et Cybele et Berecinthia et Rea vocatur, quam matrem omnium deorum fabulae
fingunt, uxor Saturni quae propterea Ops et Cybele nominatur, quoniam in significatione terrae quae et fertilis est et solida frequentissime ponitur a poetis. PERMULSA placata. MĘSTISSIMUS deorum senex Saturnus dicitur aut quia veluti senectute confectus, tardissimus, ac per hoc męstissimus errantium cursum
peragit suum, seu quod a filio suo Ioue et castratus est et suo regno expulsus,
non inmerito fingitur męstus. JS nach Lutz 7,33-8,7
Similique persuasione Et dicebat . transduci .i. de propria uoluntate in uxoris mutari β IG

J9 1/2 Zu Únde bis lángeta: Ianus deus anni ... hinc et mensis ianuarius
bifrons depingitur propter ingressum et egressum anni.... Miratur argionam

uxorem suam. Quid miratur . uel quid si miratur? Ubi amor . ibi oculus . ubi dolor . ibi manus. Ω

Et propterea quod bifrons depingitur . dicit utraque effigie. β RG
Uuánda óuh prouerbium íst . ubi amor . ibi oculus. Nb *nach* A181,14/15

5-9 *Zu* Isidem *bis* hábeti: Memphiticam reginam .i. isidem ... quę osiridem uel menelaum uirum suum a typhone fratre laniatum . diu obsita .i. circumdata luctu quęsiuit . tandemque inuentum in palude quadam iuxta memphim ciuitatem . non tamen ideo a luctu et męrore cessauit.... Dependisse .i. exhibuisse et exsoluisse. Ω
Semper enim Isis tristis querebatur mariti sui interitum. JS *nach* Lutz 8,14/15
reginam isidem . tantum .s. amoris . marito .i. osiridi Br IG
Nam reginam dicebat illa fides ... contenta sit .i. sufficiens sit ... Hęc autem in tantum dilexit maritum . ut licet inueniret eum non propterea cessauit a luctu. β IG RG

12 *Zu* .i. obedit ad auxilium: paret .i. obędit et obtemperat Ω
ad auxilium *scheint von Notker zu stammen.*

13-17 *Zu* Fóne *bis* gehîenne: Ideo autem fingitur thalamos conspicari . quia ipse est deus sermonis . et in nuptiis sermo plurimum ualet. Ω
Hac igitur fama . propter hanc famam β E-T IG
amoribus quod scilicet uxores ducere uolebant . motus .i. commotus ab amore uxoris . concitus concitatus ... cunctorum .s. deorum affectiones uoluptates ... thalamos domo scilicet ubi conueniebant ... conspicatur conspicit . intuetur ... instituit constituit . deliberauit . in animo suo β IG

18 *Zu* eum, 9,19-10,1 *zu* Án *bis* uuás: Sententia est deliberatio de agendis rebus uel non agendis.... Merito anxia quia felicitate nepotum priuabatur . nam unum solum habebat et ipsum cęlibem.... Pliades septem fuerunt athlantis filię . e quibus una est maia mater mercurii. Cum ergo eam salutaret mercurius in numero pliadum annua peragratione .i. excursione zodiaci . mense uidelicet maio . cum sole taurum ingressus et ad eam partem tauri ueniens in qua pliades sunt . in genu scilicet. Impulit eum mater .i. hortata est et coegit quasi nolentem ut duceret uxorem. Ω
anxia sollicita tristis ... annua quę singulis annis fit . peragratione cursu ... salutaret .s. illam β IG
salutaret .s. mercurivs eam E-T IG

Ob Notker selbst 18 cum salutaret eum ... 19/20 dô si ín chátta *für* *cum salutaret eam ... *dô er sía chátta *schrieb?*

J10   4-7 *Zu* Târ-umbe *bis* skéin: Palęstra grece luctatio a uerbo palo .i. luctor. Hinc palęstrites luctator ... Crebris discursibus. Nam ipse est cursor deorum. Exercitum .i. exercitatum et expeditum corpus eius. Renidebat .i. resplendebat et refulgebat.... Tori sunt eminentię uel pulpę brachiorum.... Uirili amplitudine .i. uastitate et mole. Ω

crebris sępissimis . discursibus utpote cursor ... roboris fortitudinis . excellentiam nobilitatem ... uirili forti β IG

8 eum *hätte nicht wiederholt werden müssen.*

9-13 *Zu* Únde *bis* gîengen: pubescentes genę .i. flore iuuentutis se uestientes. Aliud autem dicendo . innuit aliud quod non dicit. Nam per pubentes genas . indicat pudenda pilescentia. Clamis genus uestis est militibus et palęstritibus apta. Ω

INVELATUM CAETERA hoc est nudum per cetera corporis sui membra, praeter quod clamide tegebatur. JS *nach Lutz 9,7/8.*

seminudum quia non poterat operiri indumento puerili et paruo ... parua puerili uidelicet . inuelatum inoperitum . caetera .i. pudenda ... cacumen summitatem . obnubere operire ... sinebant permittebant β IG

cypridis .i. ueneris β N-T IG

14 *Zu* Fóne *bis* uuólta: Constituit .i. disposuit. Pellere .i. reicere. Cęlibatum .i. uirginitatem et castitatem. Ω

igitur propterea β IG

Zu gehîen uuólta *siehe 9,12/13* uxorem ducere instituit *und 16/17* kéinota óuh er síh ze gehîenne.

15 *In dieser Überschrift faßt Notker den Inhalt des Abschnitts zusammen.*

17-19 *Zu* Tô *bis* bíderbi: Pro dignitate suę industrię . hoc est secundum dignitatem suę nobilitatis et personatus. Nobiles enim personę morose et cum magna deliberatione talia faciunt. Alternat .i. iterat crebra meditatione. Ω

suę nobilitatis et personę ... conueniret congrueret accipere sibi uxorem β IG

10,21-11,2 *Zu* Hárto *bis* uirtutibus: Sophiam .i. sapientiam quam ueluti quandam uirginem introducit amatam a mercurio .... Et pulchrior aliis uirginibus .i. ceteris uirtutibus. Sapientia enim mater et nutrix uirtutum est. Ω

ardore amore ... prudens pręuidens futura . nam prudens dicitur quasi porro uidens ... intemeratior immaculatior ... pulchrior formosior . uirginibus ceteris artibus β IG

miro magno ... ardore desiderio N-T E-T IG

J11 4-7 *Zu* Uuánda *bis* némen: collactea .i. uno eodemque lacte nutrita. Sororis .i. palladis siue ęternitatis.... Innubas .i. uirgines . uirtutes uidelicet .... Pallas . tritonia . minerua . et athene idem est.... Minerua non

mortalis .... Idem sonat et athene. Athene enim quasi athanate .i. inmortalis. Ω
collactea socia ... indiscreto indissociabile ... perindeque consequenter ...
in palladis iniuriam propter inuriam palladis . non placuit noluit ille .s. co-
aptari coniungi sibi β IG

9/10 Zu Sâmolih bis diuinatione: Grata luculentas .i. appetibilis pulchritudo et elegantia.... Mantice grece . latine diuinatio. Ω
manticen .i. diuinationem Br IG
Non dispar .i. par et equalis ... grata acceptabilis ... succenderat accende-
rat β IG

12-14 Zu Îro bis sîa: Siue etiam pronoe prouidentia.... Et bene maior fili-
arum pronoes dicitur .s. mantice. Nam quasi filię sunt prouidentię . aruspicina . augurium . coniectura. Sed harum potior et maior est diuinatio . quia prophetia instinctu diuino fit . et semper uera est. Ω
pronoeae .i. prouidentię Br IG
prouidum .i. preuidens in futuro . perspicacis .i. illustris et nobilis ...
commendabat gratiosiorem faciebat β IG

15-18 Zu Sî bis diuini: Inpatientia .i. nimietate. Bene mantice apollini
copulatur . quia ipse fertur preesse diuinationibus . et ultro eum dicitur con-
secuta . quia diuinatio sponte mentem diuinatoris ingredietur. Ω
ipsis nouis ... inmensi magna ... ultro sponte nullo cogente ... copulata
iuncta in matrimonio β IG

17/18 Zu Uuánda bis diuini siehe auch Ω zu 12-14 (quia prophetia instinctu
diuino fit).

19-22 Zu Sô bis gôto: Filiam solis et endelichię .i. psychen. Endelichia
... secundum aristotilem absoluta perfectio interpretatur. Plato tamen endelichiam animam mundi dicit.... Hoc ergo sciens martianus finxit psychen solis et
endelichię filiam . magnaque deorum educata cura . quia nihil deo carius est
anima. Ω
endelichiae .i. mundanę animę Br IG
Uoluit saltem quia alias non potuit ... postulare ut illi daretur ... speciosa
pulchra quam maxime .i. multum ... educata .i. nutrita . cura studio β IG
endelichię anima mundi N-T E-T IG

J12 1 Zur Überschrift: Ab hoc loco sub figmento poetico incipit enumerare
spiritales animę uirtutes. N1 N2 E1
Ab hoc loco incipit enumerare spiritales animi uirtutes . quas deus animę rationabili concessit. Enumerat autem eas sub figmento poetico. β RG

2 Zu .i. animę: ΨΥΧΗ .i. animæ Br β N-T IG

3 *Notker erweiterte* Nam *zum Übergang* Álso *bis* dáz.

4/5 *Zu* íh *bis* gâben: natali die quo nata fuit ... corrogati inuitati . multa .s. dona . contulerant dederant β IG

6-9 *Zu* Iouis *bis* kelâzen: Huic mundo [philosophi] ęternitatem attribuunt . non quod idem esse habeat . quod est uerę ęternitatis . sed quia semper durando et cursus suos eodem modo redintegrando . uidetur se constringere ad quandam formulam ęternitatis. Ideo fingit poeta quod iouis diadema ęternitati detractum capiti psyches imposuerit . quia et anima ęterna est uel perpetua manens .... Diadema ergo quod detraxit ęternitati honoratiori filię .i. mineruę . ipsa est enim sapientia quę ueram habet ęternitatem. Ω
honoratiori pręstantiori elegantiori . filię suę .i. mineruę quia ipsa est dea artium ... imposuit capiti psiches .s. immortalitatem. β IG RG

8/9 *Zu* Uuánda *bis* kelâzen: hisque .s. hominibus animus datus est ex illis sempiternis ignibus quę sidera et stellas uocamus. Cic scip 15 *nach* RA *zu* 138,
16/17 Hi *bis* mentes.
Sapientiam dei praecedentem omnia . quis inuestigauit? Eccli 1,3
Schulte macht S.110 auf diese Umwandlung von Klassisch-Mythologischem in Christliches aufmerksam. Siehe auch Backes S.147/148.

10/11 *Zu* Sîn uuírten *siehe* 8,1 eius matrona.

11-13 *Zu* íro *bis* uuérdent: Sociale uinclum .i. uittas siue mitram qua crines circumligantur. Per sociale autem uinclum intellegitur ratio qua uirtutes . quę per crines figurantur . quadam societate conectuntur.... purgatioris .i. purgatissimi et probatissimi Ω
uinclum circulum auri Br IG
splendente .i. fulgente ... addiderat adiunxerat illi ex sua parte . crinibus .i. artibus β IG

12 *Zu* Ratio animę: Fabulose ergo fingitur ab Ioue aeternitatem, ab Iunone rationis connexionem, animae humanę donari. JS *nach Lutz* 11,8/9
Siehe auch 34,8/9 Anima *bis* negâbe.

15-19 *Zu* Iôh *bis* brúste: Tritonia ipsa est minerua . ipsa est sapientia et ęternitas . quę uirgo dicitur quia nullam recipit corruptionem sed perpetua gaudet integritate. Hęc ergo uirginem .i. psychen. Interula .i. interiore tunica . hoc est supparo quod uulgo dicitur camisia .... Ricinium est acus siue spinula qua uirginei crines discriminantur.... Strophium cingulum dicit .... E cocco .i. ex rubra purpura.... pectoris amiculo .i. fascia pectorali. Ω
TRITONIA ipsa est Pallas et Minerua et Athena. JS *nach Lutz* 11,17
Tritonia .i. pallas ... ricinio ornamentum capitis ... pectoris . amiculo

amictu .i. fascia pectorali Br IG

instar simile ... prudentis scientis ... uirginem psichen quę per naturam uirgo incorrupta est β IG

sacri sancti β N-T IG

19/20 Zu Sô bis beduúngen: Per interulam designatur interior quędam uirtus qua solam ipsam diligimus sapientiam quaque spretis omnibus aliis soli ipsi cupimus inhęrere.... Per strophium intellegitur proprie uirtus caritatis qua ceterę uirtutes concatenantur et continentur inter se.... Per fasciam uero pectoralem quadriformis uirtus accipitur. Prudentia uidelicet . temperantia . fortitudo et iustitia . qua pectus .i. mens ubi est sedes sapientię . ab omni uitiorum deformitate munitur. Ω

Non inmerito itaque Tritonia interulam, hoc est intimam suaeque naturę proximam virtutem, rationabili animae largitur. Virtus quippe habitus animae est qui in quatuor partes dividitur, prudentiam temperantiam fortitudinem iustitiam, quae non aliunde nisi ex thesauris animi donantur. JS *nach Lutz 11,24-28 Siehe auch Schulte S.109, wo die Rede von Notkers Umstellung der Gedankenfolge bei Remigius ist.*

21 Zu .i. ramum: Ramale autem et ramus idem est . sicut lanicium et lana. β RG

Siehe auch NL zu 13,4-7.

J13 1-4 Zu Apollo bis nîmet: Delius ipse est apollo .... Monstrabat illi uolucres . hoc est diuinationem quę fit in uolucribus . et iactus fulminum .i. presagia quę fiunt in fulminibus . et meatus cęli et siderum . hoc est diuinationes quę capiuntur in sideribus. Hęc autem omnia apollo .i. ipsa uis et ingenium diuinandi ostendebat psychę cum coniecturali .i. presagatrice et prediuinatrice uirga. Ω

Delius apollo Br IG

2 Zu (fógel)rârta *siehe* 17,16 linguas *und* 116,9 uocibus.

4-7 Zu Der bis uuâs: Ramale laureum uirgam lauri dicit quam gestat apollo qui pręest diuinationi. Huic enim arbori ferunt inesse uim quandam diuinationis adeo ut si quis dormienti ramum lauri supposuerit . uera somniet. Ω

9 Zu est, 9-13 zu Áber bis ánagenne: Anie largita est illi clementi benignitate .i. larga et liberali beneuolentia.... speculum quod defixerat .i. collocauerat sophia in aditis eius .i. psyches. Aditis .i. templis .... Anie interpretatur quasi ananoia .i. recognitio uel quasi aneia .i. libertas. Per speculum uirtus intellegentię accipitur. Quamuis enim anima mole carnea pręgrauata et merito originalis peccati tenebris ignorantię circumdata sit . habet tamen

quandam recognitionem . nec penitus amisit naturalem libertatem suam . concesso
sibi speculo .i. intellegentia quo se ipsam recognoscat et cęlestem suam uelit
requirere originem. Ω
Virtus quippe recognitione originis suae qua ad imaginem et similitudinem creatoris sui condita est, seu liberi arbitrii notitia, quo velut maximo dono et
nobilitatis suae indicio prae ceteris animalibus ditata est, rationabili naturę
ex divinis thesauris concessa est atque donata. JS nach Lutz 12,27-31
Aniae luna uel aplanes... .i. uraniæ Br IG RG
Anie dea ... donaria Donarium domus ubi dona tenduntur [*tenentur] sicut sacra-
rium ubi sacrę res tenduntur ... originem unde orta sit β IG

11 Zu sapientia siehe 10,22 sophiam . dáz chît sapientiam.

15-18 Zu Uulcanus bis bezéichenet: Lemnius faber .i. uulcanus a lemno insula
dictus .... Sed hoc loco uulcanus pro igne naturalis ingenii accipitur. Ex quo
naturali ingenio igniculi quidam insopibilis .i. indeficientis et inextinguibi-
lis perennitatis accenduntur quibus illuminetur anima ne opprimatur tenebris
et caligine ignorantię. Ω
Lemnius .i. uulcanus Br IG
nocte obscuritate ... caeca nigra obscura β IG

19 Die Überschrift geht aus 19/20 hervor.

20/21 Zu Áber bis sînnen: Per illecebrosa ueneris donaria significantur omnia uitia quę merito originalis peccati rationali animę ingeruntur. Distincte
uero commemorat singulorum quinque sensuum uoluptates per quas mortifera delectatio penetral animę irrumpit et eius castitatem incestat. Afrodite spumea interpretatur .... Uocatur uenus afrodite. Ω
afrodite spumea .i. uenus Br IG
sensus cunctos quinque corporis . apposuit ad[d]idit . afrodite uenus β IG
Sensus enim iudicat figuram . constitutam in subiecta materia. Der ûzero sîn .
sô daz gesíune íst . chíuset taz pílde éteuuar ána.... Mít tien ûzerên sensibus . ferstánden uuír dero ûzerôn díngo . dáz sínt corpora . díu er héizet materiam. Nb nach A253,3/4,20/21

J14 1/2 Zu Sî bis uuérden: Oblitam .i. delibutam et perunctam. Halatu .i.
suauitate et respiratione.... Halatus uero cuiuscumque rei respiratio .i. odor
siue fragrantia. Pasci .i. oblectari. Ω
floribus suaue redolentibus ... redimitam circumdatam uel coronatam ... docue-
rat insinuauerat uenus .i. uoluptas β IG

3 Zu Únde bis hônange: Permulserat .i. oblectauerat. In melle omnium gustuum
et dulcedinum uaria suauitas exprimitur. Ω

4-6 Zu Vnde bis êron: auro .i. aureis ornamentis .... Monilia generaliter dicuntur omnia muliebria ornamenta.... Inhiare .i. intendere uel appetere . et his talibus ornamentis persuaserat uinciri illa membra. Affectatione .i. cupiditate et ambitu. Ω
uinciri .i. persuaserat supradictis talibus ornamentis ligi membra β IG
inhiare intendere ornare N-T IG

8/9 Zu Únde bis insliefe: Tunc adhibebat quiescenti infanti crepitacula .i. sonitus. Hinc et crepundia dicuntur cunę uel nutrimenta infantum. Quis pro quibus. Duceret .i. intenderet et prouocaret somnum quiescenti infanti. Ω
Tunc deinde ... tinnitus ęris aut alterius metalli ... quiescenti quiescere debenti β IG

11 Zu .i. circa genitalia: Pręterea apposuerat uoluptatem circa ima corporis .i. circa genitalia. Ω

11-13 Zu Nôh bis nietegi: pruritui .i. titillationi. Titillatio est motus obscenę uoluptatis. Ω
Praeterea pręter hęc ... sine absque ... oblectamentis delectationibus ... decurreret in uanum transiret β IG

15-17 Zu Áber bis terrestria: Ipse cyllenius . quasi diceret amator et procus eius addiderat ei uolatiles rotas currumque. Per uolatiles rotas et currum ... debemus accipere . siue quod melius est . celerrimum motum uoluntatis . et bene cyllenius dicitur dedisse ei uoluntatem. Sicut enim sidus mercurii uelox est et nunc cum sole . nunc ante solem . nunc infra solem graditur . sic et impulsus humanę uoluntatis nunc inhęret creatori . ita ut etiam ipsa super cęlestia transcendat . nunc iterum terrena cupiditate quasi ad inferiora deprimitur. Ω
uehiculum quo portaretur ... uolatiles celeres ... quis quibus ... caeleritate uelocitate ... tradiderat dederat ... cyllenius mercurius qui eam appetebat. β IG

15 *Schulte S.101 hebt diesen Beleg für* suôcho = amator, procus *‚Liebhaber, Freier' hervor.*

18/19 *Mit* Día *bis* íro *wiederholt Notker 15/16* Áber *bis* mâhti.

19 Zu dôh bis suârti: Memoria proprie est firma rerum uerborumque custodia. Per compedes .i. uincula auri quibus memoria psychen pręgrauarit . significantur imagines rerum animo insidentes . per quas audita uel uisa recordamur. Ω
inligatam uinctam β IG

19 Zu dea: Inde a poetis . iouis . et memoriae filias musas esse confictum est. Is et III xv 2

Siehe auch NL zu 15,4 .s. dea.

20/21 Zu Uuánda bis tīurlicho: Omnia enim quę uel uisu uel auditu percipimus ueluti quędam nebula euanescerent et elaberentur ab animo . nisi uinculis memorię retinerentur. Quantum uero prętiosa sit sana et perfecta memoria . ostendit poeta . aureis uinculis illam dicens pręgrauatam. Ω
Omne siquidem quod ex divinis legibus de cognitione veritatis humano conceditur intellectui per rationis medietatem veluti auratis quibusdam compedibus, hoc est sapientiae studiis, memoriae infigitur atque custoditur. Cognitiones enim humanae animae absque mora labuntur, nisi vinculis memoriae detineantur; simili ratione rerum sensibilium notitia non alia humanae naturae parte nisi in memoria, ne veluti umbra quaedam transeat, conservatur. JS nach Lutz 14, 7-13

20 Zu anima siehe auch 12,2 .i. animę.

21 Zur Überschrift siehe 14,22-15,1,12/13.

J15   2-4 Zu Sús bis nemûosa: Opimam .i. fertilem et tucetosam uel fętosam. Cassus superiorum .i. frustratus superioribus uirginibus quas optauerat. Ω
ARCAS Mercurius dicitur quia maxime in Arcadia colebatur in qua prae ceteris Greciae regionibus sermonis facundia quae Grece dicitur Ἀρκαδία floruisse poetae non tacent. JS nach Lutz 14,14-16
arcas mercurius a loco Br IG
collatione coadunatione . decoratam ornatam . in conubium in coniugium sibi . arcas mercurius ... optabat uolebat β IG

3 Zu cillenius siehe 4 cillenio.

4 Zu .s. dea: Philosophi dicunt inter deum et animam medium quiddam esse quod appellant uirtutem. Ω
Tum autem res ipsa in qua vis inest maior aliqua sic appellatur ut ea ipsa nominetur deus, ut Fides, ... Vides Virtutis templum, ... Ob eamque causam maiorum institutis Mens Fides Virtus Concordia consecratae et publice dedicatae sunt, quae qui convenit penes deos esse negare cum earum augusta et sancta simulacra veneremur? Cic deor II xxiii 61, xxxi 79

7-10 Zu Áber bis gebúndena: Sed uirtus ut forte adhęrebat cyllenio.... Uirtus pęne lacrimans nuntiauit cyllenio.... Pharetrati cupidinis dicit ut malum demonstret esse cupidinem ueneris filium . qui depingitur puer nudus . alatus et pharetratus.... Adamantinis nexibus .i. fortissimis et insolubilibus. Adamans enim durissimus et indomabilis lapis est. Ω
Faretratus deus CUPIDO dicitur quia virtutibus animae quatinus eas sagittis vitiorum interimat insidiatur. JS nach Lutz 14,24/25

cyllenio mercurio ... uolitantis uolantis ... de sua societete de suo collegio . correptam arreptam utpote per uim ... nexibus cing[u]lis ... cupidine filio ueneris . detineri per uim β IG

10-12 Zu Uuánda bis coitus: Sophiam .i. sapientiam quam ueluti quandam uirginem introducit amatam a mercurio quia non numquam sermo facundię speciem pretendit sapientię . ideo quodammodo ei coniungi uult.... Et bene cyllenio uirtus dicitur adhęrere . quia sermo per se uagus et nullius est utilitatis . nisi uirtute sibi inhęrente roboretur.... Notandum quod uirtutem semper dicit inhęrere cyllenio. Sermo enim facundię . quamuis ex se ornatus et clarus sit . nisi tamen uirtute sapientię moderetur . uagus et pęne nullius utilitatis deprehenditur. Ω zu 10,19 sophian, 15,4 ut bis cillenio, 16,5/6 Igitur bis adiretur. In hoc loco si quis leges allegorię intentus perspexerit, inveniet Mercurium facundi sermonis, hoc est copiosae eloquentiae, formam gestare. Hinc est quod ipse Mercurius a Grecis Hermes, id est sermo, vocitatur. Sermo siquidem eloquens et copiosus rationabilis naturae qui in homine spetialiter intelligitur subsistere maximum indicium est et speciale ornamentum. Sed quoniam ipse sermo quamvis copiosus et eloquentiae regulis ornatus videatur inter homines currere, quod nomen Mercurii significare videtur; Mercurius enim dicitur quasi medius currens, quia sermo inter homines currit, non solum infructuosus et inutilis, verum etiam nocivus esse perhibetur, nisi sapientiae pulchra atque modesta virtute veluti cuiusdam virginis intemeratę sobrio atque modesto stabilitetur et moderetur amore. Non fabulose igitur sed pulchre et verisimilitudine Cyllenius formatur intemeratam sapientię pulchritudinem ardere. Hinc est quod Tullius in primo De rethorica libro ait, 'Eloquentia sine sapientia numquam profuit, sępe nocuit; sapientia vero absque eloquentia sępe profuit, numquam nocuit.' Quoniam vero sapientiae castitas moderata supervacui sermonis immoderatęque eloquentiae effugit contagium, non immerito ad ęternas virgines describitur migrasse et consortium incontaminatae ęternitatis et integritatis in cuius significatione Pallas formatur numquam deserere voluisse. JS nach Lutz 9,15-10,3 zu 10,19 sophian

Nunc ad deliberationis pręcepta pergamus.... Temperantia est rationis in libidinem . atque in alios non rectos impetus . animi firma et moderata dominatio. Eius partes . continentia . clementia . modestia. Continentia est . per quam cupiditas consilii gubernatione regitur. Cic inv II 1i 156, 1iv 165
Bonitas uocis constat claritate . firmitate . suauitate . quę omnia nutriuntur cibi . potus . coitus obseruantia pręcipueque . ut corpus deambulando moueatur intra breue spatium reditu maturato. Qui motus . cum digestionem facilem pre-

stat . sine dubio purgat et uocem. Nimia excursio uel longa deambulatio extenuat ac fatigat. MC V *§541 nach Dick/Préaux 270,12-17*
Obseruantia .i. temperamento . omnia enim nimia nocent. RA *zu dieser Stelle nach Lutz 105,13*
Was alles von Notker umgearbeitet und MC V zugeschrieben wurde.

14 *Zu* .i. postea: Preter eam .i. psychen. Legitur et preterea .i. postea. Ω

16-19 *Zu* Sô *bis* âhtonne: Super his thalamis . hoc est de his nuptiis. Locus in quo fiunt nuptię pro ipsis nuptiis ponitur. Dum frustrantur .i. exinaniunt . cassant uel uacuum reddunt. Blandimenta deliberatę .i. dispositę sortis .i. electionis.... Quę deligeretur .i. ualde eligeretur uel probaretur. Nurus tonantis .i. iouis .i. uxor filii iouis mercurii. Nurus enim est uxor filii. Congrua .i. apta . conuenienti .... Suggerit .i. suadet uel hortatur. Amplius .i. attentius . profundius. Deliberandum .i. pertractandum .i. cogitandum. Ω
facile leuiter . quaepiam aliqua ... parilitate ęqualitate β IG

J16 15,22-16,5 *Zu* Únde *bis* súnnun: Neque debere eum quicquam decernere .i. statuere . ex sententia proponere . sine consilio apollinis qui utpote diuinus futura pręsciebat. Aut fas .s. non esse dicebat illa uirtus aberrare .i. deuiare . absentari siue separari ab eius congressibus .i. ab eius societate et contubernio .... Zodiaca hospitia partes zodiaci dicit quę sunt .xxx. in quibus sol singulis quodammodo diebus hospitando mensem perficit. Pręmetantem .i. mensurantem et excurrentem certa dimensione. Menstrua pręcursione .i. unius mensis excursu. Dicunt enim numquam mercurium amplius .xxx. partibus a sole recedere. Ω
permitteret concederet β IG

15,22-16,1 *Zu* des brûoder *siehe* 6 frater.

6/7 *Zu* Tô *bis* fûore: Igitur constitutum est .s. a mercurio adiretur frater deest ut. Ubicumque locorum esset. Figurata locutio est et resoluitur in quibuscumque locis. Sic etiam dicimus ubicumque terrarum. Ω
constitutum .i. deliberatum ... frater apollo ... adiretur ab eo β IG

8 *Die Überschrift faßt den Inhalt des ganzen Abschnitts zusammen.*
Quam virgam sorori suae Virtuti praestitit ut eadem celeritate per diversa mundi climata Apollinem cum Mercurio quęreret. JS *nach Lutz 15,7-9*

12-17 *Zu* Únde *bis* súftelara: Ac tunc uolatilem uirgam permittit uirtuti . uolatilem uirgam caduceum dicit.... Penita mundi .i. secreta. Ętherios recessus . hoc est cęlestia secreta. Irrumpere .i. penetrare et peruadere. Ω
parili ęquali . caeleritate uelocitate ... uirtuti sorori . de more secundum consuetudinem β IG

17/18 Zu Petasum *bis* stérnen: talaria ... .i. petasum. Peto greco uolo . hinc petasum dicitur alatum calciamentum mercurii . quod fingitur propter eius sideris nimiam uelocitatem. Ω

18-21 Zu Áber *bis* uuírt: Est autem uirga serpentibus innexa . et dicitur caduceus eo quod cadere faciat lites. Hinc et caduceatores dicebantur per quos pax fiebat . sicut et feciales per quos fędera affirmabantur et bella indicebantur. Uirgam autem dicitur habere mercurius quia sermo facundię recto rationis tramite et promptissimo pronunciatus officio procedere debet. Ω
officio producere debet ac rectus esse uelud uirga ... uel etiam quia sermo rethoris serere debet . sicut uirga .... Serpentes autem deus habere perhibetur . quia uelut serpens pungit sermo rethoris. Alas habere fertur . propter uelocitatem sermonis. β RG

20/21 Zu Táz *bis* uuírt *siehe auch* 118,18-119,1 Cuius *bis* chít.

J17   2 Zu .s. solitus erat, 2/3 zu .i. diuinationes: Quibus .i. in quibus fanis solitus erat excedere sortitus. Excedere .i. deserere uel derelinquere sortitus .i. diuinationes. Ω
excedere .s. solitus erat Br IG

3-8 Zu Tô *bis* gében: Fanis .i. templis .... Uaticinia .i. prophetię uel diuinationes.... obliquis .i. obscuris et flexuosis. Ambagibus .i. giris . circuitibus siue circumlocutionibus. Per amphiboliam enim .i. per ambiguam dictionem fiebant responsa apollinis.... Denuntiata .s. a sacerdotibus. Cęde .i. mactatione . immolatione siue sacrificio. Phisiculatis prosicis .i. naturalibus responsis. Pros grece ad . icon imago. Hinc enim prosicum dicitur adimaginatum. Prosica ergo dicit responsa quę ad similitudinem humanę uocis formata dabantur. Extorum .i. interaneorum uel uitalium quę sunt septem .... uel logia personare .i. responsa reddere. In his inquit fanis consultus ipse uel solitus erat deserere consulentes tacendo et non curando de illis . uel etiam solitus erat personare logia respondendo uidelicet. Sagaci .i. sollerti et studiosa inuestigatione. Disquirunt .i. ualde inquirunt. Ω
DENUNTIATA CAEDE a sacerdotibus videlicet hostiarum strage praecepta. JS *nach Lutz* 15,22/23

prosicis .i. responsis Br IG
obliquis dubiis obscuris ... sagaci curiosa sollerti ... inuestigatione inquisitione . disquirunt perquirunt β IG

5/6 Zu uuízegoton *siehe auch* NL *zu* 136,12-14.

11-15 Zu Áber *bis* hábeton: aditorum .i. templorum ... uiduatis .i. desertis et phębi pręsentia derelictis. Absque admodum paucis .i. paucissimis foliis

arentis lauri .i. pro uetustate siccę . in quibus solita erat sybilla sua responsa scribere.... Uittas redimicula dicit quibus sacerdotum uel consulentium capita circumligabantur. Semiuulsis .i. dilaceratis et discerptis siue uetustate consumptis. In cumano antro .i. in templo apollinis quod erat apud cumas campanię ciuitatem in quo sybilla quondam uaticinabatur.... Tinea a terendo dicta . mala scilicet pestis uestimentorum. Hoc pertinet ad uittas. Cariesque .i. putredo lignorum. Hoc pertinet ad lauros. Nihil eius potuit inueniri .i. nec ipse nec aliquid ex his quę ad eum pertinebant. Ω
carpebant consumebant β IG

16 Zu .i. ore canentium: Et linguas oscinum .s. auium. Oscines dicuntur aues quasi ore cinę . ab ore et cano . in quarum uoce augurium capitur. Ω
Siehe auch Ω zu 150,8 .i. ore canentium.
OSCINUM avium; oscines dicuntur quasi ore canentes. JS nach Lutz 16,11/12
linguas cantus β IG
oscinum .s. in ore canentium N-T E-T IG

17 Zu .i. priora petentis: prępetis pennę .i. anteriora in uolando petentis.... Sed prępetes dicebantur proprie [aues] in quarum uolatu erat augurium.Ω
PRAEPETIS propria petentis JS nach Lutz 16,13

18-22 Zu Iôh bis fliegenton: Per aerios etiam tractus .i. per spatia aeris in quibus solitus erat formare diuersos meatus uolucrum. Meatus .i. transitus. Diligenter enim obseruabant augures in quam partem transmearet auis ex qua augurium capiendum erat .... Et omina .i. auguria. Ω
diuersos uarios ... frustra inutiliter quia non inueniebatur ... disquiritur ab cillenio perquiritur β IG

J18 1/2 Fǫne bis dâr wiederholt 17,18/19 Iôh bis geméitun.
DISQUIRUNT Virtus cum Cyllenio. JS nach Lutz 15,31
Siehe auch β zu 17,18-22.

2-5 Zu uuánda bis prophetam: contamine .i. spurtitia. Monendorum .i. sacrificiorum. Monenda enim dicuntur sacrificia per quę dii monentur ut succurrant mortalibus. Dedignatur pythius nuncupari augur. Pythius dictus est apollo ... uel quod melius est a uerbo greco quod est pytho .i. interrogo. Ipsum enim interrogabant et consulebant. Ω
CONTAMINE MONENDORUM contagione cruoris hostiarum. Monenda dicuntur sacrificia quia per ipsa ab hominibus admonebantur dii. AUGUR PITHIUS Apollo est vocatus, quia fanum illius in Delo insula in quo auguria manifestabat Pithium est nominatum ... sive, ut verior dicit ratio, a verbo πεύθομαι, hoc est consulo vel interrogo. In praefato quippe fano consulebatur et interrogabatur Apollo, et

est sensus: Propterea Apollo dedignatus est augur Pithius vocari, quoniam nimia cruoris effusi circa fanum Pythium offensus est putredine. JS *nach Lutz 16, 14-23*

Iam pridem ex longo tempore ... offensus ab ominibus β IG

5 Zu sámo-so prophetam *siehe* Ω *zu 15,22-16,5* (apollinis qui utpote diuinus futura prȩsciebat) *und 17,3-8* (Uaticinia .i. prophetiȩ uel diuinationes).

6-8 Zu Sie *bis* uuás: Itemque sectantur .i. persecuntur et inquirunt illum in elicona. Elicona pars est parnasi montis. Duo enim iuga habet ille mons . eliconem et citeronem. Eliconem apollinis et citeronem liberi. Delon insula est in qua natus est apollo . unde et delius dictus est.... Licium fanum maximum est apud delon . inde apollo licius nominatur. Ω
eum non inuenientes β IG

6 Zu archadiȩ *siehe* NL *zu 18,22-19,2*.

9 Zu .i. marcidas: Murcidas pro marcidas antique. Ω
mvrcidas exhaustas ... murcidas autem antiqui dixerunt pro eo quod est marcidas. β IG RG

10-15 Zu Áber *bis* uuîzigtuommo: primores .i. antiquas et peruetustas .... Arentes .i. prȩsiccas ... carientem .i. putrescentem.... Tripos etiam uocatur mensa apollinis corio pythi serpentis tecta.... Crepidas .i. pauimenta .... Nonnulli crepidas calciamenta dicunt esse consulentium apollinem. Situ .i. uetustate.... Prȩsagiorum .i. diuinationum. Interlitam .i. pȩne deletam. Ω
reppererunt mercurius et uirtus β IG

12 Zu uuórmazigen *siehe* 17,14/15 míleuua únde uuórmmélo frézen hábeton.

13 *Der Beleg* ástericha *ist in DWB 3, Sp.1172 unter* EST(E)RICH *verzeichnet*.

15 Zu .s. dea: fama dea de qua uirgilius Ω

18-21 Zu Tóh *bis* bedáhtemo: Tandem .i. ad ultimum .... In parnaso monte duo fana apollinis sunt . unum elicon . aliud quod dicitur parnasia rupes . ubi tunc fama nuntiauit esse apollinem.... licet perhibebant alii migrasse eum posterius .i. postea ad secretum scopulum indici montis .i. ad nisam. Nisa enim mons est indiȩ ubi hodieque feruntur crepundia liberi esse. Ω
cognoscunt discunt ... nube caligine ... migrasse transisse ... perhibebant dicebant β IG

21 Zu ad, 18,22-19,2 zu Tóh *bis* cirrȩ: Conueniunt tamen .s. mercurius et uirtus ad cirreos recessus .i. ad secreta montis archadiȩ . et ad loquacia antra sacrati scopuli. Loquacia .i. uerbosa et garrula propter responsa apollinis quȩ inde dabantur. Ω
chyrreos recessus .i. ad secreta arcadiȩ montis unde et cirreus dictus est ...

sacrati specus apollinis montis β IG

J19   2-4 Zu Cirra bis nisam: Epiros in universam appellata a Cerauniis incipit montibus.... Ultra Cirrhaei Phocidis campi, oppidum Cirrha, portus Chalaeon, a quo $\overline{VII}$ p. introrsus liberum oppidum Delphi sub monte Parnaso clarissimi in terris oraculi Apollinis. Plin nat IV 1 2, iii 7
Tunc deinde in focidis campis oppidum cirra . portus celeon . a quo in septem milibus passuum introrsus oppidum delfi sub monte parnaso . clarum oraculis apollinis . fons ibi castalius . deinde in intimo sinu angulus beotię montem eliconem iuxta. MC VI §651 nach Dick/Préaux 321,9-14
Parnasus mons tesalię iuxta boetiam . qui gemino uertice est erectus in cęlum. Hic in duo finditur iuga . cirram et nisam . vnde et nuncupatus . eo quod in singulis iugis colebantur apollo et liber. Haec iuga a duobus fratribus citęron . et elicon appellantur. Nam elicon dictus ab elicone fratre citęronis. Item ceraunii sunt montes epiri . a crebris dicti fulminibus. Is et XIV viii 11/12

3/4 Bei Álde bis nisam richtete sich Notker also nicht nach Remigius (siehe Ω zu 18,18-21), sondern nach Isidor.

5/6 Zur Überschrift: Figmento poetico dicit in antro apollinis fuisse fortunas .i. euentus urbium et nationum et omnium regum. Ω
OBUMBRATUM SCOPULUM Cyrra mons est in India in cuius caliginoso scopulo ara nemusque Apollini consecrata sunt, et hoc est quod ait CIRRHAEOS RECESSUS. Sed quod primo ad Cyrreum montem pervenientes tandem ad eius antrum tenebrosum ducente eos Fama perducti sunt, in quo antro fortunarum omnium imagines depictae sunt. JS nach Lutz 17,18-22
Siehe auch 7/8 und 20,17-19.

9-11 Zu Târ bis líutô: QUICQUID IMMINET quicquid futurum est, fortunę videlicet futurorum. JS nach Lutz 17,23/24

11 Zu spacio, 11/12 zu Sûmeliche bis flúhte: Alię .s. fortunę consistebant fugientes emenso .s. spacio transacti cursus. Hic tangit fortunas pręteriti temporis. Consistebant autem fugientes dicit . quia res pręteritę licet transierint . tenentur tamen et consistunt in memoria. Ω

13/14 Zu Sûmeliche bis gágenuuérti: Alię sub conspectu .s. consistebant. Presentium rerum fortunas dicit . quę sub conspectu consistunt . cum in pręsenti aguntur. Ω

14/15 Zu So bis ándere: Adueniebantque quamplures. Rerum futurarum euentus designat. Ω
quamplures .i. multę β IG

15 Zu .i. negata: desperata .i. negata β IG, N²; denegata N-T E-T IG, N¹ E¹

17-19 Zu Súmelichên bis uuérdent: Nonnullis ex illis fortunis ita euanescebat.... Negabatur enim eis longo tempore stare uel durare . ut haberetur ueluti incredibilis aura fumidę caligationis. Hic tangit fortunas eorum qui mox nati . nullo sibi concesso uiuendi spatio sine ullo uitę officio transeunt. Ω
ADVENIEBANT QUAM PLURES fortunas dicit eorum qui mox ut nascuntur, nullo vivendi spacio concesso, subito veluti umbrae vanescunt, sed haec omnia vanissima poetarum deliramenta sunt. JS nach Lutz 17,32-34

eminus a longe ... prolixitas .s. temporis ... in tantum ut haberetur β IG

20 Nach dem Beispiel von fortunarumque hängte Notker oder der Schreiber das Enklitikon -que auch an motus an.

J20 19,22-20,3 Zu Ûnder bis uuîndes: Canora modulatio .i. suauis et dulcisona. Melico appulsu .i. musica collisione uel appulsione. Ω
mira admiranda ... motus ipsarum ... crepitabat resonabat β IG

3/4 Mit Tes bis sánge verdeutlicht Notker das vorangegangene 2/3 scâl bis uuîndes.

3 Zu kemêtemêta siehe Ω zu 19-21 (apollo moderator), auch 43,13 mêtemêt und 154,16 gemêtemêst.

5-7 Zu Uuánda bis chlêinost: Nam eminentiora culmina .i. rami altiores uel cacumina ipsarum arborum .... Perinde .i. ualde uel multum hic significat. Distenta .i. ualde extenta. Acuto sonitu .i. subtili et gracili . resultabant .i. resonabant uel recinebant. Ω
prolixarum arborum magnarum arborum . culmina summitates β IG

8-10 Zu Táz bis gerôbo: Quicquid uero terrę confine ac propinquum fuerat . rami uidelicet inclinatiores et humiliores ac terrę uiciniores. Quatiebat .i. impellabat . repercutiebat. Rauca grauitas . ypallage est pro grauis raucitas.Ω

10 Zu .s. arborum und .i. coniuncta sibi spacia: ratem pro silua uel arboribus posuit cum proprie ratis sit trabium uel lignorum incastratura. At media neutrum est et plurale. Media illius ratis .i. medię partes ipsius siluę. Per annexa .i. coniuncta .s. sibi spacia concinebant. Ω
ratis .i. silua uel arbores ipsius β IG

13-17 Zu Áber bis lûttin: Duplis succentibus .i. duplis organis. Diapason uidelicet et symphoniam. Quod enim in arithmetica duplum . in musica uocatur diapason. Est autem dupla proportio . ut minoribus utamur numeris . duo ad unum. Diapason uero est symphonia . quando uox uoculam dupla sui quantitate superat . siue in extensione acuminis siue in remissione grauitatis.... Sesqualtera proportio in arithmetica . diapente uocatur in musica. Sesqualter

autem numerus est . quando maior numerus minorem habet in se totum et eius
medietatem . ut sunt tres ad duo. Diapente uero symphonia est . quando uox
uoculam tota sui prǫcedit quantitate et insuper superat uocis medietatem siue
in acumine siue in grauitate.... Sesquitertia proportio est in arithmetica .
quę in musica dicitur diatessaron symphonia. Est autem sesquitertia proportio .
quando maior numerus habet in se minorem et eius tertiam partem . ut sunt quatuor ad tres. Diatessaron uero symphonia uero symphonia est . quando uox uocem
tota sui superat quantitate et eius insuper tertia parte in acumine . ut dictum est . uel in grauitate.... Octauis .i. sesquioctauis siue epogdois. Iuncturis .i. consonantiis. Sine discretione .i. sine interuallo. Epogdous in
arithmetica . tonus dicitur in musica. Est autem epogdous . quando maior numerus habet in se minorem et eius octauam partem . sicut sunt nouem ad octo.
Est autem tonus in musica . quando maior uox minorem superat tota sui quantitate et insuper eius octaua parte.... limmata .i. semitonia. Ω
epogdovs quasi epidous .i. superoctauus N[1]

19-21 Zu Sô bis geánteroti: Superum carmen .i. cęleste uel ętherium. Congrua modulatione .i. parilitate et ęqualitate.... Tangit autem hoc loco non
solum musicam cordarum . uerum etiam illam cęlestem musicam septem planetarum.
Dicunt enim astrologi inter extimam sphęram et circulos septem planetarum omnes musicas consonantias impleri.... Inter circulum uero saturni et lunę . per
totam amplitudinem planetarum uarietas diuersorum sonorum et omnes musicę per-
ficiuntur consonantię . quas hic in nemore apollinis fuisse confingit.... Hęc
omnia poetice in nemore apollinis finguntur fuisse . quia ipse est moderator
musicę cęlestis. Ω
nemus illud apollinis ... congruentia parilitas . equalitas uel consonantia
conuenientia . personaret resonaret β IG

J21   1-3 Zu Cillenio bis gehéllen: Quod quidem edidicit .i. intellexit uirtus exponente cillenio . quia ipse est pręsul sermonis . et quicquid exponitur
. officio sermonis explanatur. Edidicit etiam .i. non solum in hoc nemore .
sed etiam in cęlo officiis .s. planetarum.... Concentus est similium uocum ad-
unata societas. Succentus uero uarii soni sibi conuenientes sicut uidemus in
organo. Ω
parili ratione ęquali uolutione β IG

3-7 Zu Dîe bis scipionis: Quid hic inquam . quis est qui complet aures meas
tantus et tam dulcis sonus? Hic est inquit ille qui interuallis disiunctus imparibus sed tamen pro rata parte ratione disiunctis . impulsu et motu ipsorum
orbium efficitur . et acuta cum grauibus temperans . uarios ęquabiliter con-

centus efficit.... Expositio sperarum ordine motuque descriptio . quo septem
subiectę in contrarium cęlo feruntur . consequens est . ut qualem sonum tanta-
rum molium impulsus efficiat hic requiratur .... Hęc pythagoras primus omnium
graię gentis hominum mente concoepit .... Octo sunt igitur quę mouentur . sed
septem soni sunt qui concinentiam de uolubilitate conficiunt . propterea quia
mercurialis . et uenerius orbis pari ambitu comitate solem . uię eius tamquam
satellites obsequuntur. Macr. II 1 2,4,8/9 zu Cic scip
Omnis quippe musica symphonia, id est consonantia, veluti intra tres terminos
constituitur, hoc est inter gravissimos et medios et acutissimos sonos. Quorum
extremi gravissimi videlicet et acutissimi, dum sibi invicem coaptantur, concentum, id est ratam extremorum concinentiam, reddunt. Dum vero inter graves
et extremos rationabilibus intervallis medii constituuntur soni, inter se invicem succentus gignunt, ita ut extremi concentus medii autem succentus efficient, et si extremi soni sibi invicem ex dupla proportione iungantur, ut sunt
duo ad unum, diapason armoniam, quae in simplicibus simphoniis maxima est, ef-
fitiunt.... Et ne quis existimat nos contraria docere dicentes extremos sonos
concentum, medios vero succentum, reddere, dum ipse Marcianus succentibus DU-
PLIS AC SESQUALTERIS NEC NON ET SESQUITERTIIS dicat, in extremis quippe sonis,
dupla seu sesqualtera seu sesquitertia proditur consonantia, ordinem verborum
intentus perspitiat, atque ita disponat octavis etiam succinentibus, id est
tonis; deinde videat quibus succinunt octavę duplis videlicet extremitatibus
et sesqualteris et sesquitertiis, et intelligat in extremitatibus solum modo
duplas sesqualteras sesquitertiasque proportiones concinere, in mediis vero
octavas et limmata, hoc est tonos et emitonia, succinere.... AUT CONCENTUS E-
DERE Concinit quippe secundum Pytagoram sol lunę et spera soli in dupla comparatione; spera vero lunę in quadrupla proportione; succinunt autem soli Venus et Mercurius, sperę autem Saturnus Iovis Mars. JS *nach Lutz 18,6-15,26-36
19,23-26*

Notkers Ausführung steht Johannes Scottus ebenso nahe wie Macrobius.

9-12 Zu Únde *bis* kerérte: Rata .i. apta . competenti et rationabili . modi-
ficatione .i. moderatione uel mensura siue temperamento.... Sensus est. Non
mirum si in nemore hoc facit quod est minus . cum etiam quod maius est in cęlo
.i. in officiis planetarum eandem exerceat modulationem. In sole .i. cum est
in sole. Hic delium quasi deum aliquem introducit . in sole .i. in suo sidere
commorantem. Ω

congrueret conueniret sibi β IG

13-15 Zu Únde *bis* góld-fáreuua: Hincque esse dicebat .s. cyllenius exponens uirtuti . quod illic phębus et hic uocetur auricomus. Phębus interpretatur nouus. Et re uera sol in ortu suo nouus cernitur . unde et puer imberbis depingitur quia cotidie reiuuenescit. Auricomus dicitur a splendore radiorum quasi aureas comas habens. Ω

illic in cęlo ... hic in terra . uocitetur nominetur β IG

15 Zu demo uuálde *siehe* 8 apollinis silua *und* Ω *zu 9-12* (in nemore).

17/18 Mít *bis* námen *ist noch ein von Notker geschaffener Übergang.*

18-20 Zu uuánda *bis* skéiteliun: Augustum caput .i. amplum et nobile. Perfusum illud caput et circumactum .i. circumdatum et uallatum. Cęsaries uirorum est proprie a cędendo dicta quia uiri tondentur. Ω

flammantibus flammas emittentibus ... rutili fulgidi . uerticis capitis β IG

21,21-22,1 Zu Hínnan *bis* mág: Sagittarius uocatur a radiis iaculorum quibus omnem uisibilem penetrat mundum. Uulnificus autem .i. uulnera faciens . quia in his quę penetrat quędam quodammodo uulnera derelinquit. Ω

Hinc .i. ex hac ratione propter radios uidelicet ... uulnificus .s. nominatur . quod eo quod . possit ualeat ... icta uel percussa . penetrare transire β IG

J22   2 *Zur Überschrift:* Amnes quosdam .i. septem circulos planetarum. Amnes autem dicuntur quia in modum amnium lubrico quodam flexu per zodiacum uoluuntur. Ω

5-8 Zu Âne *bis* súohton: preter ea preter ea supradicta uidelicet ... caelitus de cęlo . defluentes decurrentes ... peribebat ad superam dicit ... quem repperire inuenire .i. quem repperire curant β IG

deum ipsum .i. apollinem β N-T E-T IG

9/10 Zu Áber *bis* áhôn: Diuersicolor unda .i. uaria et diuersos colores habens. Ω

eosdem supradictos ... discrepantium inter se β IG

12-15 Zu Tíu *bis* saturni: Uerbi gratia color saturni pallidus est .... Quippe primus gurges circulus uidelicet saturni . diffusioris .i. latioris et spatiosioris ambitus. Liuentis aquę pro liuidę. Liuidus autem color est inter ceruleum et nigrum . subniger uidelicet . sicut est color plumbi. Nebuloso uolumine .i. flexu uel cursu.... hęsitabat .i. remorabatur et tarde incedebat . quia tardissimum est sidus saturni. Algidis uero quia frigidę naturę est utpote remotissimum sidus a sole. Ω

admodum multum . pigris pro summa grandine β IG

nebuloso .i. obscuro β N-T E-T IG

17-20 Zu Ínnôr *bis* íouis: Interius . hoc est infra circulum saturni. Alius .i. iouialis circulus instar lactis uoluebat argenteas undas.... Mitis omnia

.i. per omnia. Mitis ideo dicitur esse quia prosperum et salutare est sidus illius.... argenteas .i. perspicuas et preclaras . per quod temperamentia eius ostenditur. Temperatur enim frigiditate saturni et feruore martis. Ω quietusque motu .i. quietus et mouens β IG

21 Zu .i. nimium rubro: nimio rubroque igne pro nimium rubro igne Ω rubroque rubicundo . igne calore β IG

J23   1-4 Zu Áber bis martis: Tertius .s. amnis . circulus uidelicet martis. Torquebat .i. uoluebat .... Fragosos .i. sonores et ualidos. Fragor autem a sonitu fractarum rerum dicitur. Sulphureus ipse .i. igneus. Anhela celeritate .i. feruida et flagranti. Ex uicinitate namque solis igneam qualitatem et feruidissimam contrahit anhelantiam. Ω
rutilantes refulgentes . festinata prosperata . rapiditate uelocitate β IG

7-12 Zu Tíu bis fárt: Qui hunc .i. martem sequebatur . circulus uidelicet solaris . auratus .s. erat propter solare corpus in eo perpetuo discurrens. Utrimque .i. ex utraque parte coniunctus diuersitate fluminum .i. diuersis circulis superiorum et inferiorum planetarum martis et ueneris. Temperabat .s. ipsos circulos quantum pensabat moderatio .i. quantum mensura exposcebat . hoc est quantum satis uel necesse erat. Et qua re? Quibusdam riuulis .i. radiis suis intermixtis quibus non solum planetas sed etiam omnia superiora dicitur illustrare. Ω
fulgidus splendens ... coruscantibus in[flag]rantibus splendentibus . rutilans refulgens ... Diuersitati fluminum .i. circulorum planetarum dicit esse coniunctum solem . quia ipse est mese in musica celesti .i. medius inter septem planetas. Unde coniunctus est superioribus .i. marti . ioui . saturno . et inferioribus .i. mercurio . ueneri . et lune. β IG RG

11/12 Zu Uuánda bis fárt siehe auch 43,12/13 apollo bis musicam und 154,15-22 Et bis férten.

13/14 Zu Fóne bis stationarie siehe NL zu 24,21-25,1.
únde [álso] sól die ánderen planetas máchôt stationarias . álde retrogradas . álde anumolas.... álso die planete dero gágenuuértûn súnnûn dégena sínt. Íro milites sínt sie . uuánda sî în íro férte scáffôt . únde sie getûot stationarias . álde retrogradas . álde anumolas. Nb nach A173,7/8 185,14-16

13 Zu chréfte siehe 153,19 uis ... chráft.

15-18 Zu Áber bis electrum: Uerum interior illo .i. circulus ueneris purior electro. Electri tria [β N¹ E¹; duo N²] sunt genera . unum quod fit ex permixtis partibus auri et argenti . quod est pretiosius. Aliud est sucinum quod sudat de electrinis arboribus. Fertur esse et naturale electrum. Uulgo autem electrum smaldum dicitur. Ω

purior pulchrior . resplendebat relucebat β IG

Alterum [genus electri] metallum . quod naturaliter inuenitur et in pretio habetur. Is et XVI xxiv 2

20 Zu Tês bis uuîlosâldon: Quem .s. amnem appetebat ille populus fortunarum prę ceteris. Dicuntur enim in circulo ueneris consistere causę omnium uoluptatum. Ω

pręter caeteros plus quam alios ... ille consistens qui fortunis prosperis seu aduersis subiacet ... appetebat exposcebat .i. cupiebat β IG

20/21 Zu diu bis stûont siehe 19,5-8.

J24   23,22-24,1 Zu Sûmeliche bis sánges: Quarum fortunarum halatus .i. fragrantia illexerat .i. prouocauerat et deceperat. Quarum fortunarum alias permulserant canori modulatus lenis undę. Ω

3 Zu Ûnde bis uuázeres: quamplures multi . ex eodem dulcissimo gurgite .i. ex circulo ueneris β IG

4-6 Zu Ûnde bis scrîcchen: Nec deerant qui cupiebant eadem foueri et ablui .i. madefactari et se in illam iacere ut si posset fieri in uoluptatibus perseuerarent. Ω

Nec deerant sed multi erant ... iacere mergere . cupiebant uolebant ... Hic tangit illos qui non solum delectantur uoluptatibus mundanis et terrenis illecebris . sed etiam si posset fieri semper in eis perseuerarent. β IG RG

nec .s. illic deerant .s. illi N-T IG

6-11 Zu Tâz bis saturno: Unde et singula quęque a planetis nos accepisse dicunt philosophi. A sole quidem uitam quia ille medius planetarum quasi quidam spiritus fertur uiuificare mundum. A luna corpus quia illa est humida. A saturno tarditatem et frigiditatem. Quanto enim extimę sperę uicinior . tanto tardior. Et quanto a sole remotior . tanto est frigidior. A ioue temperantiam. A marte feruorem uel iracundiam. A uenere uoluptatem. A mercurio prudentiam . quia cum sole gradiens . quodammodo inexhausta sapientia radiatur. Ω zu 25,8/9 Amnes autem non inmerito dicuntur quoniam nulla planetarum est ex qua per occultos poros aliqua qualitas in terrena aetheria et aquatica non defluat; verbi gratia, palliditas a Saturno, sanitas a Iove, furor a Marte, vitalis motus a sole, pulcritudo a Venere, agilitas a Mercurio, a luna humida corpulentia. JS nach Lutz 19,36-20,5, schon zu J22,3/4

9 Zu blûot siehe 73,15/16,18 sanguinis ... des plûotes.

10 Zu gesprâchi siehe 153,22-154,1 mercurivs sermo.

10 Zu hêili siehe auch Ω zu 22,17-20 (prosperum et salutare) und 25,17/18

(causam prosperitatis uel felicitatis).

12-14 Zu Âne bis lunę: Preterea raptabantur interius duo .s. amnes sinu atque ambitu restrictiores .i. angustiores et artiores . utpote cardini terrę uicini. Raptabantur .i. raptim et celeriter uoluebantur. Ω
Pręterea duo, Mercurialem et lunarem ambitum, dicunt qui quantum terris propinquiores tantum latitudinis artioris esse creduntur. JS nach Lutz 21,10-12
raptabantur interius mercurius et luna β IG
duo .s. amnes mercurii et lunę N-T E-T IG

16-19 Zu Têro bis kesmágmen: uicinia .i. contiguitate uel uicinitate coloratus proprii saporis .i. suę naturę uel uirtutis [β IG N²; naturalis uirtutis N¹ E¹] haustum protraxerunt. Mutabilis .s. ipse amnis multa admixtione aliorum circulorum. Pro ratione enim altitudinum uel descensionum uariantur colores. Ω
ammixtione commixtione β IG

24,21-25,1 Zu Uuánda bis retrogradas: Nam alter .i. circulus mercurii nimia celeritate festinus ferebatur quia aliquando solem pręuertit. Ac plerumque consistens. Radiis enim solis confixus stare uidetur immobilis et tunc stationarius dicitur. Relabensque .i. retrogradus . hoc est impulsu radiorum solarium retroactus et tunc anomalus dicitur. Ω
festinus uelox quia aliquando pręcedit ... plerumque aliquando ... Mercurius aliquando iuxta solem . aliquando ante . aliquando retrofertur. Aliquando etiam radiis repercussus . stare uidetur immobilis. Et tunc stationarius dicitur. β IG RG

24,22-25,1 Zum Plural die planetas siehe Ω zu 154,21 die planetas.

1 Zu inęquales siehe Ω zu 45,15 inęqualem.

J25 3-6 Zu Ânderiu bis márges: Alius uero .i. circulus lunę quandam undarum originem gestans quia rorifera est luna.... Spumabat cunctis seminibus fluentorum. Natura enim lunę humida est . et per humoris ministerium cunctis corporibus suggerit incrementum. Spumabat roscida erat. Fluentorum .i. humorum omnium. Ω
et quoniam humida natura est corpus lunare ueluti quibusdam suis spumis, hoc est humoribus, omnia semina quae de aqua atque tellure nascuntur nutrire perhibetur, incrementaque eorum administrare. JS nach Lutz 21,28-31
flexuosisque obliquis curuis . anfractibus replicationibus . errabundus erranti similis . spumabat redundabat ... Natura lunę humida est . utpote ex eius corpore ros emanatur. β IG RG

7 Zur Überschrift siehe 19,5-8, 22,2 und 25,8/9.

9-11 Zu Sús bis dîeto: Hi igitur amnes discoloris .i. uarii cursus ambie-

bant .i. circumdabant fortunas nationum et rerum omnium immensis sinibus. Ω
immensis magnis . primo primiter β IG

11/12 Zu Uuáz bis planetarum: Quicquid enim in mundo est sinibus planetarum
ambitur atque circumdatur. Ω

Notker verwandelt gern eine Aussage in eine rhetorische Frage.

15-17 Zu Tára-nâh bis uuándôn: Tunc diuersa .i. uaria et uiolens .i. fortis
et preclara . rapiditas .i. uelocitas . singulas quasque .s. fortunas . peruadens .i. arripiens uel inuadens rapidis turbinibus. Turbo proprie est uis uentorum cum nimietate pluuię. Ω
inprouisa non uisa ante uiolentiam ... decliuis obliqui et descendentis ...
precipites ueloces . lapsus casus . rapidis ueloci[bu]s ... pertrahebat ad se
β IG
lapsus .i. cursus ... turbinibus .i. mutabilitatibus N-T E-T IG

17/18 Zu Fóne bis uuânent: Hoc loco mutabilitas humanę uitę exprimitur. Quę
.s. uita secundum mathematicos planetis moderatur. Et in iouis quidem circulo
dicunt esse causam prosperitatis uel felicitatis . in martis uel saturni e contra aduersitatis. Ω
Hic autem per turbinem instabilitas humanę uitę exprimitur. β RG

19/20 Zu Sô bis ánder: easdem .s. fortunas . plerumque aliquando . alteri
circulo β IG

easdem fortunas humanas N-T E-T IG

J26 25,22-26,3 Zu Únde bis dar-ínne: et quam ille .s. fluuius martis exercitam .i. fatigatam . uexatam et afflictam longa collisione uexauerat. Alter .i.
ioualis circulus aut ripę redderet . ut in elisiis campis requiesceret . aut
amne mersaret .i. in illo amne turbido et liuido uel in illo sanguineo et sulphureo . ut illa quę fuerat per purgationem beata . iterum per apostrophiam
misera efficiatur.... Alter ergo alteri fluuio transfundit fortunas humanas .
cum de felicitate quis infelix efficitur . uel e diuerso felix ex infelici constitutur. Ω
HI IGITUR CURSUS Ab hoc loco usque GURGITE FERIATA poetica deliramenta sunt,
falsis opinionibus plena, et tamen opinione veluti quadam rationabili qui talia fingunt fulciri existimantur, qua fata miserrimęque animę quae ab eis post
mortem corporis vexantur intra ambitum huius mundi in planetarum circulis veluti in quibusdam fluminibus vel puniri vel purgari et semper in eis detineri
merito male vivendi seu ab eis liberari merito bene vivendi per corpus mendacissime putant.... et hoc est quod in hoc loco Martianus machinatur docere,
docens animarum fortunas quasdam in quibusdam fluminibus planetarum quiescere

atque lętari, quasdam in quibusdam torqueri et contristari, quasdam de flumine in flumen relabi ut quę nunc beata mox fiat misera et quę misera fiat beata, iuxta revolutiones temporum et reversiones animarum in corpora, in quibus prout vixerint aut beata aut misera, post mortem sequitur vita. JS *nach Lutz 21,32-22,4,13-19*

uexarat fatigabat ... rippę redderet .i. in cęlestibus campis requiescere faceret ... per apostrophiam .i. per conuersionem β IG RG

uexarat .i. lacerauerat N-T E-T IG

2/3 *Bei* Uuânda *bis* dar-ínne *arbeitete Notker seine Quellen äußerst frei um.*

4/5 *Zu* Tíu *bis* âlle: Non tamen fortunas omnes rapiebant. Idem quod superius dixit repetit et inculcat .i. exaggerat. Ω

fortunas omnes bonas uidelicet et malas ... sanguineus .i. mars ... ceruleus .i. saturnus β IG

sanguineus martis scilicet ... ceruleus saturni scilicet N-T E-T IG

7/8 *Zu* Uuílon *bis* fûorta: Plerumque enim subuehebat illas fortunas pręnitens unda lactei circuli .i. qui est instar lactis. Correptas .i. celeriter raptas. Hoc enim indicat addendo repente. Ω

Plerumque .i. aliquando ... illius lactei .s. circuli .i. iouialis . pręnitens .i. splendens ... repente .i. subito ... eminentis excellentis β IG

10 *Zu* .i. ad uorandum, 11 *zu* .i. propellebat, 11-13 *zu* Únde *bis* slûche: Aliquando etiam reiciebat illas in illum ęstum cruentę similitudinis .i. in circulum martis . qui instar cruoris est igneus et sulphureus. Aut despuebat .i. propellebat in torrentem liuidum .i. nigrum . in circulum uidelicet saturni . uorandum .i. deuorandum [*wofür Präposition mit Gerundium* .i. ad uorandum *bei Notker*] . hiatu .i. baratro . uoragine uel profunditate. Piceo .i. nigro. Ω

suspensas eleuatas ... reiciebat iterum iaciebat β IG

reiciebat .s. illas fortunas N-T IG

15/16 *Zu* In *bis* zuífelsâldon: Alterna permixtione .i. uicaria . quia nunc clara unda despuebat fortunas in illam sulphuream uel nebulosam . nunc iterum recipiebantur in illum clarum et lacteum. Ille populus .i. multitudo fortunarum. Agebatur .i. ducebatur. Alterna permixtione .i. mutabilitate uel uariatione. Ω

Alterna .i. uariata β IG

16 *Zu* zuífelsâldon: Fortuna medius sermo est quia est bona . et est mala . qua quidam casualiter omnia fieri putabant . ignorantes dei prouidentia et dispositione mundum gubernari. Ω *zu* 19,7 fortune

17 *Zu* .i. inofficiosa, 18-20 *zu* Nôh *bis* uuâges: Neque enim ulla fortuna erat

quę esset immunis ab omni incursu . immunis .i. inofficiosa et inactuosa. Ω
prorsus .i. ex toto ... incursu .s. fortunę . cunctoque ab omni ... feriata
quieta β IG
feriata .i. extranea quieta N-T E-T IG

20/21 Zu Uuêr bis sî: Nullus enim est hominum non solum stultorum . sed nec
sapientium qui utriusque fortunę qualitatem non experiatur et utriusque gustum
non hauriat. Sapientes tamen atteri et uexari possunt mala fortuna .i. aduersis non autem superari. Hoc est quod sequitur. Ω
Wofür bei Notker 20/21 eine rhetorische Frage, aber 27,4/5 doch eine Aussage.

J27 1-4 Zu Tánne bis chnístîn: Denique uirtus secuta cyllenium . licet eam
cum magno fragore colliserint . tamen non quiuerunt illam opprimere. Ω
cyllenium mercurium fratri ęquum ... interrite nihil timens . transmearet
transiret . licet quamuis ... fragore sonitu ... colliserint percusserint ...
obprimere superare . non quiuerunt non potuerunt β IG
dum .i. donec ... interrita non territa ... obprimere eam uirtutem N-T IG
cunctos .s. omnes β N-T E-T IG
colliserint illi omnes N-T E-T IG

4/5 Zu Táz bis múhe siehe NL zu 26,20/21.

6/7 Zur Überschrift siehe 8/9, 11-13 und NL zu 17/18.
CUM VIRTUTE MERCURIUS Non inmerito quęritur qua ratione Virtus cum Mercurio
planetarum circulos quaerentes Apollinem transcendere dicuntur, eumque ultra
omnes planetas inuenire et iterum reperto Apolline, illos tres Apollinem dico,
Mercurium et Virtutem eosdem circulos consultum Iovis flagitantes transvolasse.
JS *nach Lutz 22,20-24*

9-11 Zu Tôh bis léiton: Tandem .i. ad ultimum et postremum constiterunt mercurius cum uirtute trans fluuios qui ferebantur ad quoddam spectaculum. Spectaculum miraculum dicit quatuor urnularum quod in sequentibus dicetur. Ω
trans ultra ... phoebi apollinis ... constiterunt simul stiterunt β IG

14-17 Zu Únde bis sêhen: At tunc latoium conspicati sunt .i. apollinem . et
est patronomicum a latona matre. Conspicati sunt .i. intuiti considentem in
edito atque arduo suggestu. Edito .i. sublimi uel excelso. Suggestu .i. sede
uel throno. Et suggestus dicitur proprie sella regalis a suggerendo . quia
rege in eo residente . suggeritur ei. Ω
AC TUNC LATOIUM Latoius Apollo nominatur, Latonę filius, et est patronymicum
ex matre. JS *nach Lutz 23,7/8*
conspicantur simul aspiciunt . edito sublimi uel ornato ... in conspectu in
presentia ipsius ... enudare manifestare se β IG

17/18 Zu Uuér bis súnna: Quatuor urnulę significant quatuor tempora anni . quorum temporum qualitates exprimunter per metalla ex quibus ipsę formatę erant. Quod autem dicit adopertas uicissim enudare alternis inspectionibus significat quia qualitates temporum uicissim aperiuntur et clauduntur. Ω
ENUDARE aliquando quidem adopertas, hoc est coopertas, aliquando denudatas. Nam dum ęstivi temporis caliditas cooperitur, hiemalis frigiditas aperitur et conversim, dum hiemalis cluditur frigiditas, aestiva refertur caliditas. JS *nach Lutz 23,11-14*
Siehe auch NL zu 4,1/2 und 28,5/6.
Noch eine rhetorische Frage bei Notker.

18/19 Zu Tíu bis kezíuges: quae urnulę . diuersa uaria . specie materia β IG
quę .s. erant N-T E-T IG
metallisque .s. diuersis β N-T E-T IG

J28 1-3 Zu Éinez bis mére: Nam una .s. a superioribus formata erat quantum conici potuit ex ferro duriore. Per hanc significatur feruor et duritia ęstatis . quia sicuti ferro omnia domantur . ita calor ęstatis omnia desiccat et excoquit. Alia ex argenti materie. Materies dicitur omne unde aliquid fit. Per hanc autem quę ex materia argenti erat significatur uernale tempus quod est clarum et temperatum. Tertia liuentis plumbi . liuentis .i. subnigri. Fusili .i. solido. Per hanc significatur rigor et asperitas hiemis . At uero proprior deo renidebat salo .i. liquore . perlucentis .i. splendidi et perspicui uitri. Salum autem proprie est mare. Per hanc autem quę habebat uitri similitudinem autumnale tempus exprimitur. Ω
conici potuit coniectariabilis ... fulgentiore splendidiore ... liuentis liuidi et subnigri ... robore soliditate . uidebatur esse .s. ... proprior proximior apolline ... salo renidebat liquore resplendebat propter mare β IG
conici .i. imaginari N-T IG
uidebatur .s. esse E-T IG
proprior .s. urna quę erat N-T E-T IG

4 Zu Sâmen bis dar-ínne: Singulę autem .s. earum urnularum gestabant quędam semina et elementa rerum. Ω
gestabant portabant β IG

5/6 Zu Uuánnan bis neráhti: Ne mireris potestatem administrationis quattuor temporum ad Apollinem referri, cum alibi Iunonis, id est aeris, esse perhibeantur, quoniam omnium quae et in aere et in aquis et in terra nascuntur causa in sole constituitur. JS *nach Lutz 23,21-24*
Tempora anni quatuor sunt . uer . aestas . autumnus et hiems. Dicta sunt autem

tempora a communionis temperamento . quod inuicem se humore . siccitate . calore et frigore temperent. Haec et curricula dicuntur . quia non stant sed currunt. Constat autem post factum mundum ex qualitate cursus solis tempora in ternos menses fuisse diuisa. Is et V xxxv 1/2

Siehe auch 4,1/2 und 27,17/18.

Nochmals eine rhetorische Frage bei Notker.

6/7 Zu .i. exhausta: Exanclata .i. exhausta quia anclo est haurio. Ω

7-9 Zu Ûzer bis scádeli: Cecaumenis .i. malis et noxiis feruoribus. Cacos enim grece malum . et cauma ęstus. Proprie uero cauma est crassitudo aeris . inde cecaumenis quasi cacos caumator dicit .i. malis feruoribus.... Anhelabat .i. respirabat et efflabat [N² E¹; afflabat β IG N¹] ex pręfata urna. Ω
cęcauminis uel cecuminis Br RG
flamma flagrantior calidior ęstas scilicet ... pręedicta iam superius β IG
ipsius .s. urnę N-T E-T IG

8 Zu dáz bis bezéichenet und 9/10 zu Uuánda bis hízza siehe Ω zu 1-3.

10 Zu .i. uis, 11/12 zu Táz bis fíure: Uertex quasi uis et potestas mulciferi .i. uulcani qui accipitur in significatione terreni ignis . sicut iouis in similitudine cęlestis. Hinc et mulcifer dicitur quasi mulcens ferrum. Ignis enim duritiam ferri emollit atque demulcet. Ω

14-16 Zu Táz bis uuétere: pręferebat .i. pręmonstrabat . fulgida serena .i. fulgidam serenitatem. Renidebat .i. resplendebat. Ω
Aliaque et urna uidelicet ... uernantis .i. florescentis quia tunc flores prodeunt . quod facit serenitas cęli ... temperie serenitate β IG
renidebat .s. illa urna N-T IG

14/15 Zu daz bis bezéichenet siehe Ω zu 1-3.

16/17 Zu Taz bis lénzen: Uernali enim tempore quasi ridet iouis quia tunc serenus et temperatus est aer et uidentur quodammodo omnia elementa lętari. Terra uiret . cęlum splendet . mare quiescit . quę quasi hieme tristabantur. Ω
iouis ętheris β IG

18 Zu erat, 19-21 zu Táz bis rífon: Illa uero urna grauioris metalli plena erat undosę hiemis. Ω
undosae pluuiis repletę ... algidi algentis ... pruinarum plena erat .s. β IG

19 Zu plĭĭna siehe 2 plĭĭn.

19/20 Zu daz bis bezéichenet siehe Ω zu 1-3.

21/22 Zu Táz bis suéndi: Hęc exitium saturni uocabatur. Exitium saturni dicitur non quod patitur saturnus . sed quod infert. Hiemali enim tempore omnium rerum pulchritudo quodam exitio deperit. Ω

hęc .s. urna β N-T IG
uocabatur appellabatur β IG

21 Zu zâla *siehe auch* Ω zu 1-3 (rigor et asperitas).

J29 2-4 Zu Áber *bis* sâmen: Autumnale enim tempore est rerum omnium fertilitas. Unde et autumnus uocatur. Autumnare enim est maturescere uel colligere . et tunc est maturitas et collectio omnium frugum. Ω
ipsius dei apollinis ... sita collocata ... referta repleta β IG
At uero .s. urna β N-T E-T IG

2 Zu mére *siehe* Ω zu 28,3 mére (Salum autem proprie est mare.).

5 Zu Táz *bis* tútten: Hanc iunonis ubera memorabant .i. fertilitatem et abundantiam. Ω

6 Zur *Überschrift siehe* 7/8, 9-11 *und* 14-17.

8/9 Zu Ûzer *bis* uuólta: Quantum sat erat .i. expediebat. Ω
dispositis a se . sat erat expediebat . hauriebat unicuique β IG

12-14 Zu Uuánda *bis* sílberuáze: orbi complacito .i. hominibus sibi acceptis Ω
EX HIS IGITUR URNIS In hoc loco fabulose loquitur. Aiunt enim solem veluti numen quoddam, ORBI COMPLACITO, hoc est hominibus bene viventibus ac sibi placentibus, temperantiam ex qualitatibus elementorum, ac per hoc et sanitatem pręstare, ... JS *nach Lutz* 24,10-13
quotiens .i. quam frequenter ... salubres temperatas . ministrabat afferebat . auras temperies . ex illa argenti urnis . clementia benignitate . aeris hausti calidi . permiscens simul miscens β IG

17-20 Zu Sô *bis* uuérlt: commeritis mortalibus .i. ualde meritis et dignis .s. tali peste. Et in affligendum orbem meare cogebat .s. illam pestem. Ω
..., male viventibus vero ex eisdem qualitatibus inordinatam quandam confusionem et intemperantiam, ideoque et pestem morbosque defundere. JS *nach Lutz* 24,13-15
pestem pestilentiam . diram malam ... hanelos satis habundos . ignes calores ... torpentis pigrescentis . frigoris hiemis ... miscebat simul ... adfligendum a se . meare ire . cogebat compellebat . orbem mundum β IG

19 Zu plígfiur *siehe* 65,5 *und* 76,18 blíg-fíur.

J30 1-3 Zu Fóne *bis* lôbentemo: Cęci poetę .i. meonii. Mercurio comprobante .i. conlaudante. Ω
dei apollinis ... magisque .s. ammonita esset ... conspiceret uideret ... Caeci poetę patris .i. meonii qui iam per uetustatem cęcus fuerat . graium grecum ... commemorat ipsa uirtus β IG

eum .i. apollinem N-T E-T IG
comprobante .i. laudante β N-T IG

3/4 Zu Sol bis resoluit: Interpretatio huius greci uersus talis est. ΦΟΙΒΟC
.i. nouus . ΚΡΙCΟΚΟΜΗC .i. auricomus . ΛΙΜΟΥ .i. pestis . ΝΕΦΕΛΗΝ .i. nubem .
ΑΠΟΡΙΚΙ .i. resoluit. Phoebus interpretatur nouus. Sol enim cum oritur nouus
apparet. Crisocomes .i. auricomus . crisos enim grece aurum. Radii enim splendentes quasi aureas comas premonstrant. Nubem pestis .i. acerbe et obscure
pestilentie et mortalitatis. Resoluit .i. repellit ab hominibus. Per apollinem
enim et ingeritur pestis et aufertur. Ω

4 Mit nebulam für nubem bewahrte Notker die Dreisilbigkeit von ΝΕΦΕΛΗΝ.
Der Vers steht übrigens bei Lucianus in der Schrift ΑΛΕΞΑΝΔΡΟΣ Η ΨΕΥΔΟΜΑΝΤΙΣ
36,11.

4 Zu .s. uersu, 5/6 zu .s. bis sunt: ex quo .s. uerso ... Subdende .s. sunt
preces β IG
ex quo versu videlicet JS nach Lutz 24,24/25

6 .i. adscribende scheint von Notker zu stammen.

7-11 Zu Tánnan bis fáhse: Si uoces .i. preces hominum prime accederent. Prime pro primo dixit. Uestigiis eius .i. mercurii. Sensus est. Dicebat ille mercurius posse se quidem pestem pellere si placaretur ab hominibus . ipsam tamen
pestem in potestate esse apollinis . hoc est quod dicit. Subdende tamen erant
clario .i. apollini . fidibus .i. cordis personanti atque redimito lubrico et
implexo crine. Inter laurigera serta infularum .i. inter coronas laureas....
Infula proprie est latior fascea de qua circa tempora uitte dependent . est
autem ornamentum sacerdotalis capitis. Ω
et est sensus: Monebat Mercurius per versum Meonii posse se ipsum fugare pestes si prima vota hominum pro peste pellenda pedes eius attingerent; non esse
tamen sue potestatis expellere pestes sed fratris sui Apollinis, ideo subiungit
SUBDENDE TAMEN VOCES scilicet hominum CLARIO, cuius proprium est pestes fugare
quemadmodum et adducere. JS nach Lutz 24,25-30
lubrico labili . implexo .i. illigato . redimito .i. redimitum habenti β IG

12 Zur Überschrift siehe 18/19 und 22.

15-18 Zu Sô bis begágenen: recognouit utpote diuinus.... Musas pedissequas
et alumnas suas. Ω
Talia .s. uerba . conserentes proserentes inter se . uirtus et mercurius ...
procul .i. a longo . pythius .i. apollo . aduentare aduenire . conspexit uidit
. causamque aduentus quare uenirent . primis aspectibus .i. postquam primus
eos conspexit ... throno sede . quo insidebat in qua sedebat . exsurgens ipse

apollo ... iussit pręcepit . occurrere uirtuti et mercurio β IG

19-21 Zu Únde bis stépfen: Quę licet uiderentur properare in officium maiugenę .i. mercurii maia geniti. Mouebantur .s. mercurius et uirtus. Satis .i. quantum sat erat. Ω

properare festinare ... satis . incessibus mouebantur .i. patiose incedebant β IG

19 ratis, 21 gemézenên nach Dick/Préaux gegenüber satis Lutz Br β N-T N¹ N² E-T E¹

21 Zu álso bis íst siehe 105,21/22 tinnitibus doctę modulationis und 106,1/2 mít méisterlicho gerárten lûtôn.

J31 1-3 Zu Únde bis rédondo: Ac tunc germano .i. mercurio suscepto in participatum .i. societatem operis quod ipse gerebat in inspectione uidelicet urnularum. Ω

IN PARTICIPATUM OPERIS sive administrationis urnularum seu discursionis per signiferum. JS nach Lutz 25,1/2

suscepto .i. accepto . prior orsus est foebus antequam mercurius uel uirtus orsus est locutus est apollo β IG

4 Zur Überschrift siehe NL zu 32,3.

5 Zu in und cum, 6 zu in, 7-11 zu Ménniscon bis únguíssen: Cum nutat sententia anxia. Anxia sententia dicitur non quod ipsa anxietatem patiatur sed quia ingerit hominibus anxietatem et sollicitudinem. Per efficientem id quod efficitur. Nutat .i. uacillat et titubat. In trepidis rebus .i. in dubiis et incertis. Aut cum fluctuat ignota sors .i. incertus euentus in incertis futuris. Tunc consultet .i. consulere debet nos deos mortale genus. Quod .s. mortale genus facit dubium cura indiga ueri. Est autem ypallage . cura facit dubium. Non enim cura dubietatem . sed dubietas facit curam. Ω

dubium incertum ambiguum futurarum ... spes futurarum ... fatigat affligat ipsum mortale genus β IG

sententia .i. deliberatio N-T IG

8 Zu chȋt apollo siehe β zu 1 orsus est phoebus.

12 Zu Úns bis díng: At nobis diis qui non sumus mortales uacuum est .i. concessum et permissum est pręscire. Ω

AT NOBIS qui sumus dii. VACUUM id est licitum nosse omnia et in nullo cunctamur. JS nach Lutz 25,8/9

pręscire futuras β IG

13/14 Zu Táz bis tuâla: Cunctatio nulla est .s. de eo quod uoluerunt superi. Uoluntas enim dei opus est. Tantundem enim est ei uelle quantum et facere. Ω superi .i. dii cęlestes . uoluere uoluerunt ... .s. de eo quod uoluerunt dii quia statim fiat.... et facere quę disposita sunt. β IG RG

cunctatio .i. demoratio β N-T IG

14/15 *Unabhängig von RA und JS ersetzte Notker* .s. hominum *durch* .s. deorum *und ergänzte* .i. quam.

15-18 *Zu Souuîo bis* hábet: Licet de pectora fixis pręoptare caret . coniunctio est. Licet caret .i. inane et inutile est pręoptare .i. pręcupere et ualde desiderare . pectora hominum . de fixis .i. de his quę fixe et inmutabiliter disposita sunt. Dispositio enim et ordinatio dei inmobilis est. Si .i. siquidem quod placet .s. diis . atque necesse est .s. ut fiat. Uoluntas enim dei quandam rebus necessitudinem infert. Necesse est enim ut fiat .i. non potest non fieri quod ipse uult. Ω
LICET DE PECTORE FIXIS PRAEOPTARE CARET hoc est licet nobis qui sinceri dii sumus nosse omnia atque praescire ab Ioue sit concessum. CARET tamen hoc est ad nos non adtinet PRAEOPTARE DE FIXIS PECTORIBUS id est consiliis uestris in uestro quippe proprio arbitrio constitutum est quid uestris cordibus constituatis, ita tamen SI QUOD PLACET diis et QUOD NECESSE EST fieri in uestris mentibus fixum. JS *nach Lutz* 25,16-21

rebus humanis β RG

17 *Zu Prouidentia dei siehe* Ω *zu* 26,16 zuîfelsâldon.

19/20 *Zu Nû bis* nebechám: Quod .i. eo quod nondum uenit tibi mansura uoluntas. Mansura .i. certa et stabilis .i. quia nondum ex sententia diffinisti quid acturus sis. Ω

ferre accipere β IG

21 *Zu* .s. me *und* .s. quietam, 31,21-32,1 *zu* Sô *bis* mûotrâuua: Sic semper ab omni uelle .i. uoluntate . hoc est ad omne quod uis capis me socium. Ω
SIC SEMPER ac si diceret: Non mirum si vis, frater, meum ferre consilium, sic enim in omnibus quae vis solites me capere socium, et FACIUNT ADDITA tibi mea consilia tuam mentem stabilem omnique cunctatione liberam. JS *nach Lutz* 25,23-26

capis accipis me socium tibi .s. faciunt confirmant et corroborant ... addita sunt .s. consilia mea . mentem .s. quietam β IG

addita .i. donata tibi N-T IG

J32 1/2 *Zu* Tîz *bis* slôufet: A principio uersuum usque ad hunc locum est genus locutionis quod rethores insinuationem appellant. Ω
Est igitur ab initio versuum usque MODO formula rethorica quae dicitur insinuatio. JS *nach Lutz* 25,26/27
Exordium est oratio animum auditoris idonee comparans . ad reliquam dictionem.

... Igitur exordium in duas partes diuiditur . in principium et in insinuationem.... Insinuatio est . oratio quadam dissimulatione . et circumitione obscure subiens auditoris animum. Cic inv I xv 20
Exordium est oratio noscendę causę pręparans auditorem.... Uerum exordiorum genera sunt duo . principium et insinuatio.... Insinuatio cum insidioso exordio iudicem circumscribimus. MC V §545/546 nach Dick Préaux 272,4/5,19/20,21/22
D.Exordium quid est? M.Oratio quę auditorem idonee adipiscitur per principium . et insinuationem. Nr nach Piper 641,3-5

3 Zur Überschrift: Sequitur deinceps laus uel pręconium philologię. Ω deinceps usque ad finem alia forma sequitur, quae demonstratio, id est laus, nominatur. Demonstratur quippe Philologia laudibus eximiis in qua etiam alia formula quae dicitur suasio subintelligitur. Laudando siquidem Philologiam suadet Mercurio eam eligere in uxorem. JS nach Lutz 25,27-31

4-6 Zu Êin bis poetis: Est igitur uirgo prisci generis .i. splendidi . et ex antiquo nobilis. Coetu pro coetui .i. musarum multitudini quę sunt in parnaso monte. Ω
uirgo philologia uidelicet. Conscia quę scit musas β IG

6 Zu poetis siehe NL zu 108,16 poetę.

6 Zu Téro bis sínt: CUI FULGENT demonstrat Philologiam astrologiae peritam esse, sicut una dearum quae de vertice Parnasi montis choros siderum conspicantur. JS nach Lutz 25,34-26,1
cui .s. uirgini . fulgent manifesta sunt . sidera .i. quę scit cursus siderum . astronomiam uidelicet β IG

8-10 Zu Téro bis uuíllen: Tartareos recessus .i. profunda inferorum. Ulla claustra .i. obstacula. Nec iouis arbitrium .i. iudicium uel dispositionem. Ratio enim omnia inuestigat . et tam de cęlestibus quam de inferis . et de omni creatura disputat. Ω
CUI NEC TARTAREOS id est meatus siderum subterraneos cognoscit et nulla claustra intellectum illius repercuciunt. NEC IOVIS ARBITRIUM Iovis arbitrium dicit occultas rationes, meatus siderum ac si dixerit: Non solum visibiles causas ipsa cognoscit, neque ullo flumine cognitio ipsius repercutitur. JS nach Lutz 26,2-6
tartareos infernales . claustra .s. inferorum . occultare celare ... .i. quę scit etiam ea quę apud inferos sunt ... rutilantia splendentia . fulmina ceraunos . possunt celare β IG RG

10 Zu est, 11/12 zu Pechénnendiu bis nereus: Spectans ipsa philologia sub quali gurgite .s. sit uel habitet fluctigena nereus .i. fluctibus genitus .i.

etiam de abyssis disputat ratio. Ω

NEREUS deus maris est, cuius mater Nimpha, id est unda, dicitur. Ad cumulum laudis Philologiae additur notitia rerum quae in profundo maris aguntur, ut non solum siderum cognitio verum etiam aquarum a quibus sidera nutriuntur ei tribuatur. JS nach Lutz 26,7-10

sub gurgite sub mari . nereus deus maris ... .i. etiam de his quę sub aquis sunt disputat et comprehendit. β IG RG

spectans .s. est N-T E-T IG

12-14 Zu Tíu bis apollinis: Quę norit tuos o mercuri . recessus .i. meatus et circuitus. Per regna .i. per circulos fratrum martis uidelicet et apollinis. Ω

Quaeque .s. uirgo et ... norit scit ... .i. per circulos fratrum saturni uidelicet et solis β IG

14 Zu Sî bis planetis: TUOS RECURSUS per regna fratrum Apollinis videlicet et Martis, in quorum circulis sępe discurrit Mercurius, quod Filologiam non latet. JS nach Lutz 26,11/12

15 Zu Uuácheriu, 15/16 zu Túrh/cründende bis árbeiten: Penetrans archana inmodico labore. Archana .i. occulta et secreta creaturarum. Inmodico .i. inmenso et nimio. Ω

Peruigil multum uigil studiosa . inmodico .i. non modico . sed magno ... labore .i. magna difficultate β IG

16/17 Zu Uuáz bis irríngenne siehe NL zu 8-10. Noch eine rhetorische Frage.

18-20 Zu Tíu bis íst: Quę possit totum pręuertere .i. pręscire . antecedere uel pręcognoscere. Quod superis pręscire datum . quia non numquam etiam futura antequam fiant pręscit ratio. Ω

Quae etiam uirgo . possit potest ... cura indagacione. Quod hoc .s. superis diis cęlestibus . pręuertere pręscire antequam sint β IG

Quę .s. illa ... datum .s. est N-T IG

21/22 Zu Ióh bis gebóte: Quin .i. insuper crebrius in nos deos ius habet .i. potestatem illa. Ω

crebrius sępius ... illa philologia ... urgens compellens ... coactos compulsos inuitos β IG

iussa .s. sua β N-T IG

22 Zu .s. se: Scit illa posse .s. se inuito ioue. Ω

J33 1-3 Zu Únde bis nebestât: Deest etiam hoc quod nulla potestas superum queat temptare .i. aggredi uel conari. Ω

queat possit ... temptare sit ius .i. aggredi . potestas ius deorum. Inuito

nolente ... posse .s. fieri β IG
Inuito .s. etiam N-T E-T IG

3 Aus Ut uidelicet bei Remigius wurde Notkers rhetorische Frage Uuáz bis sîn als Übergangssatz.

3-7 Zu Dáz bis stare: Ut uidelicet stent ardua . hoc est excelsa . spera uidelicet cęlestis quę utique in motu est. Nam cum cęlum semper sit mobile . ratio tamen aliquando argumentatur inmobile esse. Nam si omne quod mouetur instabile est . et omne quod instabile est transit . ergo et cęlum quod mouetur utique transit. Quo argumento syllogistico quasi conuincitur cęlum inmobile. Ω
STENT ARDUA MAGNO Peripatheticorum dogma tangit qui et speram mundi extimam aetheriaque omnia spatia semper in statu esse docent, solos vero stellarum choros simul atque planetas assiduis motibus circa terram convolvi, et hoc est quod ait INVITO IOVE STENT ARDUA MAGNO ac si aperte diceret: Sola Philologia, hoc est altissimum rationis studium, coactis aliorum philosophorum doctrinis, qui non solum choros siderum, verum etiam aetheria sphericaque cuncta spatia moveri semper circa centrum mundi, hoc est circa terram, existimant, sectam Peripatheticam affirmat. INVITO itaque IOVE, hoc est invito aliorum philosophorum documento, stare mundum asserit Philologia. JS nach Lutz 26,17-26
magno maxime ... Spera cęlestis semper in motu est . quam stabilem dicit philologiam reddere posse per quosdam uidelicet sillogisticos modos. β IG RG
Notker wiederholt diesen Syllogismus 113,1-3.

8/9 Zu íuuer bis gehîen: Cumulat alterutrum . cumulat .i. auget . extollit . nobilitat. Alterutrum .i. uicissim. Alter alterius consortio beatur et extollitur. Meruisse parilem iugalem. Parilem .i. ęqualem et sibi similem. Tamquam diceret. Uterque honoratur et honestatur ex societate alterius . et mercurius ex societate philologię . et philologia ex societate mercurii. Ω
CUMULAT hoc est ad laudem Philologiae addit. ALTERUTRUM vicissim videlicet. MERUISSE Mercurium profecto PARILEM IUGALEM, hoc est similem sui uxorem. JS nach Lutz 26,27-29
Alterutrum .i. mercurium iugum extollit . honestat et philologiam. β IG

9/10 Zur Überschrift siehe 11-13, 15/16, 21, 33,22-34,1 1/2 und 4/5, auch JS zu 33,22.

13-15 Zu Uirtus bis námen: lętabunda uirtus .i. lętanti similis .... Suasum .s. ab apolline. Ex supradictarum . sophię uidelicet et mantices et psiches. Omnes enim uirtutes quas in illis laudauerat . in hac una reperiebat. Ω
suasum hortatum ab fratre ... Nomen quo uocatur ... inquirit perquirit . non

audiuerat enim cum ab apolline .s. tantum qualitates β IG RG

18-21 Zu Sô bis sia: Concucitur .i. exhilaratur et commouetur. Ut descendens aliquanto de ingenito rigore. Aliquanto .i. paulisper. De ingenito .i. naturali et insito sibi rigore .i. honesta quadam seueritate . quę comes est semper uirtutis. Etiam corpore moueretur .i. risu quateretur. Ω
Quod .s. nomen . ubi .i. postquam . cognouit sciuit . philologiam de qua supra audiuerat ... foedus .i. nuptię . instabat futurę erant ... gratulatione lętitia . alacritate gaudio ... descendens deficiens ... Aliquanto dicit quia uirtus non nimis prona debet esse ad risum. β IG RG
philologiam .i. rationem N-T E-T IG

22 Zu Iáh bis gelégenun: Commemorat esse propinquam suam. Quid enim propinquius . quam ratio et ars? Ω
PROPINQUAM ESSE Non incongrue Philologiam cognatam sibi esse Virtus commemorat, quia rationis studium a virtute neque virtus rationis studio segregari potest, quippe sibi invicem conexim semper adiunguntur. JS nach Lutz 27,1-4
Quippe certe . propinquam .i. consanguinem ... commemorat .i. dicit eam ... Propinquam suam ideo dicit quia uirtus semper cum ratione est. β IG RG
propinquam .s. suam N-T E-T IG

J34 1 Zu Únde bis mantices: Et patronam illius laudatę mantices. Patronam .i. nutricem. Ω
PATRONAM Philologia dicitur patrona Mantices non immerito quia divinandi ars non aliunde nisi ex rationis diligentia procedit. JS nach Lutz 27,5/6
patronam nutricem quia ratio nutrit diuinationem. β RG
mantices .i. diuinationis N-T E-T IG

2/3 Zu Iôh bis mílta: In ipsam quoque sophiam multę suppellectilis .i. multorum munerum et multę remunerationis largissimam. Ω
In ipsam .i. erga ipsam β IG
sophian .i. sapientiam β N-T E-T IG

3/4 Zu Ratio bis sapientiam: IN IPSAM QUOQUE SOPHIAN Hoc dicit quoniam omnes disciplinas quibus sophia, hoc est sapientia, et inquiritur et invenitur rationabile studium et repperit et ordinavit. JS nach Lutz 27,7-9
Hoc dicit quia ratio multum iuuat sapientiam. β IG
Siehe auch Ω zu 48,11/12.

6-8 Zu Animam bis hábeti: Nam psichen incultam .i. rusticam et sine ullis sapientię ornamentis . uersantem .i. conuersantem et uiuentem . ferino .i. bestiali more.... Apud hanc asserit expolitam .i. excultam . elimatam et edoctam. Arrogarit .i. ostentarit et iactando premonstrarit. Ω

NAM ΨΥΧΗΝ Pulchre admodumque honeste humanam animam ratiocinandi legibus carentem veluti quandam feram stulta hispiditate incultam, nullisque sapientiae doctrinis domitam atque frenatam, asserit esse. JS *nach Lutz 27,10-13*
ac ferino more .i. sicut stultę et brutę bestię sensu carentes faciunt ... hanc .i. philologiam rationem uidelicet . asserit uirtus ... ut si in tantum .s. quid .i. aliquid ... gestaret portaret ... cultibus studiis β IG
ΨΥΧΗΝ .i. animam ... hanc .s. philologiam N-T E-T IG

8/9 *Zu* Anima *bis* negâbe: Anima enim merito primę pręuaricationis prona semper fertur ad uitia . nisi rationis et sapientię studiis erudiatur. Ω
ac per hoc quicquid honestatis in anima rationali elucet non aliunde nisi rationis exercitationibus comparatur. JS *nach Lutz 27,13/14*

10/11 *Zu* Tîu *bis* uuólti: Quę ei tantum affectionis .i. tantum amoris et caritatis ei inpenderit. Ω
quae ratio ... inpenderit indulserit ... eam .i. animam ... laborarit pro laborauerit β IG
quę .s. philologia N-T E-T IG

12/13 *Zu* Châd *bis* nechôndi: Nihil igitur inmorandum .s. est quin fiant nuptię. Cum sciat esse impiger gerendorum .i. cum ad omnia facienda uelox et paratissimus sit. Et hoc ad uelocitatem sideris eius est referendum. Ω
immorandum retardandus . quin statim fiant nuptię β IG

12 Châd si *wiederholt* 6 châd sî.

14/15 *Zu* Áber *bis* brûoder: Acceptis fatibus .i. sermonibus et responsis. Ω
acceptis auditis ... Accipio pro audio sicut uirgilius ... maiugena mercurius β IG RG

14 *Zu* râten *siehe* JS *zu* 31,22 râta (consilia).

15 *Zu* brûoder *siehe* 30,22-31,1 germano ... brûoder.

15/16 *Zur Überschrift siehe* 21/22 *und* 35,17/18.

16 *Zu* .i. diuine, 18-20 *zu* Nû *bis* sóle: Lauripotens apollo .i. potens diuinationibus. Decusque diuum ad pulchritudinem solis hoc est referendum . quo omnia sidera uenustantur . ideo dicit decus deorum .i. pulchritudo omnium siderum. Certum est .i. constat et manifestum est . uenire nostrum pectus .i. nostram uoluntatem. Ex contiguis .i. e uicino et proximo . et quadam concordi sententia. Hoc uero ad naturam et ad positionem siderum eorum est referendum. Numquam enim mercurius a sole longius separatur. Ω
Certum est fixum et stabile est et manifestum est ... decus honor ... diuum deorum β IG

16 *Zu* .i. diuine *siehe auch* Ω *zu* 15,22-16,5 (apollinis qui utpote diuinus

futura presciebat).

17 Zu .i. illuminator siderum siehe Ω zu 38,2-5 (uel quod cuncta [sidera] illuminet) und 107,20-108,1 (Notum bis illuminatur).

20/21 Zu Únde bis gótheit, 34,22-35,1 zu Únde bis dír: Et .s. certum est probare me .i. approbare et eligere quicquid rerum ego iunctus compererim ciere socium numen. Ciere .i. euocare et commouere ut sit. Ω
ET QUICQUID SOTIUM Ordo verborum: Et certum est quicquid rerum compererim probare, CIERE NUMEN SOCIUM. Hoc est quicquid in natura rerum possum comperire probabile, certum est illud meum fratrem Apollinem vocare ut sit; meum itaque est eligere quid debet esse, illius est facere. JS nach Lutz 27,33-28,2
numen apollinem. Iunctus ipsi . compererim cognouerim β IG

21/22 Zu ego tibi: Iunctus .s. ego tibi N-T E-T IG

22 .s. a te von Notker der Deutlichkeit wegen ergänzt.

J35 1 Zu uuánda bis bíst siehe 34,16 .i. diuine und 18 uuízego.

1-3 Zu Áber bis sîn: Sed numquam mage pro magis .s. quam nunc uelle nostrum disparamus .i. separamus. Ω
NUMQUAM DISPARAMUS separamus. NOSTRUM VELLE nostram voluntatem; est enim una eademque semper. JS nach Lutz 28,5/6
uelle uoluntatem nostram β IG
Sed .s. quia N-T E-T IG
.i. numquam separamus nostram uoluntatem N-T IG

3 Zu in und .i. persuasione, 4 zu .i. bis delii, 4/5 zu Únde bis apollinis: Et fit conplacitum manere iussis quam cum deliaco fatu. Hoc sub interrogatione legendum est . numquam fit complacitum manere in iussis .i. in persuasione alterius quam meare cum deliaco fatu. Meare .i. consentire et conuenire. Cum fatu .i. cum profatu et consilio apollineo. Ω
ET FIT COLLIBITUM Ordo verborum: Et fit collibitum iussis mihi videlicet et illi qui ab Iove simul discurrere iubemur, fit collibitum manere CUM DELIACO FATU, hoc est cum Apollinis colloquio atque consilio, quam meare cum aliis videlicet planetis quae longius ab illo recedunt.... TU DELIE [siehe 35,13] Delius Apollo dicitur a Delo insula. JS nach 28,9-13,29
manere permanere . iussis in mandatis tuis. Quam etiam ... fatu locutione β IG
iussis .s. alicuius N-T E-T IG
deliaco .i. apolline β N-T IG

4 Zu obtemperare, 6 zu .i. tuo, 6/7 zu Tés bis chóste: Monemur isto arbitrio et cura. Monemur .s. meare cum deliaco fatu .i. obtemperare et parere consilio apollinis . isto arbitrio .i. consilio iudicii tui monemur. Ω

MONEMUR docemur. CURA procuratione Apollinis ATQUE ARBITRIO ISTO, hoc est consilio isto Apollinis arbitria dum sint certissima. JS nach Lutz 28,14/15
Cura sollicitudine ... monemur ut ita faciamus β IG
Cura diligentia N-T E-T IG

7 Zu táz bis negetrûee siehe 5 gérnôr bis fólgên.

8 Zu Sólchen bis méin: Hunc quippe ambiguum nefas putamus. Transitus et mutatio personę est . nam a secunda transit ad tertiam. Hunc .i. apollinem nefas putamus ambiguum . hoc est illicitum et nefarium esse iudicamus de consilio apollinis dubitare. Ω
ambiguum .i. dubium β N-T E-T IG

9 Zu .s. cęlibatus, 9/10 zu Ûnde bis ába-genómen: Perit uoluntas cęlibatus quęcumque in me fuit . dum eligo implere tuum consilium. Ω
ET QUAECUMQUE FUIT Hoc est quodcumque consilium de eligenda uxore hactenus constitui, audito nomine Philologię, Apollinisque suasionibus, perit. JS nach Lutz 28,21-23
quę antea in me fuit β RG
fuit in me E-T IG

12/13 Zu Pe bis gehîenne: Quocirca officio decentiore .i. conuenientiore et honoratiore . paret archas .i. mercurius. Pręcluibus profatis . pręcluibus .i. nobilibus et honestis . profatis .i. consiliis.... Iussus .s. a te uenire ad thalamos. Ω
PRAECLUIBUS PROFATIS pręclaris Apollinis consiliis, de se ipso Mercurius quasi de quadam tertia persona loquitur. JS nach Lutz 28,27/28
Quocirca quapropter ... Paret obędit ... libens uoluntarius ... in thalamos .i. ad nuptias ... Sic de se quasi de alio loquitur. β IG RG

14/15 Zu Nû bis únste: Instes elaborare . instes .i. cogas quo extet compar propositum tonantis. Compar .i. simile et eiusdem uoluntatis. Ω
INSTES labores. QUO EXSTET ut existat. PROPOSITUM TONANTIS voluntas Iovis. COMPAR consimilis voluntatibus nostris in ducenda Philologia. JS nach Lutz 28, 30-32
delie .i. apollo ... tonantis .i. iouis .i. fac ut similiter uelit iupiter has nuptias uelut ego et tu.... Compar simile nostris . propositum uoluntas . uolensque spontaneus . nutus .i. uoluntas ipsius tonantis β IG RG

16/17 Zu Tú bis mánonne: Nam solitus es tu ciere .i. instare et exquirere siue monere. Pręuersa sensa . pręuersa .i. pręmeditata uel permutata. Sensa .i. disposita uel sententias ipsius iouis. Ω
NAM SOLITUS nam usitatus es, Delie, vocare pectus voluntatem nostri patris. ET

VIGIL et tu es vigil. PRAEVERSA SENSA praeoccupata consilia, ac si diceret:
Etsi Iovis praeoccupatus fuerit aliis consiliis praeter quod volumus, tu tua
vigilantia potes eum in nostram partem flectere. JS *nach Lutz 28,33-29,5*
monere exquirere β IG
sensa consilia ipsius iouis N-T E-T IG

18/19 *Zu* În *bis* pegînne: Contribuas .i. efficias . fauere .i. allubescere
et consentire . iussis .i. consiliis tuis. Fulserit .i. fulgeat sacra uoluntas eius. Cęptis .i. inchoationibus et exordiis nostri operis. Ω
FULSERUNT Arriserit, concesserit nobis sacra voluntas Tonantis. JS *nach Lutz
29,6*
Illum iouem ... fulserit manifestata erit . uoluntas illius iouis β IG

19 *Zur Überschrift siehe* 20/21 *und* 36,17/18.
HAEC DICENTE Hactenus suasio Mercurii qua sibi suum fratrem conciliet, deinde
Virtutis sequitur consilium. JS *nach Lutz 29,7/8*

21/22 *Zu* Sûs *bis* chêtte: Uterque uestrum .i. ambo conciliet .i. placet uel
benignum efficiat iouem uoce sua. Ω
Haec .i. supradicta . dicente narrante ... potius eligendum est ad ultimum .
melius est . inquit dixit ... uoce collocutione sua . conciliet sibi β IG

J36 1/2 *Zu* Tîn *bis* gesuâs: Nam et .i. apollo conscius et tu .i. mercuri
archanus .i. intimus et consiliarius es pręceptionis illius. Ω
NAM ET HIC Apollo videlicet ac si diceret Delius: Intima Tonantis consilia
priusquam in apertum praeceptum procedant, TU vero Mercuri, illud pręceptum
omnibus notum facis. JS *nach Lutz 29,9-11*
eius .i. iouis ... praeceptionis .i. iussionis illius . quia uidelicet tu per-
fers missitata eius . archanus .i. intimus et secretarius β IG RG

1 *Zu* Tîn brûoder *siehe JS zu* 35,19 (suum fratrem).

3 *Zu* Êr *bis* in: Ille .s. apollo mentem .i. profundum consilium iouis nouit.
Tu quasi interpres . uerba componis .i. exponis et transfers. Ω
nouit scit β IG

4/5 *Zu* Phoebo *bis* inbîetenne: Phoebo instante .i. obtinente et deprecante
sueuit concedere. Tibi sectus solitus est aperire. Sectus .i. ductus et elo-
quia. Ω
PHOEBO INSTANTE hoc est dum Phoebus instat. SECTUS id est ductus suorum consiliorum Iovis condit, per te vero aperit. JS *nach Lutz 29,12-14*
sueuit consueuit ... concedere inpendere hoc uidelicet quod precatur . solitus
est β IG

6/7 *Zu* Tára-zû *bis* nesúlent: Numquam enim mercurius longe a sole recedere

potest . sed uicini semper sibi sunt. Ω
quod etiam illud .s. ... conuenit congruit β IG
disparari .i. separari β N-T E-T IG

7/8 Zu .i. currus, 8/9 zu .i. cupit, 9 zu .s. a sole *und* .s. solem, 10 zu .i. adequatus *und* .i. gradatim, 11 zu .i. precedi a sole, 11-17 zu Únde *bis* fúrefahet: Et licet hic cursor .i. mercurius uincatur .i. precurratur celeritate axis apollinei .i. cursus solaris . axem pro toto curru posuit. Ac captat .i. cupit preuertere demum. Festinata .i. transcursa .s. a sole. Preuertere .i. iterum preire et precedere. Tamen dum consequitur illum solem . ita anteuenit illum libratus .i. adequatus ut cessim .i. gradatim [β N-T E-T IG, N¹ E¹; cessem .i. ut locum eidem et cedam N²]. Mercurius namque aliquando cum sole graditur . aliquando ante solem . aliquando fixus radiis solaribus stationarius uel retrogradus efficitur. Plerumque recursitans gaudeat occupari. Cum est uidelicet retrogradus . gaudeat occupari .i. precedi a sole. Ω

ADDO Hic physicam rationem tangit duarum planetarum quarum una Apollinis, altera nomen Mercurii accepit assiduo ac inseparabili concursu, et hoc est quod ait quamvis APOLLINEI AXIS. Axem vocat celerem Apollinis in suo circulo motum, ita ut sepe Cyllenium precedat et ipse, Cyllenium dico, retrogradus post solem remaneat, aliquando in statione sublimetur. Mox tamen velocissimo impetu solem consequitur eumque usque ad novissimas sui distantias, hoc est spatium unius signi, praecedit. Dein longius praecedere solari radio non permittente, veluti in obsequium sui fratris revertitur, donec simul per easdem partes signiferi mirabili quodam commeatu concurrant. REMORATA STATIONE Remorata statio dicitur quia dum planete stelleque solarium radiorum violentia sursum versus compelluntur ascendere, veluti in uno loco remorari putantur, nec immerito quia nec praecedere solem nec retrogradari per longitudinem signiferi videntur. JS *nach* Lutz 29,15-28

plerumque aliquando . axis currus ... ac licet . remorata .i. retardata ... consistens .i. stationarius sit ... demum .i. ad ultimum ... praeuertere .i. anteire ... consequitur solem ... libratus .i. acceleratus . anteuenit precedit solem .s. ... recursitans .i. retrogradus . gaudeat uelit ... Hoc autem ideo dicit quia aliquando post solem fertur mercurius . aliquando etiam ante solem . non numquam quoque retrogradus . non numquam stationarius. β IG RG
consequitur .s. solem ... anteuenit .s. eum N-T E-T IG

18/19 Zu Chóment *bis* chînt: Uos pia pignora .i. cari uel dulces filii . conuenite .i. alloquimini una iouem uestrum .s. patrem. Ω
PIA PIGNORA pii nati. CONVENITE in consensum flectite. JS *nach* Lutz 29,29

Una .i. simul ... pia pignora pii filii eius β IG

36,21-37,2 Zu Táz bis gehîleiche: Certum quippe est quod phoebeo splendore succumbat .i. quadam se placiditate submittat. Coniuens .i. oculos claudens et consentiens. Illud uidetur dicere quia stella iouis solaribus radiis repercussa figitur atque impeditur. Et incedens ipse iouis cum stilbonte .i. cum mercurio. Allubescat .i. faueat et consentiat copulis conubiorum. Aiunt namque phisici quod mercurio cum ioue in oroscopo .i. in orologio posito salubres sint nuptię. Ω
quippe certe ... phoebeo solari ... splendore fulgore ... copulis coniugationibus β IG

quod quia ... succumbat .s. iupiter ... incedens .i. ipse iupiter N-T E-T IG

22 Zu stationariam siehe NL zu 15 stationarius.

1 Zu mathematici siehe 25,18 mathematici.

J37   2/3 Die Überschrift faßt den Inhalt des Abschnitts zusammen.

4 Zu .i. instinctu, 5-7 zu Sâr bis hîmele: His dictis uirtus concussa officio .i. instinctu precedentis .i. mercurii et concussa .i. afflata et commota . perflatione .i. impetu uel inspiratione. Mercurialis uirgę .i. caducei. Ω
His dictis .i. talibus locutis a uirtute ... sustollitur eleuatur ... Uirtus dicitur in cęlum ire . quia cęlestem conuersationem diligit. β IG RG

9-11 Zu Tô bis uuôlti: Augurales in quibus apollo captat augurium. Coruus autem proprie apollini consecratus est quia uim quandam presagandi et prediuinandi habere dicitur. Cignus etiam quia canora auis est apollini congruit . quia ipse preesse dicitur nouem musis. Constiterunt delio .i. propter delium uel ad obsequium delii.... Uectus pro uehendus uel portandus dixit. Ω
currum .s. suum ... constiterunt astiterunt . uti .i. ut ... uectus deportatus . ascenderet in cęlum β IG

12/13 Zu Uuánda bis scáffota: Conformans .i. componens ... presagire .i. coniectare uel prediuinare siue precognoscere. Ω
conformans .i. prediuinans . his .s. alitibus ... consueuerat solitus fuerat β IG

14/15 Zu Témo bis mercurius: Concitatis .i. commotis. Petaso et talaribus. Quod dicit petasum idem sunt et talaria . calciamentum scilicet mercurii alatum. Cępit preire apollinem . uidelicet quia sidus mercurii non numquam solem consueuit precedere. Ω
praeire .i. antecedere solem . hoc dicit propter sidus eius quod frequenter solem antecedit. β IG

17/18 Zu Áber bis álbizen: Candenti canoraque alite. Perifrasis cigni. Candenti .i. candida . canora .i. modulata. Facit autem hic et hęc ales. Ω

CANDENTI CANORAQUE poetę alludit singulas Musas singulis alitibus canoris candentibusque sublevari. JS nach Lutz 30,6/7
scandente ascendente cęlum . phoebo apolline ... adhęrens adiunctus ... candente albicante cigno uidelicet ... uehebatur portabatur β IG
alite .i. cigno N-T E-T IG

19 Zur Überschrift: Noch eine Zusammenfassung des Abschnitts.
Merito vocat tellurem gravidam in ascensione Mercurii, quia ipse propinquior est terris quam sol, et quia mortalibus, ut aiunt, loquendi copiam administrat. Apolline vero ascendente, aetheria spatia lętabunda conformat, quoniam sol medium totius mundi obtinet spatium. JS nach Lutz 30,8-12 zu 38,1 sudis tractibus Siehe auch Ω zu 41,13/14 (allubescat .i. faueat . consentiat uel applaudat).

20/21 Zu Übe bis uuérlt-méndina: Tum uero conspiceres .i. conspiceret qui adesset. Et est honesta locutio cum a tertia sermo ad secundam transfertur personam. Conuenire .i. confluere et coadunare. Ω
conspiceres .i. uideres si adesset β IG
conspiceres si ibi adesses N-T E-T IG

J38   37,22 Zu .i. per lumina, 38,2 zu .i. spaciis, 2-5 zu Ze bis gesáh: Nam et tellus floribus lumina [β N-T N1 E-T E1; luminata N2] .s. ab inferioribus renidebat .i. resplendebat. Lumina [Luminata N2] tellus .i. decorata . quippe conspexerat subuolare mercurium deum ueris .i. uernalis temporis. Mercurium deum ueris dicit . quia ipse fertur pręesse seminibus maris et terrę . et ipse est deus sationum. Conspicato .i. uiso apolline . hoc est sole. Sol enim diuersis nominibus utitur et pro uariis significationibus accipitur. Uocatur sol eo quod pręceteris sideribus plurimum solus luceat . uel quod cuncta illuminet . dicitur delius .i. declaratio.... Renidebat aeria temperies sudis tractibus .i. serenis spatiis. Ω
SUDIS TRACTIBUS puris spatiis. JS nach Lutz 30,8
tellus .i. terra . floribus quare . lumina illustranda ... conspexerat uiderat . subuolare sursum uolare ... sudis puris serenis . tractibus spatiis β IG

22 Durch Ergänzung der Präposition per betonte Notker seine Auffassung von lumina als Nomen.

5 Zu .s. planetarum: Superi globi atque orbes .i. circuli .vii. planetarum . idem repetit subdens orbes septemplices. Ω

7/8 Zu Tíe bis hórtist: Concinebant armonicis tinnitibus .i. musicis sonis. Suauis melodię atque delectabilis cantilenę .... Ac sono dulciore ultra solitum .i. pręter consuetum. Ω
concinebant simul canebant ... ultra solitum pręter consuetudinem β IG

7 Zu Tíe hímelisken sperę siehe 20,22 in cęlo orbes und 21,2 hímeliske spêras.

9 Zu .i. electis: Metatis circulis ergo .i. electis. Ω

10-12 Zu Síe bis bechnâta: Quippe pręsenserant .i. pręcognouerant .s. illi circuli . aduentare musas quę sunt pręficę totius modulationis. Ut singillatim .i. diuise et distincte siue seorsum .... Ubi agnouerant pulsum .i. percussionem et sonum. Per id quod pręcedit id quod sequitur . omnis enim percussio sonum efficit. Ω
CONSTITERUNT Caute dicit constiterunt, non remanserunt paululum itaque suis circulis consonantes mox Mercurium atque Apollinem sequebantur. JS nach Lutz 30,19-21
musas cum phębo . aduentare aduenire ... quae .s. musę ... modulationis cantilenę β IG

11 Zu sángcútenna siehe NL zu 3,11 sáng-cúttenno.

14/15 Zu Urania bis lûtun: Nam urania .i. cęlestis .... Speram extimam .i. exteriorem mundum . uidelicet intra quem omnia continentur. Quę raptabatur .i. celerrime ferebatur. Sonora .i. canora cum acuto .i. subtili tinnitu. Ω
stellantis mundi .i. ubi stellę sunt ... extimam ultimam ... tinnitu sono β IG

16/17 Zu Polymnia bis saturni: Polymnia plurima uel multa memoria interpretatur. Ω

17/18 Zu Ten bis heizet: Tertia hinc ponitur euterpe . delectatio uoluntatis.... Euterpe bene delectans. Ω

18/19 Zu Erato bis rînge: Erato inueniens similem. Ω
martium .s. circulum β N-T E-T IG

19 Zu similem: Wenn man auch simile Remigius, similem dem Anonymen zuzuschreiben pflegt, so kommt doch ausschließlich die Glosse similem Ω, N-T und E-T, also im überlieferten Remigius vor; dazu Backes S.116, Contreni Torino 1976 S.810 und Préaux 1953 S.447.

21/22 Zu Meditationem bis ke-zíeret: Melpomene interpretatur meditationem faciens .s. permanere.... Conuenustat .i. condecorat. Ω
medium .s. circulum tenuit .i. solarem . ubi in quo circulo ... flammanti coruscanti flagranti ... conuenustat clarificat decorat pulcrificat β IG
medium circulum N-T E-T IG

21 Zu kerárta sîh siehe JS zu 10-12 (consonantes).

39   1 Zu Bene bis stérnen: Huic terpsicore quasi artium delectatio sociatur. ... Terpsicore .i. bene delectans instructione. Sociatur uenerio auro .i. claritati uel pulchritudini. Ω

uenerio circulo ueneris ... Terpsicore delectans instructione . uenerio autem
auro dicit . quia uenus aureum et rubrum calorem prefert. β IG RG

2 Zu Sonoritas pechám cillenio: Calliopea una est ex nouem musis. Interpretatur autem secundum fulgentium callion phone .i. pulchra uox . siue calliopea
dicta pulchrifica uel pulchre faciens . quia callos grece pulcher . poio facio
. hinc et poeta dicitur. Ω zu 5,4 Caliopea
Calliopea una ex nouem musis. Kallos enim pulcher . hinc calliopea dicta quasi
pulchrifica uel pulchre fatiens. Poio enim grece . latine fatio . uel calliopea dicitur quasi kallion phone .i. pulchra uox. Br RG *zur gleichen Stelle*
His omnibus omnis humane locutionis honestas gignitur que calliope signatur.
... Calliope .i. pulchra uox. Complexa .i. tenuit. Ω
Καλλιόπη pulchrifica, hoc autem dicitur quia Mercurius sermonum pulchritudinem
ut poete fingunt efficit. JS *nach Lutz 31,3-5*
Calliope interpretatur sonoritas uel bona uox uel uox deae clamantis. Anon
nach Contreni Torino 1976 S.810 und Préaux 1953 S.453/454
Calliope interpretatur pulcrifica uel pulcra uox quasi callion fone. Vnde et
bene in circulum mercurii ingressa est. β RG
complexa .s. est .i. tenuit N-T E-T IG

3/4 Zu Bona bis sî: Clio .i. bona fama. Citimum circulum .i. extremum et
ultimum .s. tenuit. Quid sit illud exponit dicens. In luna collocauit hospitium. Ω
citimum autem circulum dicit .i. extremum . lune uidelicet . que est inferior
omnium planetarum.... citimum proximum terre ... hospicium suum β IG RG

5 Zu Tér bis ráhta: que personabat graues pulsus modis raucioribus . quia
circulus lune grauissimum sonum habet . sicut spera celestis acutissimum. Ω
graues graue sonantes ... raucioribus rauce sonantibus β IG

6 Zu .i. nutritoria, 7-10 zu Éiniu bis fernémen: Thalia quasi thitonlia .i.
ponens germina. In ipso ubere florentis campi .i. in circulo terre residebat.
Poetice fingit thaliam in terra remansisse eo quod uector .i. deportator eius
cignus inpatiens oneris et etiam subuolandi .i. cum nollet eam ferre et subuolare .i. sursum uolare . petierat alumna stagna .i. nutritoria et sibi cara. Ω
uector .i. portator ... impatiens non sustinens nec nolens ferre ... atque
etiam eum nollentem ferre . subuolando sursum uolando β IG
inpaciens .s. erat N-T IG

9 *Mit sî beging Notker entweder Genusverwechslung (sî = lat. *auis, ales;
*ér = lat. cignus bzw. ahd. álbiz) oder Bezugsverwechslung (sî = thalia; *ér
= cignus bzw. álbiz).*

11 Zur Überschrift siehe 12-14 und 40,2/3.

12 Zu Ín-in díu bis lúft: Interea iam exierat phoebus tractus aerios .i. spacium aeris. Exierat .i. euaserat. Ω

phoebus sol β IG

14-16 Zu Tô bis uuâs: Cum subito mutatur ei in radios crinalis uitta qua crines innexuerat.... Laurus .i. uirga laurea quam dextra retinebat in lampadem accenditur. Lampadem facem dicit cum qua sol depingitur et qua mundum illuminare putatur. Ω

accenditur illuminatur β IG

17-21 Zu Únde bis amans: Anheli alipedes .i. fatigabundi equi. Alipedes alatos pedes habentes . quod est signum nimię celeritatis.... Sol autem quatuor fingitur equos habere uel propter .iiii. anni tempora uel etiam propter quadrifariam mutationem ipsius solis . quę ex interpretatione nominum ipsorum equorum melius colligitur. Nam erithreus interpretatus rubens . acteon splendens . lampos lucens . philogeus terram amans. Ω

uolucres corui uel cigni ... subuehebant sursum portabant ... rubens [aus rubeus geändert] β IG RG

delium .i. apollinem N-T E-T IG

20 Auf Grund von 14 lampadem ersetzte Notker das Adj.M. lampos < λαμπρός durch das Nom.F. lampas < λαμπάς des Textes; dazu Backes S.23/24.

J40 39,22-40,2 Zu Únde bis súnna: atque idem .i. apollo emicuit repente clarus sol cum rutilante pallio reserato limine stellantis poli .i. aperta ianua cęli. Duę autem dicuntur esse portę cęli propter ingressum et egressum diei. Ω pallio indumento claro . rutilante resplendente ... stellantis .i. stellas habentis ... limine introitu ... repente subito . clarus luculentus . emicuit splenduit β IG

2/3 Zu .i. coruscum, 3/4 zu Sîn bis stérnen: Cyllenius quoque conuertitur in uibrabile sidus ex ea figura numinis quam ante habebat. Uibrabile.i.coruscum. Ω IN SIDUS VIBRABILE in stellam radiosam. JS nach Lutz 31,20

Cyllenius .i. mercurius β IG

3 Zu Sîn brûoder siehe 30,22 germano und 31,1 demo brûoder.

4/5 Zu .i. transformatione cęlesti, 5 zu .i. fiducia, 6 zu .i. nobili, 6-9 zu Unde bis hímele: Atque ita supera metamorphosi .i. cęlesti transformatione.... Per geminos .i. per signum geminorum castoris et pollucis. Quadam proprietate .i. fraterna fiducia. Nam castor et pollux filii fuerunt iouis . fratres mercurii et apollinis. Refulsere in augusto .i. in nobili cęlo. Ω METAMORPHOSI SUPERA transformatione diuina pulchriores, nam et pulchri erant ante transformationem, sed pulcriores postea. SIGNI FAMILIARIS quia Castor et Pollux, qui Gemini dicuntur, filii Iovis sunt, ac per hoc Apollo et Mercurius non per aliud signum nisi per suos fratres ultra sidera ascendunt. JS *nach Lutz 31,21-25*

pulchriores effecti .s. per geminos per signum geminorum . quod ideo dicit . quia quando in geminis multum splendet . proprietate affinitate fraterna ... inuecti introducti in cęlum . augusto .i. nobili atque sublimi β IG

10 Zu Únde *bis* hóue: mox statim . tonantis iouis ... petiuerunt simul mercurius et apollo β IG

10/11 *Nochmals Zusammenfassung des Abschnitts in der Überschrift.*

16-20 Zu Sô *bis* zû: Copia .i. facultas et possibilitas fandi.... Clarius dicitur apollo .... Hęrentem patrem consortio iunonis quam nouerat plurimum suffragari .i. allubescere uel fauere conubiis utpote pronubam et pręsulem nuptiarum. Lętus primo omine .i. augurio quo iunoni iouem uiderat familiarius inhęrentem. In cuius arbitrio .i. iudicio uel potestate nouerat positam uoluntatem mariti .i. iouis.... Mitis habitus futurę orationis. Ω

omine augurio iunonis . uidelicet et iouis ... concilians conciliare potis ... mitis ut sequatur supplex et humilis . adfatur alloquitur iouem β IG

ut postquam ... patrem .i. iouem β N-T IG

uidit .s. apollo β N-T E-T IG

quam iunonem ... fauere .s. illam ... lętus apollo ... mitis .s. apollo N-T IG

16 Zu íro ârende *siehe* Ω *zu 45,13-18* (ad officia sibi coniuncta).

21 *Zur Überschrift:* Exordium est . oratio animum auditoris idonee comparans . ad reliquam dictionem. Quod eueniet si eum beniuolum . attentum . docilem confecerit. Cic inv I xv 20

Exordium est . oratio noscendę causę pręparans auditorem. Eius uirtutes sunt tres . ut attentum . ut docilem . ut beniuolum faciat auditorem. MC V §545 *nach Dick/Préaux 272,4-6*

PARTES ORATIONIS IN RETHOrice arte . quattuor sunt . exordium . narratio . argumentatio . conclusio. Harum prima . auditoris animum prouocat.... Inchoandum est itaque taliter . ut beniuolum . docilem . uel attentum auditorem faciamus. Beniuolum precando . docilem instruendo . adtentum excitando. Is et II vii 1/2 D.Exordium quid est? M.Oratio quę auditorem idonee adipiscitur per principium . et insinuationem. D.Quomodo? M.Si aut fidem facit per beniuolentiam . attentionem . docilitatem . aut commouet per apologorum attributionem.... DE EXORDIO NARRATIONIS. Et mox in exordiendo . tres ipsius exordii debet ostendere uirtutes . vt iudices faciat beniuolos .i. taz si in gûotomo sîn. Attentos .i.

zûze îmo lôseende. Dociles .i. firnúmstige. Nr *nach Piper 641,3-8 650,18-22*
Iugalis ergo blanda. Apostropha est ad ipsam iunonem quam primum sibi conci-
liat . ut per eam iouis mereatur assensum. Ω *zu 41,11/12*
Siehe auch Ω zu 41,15-17 (Iouem *bis* fauore).

J41   40,22 Zu .i. adhuc, 41,2 zu .i. quieta, 3-8 zu Îh *bis* nemânetîn: Possem
ego pubeda .i. adulescens uel iuuenis adire solum tonantem pro fędere pignoris.
Pro fędere pignoris .i. pro nuptiis rogaturus mercurii. Uixdum .i. adhuc. Nisi
iugata .i. coniuncta et sibi familiariter inhęrentia. Omen prosperum .i. augurium salutare. Tabens nexio diuum .i. quieta et feriata siue otiosa coniunctio
deorum. Ω
et est sensus suasorię huius orationis: Possem, inquit, per me ipsum absque
te, O Iuno, adire meum patrem, minore tamen fidutia si abesses, eumque suadere
de nuptiis sui pignoris, sui filii, dico Mercurii. Non enim tantum nunc meum
patrem adire contremisco adultus, quantum pubeda, id est adulescentia, eius
praecepta solebam contremiscere, dum essem pubedae, id est iuuenilis aetatis,
ac per hoc fidutialiter accesserim. NI PARARENT nisi praeparent mihi jugata
consortia, id est apta coniugia deorum omnium, prosperum mihi et Mercurio op-
tandum te videlicet adhęrenti Tonanti ut per te faciliorem accessum haberem
eumque tuo adiutus suffragio de nuptiis filii sui absque labore suaderem. TA-
BENS NEXIO hoc est quieta coniugum copula. JS *nach Lutz 31,31-32,8*
Uerbis appellans. Possem potens essem ... Solum sine coniuge ... pro foedere
uel pro nuptiis mercurii filii illius ... uixdum adhuc .i. uix adhuc pubescens
. pubescentibus enim filiis et uxorem petentibus pręcepta patrum non sunt dura
sed mollia.... iugata copulata . caelitum deorum ... prosperum felix uel salutare ... Tabensque .s. nisi β IG
ambigens dubitans β N-T IG
cęlitum .i. cęlestivm N-T IG

    9/10 Zu Uuélih *bis* kéron: Quis deorum nollet rogare thalamos conscia iunone
.i. consentanea et fauente. Ω
thalamos .i. nuptias ... conscia sciente iunone uel fauente et consentanea β IG

    11 Zu Sîd *bis* sól: Cum .s. sit futura pronuba .i. paranimpha et ministra
nuptiarum? Ω
PRONUBA Iuno dicitur, id est nuptiarum ministra quae in nuptiis praeesse dicitur et suffragari. JS *nach Lutz 32,9/10*
cum sit illa futura . pronuba quia ipsa pręest nuptiis ... profecto certe ...
suffragabitur .i. auxiliabitur β IG
suffragabitur .s. nobis N-T IG

12/13 Zu Lîeba bis uuílligen: O blanda iugalis .i. suada et mitis uxor prẹstrue nutus. Prẹstrue .i. compone uel confirma . nutus .i. uoluntatem iouis. Ω
IUGALIS BLANDA O dulcis coniunx. PRẸSTRUE praemone. NUTUS numina Iovis. JS *nach Lutz 32,11/12*

praestrue prẹpara .i. compone uel confirma β IG RG

13 Zu .i. suadens: Suada pro suadens . nomen pro participio. Ω
DUM SIS SUADA Hoc est dum tuo marito facile possis quicquid vis. JS *nach Lutz 32,13*

13/14 Zu Únde bis begúnste: Quo allubescat .i. faueat . consentiat uel applaudat. Nostris nisibus .i. conatibus uel inchoamentis. Ω
QUO ALLUBESCAT ut consentiat. NOSTRIS NISIBUS nostris postulationibus. JS *nach Lutz 32,14/15*

nisibus conatibus uel inceptis β IG

14 Zu .s. deposco, 15 zu .s. iouem *und* .i. deorum, 15-17 zu Únde bis is: Te nunc parentem principem maximum. Iouem ipsum alloquitur . certus iam de iunonis fauore. Est autem ordo . te igitur parentem et maximum principem fatumque deposco. Fatum nostrum .i. deorum. Ω
TE NUNC PARENTEM Postquam Iunonem suasit, convertit sermonem ad Iovem. JS *nach Lutz 32,16/17*

nostrum .i. deorum quia sicut parcẹ fatum hominum . ita tu deorum β IG

18/19 Zu Dîne bis dîng²: Iouis enim res diuinas per se ipsum disponere . res uero humanas per fata dicitur ordinare . hoc est quod sequitur. Quippe chorus parcarum pensat .i. distribuit humana . hoc est humanas res. Tu uero sortem cẹlitum dispensas. Ω
PARCARUM CHORUS ac si diceret: Parcarum auxilia non petimus quibus fata hominum de nuptiis caeterisque mortalium rebus tractanda tradidisti, sed te ipsum qui divinas nuptias per te ipsum disponis flagitamus. Nam et nos quippe tui filii dii sumus, divinaque coniugia quẹrimus et hoc est quod dicit TUQUE SORTEM, hoc est copulam cẹlestem, constituis. JS *nach Lutz 32,18-23*

quippe certe ... Humana .s. fata uel humanas res β IG

quippe parcarum chorus est parenthesis . figura N-T IG

18 Zu brîeuâra *siehe* NL zu 8,9 brîeuaron.

20 Zu .i. bis deorum, 20/21 zu Tîn bis uuíllen: Tuum uelle .i. tua uoluntas est ante prẹscientias .s. deorum .i. tuum est quoque deorum uoluntates componere. Ω
TUUM VELLE Tua voluntas praecedit omnium deorum praescientias. JS *nach Lutz 32,24/25*

praescientias aliorum deorum β IG

41,22-42,1 Zu Únde bis íst¹: Ac gestas mente tua quicquid instabit pro instat et imminet uel impendet deis pro diis. Ω
QUICQUID INSTABIT quicquid futurum est. JS *nach Lutz 32,26*
mente in tua ... instabit deis .i. quicquid futurum est eis . imminet uel impendet β IG

J42 1 Zu Tín bis nốt: Cuius nutu .i. uoluntate gignitur necessitas. Necesse est enim ut fiat quicquid deus disponit . cuius dispositio opus est. Ω
GIGNIT NECESSITAS Hoc est quodcumque tuum numen praescit et diffinit fieri necesse est. JS *nach Lutz 32,27/28*
Cuiusque nutu gignitur necessitas .i. quicquid uis necesse est ut sit. β IG

2 Zu .i. cogit *und* Táz bis chúmftíg: Cuius decretio illigat futura. Decretio .i. decretum et dispositio. Illigat futura .i. cogit ut sint. Neque enim potest ille disponere id quod futurum non est . neque rursus potest non fieri id quod futurum ab eo pr̨escitum est. Ω
ILLIGAT DECRETIO Hoc est tuum decretum cogit fieri futura. JS *nach Lutz 32,29*
decretio iudicium uel decretum dispositio β IG

3/4 Zu Tír bis sunt: Instat . quicquid uel serum potes tu uelle .i. quicquid uis futurum esse iam instat . et quicquid potes uelle .i. quicquid uis ut eueniat iam pr̨esens est tibi. Fecit enim deus qųe futura sunt. Fecit disponendo qųe facturus est per ipsum operando. Ω
ET INSTAT et praesens est tibi quicquid vis, QUAMVIS SERUM, hoc est tardum in ordine temporum, videantur provenire. JS *nach Lutz 32,29-31*
Instatque Tųe potestatis est uelle quicquid mox fieri instat et quicquid serum .i. post longum tempus erit. β IG

5 Zu o *siehe* NL *zu* 41,12/13.

6-11 Zu Tíh bis geuuínne: Tene igitur deposco . uacat ne . illo tuo numine quo benignus es. Blanda temperatio .i. temperies uel serenitas c̨eli. Et alludit ad naturam sideris eius quod est temperantissimum.... Concede proli .i. filio tuo mercurio quo prouehat numerum nepotum. Ω
Tene apostrofa ad iouem ... benignus bonus ... Deposco deprecor ... Piumque culmen pia sublimitas . iure iuste ... diuum deorum β IG
prouehat augeat β N-T E-T IG

7/8 Zu álso bis zíhent *siehe* 24,10 héili fóne ioue *und* 25,17/18 Fóne bis uuânent.

8/9 Zu .s. bis saturni *siehe* 22,10-23,4 Quippe bis martis.

9/10 Zu .s. bis saturnus *siehe* 26,8-13 Atque bis slúche.

11 *Notker entnahm* Br *die Form* qui, *das er logisch durch* .s. nepotes *ergänzte.*

12 *Zu* .i. coruscare faciunt *und* in, 12/13 *zu* Tĭe *bis* góto: Quem numerum nepotum uibrant astra in supernis polis. Uibrant .i. splendere et fulgere faciunt siue portant. Ω

supernis celestibus . astra stellę . quem numerum . uibrant clarificant siue portant ... Omnes deos et deorum filios in astris luce exhibent. β IG RG
quem N-T E-T
Coruscat . uibrat GS
Siehe auch 40,2/3 uibrabile .i. coruscum.

14-16 *Zu* Tĭn *bis* philologię: Flagitat sacrum pignus maię et tuum .i. sacer filius maię et tuus . mercurius uidelicet. Iugetur .s. ut thalamis doctissimę uirginis .i. philologię. Ω

Maię mater mercurii ... sacrum sanctum . Thalamis nuptiis . iugetur .i. societur β IG
thalamis iugetur .i. vt ille mercurius societur thalamis N-T IG
thalamis .i. nuptiis .s. vt iugetur copuletur E-T IG

16 *Zu* .i. tangit *und* ut, 17-19 *zu* Ūbe *bis* gehîleih: Sed si te cura parentis stringit .i. tangit uel stimulat. Par est .i. ęquum uel conueniens ut conuoces cętum deorum potens ipse tu . sanciens .i. statuens uel confirmans conubium cum ipsa coniuge .i. iunone. Ω

SANCIENS firmans tu ipse et coniunx tua convocato omnium deorum senatu conubium filii tui. JS *nach Lutz* 33,2/3
stringit constringit ad eius amorem stimulat . Par est Ęquum est et iustum ... coetum multitudinem . potens hoc facere ... sanciens corroborans firmans β IG
parentis patris β N-T E-T IG
potens tu pater ivppiter N-T IG

20 *Zu* .i. consilium, 20-22 *zu* Táz *bis* hĭtat: Quo extent nuptię prolis .i. filii tui mercurii supera lege signet .i. insignet uel confirmet. Decor cęlitum .i. sanctio deorum. Hoc perpes uinclum .i. hanc perpetuam coniunctionem nuptiarum. Ω

extent sint . lege supera .i. lege superiorum deorum ... uinclum coniugii . caelitum cęlestium deorum ... decor sanctus sacer .i. sanctio deorum β IG
Quo ut N-T IG
extent fiant ... decor .i. fauor et honor N-T E-T IG

20 *Zu* consilium *für* sanctio *siehe* 49,16/17 consilium, 81,4 foedere .i. sanctione *und* 84,13 consultum .i. consilium.

42,22-43,1 Zur Überschrift siehe 44,2-4,12-15.

J43 2/3 Zu Sô bis uuâre: Hic in hoc loco ... delius apollo . conquieuit cessauit a locutione sua ... ad coniugem .i. ad iunonem ... inquirit .i. perquirit ab ea quid ipsa inde uelit utrum uult eos copulari an non β IG

3 Zu iouis siehe β zu 5-8.

4 Zu .i. supplicabat und ei², 5 zu est, 5-8 zu Áber bis skînet: Uerum illa multa ratione .i. multis causis et memoria beneficiorum apollinis. Permulsa . hoc est delinita et blandita siue placata. Placiditatem .i. temperiem et serenitatem. Phisice autem significat . quia apolline .i. sole apparente iuno .i. aer splendore eius illustratus placiditatem quandam et serenitatem ab eo suscipit. Ω

illa .i. iuno coniunx iouis ... primo prima ratione permulsa .s. quod .i. eo quod . ei .i. iunoni ... adferre .i. conferre . solitus .s. erat .i. consueuerat . phoebus uidelicet apollo . sol . orabat .i. deprecabatur eam β IG
Uerum sed . illa iuno ... quod quia ... solitus est ... orabat .s. eam N-T E-T IG

4 .i. supplicabat bei Notker entspricht .i. deprecabatur β.

4 ei², auf das Martian stilistisch verzichtete, ergänzte Notker.

Zu den rhetorisch-syntaktischen Anweisungen 5 Suspensio uocis, 9 14 16 18 44,1 5mal Et hic und 44,5 Depositio siehe NL zu 7,1 Suspensio uocis.

9 Zu euolare für subuolare siehe 143,4.

9-13 Zu Tér bis musicam: Quique .i. idem phoebus fecerat subuolare filias ad conspectum parentum. Subuolare .i. conscendere ad conspectum parentum iouis et iunonis. Filias .i. nouem musas . quas idcirco iouis et iunonis dicunt esse filias . quia uox inferiore isto aere qui est iuno et superiore igne . hoc est ęthere qui est iouis perficitur. Eruditas a se . apollo erudisse dicitur nouem musas . quia ipse est princeps et maximus musicę cęlestis . et eum locum obtinet in planetis . quem mese in cordis. Ω
quique .i. apollo ... ad conspectum .i. ante pręsentiam β IG

13 Zu únde bis musicam siehe Ω zu 20,19-21 (quia ipse est moderator musicę cęlestis).

14/15 Zu Óuh bis ne-uuás: Refragari .i. resistere . contradicere uel reniti. Nam ipsa est pronuba .i. paranimpha et pręsul nuptiarum. Minus autem dicendo maius ostendit non solita refragari sed potius fauere et allubescere. Ω
Dehinc post hoc demulsa etiam hac re ... non solita .i. non habens in consuetudine β IG

16-18 Zu Mínnota bis hábeta: Tunc .i. pręterea uel deinde. Cyllenius filius

fuit iouis et maię . quem mox natum iuno suis uberibus applicabat eumque sicut
fingunt fabulę diuino lacte fouit ut fieret immortalis. Immortalitatis .i. diuinitatis uel ęternitatis poculum exhauserat. Ω
Tunc idcirco ... cyllenium diligebat mercurium amabat . quod .i. eo quod ...
educatus mercurius . poculum potum ... exhauserat suxerat β IG
diligebat ipsa iuno ... educatus nutritus N-T E-T IG

18-22 Zu Légeta bis lósket: Perinde .i. consequenter et matris gratiam conferebat .i. accumulabat . matris .i. maię. Cum enim iuno omnes pelices suas
persecuta sit . maiam tamen secundum fabulas amasse dicitur . quia sol cum
mense maio in tauro positus per pliadas iter facit . tunc aeris caliditas uernalibus pluuiis temperatur. Hac de causa dicitur iuno amasse maiam quę est una
de pliadibus. Ω
matris .i. maię quam diligebat ... conferebat accumulabat illa ad amorem quo
eam diligebat β IG

20 zíu bis maiam: Nochmals die Notker eigene rhetorische Frage.

J44   1 Zu .i. bis sua, 1/2 zu Uuás bis férgota: Deuinxerat .i. illigauerat
uel illexerat. Multa conciliatione .i. blanda oratione sua siue persuasione. Ω
et super haec omnia quod Clario incunctanter promiserat se pro viribus adiutu-
ram. JS nach Lutz 33,11/12
deuixerat illigauerat ad suum amorem ... hoc quod β IG
clarius .i. apollo β N-T E-T IG

5-12 Zu Tô bis ermafroditum: Ne itidem .i. denuo uel iterum . lactatus .i.
blanditus uel delinitus siue prouocatus . illecebris cypridis .i. ueneris optaret. Successus .i. stimulatus uel deceptus amore eius. Gignere fratrem ermafrodito. Mercurius iuxta deliramentum fabularum adhuc adulescentulus fertur
cum uenere concubuisse . de qua natus est ermafroditus . quod est nomen compositum a mercurio et uenere. Nam grece mercurius ermes dicitur . uenus autem
afrodite uocatur .... Hinc ermafroditus quasi ermis et afroditę filius....
Ermafroditos autem dicimus homines utriusque sexus quos et androgios uocamus.
... Ermafroditus autem significat quandam sermonis lasciuitatem . qua plerumque neglecta ueritatis ratione superfluus sermonis ornatus requiritur. Dicebat ergo se iuno metuere ne iterum ad amplexus ueneris mercurius uellet redire
et ermafrodito alium fratrem procreare . ideoque debere nuptias philologię ac-
celerari. Ω
Additur etiam quod maxime fuerat cavendum ne, si nuptię Philologię aut a Iove
tardarentur aut penitus negarentur, fortassis Mercurius, pulchritudine Veneris
delectatus, alterum Ermafroditum gigneret sicut antea, dum esset iunior, genuit

illud monstrum utroque sexu mixtum, cui nomen erat compositum ex parentibus
suis, Ermes enim Grece dicitur Mercurius, Venus Afrodite, ex quibus componitur HERMAFRODITUS. JS *nach Lutz 33,12-18*

nuptias uidelicet mercurii et philologię . accelerandum festinandum ... persuadet hortatur . lactatus inlecebris .i. ne impar ab amoris ductu uel deceptionibus ... gignere genuere . succensus accensus ignolibidinis . optaret uellet ... Et idcirco sermo rationi iungendus est .i. mercurius philologię . ne ermafrodito fratrem genueret . quia tunc ermafrodito genuitur frater . cum multitudo uerborum ex nimia luxuria procedens absque ratione uera profertur. β IG RG

accelerandum .s. nuptias . persuadet .s. iuno N-T E-T IG

Zu Notkers Deutung von uuídello *siehe Backes S.83, zu seiner Verarbeitung der Quellen Schulte S.109.*

15-18 *Zu* Iouem *bis* nemâhti: Stimulabat .i. sollicitabat uel suppungebat siue etiam remorabatur iouem a sententia. Ne repigratus .i. retardatus cyllenius fotibus .i. blandimentis uel amplexibus uxoris . torperet .i. pigresceret . somnolente marcore .i. pigritia uel defectu. Feriatus .i. quietus uel otiosus. Maritis enim quies et otium debetur ut aliquandiu uacent operibus uoluptatis. Maritali uacatione .i. otio. Denegaret .i. detrectaret uel refutaret. Discursare .i. crebro discurrere sub pręceptis iouialibus. Ω
Deliberat enim [Iovis] veluti timore quodam stimulatus retinendas paululum nuptias ne forte Cillenius solito iuuenum more, uxoris blandimentis detentus, suos cum Apolline celerrimos discursus retardaret somnolentus. JS *nach Lutz 33,20-23*

repigratus retardatus uel piger effectus ... repente subito . marcore pigredine ... pręceptis mandatis . iouialibus iouis . denegaret recusaret.... Marcor est pigredo uel defectus animi. Maritali autem uacatione dicit eum feriari . quia postquam uxores accipiunt homines . in usu habent plus quam ante feriari .i. requiescere. β IG RG

stimulabat .s. hinc N-T E-T IG

17 *Zu* sîn ârende *siehe auch* Ω *zu 45,13-18 (ad officia sibi coniuncta).*

19 *Zu* Íh *bis* chélen: Nam ait .s. iouis sentio illum iam pridem .i. iam dudum torreri .i. aduri uel incendi amore philologię. Ω
Nam illum non me latet, inquit, uri Mercurium amore Philologiae. JS *nach Lutz 33,27/28*

pridem olim ... ait .i. dixit iupiter ... sentio intelligo ... torreri incendi et flagrari β IG ait iupiter N-T E-T IG

20-22 Zu Únde bis disciplinas: Eiusque .s. philologię studio .i. propter eius studium ut eam possit adipisci. Comparatas habere quamplures disciplinas in famulitio .i. in obsequio et famulatu. Quamplures disciplinas septem liberales artes dicit. Ω

et ut ei placeat, comparque in studiis fiat, disciplinas discendo comparavit et non alibi didicit nisi in famulatione, hoc est in ea domu qua famulae Philologię erudiuntur. JS *nach Lutz 33,28-30*

Eiusque studio philologię causa eius studii . comparatas emptas ... .i. sentio mercurium habere . quamplures multas ... disciplinas artes uidelicet ... Mercurium dicit artes comparasse quia non nisi sermone proferuntur. β IG RG

J45 1/2 Zu Únde bis gespráche: Ipsumque sentio consecutum nimiam uenustatem fandi .i. pulchritudinem loquendi . ornatibus .i. cum ornamentis. Insignis .i. nobilis et pręclarę linguę .i. sermonis quo placeret uirgini. Ω

Nonne censeo ipsum fandi peritiam quae rhetorica dicitur consecutum ut sicut illa sic et iste rethorizare possit? JS *nach Lutz 33,31/32*

et sentio ipsumque .s. mercurium ... nimiam uenustatem maximam pulchritudinem . quo ut . placeret placere posset . uirgini philologię . consecutum adeptum β IG

3/4 Zu Únde bis lŷrun: Deinde .s. sentio personare illum barbito. Barbitum genus est organi . instrumentum uidelicet musicum ex ebore factum.... Aurataque cheli .i. lira quę sic dicta est a brachiis. Nam chelim dicunt greci brachium. Ac doctis fidibus .i. cordis. Ω

Artis quoque musicę instrumenta possidet ne in aliquo dispar Philologię videatur. JS *nach Lutz 33,32/33*

Deinde postea ... doctis docte canentibus ... personare resonare ipsum mercurium β IG

6-8 Zu Tára-zû bis mármoriniu: Addo .s. ad hoc quod celebrat mirabile pręstigium .i. monstrum siue miraculum eo quod pręstringit .i. sauciet oculos intuentium subita uisione. Cum inspirat .i. uiuificat etiam uiuos uultus. Deest quasi et est laus picturę. Signifex .i. signa faciens . hoc est sculptor. Animator plus est quam si diceret pictor. Nam quodammodo animata .i. uiuentia signa faciebat. Ω

ADDO Accumulo, inquit, praefatis occasionibus picturę et inscissurę peritia, quod perhibet MIRABILE PRAESTIGIUM, id est monstrum. Formas quippe animalium seu de ęre seu de marmore mirabiliter efficit, ut veluti viva existimentur animalia. JS *nach Lutz 33,37-34,3*

quod etiam illud . caelebrat ipse mercurius ... elegantiam sublimitatem ...
uiuos uiuentibus adsimilans ... Dicit mercurium curantem artem facere imagines
ęris aut marmoris ut animas et uiuos uultus habere uideantur.... animator animans quodammodo ipsas imagines β IG RG

9/10 Zu Únde bis tûot: Totum certe complacitum est .s. mihi. Uerba iouis
sunt. Quicquid gratiarum comit .i. exornat .... Decorem iuuenalem .i. pulchritudinem sųe iuuentutis. Ω
Sciens etiam ipsius artis peritissimam esse Philologiam ac per hoc quodcumque
decorat iuvenilem gratiam ab eo est comparatum, ut in omnibus placeat virgini,
his igitur causis nuptias distuli, non autem negavi. JS nach Lutz 34,3-6
comit .i. ornat ... iuuenalium uel iuuenalem mercurii iuuenantis β IG

13-18 Zu Únde bis gâhoe: Primęua affectione .i. primo amore qui in initiis
gratiosior solet esse . siue prima affectione .i. iuuenali amore et per hoc
nimio et impatiente. Cum discurrendum esset totis noctibus simularet se anomalum. Anomala dicuntur signa quando per latitudinem zodiaci uagantur nec lineam naturalis sui cursus peragunt. Dicit ergo quia mercurius affectu coniugis
detentus . cum utpote cursor ad officia sibi coniuncta deberet excurrere . diceret se passum anomaliam uel anomalitatem .i. inęqualitatem siue quendam cursus sui errorem. Paululum repigratior .i. tardior. Ω
postremo etiam [ne] denegaret se anomalum, hoc est absque lege certa, per latitudinem signiferi discurrere, quod quando planetę faciunt veluti in uno loco
videntur demorari, poterit itaque Mercurius sub hac dissimulationis forma et
cum sua uxore quiescere suumque patrem sub anomali excusatione fallere. JS nach
Lutz 33,23-27
eos mercurium et philologiam ... colligatos innexos ... distulisse prolongasse
... in thalamum ad nuptias . primęua affectione iuuenali cupiditate . festinans
properans ... paululum aliquid effectus ... anomalum inęqualem ... Tacite occurrit quęstioni. Poterat enim aliquis obicere ei. Si ioui omnis eius ornatus
placet quare differt nuptias illustres. Ad hoc respondet martianus. β IG RG

17 Zu dia bis signiferi siehe auch Ω zu 51,13-15 und 107,16-19 (per latitudinem signiferi).

19 Zur Überschrift, 20 zu Tô bis iuno: TUNC IUNO Huc usque deliberatio Iovis; sequitur desuasio ipsius deliberationis ab Iunone. JS nach Lutz 34,8/9
Zur Überschrift siehe auch 44,12-15 45,10-13 47,6/7.

45,22-46,1 Zu Tánnan bis uuélle: Tunc iuno ait. Atquin .i. certe conuenit
subire uinclum eiusdem uirginis. Uinclum .i. coniugium uel societatem quę illum non perferat conibere .i. oculos claudere. Ω

ATQUIN Quin immo, inquit, subeundum est Mercurio conubium virginis quae illum
saltem conivere, id est oculos claudere, non sinet; illa siquidem totis noctibus vigilat nec alios dormire permittit. JS *nach Lutz 34,10-12*
conuenit congruit illum . uirginis uidelicet philologię ... uinclum iugale ...
non perferat non permittat ... Sensus talis est. Propterea inquit putas eum
inplorandum esse fieri . si coniugem accipiat . ideo conuenit ut talem acci-
pias quę eum non permittat quiescere etiam uelocitet . philologiam uidelicet.
β IG RG
illum .s. mercurium N-T E-T IG

J46   2/3 Zu *Íst bis únsláfes:* An uero quisquam est qui asserat se nescire
laborata peruigilia .i. laboriosa studia.... Et pallorem perennium lucubra-
tionum .i. assiduarum uigiliarum. Ω
AN QUISQUAM EST deorum qui nesciat pallidum Philologię colorem non aliunde
nisi assiduis laboriosisque vigiliis lucubrationibusque, id est lucernis perpetuis, attractum? JS *nach Lutz 34,13-15*
perennium pro perennalium . nescire ignorare β IG

   5-7 Zu *Uuéliu bis irfáren:* Quę autem uirgo .s. ab inferioribus uel a superioribus consueuit discutere .i. disquirere et disputando mouere. Studium enim
rationis humanę et de cęlestibus et de terrenis . de ipsis quoque abyssis et
de profundissimis rerum naturis instando solet disputare. Ω
DISCUTERE penetrare, disquirere noctibus universis caelum superius mundi hemisperium freta abyssos Tartarumque inferius mundi hemisperium ac deorum omnium
sedes, hoc est planetarum omnium circulos fixorumque siderum positiones. CURI-
OSAE INDAGIS sollicite investigationis PERSCRUTATIONE. Non nisi Philologia
consuevit transire quae item consuevit numerare. JS *nach Lutz 34,18-23*
curiosae indaginis sollicitę inuestigationis . perscrutatione inquisitione studio . transire disputando permouere β IG
curiosę .i. laboriosę ... perscrutatione inquisitione . transire lustrare N-T
E-T IG

   8 Zu .i. ornata, 9 zu .i. alte, 10-16 zu *Uuéliu bis ána-lág:* Quę consueuit
numerare textum .i. iuncturam siue machinam totius mundi. Et uolumina circulorum orbes septem planetarum dicit. Uel orbiculata parallela .i. quinque mundi
circulos siue zonas dicit. Parallela interpretantur ęquistantia. Sunt autem
quinque circuli scilicet septentrionalis qui et arcticus . solstitialis . ęquinoctialis . brumalis . australis qui et antarcticus. Uel .s. quę consueuit numerare obliqua limmata. Obliqua limmata spatia uocat intra cęlestes circulos
quę musica ratione uel tono uel semitonio comprehenduntur. Limma autem semito-

nium dicitur. Polose .i. alte et sublimiter. Decusata .i. ornata.... Axium .i. cardinum uel polorum uertigines . hoc est reuolutiones . circumactiones siue rotationes.... gracilenta .i. subtili et intellegibili sine corporea grossitudine. Quadam affixione .i. labore siue perseueranti studio. Ω
QUĘ AUTEM pendit usque CONSUEVIT et est ordo verborum: Quę consuevit nulla nisi hęc gracilenta propter vigilias Philologia.... PARALLELA Paralleli sunt, id est ęquistantes quinque zonę: aquilonalis videlicet, solstitialis ęquinoctialis brumalis austrina. OBLIQUA DECUSATA hoc est per obliquum ducta signiferum dicit et lacteum circulos qui duo obliqui dicuntur quoniam non ut paralleli rectis lineis ab ortu ducuntur in occasum, sed ab aquilone ad austrum obliquo tramite feruntur.... POLI sunt duę stellę quarum una in sublimissimo mundi vertice ad aquilonem, altera subter terram in infimo austrino vertice fixa perhibetur et immobilis, intra quas spera caelestis volvitur. LIMMATA dicit duos coluros qui duo circuli per polos ducuntur et totam speram caelestem in quattuor partes ęquales dividunt qui propterea coluri dicuntur, id est inperfecti, quia non nisi dimidiam sui partem supra terram manifestant, ac per hoc et LIMMATA, hoc est veluti quędam hemitonia, non immerito vocitantur. JS *nach Lutz 34,16/17,28-33 35,1-8*

syderum stellarum β IG

17 Zu .s. memini, 19-22 zu Uuǐo *bis* chômen: Quotiens .s. memini conquestos deos super coactione et constantia eiusdem conubię uel concubię. Conubiam uel concubiam primam partem noctis debemus accipere . quę et conticinium dicitur quando mortalibus hora quietis .i. requiei indulgetur. Aut intempestę noctis .i. medię et inactuosę . quę est sine tempestate . hoc est sine ullius actus oportunitate. Nam tempestiuum dicimus oportunum . intempestam ergo noctem mediam dicit quando omnes quiescunt et nihil operantur. Ω
SUPER COACTIONE de violentia videlicet atque industria, qua omnia sidera quę deos vocat in assiduum motum coactitat ut veluti fessi conquaeri videantur, dum ab ea non sinuntur quietum cum suis uxoribus habere statum. JS *nach Lutz 35,18-21*

super .i. de . eiusdem philologię ... instantia studio ... conquestos conclamatos ... obsecratione .i. deprecatione uel studio β IG

quotiens .s. memini uel comperimus ... coactione compulsione uiolentia . constantia .i. frequentia N-T E-T IG

J47 46,22-47,1 Zu .i. inmorari, 2-6 zu Sô *bis* sînt: Tam uero abest .i. contrarium et longe est a ueritate . ut sub hac .s. uirgine possit intricari cyllenius. Intricari .i. inmorari uel retardari.... Ut urgeatur petere ultramun-

danas latitudines quia non numquam sermo ui rationis actus de his etiam disputat quę extra mundum sunt . de empyrio uidelicet . hoc est intellectuali cęlo. Ω
TAM VERO ABEST Quam longe distat, inquit Iuno, a credibili opinione existimare Mercurium sub talibus Philologię exercitationibus PIGRESCERE INTRICARIQUE, hoc est alligari, ut extra a superioribus subauditur: Quam abest ut urgeatur; cogatur Mercurius ab eadem Philologia. PETERE excedere. EXTRAMUNDANAS LATITUDINES hoc est extra mundi huius qui semper in motu est spatia in cęlum empirium, in quo aeterno statu dii supermundani cum suis uxoribus quiescunt, quod nequaquam Philologia consentiat. JS *nach Lutz 35,22-30*
extramundanas .s. extra mundum uisibilem ... urgeatur cogatur β IG
Tam .i. multum N-T E-T IG

6 *Zu* .i. mercuriali, 7/8 *zu* Zíu *bis* éinen: Cur igitur rex optime differuntur .s. nuptię cum pro sola sollertia athlantidę .i. pro studio mercurii repromittam tibi duos uigiles .i. mercurium et philologiam? Ω
ac si diceret: Cur, rex optime, detines celebrari nuptias dum non solum Mercurius sicut hactenus sed et Philologia, quod iam non fecit dum nurus tua non fuit, serviat? ATHLANTIADES autem patronymicum est Mercurii ab avo materno Athlante. JS *nach Lutz 35,31-36*
differuntur prolangantur β IG

6 *Aus dem Nom.* mercurii *des Kommentars wurde das Adj.* mercuriali *bei Notker; siehe 16/17* iouiali *und 18* iouis, *also das umgekehrte Verfahren auf Grund des Kommentars.*

9 *Auch diese Überschrift faßt den Inhalt des Abschnitts zusammen.*

Zu den rhetorisch-syntaktischen Anweisungen 10/11 Suspensio uocis *und 14* Depositio *siehe NL zu 7,1* Suspensio uocis.

11/12 *Zu* Únz *bis* aer: Hęc cum iuno intimaret ut adhęrebat affixa .i. inhęrens uel adiuncta siue suasione intenta . plurimum elatiori .i. excelsiori uel eminentiori ioui. Et hic phisicam tangit. Nam ęther et aer coniuncta sibimet elementa sunt. Sed ęther excelsior est aere. Ω
adclinatis depressis . eius iouis ... intimaret narraret β IG

14-16 *Zu* Ín-in díu *bis* habito: Descendit pallas corusca .i. lucida et splendens de quodam loco purgatioris .i. mundioris et nitidioris . uibrantiorisque .i. clarioris et rutilioris luminis. Et sunt comparatiui absolute positi pro positiuis. Allapsa sensim .i. leniter uel paulatim. Pulchre pallas de sublimiore et splendidiore loco dicitur descendisse quia sapientia in excelsis habitat . et omnem terrenę fęcis supergreditur uilitatem. Habes ipsam dicentem. Ego in altissimis inhabitaui et thronus meus in columna nubis [Eccli 24,7]. Ω

Propterea, ait de quodam purgatioris vibratiorisque luminis loco, hoc est splendidioris aetheris loco, eam leni volatu descendisse. JS nach Lutz 36,4-6
luminis loco .i. de superiori parte ętheris . allapsa infusa . sensim suauiter .i. paulatim β IG

15 hêiteren liehtes *verdeutscht* 13 purgatioris uibrantiorisque luminis *trotz der Meinung Backes' S.157/158,* hêiteren *gehe auf* hilariter [Sap 6,17] *zurück.*

16 *Zu* Ego *bis* habito *siehe auch Prov 8,12 in* Ω *zu 48,5-7. Schulte erörtert S.108/109 diese Zitatverdrehung, die ja bei so einem gelehrten Presbyter wie Notker auffällt.*

18/19 *Zu* Únde *bis* sêze: Atque superuolans ita ut uidebatur inhęrere uertici iouiali .i. uertici iouis. Quia secundum fabulas de capite iouis perhibetur fuisse nata. Quo figmento innuitur quia ex mente summi dei sapientia progenita est. Ego inquit ex ore altissimi prodiui [Eccli 24,5]. Nam et quod pallas sine matre introducitur ostendit ęternam sapientiam non ex aliis extantibus sed ex substantia dei principium habuisse. Ω
PALLAS DICITUR Minerva a gigante Pallante quem interemit, quae propterea non a terris sublevasse, sed a superioribus mundi partibus fingitur delapsa, quoniam de vertice mundi immortalis virginitas absque coniugiorum contamine creditur nata.... ANNIXA suffulta. SUBLIMIORI SUGGESTU altiori throno. Thronus Palladis altior Iove dicitur quoniam purissima ac veluti castissima extimę cęlestis sperę spatia Palladi ascribuntur, hinc est quod Iovis Iunone, Pallas Iove elatior describitur. JS nach Lutz 36,1-4,7-11
superuolans desuper . tandem ad ultimum ... sublimiore altiore ... annixa suffulta sustinente . suggestu sedile β IG

20-22 *Zu* Sô *bis* zû: De proximo et contiguo . utpote a se ortam ex quadam substantię sue emanatione. Ω
elatior altior ... exorsus .i. suscepit loqui β IG
quam .s. pallam N-T E-T IG
iugali .i. iunoni β N-T E-T IG

22 *Zu* .s. *bis* es: O uirgo nostri pars melior . utpote de meo capite progenita. Ω
PARS MELIOR quia de vertice meo nata es. JS nach Lutz 36,12

J48 1/2 *Zu* Uuólge *bis* súne: Oportune intermixta uotis .i. desideriis maiugenę. Ω
OPPORTUNE, inquit, precibus Mercurii ades. JS nach Lutz 36,12/13

2 *Zu* mercurio maiun súne *siehe* Ω *zu 30,19-21* (maiugenę .i. mercurii maia geniti).

5-7 Zu Tú bis gehîen: Quę descendis siue permulsa deliacis uocibus .i. apollinis oratione qua sibi iouem iunonemque conciliauerat. Permulsa .i. suasa uel eblandita. Siue approperas quia non erat .i. non conueniebat formare . hoc est perficere consilium iouis absque te. Siue ne uideretur mutilus .i. imperfectus uel ex aliqua parte truncatus noster consensus. Per ipsam enim formantur consilia . ipsa dicente et attestante. Ego sapientia habito in consilio . et eruditis intersum cogitationibus [Prov 8,12]. Ω

sive Apollo te adesse suaserit, sive sponte tua lapsa sis, ne sine tuo consilio quid decreverim et ne senatus noster te absente mutilus, id est curtus, ac per hoc et turpis videretur. APPROPERAS descendere ad nos acceleras. JS *nach Lutz 36,13-16*

siue^2 .s. quia N-T E-T IG

8 Zu .i. prolata, 8/9 zu Îh bis ratêst: Nondum mea sententia prompta est .i. prolata et publicata. Nam sententia est diffinita uoluntas et ad cunctorum notitiam scripto prolata. Ω

Nondum non adhuc ... prompta .i. prolata . manifestata in publicum quid inde uelim facere β IG

11/12 Zu Îh bis mîtegengon: Incessabilis labor .i. indeficiens et inquietum studium. Cum enim humana ratio quę significatur per philologiam studet summam inuenire sapientiam . ex tali labore et ipsa quodammodo sapientia conlętatur . et tale studium acceptissimum habet. Et .s. noui quemadmodum numeretur illa ex tuis pedissequis .i. ex tuo famulitio. Ω

14/15 Zu Fóne bis beuuâronne: Par igitur est .i. ęquum et conueniens ut decernas ipsa presertimque quicquid dispensas .i. ordinas siue disponis. Ω

DECERNAS diiudices quicquid de nuptiis fratris tui fieri vis. JS *nach Lutz 36,18*

16 Zur Überschrift siehe 49,16/17,19-21.

19-22 Zu Sî bis kehîleiches: Tunc pallas aliquanto summissior .i. uerecundior ac suffusa oculos rubore uirginalis pudoris . ac per hoc magni. Peplum matronale siue uirginale pallium . et est proprie amiculum palladis . cum quo ei sacrificabatur.... Inprobabat .i. reprobabat et inconueniens atque ineptum esse dicebat quod super nuptiis consulitur uirgo .i. ipsa pallas quę uirgo erat et innuba. Ω

IMPROBABAT increpabat Pallas Iovem. VIRGINITAS videlicet quod se consuluerit de virginalibus causis. Virtus quippe virginitatis omne contagium effugit. JS *nach Lutz 36,19-21*

uirginalis pudoris quia uirgo erat et de nuptiis interrogabatur ... subfusa . oculos subfusos habens oculos ... rutilum splendidum ... obnubens cooperiens

tegens ... uirgo .i. ipsa pallas β IG
quod² quia ... consulitur .i. interrogatur N-T E-T IG

J49   1/2 Zu Óuh *bis* úngehîta: Presertimque .s. super eius . hoc est de eius
uidelicet philologię nuptiis quam cuperet manere semper intactam propter officia consociationis .i. mutuę societatis. Ω
consotiationis uel consortionis Br RG
presertimque maxime negabat quia interrogatur de nuptiis illius uirginis quam
intactam manere uolebat ... quam philologiam uidelicet ... intactam innubam
β IG RG

4-11 Zu Âne *bis* ún-uuúrchende: Dedignatur .i. despicit et quasi indignum
deputat adhibere huiuscemodi consensum. Cum ita expers .i. aliena sit totius
copulę. Teste arithmetica. Arithmeticam artem quasi matronam aliquam reuerendam testem palladis introducit. Septenarius numerus palladi consecratus est
propter priuilegium uirginitatis. Nam intra primam deseram numerorum .i. intra
denarium nec gignit aliquid nec gignitur ex multiplicatione aliorum numerorum.
Omnes quippe alii numeri intra denarium aut gignunt alios aut gignuntur . aut
et gignunt et gignuntur. Nam quaternarius a binario gignitur . et idem per binarium multiplicatus octonarium gignit. Ternarius per binarium multiplicatus
senarium procreat. Idem ternarius per semet ipsum auctus nouenarium perficit.
Bis ductus quinarius in denarium surgit. Solus septenarius intra primum ordinem numerorum nec gignit aliquid per multiplicationem nec gignitur . nisi ab
unitate quę fons et parens est omnium numerorum. Ideoque incorruptę sapientię
dicatus est quę designatur per palladem. Ω
ARITHMETICA TESTE hoc dicit quia septenarius numerus Palladi est consecratus,
qui solus intra denarium numerum nullum numerum gignit, ex nullo numero gignitur. Generatio quippe numerorum non ex copula duorum numerorum in unum sed ex
multiplicatione duorum numerorum vel unius numeri in se invicem perficitur,
quapropter septenarius, quanquam ex copula ternarii et quaternarii efficiatur,
non ideo gigni existimandus est sed potius veluti duabus suis partibus coniungi. Nullus igitur intra denarium numerum invenitur nisi aut gignens aut genitus
aut gignens et genitus. Ternarius - nam et unitas et dualitas principia numerorum sunt, non numeri - quamvis a nullis nascatur, gignit tamen senarium ex multiplicatione sui per binarium seu binarii per ternarium. Quaternarius ex binario per se ipsum ducto gignitur, qui iterum per binarium ductus octo efficit.
Quinarius a nullo gignitur, ductus vero per duada decada facit. Senarius vero
gignitur, ut prediximus, intra decadem nihil gignit. Septenarius nec gignitur
nec intra denarium quid gignit, ideoque virgo est Palladisque proprius. Octo-

narius ex quaternario bis ducto, novenarius ex ternario ter, denarius ex binario quinquies procreatur. JS *nach Lutz 36,22-37,6*
commixtione masculi uel feminę . progenita nata ... procreare generare β IG

12 Zu .s. nuptiarum, 12-16 zu Sâr *bis* uuórto: At tunc renudauit soliuaga uirginitas coronam septem radiorum. Soliuaga .i. singularis . quod sola uagatur et parem ignorat. Per coronam .vii. radiorum perfecta scientia septem artium designatur.... Pallas autem summę sapientię figuram tenet . philologia typus est rationis . mercurii symbolum sermonis. Plerumque ergo dum philosophi posthabita ratione inmoderatius cultui sermonis insistunt et minus inquirendę ueritatis studium gerunt. Pallas quę typum tenet ęternę sapientię . quęque solius rationis curam non uerborum gerit . fugere uidetur. Illa autem fugiente . corona septem radiorum aperitur . quia cum sapientia uerborum ornatum neglegit .vii. liberalium artium scientia demonstratur. Non ergo detractat pallas nuptias mercurii et philologię . sed interesse recusat . quia sapientes debent quidem facundię et eloquentię studium habere . plus tamen inquirendę ueritati operam dare. Ne interesset causis futurarum .s. nuptiarum. Ω
NE INTERESSET Pallas noluit interesse nuptiis. JS *nach Lutz 37,12/13*
soliuaga non iuncta mercurio ... renudauit aperuit ... copulis coniunctionibus β IG

18/19 Zu Uuánda *bis* uuérden: Exegerat . quasi a nolente et inuita. Suadet illa pallas conduci deos maritos et grandęuas dearum. Grandęuas .i. uetustas et perantiquas. Ω
Priusquam tamen abiret, consilium quod ab ea pater flagitaverat reliquit. JS *nach Lutz 37,13/14*
eius .i. palladis ... suadet ortatur ... decernenda .i. iudicanda . conduci .i. consulari β IG

49,21-50,1 Zu Únde *bis* tríbendo: Potissimorum officiorum .i. maximorum seruitiorum et obsequiorum. Ipse enim obsequitur diis . utpote cursor eorum. Ω
quippe dicit .s. ... fauor assentio . caelitum deorum ... uincla .i. coniugium . sanciret .s. confirmaret et corroboraret β IG
quippe .s. dicebat ipsa pallas ... fauor consensvs N-T E-T IG

1 Zu pótescaft tríbendo *siehe auch* 121,13 bótescaft tríbet.

J50 3-5 Zu Únde *bis* ketân: Augustius quoque .i. nobilius .s. dicebat fieri decretum iouiale .i. iouis . decretum .i. statutum. Ipsamque .i. philologiam nupturam .s. dicebat non posse conuenire deo .i. cyllenio . nisi desineret esse mortalis. Super senatus consulto . hoc est decreto uel consilio senatus.Ω
IPSAM NUPTURAM Philologiam videlicet quę quia pro certo nuptura foret nuptarum

numero deputatur ac per hoc, Pallas inquit, nullo pacto nurus Tonantis fieri
posse, nisi prius inmortalis fieri deorum consultu iubeatur et in deam verti.
JS nach Lutz 37,16-19

decretum .i. iudicium ... coetu multitudine ... attestante in presentia ipsius
. depromitur manifestatur in publicum. Ipsamque .i. philologiam utpote quę
mortalis adhuc erat ... mortalis esse desineret cessaret .i. nisi fieret immortalis β IG

5-7 Zu Tâz bis sapientię: Fronesis enim mater philologię mortalis fingitur
fuisse . atque ideo ipsam philologiam mortali matre progenitam necesse erat
esse mortalem . quod ideo fingitur quia prudentia sęculi per se mortalis et
caduca est . nisi studiis uerę sapientię immortalitatem consequatur. Ω

6 Zu dáz chît prudentia siehe auch Ω zu 120,4 (prudentia quę grece fronesis
dicitur).

7/8 Zu Uuéliu bis uita: Uuânda sancti únde sapientes . fárent fóne actiua
vita . ad contemplatiuam.... Uuánda dâr-úmbe chám CHRISTUS dei sapientia hára
in uuérlt . táz er ménnisken lêrti . in terris angelicam uitam ducere. Nb nach
A9,6/7 20,13-15

9 Zu Sô bis iuno: Plurima id genus .i. multa similia.... Uterque regum coniugum .i. iouis et iuno consentit. Ω
ID GENUS adverbium est quod sępe ponitur pro huius modi. REGUM CONIUGUM reges
coniuges, Iovis et Iuno. JS nach Lutz 37,20/21
uterque iuppiter et iuno N-T E-T IG

13-17 Zu Tô bis consentientes: Ac mox pręcipitur scriba iouis aduocare cę-
licolas. Iouis scriba una est parcarum quas constat esse exceptrices et arcarias siue librarias iouis. Pro suo ordine .i. secundum ordinem et meritum dignitatis uniuscuiusque. Non confuse aut passim uocandi erant . sed distincte
et ordinabiliter secundum gradus dignitatis quos habebant. Pręcipueque .s.
pręcipiuntur conuocare penates .i. intimi et secretales ipsius iouis. Penates
autem diciti quasi panates .i. omnia consentientes. Quorumque nomina quoniam
non pertulit publicari cęleste secretum . perfecit eis nomen ex consensione .
quia omnia cum ioue repromittunt .i. consentiunt. Ω
Famam Iovis vocat SCRIBAM sicut in sequentibus invenitur.... SECRETUM CĘLESTE
hoc est divinum mysterium. JS nach Lutz 37,24,28

18 Zur Überschrift siehe den ganzen Abschnitt 30.

19-21 Zu Sînen bis ignis: Uulcanum iouialem . quasi iouis fratrem. Ipse est
enim ignis ętherius qui numquam de sede ętheris descendit.... Ipse iuppiter
poscit . ipse non per internuntias parcas sed per se ipsum. Ω

VULCANUS Iovialis dicitur non solum quia Iovis frater, verum quia igneas flammas in parte quadam aetheris esse philosophi conantur asserere, ac per hoc et duos Vulcanos perhibent, quorum unus aetherius ultra lunarem circulum, alter terrenus humanis usibus necessarius. JS nach Lutz 37,31-38,1
iouialem .i. ęthereum ... de sede corusca de ęthere β IG

J51   50,22-51,2 Zu Tô bis sínt: Tunc etiam .s. pręcipitur et imperatur scribis ut rogarentur inter alios potissimi collegę ipsius iouis. Collegę .i. socii et coessentes illi qui bis seni numerantur cum eodem tonante .i. cum ipso ioue. Ω
bis seni xii β IG

2/3 Zu Tíe bis hábet: Quos complectitur ennianum distichon .i. carmen duorum uersuum. Ω

3/4 Zu Iuno bis apollo: Hic est aspera eclypsis. Nam aliter scandi non potest nisi neptuns dicatur. Hos habebant pręcipuos quos selectos .i. singulariter electos appellabant. De quibus plenissime in libro beati augustini de ciuitate dei .vii. disputatum inuenies. [Die Verse stammen aber von Ennius, Annales 1,62/63.]
NEPTVNS pro neptunus β IG
NEPTVNS per sincopiam N-T IG

4 Zu nereus für neptun(u)s des Versmaßes wegen in Br und bei Notker siehe Préaux 1956, S.224-227, auch oben 32,11/12 nereus.

5 Zu Únde bis zuélife: Duodecim quidem fuerunt . sed ita distincte uocati sunt . ut primo ex his .vii. postea quinque uocarentur.... Item residui ex septem .i. quinque qui septem uocatis superfuerant . qui inter duodecim non uocantur . quia ut dictum est septem et quinque uocati sunt . non duodecim simul. Ω
ITEM ET SEPTEM RESIDUI hoc est qui in disticho sunt praetermissi corrogantur venire. JS nach Lutz 38,8/9

6-8 Zu Uuâren bis sôl: Post hos conuocandi erant quamplures cęlites ac populus omnium deorum absque inpertinentibus .i. non pertinentibus quos ipse in sequentibus commemorat . sicut erant manes et discordia qui uocandi non erant ad nuptias. Ω
ABSQUE IMPERTINENTIBUS subauditur ad nuptias, ut sunt Discordia Seditio Parcę Furię similesque. JS nach Lutz 38,10/11

7/8 Zu die úngefélligen siehe 53,21 díen únhólden feruuórfenen.

8 Zu fóne bis sôl siehe auch 52,9/10 und 53,18-21.

10/11 Zu Sâr bis sâzen: Nec mora .i. continuo et sine mora temporis approperant milites iouis . angeli uidelicet .i. nuntii ipsius siue ipsę parcę li-

brarię et exceptrices sententiarum ipsius. Mansitabant .i. commorabantur. Ω
discretis inuicem separatis ... mansitabant habitabant β IG

13-15 Zu Únde *bis* ánderen: Et licet per tractum zodiacum .i. per latitudinem signiferi.... Singulas sicut sol in leone . luna in cancro. Binas autem sicut ceterę planetę . saturnus . iouis et ceteri qui duo domicilia habent in signis . unum a precedentibus et aliud a sequentibus.... Titularint .i. assignauerint uel deputauerint. In aliis tamen habitaculis commanebant .i. non solum in illis .xii. signis . sed etiam in aliis cęli regionibus. Ω

14 Zu álso *bis* scipionis: Sic factum est . ut singuli eorum signorum domini esse dicantur . in quibus cum mundus nasceretur fuisse creduntur . sed duobus luminibus . singula tantum signa . in quibus tunc fuerant assignauit antiquitas. Cancrum lunę . soli leonem . quinque uero stellis preter illa signa quibus tunc inhęrebant . quinque reliqua sic adiecit uetustas . ut in adsignandis a fine prioris ordinis . ordo secundus inciperet. Macr I xxi 25 zu Cic scip

15/16 Zu Uuánda *bis* lántskefte: Nam in sedecim regiones discernitur omne cęlum. Sedecim regiones circulorum appellat uarietates quibus omne cęlum distinguitur.... Hunc [circulum] si in duo similiter diuidas . sedecim sine errore regiones . hoc est partitiones cęli reperies. Ω
discerni diuidi β IG

17 Zur Überschrift: ET LICET Signifer circulus principalis deorum possessio pro sui amplitudine putatur, ibique SINGULAS SEU BINAS DOMOS habere fingantur praeter quas sparsim per ceteros circulos alia habitacula possident, ex quibus convocantur in XVI regiones. JS nach Lutz 38,12-15
Siehe auch 15.

18-20 Zu Ín *bis* náhtolf: In quarum prima memorantur habere sedes post iouem dii consentes quasi consentientes siue coessentes .i. cohabitantes cum ioue. Et hi sunt illi quos in sequentibus opertaneos uocat eo quod operti sint . hoc est lateant nec humana possint scientia comprehendi. Salus dea per quam salus ministratur. Lares dii ignis qui communiter in omnibus regionibus esse feruntur. Ianus deus cui consecratur omne initium .... Fauores dii qui presunt fauoribus . per quos laus et fauor ministrantur. Opertanei .i. obscuri siue operti . ignoti uidelicet et a scientia humana remoti. Nocturnus deus noctis. Ω
LARES singulos, singulorum domorum focos veteres vocabant Lares.... OPERTANEI ET NOCTURNOS ipsi sunt qui archana Iovis cooperiunt. JS nach Lutz 38,24/25,26
quarum regionum β IG

21 zu .i. pacificus, 51,22-52,1 zu Ín *bis* fóreburgo: In secunda mansitabant prediatus . hoc est diues qui preest prediis et possessionibus. Quirinus mars

.i. pacificus. Duo enim erant martes. Unus qui bellis pręerat et extra urbem templum habebat . alius qui paci et quirinus uocabatur atque intra urbem templum possidebat. Ω

domum habitacionem ... praediatus deus prędiorum β IG

Bei MC bezieht sich 21 quę auf 20/21 domum, wohingegen bei Notker 22 dér und er sich auf iouem beziehen.

J52   2 Zu Târ bis gesâze: Iuno etiam possidebat ibi domicilium. Ω
ibi in secunda regione . domicilium habitaculum β IG

   2 Zu Dér zuîfel-gót: Fons etiam .i. deus fontium. Ω
FONS fontium deus cui etiam adhęrent nimphę, id est limphę. JS nach Lutz 38,32
Der falschen Lesung Fors für Fons wies Notker die Deutung von fortuna zu; siehe Ω zu 26,16 zuîfelsâldon.

   2/3 Zu Nîcchessa: Lymphę siue nymphę .i. aquarum numina. Ω

   3 Zu .i. tonsores iouis, 3/4 zu Iouis bis héizet: Diique nouensiles .i. nouemsales . hoc est saltatores iouis. Ω
DII NOVEMSILES Siles dicuntur saltores Iovis quasi sales, id est mobiles, a verbo Greco σαλεύω, id est moveo. Qui novem numerantur quoniam cantantibus novem Musis saltare dicuntur. JS nach Lutz 39,1-3
Von nouensiles Br ausgehend, kann Notker an Silenus, den kahlköpfigen Erzieher und Begleiter Bacchus', gedacht haben. Dann wird er wohl Σειληνός mit ψιλωτής ,der kahl macht' verwechselt haben, denn er besaß so gut wie keine griechischen Kenntnisse. Tonsor ,Scherer' heißt eigentlich κουρεύς.

   4/5 Zu Fóne bis uuérden: Sed de tertia regione unum .i. plutonem . quem in sequentibus [siehe 12/13] commemorat placuit corrogari .i. inuitari siue accersiri. Ω

corrogari uocari β IG

   7/8 Zu Târ bis ána-ougi: Nam iouis secundanus qui pręest secunditatibus .i. prosperitatibus et felicibus successibus. Iouis opulentię qui pręest opibus et diuitiis. Ω
IOVIS SECUNDANUS dicitur aut quia secundus a summo Ioue est aut quia secunditatem, id est prosperitatem, pręstat. Multi quippe Ioues pro diversitate locorum et numinum dicuntur, hinc est Iovis Opulentiae qui praeest abundantibus.... Secundanus qui secundis praeest sicut et IOVIS SECUNDANUS. JS nach Lutz 39, 4-7,9/10

mineruęque palladis β IG

   9/10 Zu Uuér bis lâdôn: Discordiam uero ac seditionem quis conuocaret ad sacras nuptias? .... Hinc et uulgare prouerbium est. Discordiam a domo . seditionem pellendam esse a populo. Dicta autem seditio cata antifrasin quasi sedatio. Ω

discordiam uero ac seditionem quę in illo circulo manebant β IG

11/12 Zu Sîd bis philologię: presertimque .i. maxime et precipue cum ipsi philologię semper fuerint inimicę. Ω

12/13 Zu Éiner bis tára-geládot: pluto .i. dis qui est et orchus .... Plutos grece diues . hinc pluto deus inferni quo nihil ditius. Est enim unum de insaturabilibus . inde poeta oratius. Debemur morti nos nostraque. Ω

Platos [sic] grece . latine dis .i. diues . deus inferni quo nihil ditius quia in mortem cuncta feruntur . hinc oratius . debemur morti nos . nostraque. Br

RG zu 8,11 diti
De eadem de tertia β IG

13 Für flur-gót erwartet man nach 8,14/15 eher hélle-gót; hier ist die Rede wohl von einer christlichen Umdeutung.

14 Zu .i. bestiarum dea, 15-17 zu Tô bis sékko: Linsa siluestris .i. bestiarum dea . a greco quod est linx. Mulciber .i. uulcanus . hoc est ignis aerius quasi mulcens imbrem. Cum enim nubes altiora petierint . resoluuntur in pluuias. Lar cęlestis nec non etiam et militaris . hoc est castrensis fauorque uenerunt ex quarta regione. Ω

LAR CAELESTIS ignis cęlestis. LAR MILITARIS qui ignem, id est furorem, militibus ingerit. JS nach Lutz 39,8/9

17 Zu iouis sûn siehe 21 iouis filii pales et fauor.

17 Zu sékko ‚Sager von Günstigem' siehe NL zu 53,1 spél-sékko.

19-21 Zu Fóne bis ánaburto: Corrogantur ex proxima .i. ex quinta. Ceres frugum dea .... Tellurus terrę numen.... Terręque pater uulcanus .i. ignis quo terra fouetur. Et genius deus naturalis qui omnium rerum generationibus pręest. Genios etiam dicimus qui singulis nascentibus tribuuntur. Ω

coniugum regum .i. iouis et iunonis β IG

genius .i. deus generalis N-T E-T IG

19 Zu iouis únde iunonis siehe auch NL zu 50,9 regum coniugum uterque.

20 Zu chórngéba siehe JS zu 76,9/10 (Ceres frugum dea fingitur et maxime frumenti).

J53 52,22-53,1 Zu Fóne bis dóhter: Uos quoque iouis filii poscimini ex sexta. Pales deus pabulorum. Et fauor cum celeritate . hoc est agilitate. Ω

1 Zu spél-sékko ‚Sager günstiger Zaubersprüche' siehe Schröder S.252.

2/3 Zu Uuánda bis fóre-geládot: Nam reddit causam quare omnes non postulati ... postulati euocati β IG

2 Zu búrghalto siehe 52,1 In-búrgo, zu uuîgant: Nam a marte mors nuncupatur.

Hunc et adulterum dicunt . quia belligerantibus incertus est. Is et VIII xi 51
Siehe auch 8,15 uuîgcot.

2/3 Zu der bis ánaburto siehe 52,21 der ánaburto.

4/5 Zu Ter bis síbendun: Liber ipse est dionisius repertor uitis. Ω

4 Zu uuîngot siehe auch 4,19 uuîngot, zu frámspûotesâre 52,7 spûotkében und
53,1 fûoter-gót.

6/7 Zu Úndriuua bis díenota: Fraudem quippe ex eadem .i. ex septima post
longam deliberationem placuit adhiberi. Deliberationem .i. tractatum et dispositionem . utrum uidelicet esset necne recipienda. Quod crebro ipsi fuerit
cyllenio obsecuta. Ω
FRAUS vocatur quia sępe Cillenio obtemperat. JS nach Lutz 39,11
crebro sępe ... obsecuta .i. obedita β IG

8/9 Zu Uuár bis uera: Ideo fraus recepta est ad deorum nuptias quia fautrix
erat mercurio. Quod ideo fingitur quia ars rethorica plerumque fraudulenter
decipit et uerisimilia pro ueris persuadet. Mercatoribus etiam quorum deus est
mercurius semper est fraus familiaris. Ω
Cillenius facundię pręsul est quę plerumque dolo ac fraude utitur, sive bene
sive male. JS nach Lutz 39,11/12

8 Uuár bis cyllenio: Eine rhetorische Frage als Übergangssatz.

9/10 Zu Pe bis deserit: Quę tum tantum procedit recto calle. Tíu échert
tánne rêhto uádôt. Cum non deserit nostra instituta. Sô sî úber mîna lêra ne-
stéffet. Nb nach A43,20-23

12-14 Zu Tiu bis dára-geuuíset: Octaua .s. regio transcurritur .i. transi-
litur et prętermittitur.... Ueris fructus .i. uernalis fertilitas quam sicut
numen aliquod uocatum intromittit . siue ueris fructus numen quod uernalibus
floribus pręest. Ω
transcurritur celeriter percurritur . nullo inde euocato β IG
corrogati .s. erant N-T E-T IG

14/15 Zu Fóne bis séldon: Iunonis hospitę quę dat iura hospitalitatis. Nam
et iouem legimus hospitalem. Ω
IUNONIS HOSPITĘ Sicut multi Ioves, ita et multę Iunones. Iuno itaque Hospita
dicitur dum terram significat quae sępe Iovi caeterisque caelestibus diis in
eam descendentibus prębuit hospitium. JS nach Lutz 39,13-15

16-18 Zu Áber bis zêhendun: Neptune et lar uocatiui sunt per apostrofam.
Cunctalis dictus quasi cunctilis .i. generalis compugnantia rerum quam greci
synpatian dicunt . quia ignis aquę repugnat . terrę grauiditas aeris leuitati.
Neuerita dea timoris uel reuerentię.... Cossus consiliorum deus .... Quidam

codices habent conse et est deus consensionum. Ω
LAR OMNIUM hoc est generalis omnium ignis. CUNCTALIS id est cunctationum dea.
NEVERITA dea quę nihil veretur. CONSUS consiliorum deus. JS nach Lutz 39,16-18
decima .s. regione β N-T E-T IG

16 Zu mére-got: Neptunum aquas mundi prędicant. Is et VIII xi 38
Siehe auch 8,15 méregóte.

16 Zu hérd-cot siehe 51,19 hérd-cota.

17 Aus Remigius' Erklärung wurde bei Notker der Personenname uuíllolf, so
Schulte S.99 Anm.2.

19-21 Zu Fóne bis iouem: Ualitudo numen quod ualitudini siue fortitudini
pręest. Ualitudo ton meson est. Nam et bonam et malam ualitudinem cum epitheto
dicimus. Manibus refutatis .i. diis infernalibus abiectis et repulsis. Et dicti manes secundum martianum quod de seminibus manant. Quippe in conspectum Iouis non poterant aduenire. Nam dii immortales sunt . ideo fingitur non posse
ad eorum conspectum manes uenire. Ω
EX ALTERA ex undecima. MANIBUS REFUTATIS Manes refutantur quia ex humano semine manant; nascuntur enim ut homines et mortales fiunt. JS nach Lutz 39,19-21
altera .s. regione N-T E-T IG
fortitudo deorum ... faborque pastor .i. deus pastorum β IG

J54   53,22 Zu .i. bis affirmat, 1/2 zu Fóne bis úrlaga: Sancus deus qui san-
cit et confirmat res. Ω
duodecima .s. regione β N-T E-T IG
ex altera .i. ex tridecima β IG
altera tercia decima regione N-T E-T IG

2/3 Zu Die bis gezuâhtes: illic in tridecima ... manium infernalium β IG
demorati .s. sunt β N-T E-T IG
chorus ... gezuâhte Nb nach A10,22,24

4/5 Zu Fóne bis ops: Ex bis septena .i. quarta decima regione. Saturnus sationum deus . eiusque cęlestis iuno .i. ops consequenter acciti sunt. Ω
CĘLESTIS IUNO vocatur mater deorum, uxor Saturni quoniam mater caelestium est,
quamvis terram significet. JS nach Lutz 39,24/25
acciti euocati β IG

5 Zu áltcót siehe 8,18 seniorem deorum, zu uuírten 8,19 coniuga.

6 Zu .i. bis orcus, 6/7 zu Ter bis fínftezêndun: Ueiouis quasi malus iouis
. ipse est pluto uel orchus.... Ac dii publici qui publice et communiter ab
omnibus coluntur. Ω
VEIOVIS malus Iovis qui et Vedius in sequentibus [siehe 130,18] nominatur. DII

PUBLICI qui populis prẹsunt. JS nach Lutz 39,26/27
TER QVINO EX LIMITE .i. ex quinta decima regione β IG
   7 Zu héllo-iouis siehe 8,14/15 hélle/góte und 52,13 fĭur-gót.
   8 Zu .i. bis prẹsunt, 8-10 zu Fóne bis gelâdôt: Ianitoresque terrestres .
dii qui terminis siue finibus terrẹ prẹsunt. Ω
VLTIMA .xui. β IG
   9 Zu tér bis sáz siehe 51,20 náhtolf.
   10/11 Zu .i. bis habitantes, 11-14 zu Sô bis gelâdôt: Ceteri quos azonos
uocat .i. extra zonas morantes . illos uidelicet qui in .xvi. regionibus non
comprehendebantur. Ω
AZONOS Azoni dicuntur qui extra zonas, id est extra circulos, habitant. JS
nach Lutz 39,30/31
Ex cunctis .i. ex .xui. ... conuocantur ad nuptias β IG
azonas .s. homines N-T E-T IG
   13 Zu prûte-gomen siehe 52,12 sponsi und 13 prûtegomen.
   15-17 Zu Únde bis ána/uuáltôn: Tunc elementorum prẹsules .i. prẹfecti atque
utilitatis publicẹ mentiumque cultores. Cultores publicẹ utilitatis sunt quos
lares urbium dicunt et cultores mentium quos genios appellant . qui mentes hor-
tantur ad bonum et ad uirtutis exercitium. Ω
potestatum deorum β IG
   15 Zu méistera siehe 107,7 prẹsul .i. magistra.
   17 Zu eos, 17-22 zu Uuér bis zéllen: Quis multus successor numẹ indicat illos? Numa rex romanorum fuit oriundo canus qui uolens populum romanorum reuo-
care ab amore armorum quo sub romulo flagrauerat . inuenit sacra deorum fingens
se colloquium habere cum egeria nympha. Ipse etiam libros pontificales repperit
. et qualiter dii colerentur. Dicit ergo nec numa qui inuenit cultum deorum .
nec aliquis successor eius potest indicare nomina omnium illarum cẹlestium potestatum. Ω
QUIS NUMẸ hoc est quis ex successoribus Numẹ, dum sint multi, innumerabilem
numerum falsorum numinum potest indicare. Numa quippe Pompilius qui post Romu-
lum regnavit infinitam demonum turbam et inuenit et coluit. JS nach Lutz 40,1-4
multus successor pluralis per singularem .i. multi successores β IG
indicat .s. nomina illarum omnium cẹlestium uirtutum et potestatum N-T E-T IG

J55 1-3 Zu Tíe bis stérno: Conuibrantibus uenere sideribus .i. unusquisque
cum sua stella et suo sidere uenerunt. Conuibrantibus .i. resplendentibus. Ω
qui .s. dii . confestim statim ... imperio iussu ... caelitem .i. cẹlestem β IG
   4 Zusammenfassung des Abschnitts in der Überschrift.

5/6 Zu Tô bis túron: Milites iouis .i. stipatores illius siue angeli.... Fores sunt ostia quę foris aperiuntur. Ω
limine introitu ... ante fores regias ante portas regii palatii β IG
Tunc .s. consistit N-T E-T IG

7-9 Zu Álle bis hábeta: Pręconans .i. uociferans . hinc et pręcones dicuntur uocimissarii qui aduentum iudicum pręnuntiant. Ω
Ingressuros deos in palatium iouis ... nominatim propriis nominibus et singvlatim ... fama dea β IG

11-14 Zu Áber bis erstérben: Adrastia interpretatur petrosa siue dura. Nam adra grece petra dicitur.... Adrastia autem significat sortem quę dura est et inexorabilis. Siue adrastia dicta a greco quod est adranes .i. infirmitas uel impotentia. Sortes enim propter impotentiam humanam repertę sunt . quia per se nesciebant homines eligere quid esset eligendum uel quid uitandum.... Urnam pro sorte posuit quia sors in urnam iacitur. Celeritate inreuocabilis raptus .i. rapiditatis et uelocitatis. Torquebat .i. uoluebat et in girum agebat. Ω
ADRASTIA sortilega Iovis pro suę inhumanitatis duritia tale nomen accepit; Grece enim duritia ἀδράστεια vocatur.... Adrastia recipit continuitatem temporum quibus fata variantur. JS nach Lutz 40,5/6,10
intra consistorium regis .i. in secretvm locum palatii ubi rex consistebat ... caelitem cęlestem β IG

11/12 Zu Íh bis stánne siehe 115,21-116,3 .i. disputantes bis ûobton.

13/14 Zu Sî bis erstérben siehe 18 Uuánda bis ménnisken, 55,21-56,1 Íh bis erstérbent und 60,19-61,1 Ibi bis hánt.

15 Zu .i. giros, 15/16 zu .i. bis pectoris, 16-18 zu Imarmene bis ménnisken: Excipiebat speras .i. giros quos rota faciebat. Peplo inflexi pectoris . ypallage est pro inflexo peplo pectoris. Ymarmene quasi proprium feminę quę hoc agebat. Interpretatur autem ex greco ymarmene chronu sinekes .i. temporis continuatio.... Omni enim tempore et nascuntur homines et in fata .i. in mortem succidunt. Ω
INARMENE quippe Grece dicuntur συνεχεῖς χρόνοι, hoc est continuata tempora. Inarmene, quę in sinu suo cadentes sortes ex urna Adrastiae recipit, continuitatem temporum quibus fata variantur significat. JS nach Lutz 40,11-14
Excipiebat .i. recipiebat . ex uolubili orbe ex illa sorte β IG

Zu den rhetorisch-syntaktischen Anweisungen 20 Suspensio uocis, 56,2,4 2mal Et hic und 6 Depositio siehe NL zu 7,1 Suspensio uocis.

55,20-56,1 Zu Uuánda bis erstérbent: Ortografę .i. recte scriptores.... Studio ueritatis .i. sincere et sine mendacio. Ω

atropos inreuocabilis ... ortographę recte scribentes β IG
Parcę sunt exceptrices et librarię iouis. Sunt autem tres . cloto . lachesis . atropos. Cloto euocatio . lachesis sors . atropos sine ordine. Quo figmento significatur primum euocatio humanę uitę . euocantur enim homines ex non esse in esse. Deinde sors qualiter cuique uiuendum sit. Succedit postea mors . quę est sine ordine. Nullam enim obseruat dignitatem . nulli parcit ętati . sed indifferenter trahit omnia [Nullam bis dignitatem und sed bis omnia fehlt Br].
Ω, Br RG zu 8,6 parcarum
ΚΛΩΘΩ vero ΛΑΧΕΣΙΣ, ΑΤΡΟΠΟΣque tres Parcas librarias cancellariasque Iovis esse fingunt fabulę. Quarum una Κλωθώ dicitur quasi κλειτώ, hoc est vocatrix, quia omnium fata vocat, altera Λάχεσις, hoc est sors, fata omnium considerat, tertia Άτροπος, hoc est valde conversibilis; sępe quippe α pro λύαν, hoc est valde, deponitur. Quidam Άτροπος inconversibilis, quoniam frequenter α sensus habet negandi. Quidam Atropos absque modo et ordine in Latinum vertunt ut Fabio placet. Non enim certus modus vel ordo fatorum reperitur. JS nach Lutz 40, 15-22 zu 18/19 Cloto bis atroposque

1 Zu absque nach JS statt sine nach RA bei Notker siehe Backes S.119/120. Schulte behandelt S.108 die Stelle 55,20-56,1.

J56   2 Zu hoc bis senatum, 2/3 zu Tánne bis sprâch-hûs: Cum cernerent contrahi .i. conuocari in senatum et curiam magistratus. Ω
curiam multitudinem deorum β IG

2/3 2mal cum cernerent wiederholt der Deutlichkeit wegen 1/2 Cum ... cernerent.

4 Zu .i. indui und hoc bis imperii, 4/5 zu Únde bis gáreuuen: Ipsumque tonantem exuuiis .i. uestibus indusiari . hoc est indui et ornari. Magistratus .i. dignitatem. Ω
exuuiis uestimentis β IG
Prima ornamenti corona insignis uictorię siue regii honoris signum.... Imperatores romani et reges quidam gentium aureis coronis utuntur. Is et XIX xxx 1,3 Siehe auch Ω zu 11-13.

4 Zu hoc bis imperii siehe auch Ω zu 72,3 pro regni conditione .i. qualitate (.i. pro qualitate imperii).

5 Zu iouem siehe 50,22 ipsius college iouis ... cum eodem tonante.

6 Zu .i. decreta siehe 50,1 decretum und Ω zu 50,2 consulto (hoc est decreto uel consilio).

7/8 Zu Sô bis hímiliscon: Archiuique .i. librarii uel armarii.... In acta .i. gesta publica ut acta exciperent. Stilus a longitudine sic uocatus est.

Stilon enim grece longum.... Cerasque componunt .i. planant . et a parte totum
intellige . per ceras tabulas. Ω

caelestium deorum β IG

consultum consilium β N-T E-T IG

9 Zur Überschrift: Descriptio est hic mundi uisibilis . in sequentibus [ab
59,19] uero facturus est descriptionem inuisibilis et intellectualis mundi.
Iouis enim uniuersitatem totius mundi significat . unde et iouis quasi iauis
dictus est .i. uniuersalis uis. Per uerticem ergo iouis altissima pars mundi
intellegitur . spera uidelicet cęlestis. Per coronam zodiacus .i. signifer
qui in modum coronę speram cęlestem quasi iouis uerticem cingit. Ω zu 10/11
apponit bis coronam

Siehe auch Ω zu 57,19 und 64,7/8.

9 Zu assumens, 11-13 zu Iupiter bis coronam: Tunc iupiter percipiens publica indumenta .i. ornamenta illa quibus in publico ornabatur et quę processurus
in aspectum publicum assumebat. Reges enim non quęrunt ornari nisi in publico
ubi uideantur. Quę assumit contracturus senatum .i. conuocaturus et collectu-
rus conuentum deorum. Ω

saenatum .i. conuentum et multitudinem deorum ... indumenta uestimenta ... uertici summitati capitis ... flammantem splendentem β IG

percipiens .i. suscipiens β N-T E-T IG

13 Zu .i. bis parte, 14-17 zu Ünde bis planêtis: Contegitque caput suum ex
posticis .i. ex posteriori parte. Postica enim est occipitium .i. postrema
pars capitis.... Per rutilans uelamen significatur splendor ętheris qui sub
cęlesti spera quasi sub postrema parte capitis iouis per ambitum totius mundi
fulget. Quod texuerat ei ipsa pallas. Ipsa .i. per se ipsam . tamquam diceret
suis manibus. Pręsul operis .i. princeps. Bene pallas dicitur hoc uelamen texu-
isse si enim per iouem ęther . per palladem summa pars ętheris designatur. Unde
et de uertice iouis fingitur nata pallas. Siue etiam pallas hoc uelamen texuis-
se dicitur propter naturam septenarii numeri qui ei consecratus est. In ęthere
namque septem planetę sunt. Propter septenarium ergo numerum sibi consecratum
pallas pręsul huius operis fuisse dicitur. Ω

FLAMMANTEM CORONAM Corona Iovis rutilantium planetarum flammas significat; VE-
LAMEN autem capitis eius candidos fixarum stellarum fulgores qui quoniam in
extima spera siti sunt veluti verticem Iovis, id est sensibilis mundi, velare
dicuntur. Quod autem Pallas illud velamen contexerit ea ratione putatur qua
superiores purgatioris ętheris partes Palladi quoniam de vertice Iovis nata
est attribuuntur. JS nach Lutz 40,25-30

rutilante splendente β IG

16 Zu (uuérch/)méistera siehe 107,7 prẹsul .i. magistra.

18 Zu .i. uitreos, 18/19 zu Tára-nâh bis íst[2]: Dehinc obducit .i. opponit et superducit admodum candidẹ uesti yalinos amictus. Uestis candida significat superiorem partem aeris. Per yalinos amictus perspicuitas aeris designatur . yalin grece uitrum. Inde yalinos amictus . hoc est uitreos dicit. Aer enim iste inter ẹtheram et terram positus tamquam uitrum perlucet et perspicuus est. Ω
yalinos perspicuos β IG
obducit .i. superponit N-T E-T IG

19 Zu .s. amictus, 20 zu illuminabant, 20-22 zu Tíe bis stérnen: Quos .s. amictus luminabant .i. illuminabant et accendebant crebri uibratus ignium .i. splendores stellarum. Stellarum enim splendor aerem penetrat et interstingit .i. uariat. Interstinctos .i. uariatos et distinctos stellantibus oculis .i. refulgentibus sideribus. Ω

J57 1-3 Zu Tô bis íst[2]: Tunc corripuit duo pro duos globosos orbes. Globosos .i. in modum sperẹ rotundos. Porrectiore .i. extensiore dextra. Per duos globosos orbes speras solis et lunẹ significat. Quorum unus .s. orbis solis uidelicet auro prẹnitebat propter splendorem et ardorem ipsius solis. Alius .i. lunẹ orbis prẹnitebat electro propter serenam et temperatam lucem lunẹ. Ω
TUNC DUO GLOBI duo maxima luminaria, solem dico lunamque, quorum unum quidem auro, alterum electro, comparatur insinuat. JS nach Lutz 41,1/2
praenitebat .i. resplendebat ... corripuit eripuit β IG

4-8 Zu Mít bis nehôret: Lẹua sua imprimebat enneapthongon chelin .i. nouem chordarum lyram. Chelis grece lyra . a brachiis quẹ greci chelas dicunt. Ennea nouem . pthongus sonus. Enneapthongon ergo .i. nouem sonituum. Per chelin enneapthongon mundanam designat musicam septem uidelicet planetarum et sperẹ cẹlestis et sonitum aquarum in terra. Imprimebat autem bene dicit . quia sonus ille . licet sit ualidissimus . a nobis audiri non potest et quodammodo deprimitur siue supprimitur ne audiatur. Ω
NITENTI SIMILIS hoc est se inclinanti. Hoc autem ait quia mundus veluti quidam homo recubans depingitur, ita ut aquilonem versus sublimior, adclinis vero ad austrum sicut ait poeta. JS nach Lutz 41,12-14
innitenti .s. super alium inclinanti β IG

9 Zu .i. colore, 10 zu .s. dea, 10/11 zu Tellus bis íst: Annexuerat .i. apposuerat tellus eius .i. iouis uestigiis calceos herbosos fluctu smaragdineẹ uiriditatis. Tellurem hic quasi numen terrẹ introducit. Fluctu .i. liquore uel etiam colore smaragdineẹ uiriditatis. Smaragdus gemma est uiridissima ab ama-

ritudine dicta . nam omne uiridum amarum dicitur.... Per calceos iouis uirides
terra significatur graminibus et herbis uirens. Ω
CALCEOS Floridam telluris superficiem describit, quam veluti quoddam calciamen
Iovis fingunt, quoniam totius mundi infima pars est terra. JS *nach Lutz 41,17
-19*
Calceos calciamenta pedum ... uestigiis pedibus ... annexuit .i. inligauit et
firmauit β IG

12-14 *Zu* Ếr *bis* ếrdo: Insidebat ipse iouis pallę intertextę .i. uariatę et
distinctę siue oculatę .i. gemmis in modum oculorum uarietate. Quę palla erat
ex pennis pauonum obducta propter florum uarietatem. Ω
INSIDEBAT Flores herbarum arborumque describit qui veluti quaedam palla vari-
color Iovi substernitur. JS *nach Lutz 41,20/21*
Pallam sedilis ipsius dicit ex pennis pauonum propter uarietatem florum. β RG

14-16 *Zu* Fốne *bis* ĺst: Uernali enim tempore floribus terra uestitur . et
in plerisque locis uiriditas floribus permixta quasi pennas pauonum aspicientibus prętendit. Ex qua palla uernabat .i. florebat siue refulgebat. Uariata
pictura .i. uaria et decora. Multicoloribus notulis .i. figuris multorum colorum. Ω
ex qua .i. peplo super sedile palla N-T E-T IG

16-19 *Zu* Ủnder *bis* ĺst: Per fuscinam mare signatur. Nam fuscina est tridens
.i. gestamen neptuni. Tridentem autem dicitur ferre neptunus propter triplicem
aquę naturam. Est enim cita .i. mobilis et uelox . est potabilis . est et li-
quida. Ω
Sub calceis idcirco sub calceis quia aqua. β IG

17-19 *Noch eine rhetorische Frage.*

19 *Zur* Überschrift: Hucusque mundi descriptio sub figura iouis. Nunc partem mundi sub figura iunonis descripturus est . aerem uidelicet a spera lunari
ad terram. Ω
Siehe auch Ω *zu 56,9 und 64,7/8.*

21/22 *Zu* Iunonis *bis* ęther: Huius .s. iouis suggestui .i. throno consessus
iunonis subditus .i. suppositus erat et non ita excelsus sicut iouis . per
quod aperte exprimitur natura aeris qui ętheri subditus est. Haud indecenter
.i. non indecenter . sed potius decenter .i. apte et conuenienter ornatus. Ω
SUGGESTUS IUNONIS suggestu Iovis inferior ponitur quoniam aer humilior est aethere. JS *nach Lutz 41,24/25*
consessus .i. sedile β IG

J58 1 *Zu* Sî *bis* uuîzhullun: Galumna uelamen est candissimum a greco quod est gala .i. lac. Ω

CALYMMATE Calymma est candidum velamen quo caput circumvoluitur. JS *nach Lutz 41,26/27*

2 Zu .s. iunoni, 2/3 zu Uuás *bis* gímmon: Cui iunoni erat insitum diadema de pretiosis gemmis. Diadema iunonis yridem .i. arcum cęlestem designat. Diadema uero species est coronę. Pretiosis gemmis dicit propter multiplices colores ipsius arcus. Ω

DIADEMA Iunonis diversicolor nubium corona quę sępe fulminibus flammarumque coruscationibus interstringit, dum in eis Iris formatur. JS *nach Lutz 41,28-30* insitum insertum β IG

5 Zu .i. uarietas, 5-9 zu Târ *bis* iacyncti: Nam neque uirecta .i. uiror siue uiriditas scithidis credebatur abesse. Scithis gemma est uiridis ut fertur iaspidis genus. Dicta scithis quod in scithia .i. in septentrionali cęli regione inueniatur. Nec ceraunorum uibrans fulguransque lumen. Uibrans .i. resplendens . fulgurans .i. flammans. Et allusit ad nomen . nam ceraunium grece fulmen dicitur. Hinc et ceraunius lapis uocatur qui fertur opitulari contra fulmina.... Per scithidem et ceraunium colores arcus designat . qui cum plures sint . duo tamen ex illis sunt notabiliores . uiridis et igneus. Uiridem designat per scithidem . igneum per ceraunium. Arcus uero ille nihil est aliud nisi nubes aquosa solis radio penetrata . unde et e regione solis semper apparet.... Nec flucticolor profunditas iacinti. Iacintus enim est lapis cerulei coloris . mirabilis et uarię naturę . quam nomine profunditatis exprimit. Aliquando enim nebulosus . aliquando purus ut fluctus uidetur . et est lucis purpureę . quamuis cum cęlo moueatur.... Ista diuersitas gemmarum propter uarios colores nubium describitur. Per iacintum profunditatem et uarietatem aeris et aquę intellegi uult. Uocatur autem ex nomine floris qui iacintus dicitur. Flucticolor profunditas .i. fluctus habens similitudinem. Ω

5 Zu skithidis lapidis *siehe* Ω *zu* 66,1-3 (Scithis lapis).

10/11 Zu Día *bis* héizet: Sęd totum illud sertum .i. diadema uel coronam fulgurantis capitis .i. splendentis et coruscantis. Taumantias .i. taumantis filia . yris uidelicet ferebatur obtulisse reginę. Nam secundum fabulam taumantis cuiusdam filia fingitur ipsa yris . quę et iunonis ministra dicitur. Secundum ueritatem taumantias dicitur a miraculo et stupore colorum . taumastos enim grece mirabilis. Per quod aperte ostendit quid uoluerit significare per diadema uel per sertum ipsius diuę .i. iunonis. Ω

TAUMANTIAS Taumantias, id est mirabilis filia, Iris dicitur propter mirabilem colorum eius pulchritudinem. JS *nach Lutz 42,3/4*

reginae iunoni β IG

11-13 Zu Yris bis iacyncti: SCITHIS VIRECTA id est viridis gemma. Iris claritatem significat, rubedinem autem eius CERAUNOS quia κεραυνός Grece fulmen dicitur. Fulgores eius iacintus significat. Est enim splendida gemma liquidi sali instar et notandum quod arcus caelestis a quibusdam tricolor, a quibusdam quadricolor, perhibetur. JS nach Lutz 41,31-42,2 zu 58,3-5 Nam bis profunditas

Siehe auch JS zu 2/3 (DIADEMA bis formatur) und Ω zu 5-9 (Ista bis describitur).

13/14 Zu .i. serenitate, 14-16 zu Îro bis îst: Uultus ita erat fratri .i. ioui consimilis. Aer enim serenus pẹne similis est claritati ẹtheriẹ. Ω perlucens splendens β IG

13/14 Zu .i. serenitate siehe auch JS und β zu 17-19.

15/16 Nochmals die dem Leser schon längst vertraute rhetorische Frage.

17-19 Zu Âne bis getrûobet: Nisi quod ille iouis .i. ẹther renidebat .i. resplendebat immutabili lẹtitia . quia ẹther ẹterna luce splendet et nullis nubibus obscuratur.... Hẹc .i. iuno . aer scilicet concutitur .i. perturbatur nubilo assiduarum commutationum. Aer enim crebro uentis et turbinibus concitatur. Ω

NISI QUOD ILLE Differentiam Iovis et Iunonis, hoc est aetheris et aeris, facit quod semper aether purus sit atque serenus, plenusque diuturni luminis, aer vero aliquando perturbationibus nubium flaminum pluviarum veluti contristatur, aliquando clara serenitate ridens apparet, hinc est quod facies Iunonis varia pingitur atque mutabilis. JS nach Lutz 42,5-9

inmutabili stabili forma . laetitia serenitate ... nubilo obscuritate β IG

19-21 Zu Îro bis trûobe: Nam uestis eius .i. iunonis yalina . sed peplum fuerat caligosum. Uestis eius yalina colorem aerium exprimit qui uiridis et perspicuus est. Peplum caligosum densum aerem et in nubes conuersum designat . cuius natura per se obscura est . nisi solis radio aut accessu alicuius luminis illustretur. Ω

peplum exterius uelamen capitis ... caligosum subobscurum β IG

20 Zu yali lapidi: VESTIS YALINA vestis vitrea. Ὕαλη quippe Grece vitrum dicitur; naturalem aeris colorem describit. JS nach Lutz 42,10/11

Siehe auch Ω zu 56,18 .i. uitreos (yalin grece uitrum).

21 Zu nêbel siehe 59,1 nebulas.

J59 58,22 Zu .s. peplum, 59,1/2 zu Ûbe bis hêiteri: Quod .s. peplum si tangeretur appulsu .i. repercussione alicuius luminis prẹniteret gratia sudẹ .i. serenẹ perspicuitatis .i. claritatis inter obumbrantes nebulas. Ω

PEPLUM vero eius tegmina nubium sunt, quę sępe pulsu, id est tactu, luminis veluti quibusdam gemmis interrumpuntur. JS *nach Lutz 42,12/13*
obumbrantes obscurantes ... praeniteret resplenderet β IG

3 *Zu* Álso *bis* skêiden: Subito enim nubes transeunte uento fugantur et euanescunt. Ω *zu 12-14* quę *bis* discolorum
Siehe auch Ω *zu 58,19-21* (Peplum *bis* illustretur).

4 *Zu* .i. uocibus: Bombus. Imitatio uocis . sonus aut uox . sonus tumidus. GS

5 *Zu* .i. aquosis *siehe auch* Ω *zu 58,5-9* (nubes aquosa) *und 61,14* (aquosę ... naturę).

6-9 *Zu* Sî *bis* suêiz: Hęc .s. iuno fulmen dextra sustinens. Fulmina enim de aeris attritu et collisione nubium cadunt. Lęua sua sustinens sonorum tympanum cum terrentibus bombis. Per tympanum sonorum et terrentibus bombis tonitrua significantur . quę de ipso aere procedunt . nubibus inter se ui uentorum collisis.... Bombo grece sono . hinc bombus dicitur sonus. Sub quibus bombis et tympanis uidebatur inundare ima subiecta .i. terram roscidis .i. rorulentis siue rore plenis fluoribus. Inundare .i. perfundere et madefacere. Poetice dicit ex sudore iunonis rores et pluuias creari . quibus terra inundatur . quia uidelicet nubes ex aere sunt quę resoluuntur in pluuias. Ω
dextera .s. manu . leua sinistra . sonorum canorum ... terrentibus terrorem emittentibus β IG
dextra .s. sua ... bombis .i. sonitibus N-T E-T IG
fluoribus .i. refusionibus β N-T E-T IG

10-12 *Zu* Íro *bis* plenilunio: Huius .s. iunonis calcei admodum furui. Per calceos iunonis nox accipitur. Unde et bene furui dicuntur ad exprimendam noctis nigredinem. Per soleam uero profunda pars noctis quam intempestam dicimus .i. mediam. Ω
Potest etiam de orbe plenilunii quae noctem splendificat intelligi cuius absentia gratiam lucubrationis aufert ab umbra et hoc est quod dicit NUNC VANESCENTIS VARIETAS et reliqua. JS *nach Lutz 42,31-34 zu 13/14 unten*
admodum multum . furui nigri β IG
furui .s. erant N-T E-T IG

14 *Zu* .i. euanescebat, *15-17 zu* Úmbe *bis* neuuáre: Huius genua zona diuersicolor ambigebat.... Quę .s. zona nunc perfulgido resplendebat orbe cum uidelicet nubes clarę et serenę sunt. Nunc ita penitus ablegabat .i. euanescebat et resoluebatur tenuata uarietas uanescentis gratię . tamquam nihil habuisset ante discoloris. Ω
eiusdem .i. iunonis ... zona cingulum ... diuersicolor uarios colores habens .

ambiebat circumdabat ... nunc .i. aliquando ... uanescentis denescentis ...
tenuata attenuata ... paenitus ex toto β IG

17/18 Zu Táz bis suébe-uuázero: Per zonam quidam arcum accipiunt qui nunc
diuersorum colorum splendore uariatur . ad ultimum uero euanescit. Sed melius
per zonam hanc nubes accipiuntur quę genua iunonis .i. imam partem aeris cingunt. Ω

Siehe auch Ω zu 58,5-9 (Ista bis uult).
ROSCIDIS FLUORIBUS Hoc dicit quia sępissime pluuialis humiditas fragores fulminationesque nubium consequitur. JS nach Lutz 42,21/22 zu 5/6 oben

19 Zur Überschrift: Hactenus descripsit mundum uisibilem . nunc descripturus est inuisibilem et intellectualem mundum. Ω

59,21-60,1 Zu Sús bis ke-zéichenda: Cęlatam spheram .i. sculptam et pictam
multiplici uarietate. Ω
indumentis .i. exuuiis et ornamentis . decenter nobiliter ... suggestu sedili
... spheram rotunditatem ... conspicantur intuentur β IG
uterque regum .i. iupiter et iuno β N-T E-T IG

J60 2/3 Zu Tíu bis begrîfet: Quę spera ita fuerat compacta .i. coniuncta et
composita ex omnibus elementis. Ω
abesset deesset β IG

3/4 Álles bis óugon: Ein von Notker geschaffener Übergang.

4-8 Zu uuánda bis íst: Est enim mundus ęternus et intellectualis . illa uidelicet primordialis causa quę in mente dei semper fuit . quam plato ideam uocat . ad cuius similitudinem mundus iste uisibilis formatus est. Quam .s. ideam
nostri nunc sapientiam . nunc uitam . nunc etiam artem . aliquando exemplar
siue etiam exemplum appellant . quo erant omnia in mente dei antequam fierent.Ω
QUANDAM SPERAM omnium rerum formulam quam Grece ιδέαν vocant ante conspectum
Iovis positam dicit, instar celature omnium rerum sensibilium intelligibilis
ratione conspicat. JS nach Lutz 42,35-43,2

5 Zu gótes prouidentia siehe 31,17 Prouidentia dei.

6 Zu állero creaturarum siehe Ω zu 3,14/15 (uniuersitas ... creaturarum),
100,3-6 (de naturis ... omnium creaturarum) und 114,5-8 (orbis .i. uniuersitas
creaturę).

9/10 Zu Án bis hélla: Illic .i. ipsa idea ... freta .i. maria . diuersitas
uarietas . telluris terrę ... tartarea infernalia β IG

11/12 Zu Ióh bis sáment: Cunctarumque species animarum . tam in specie quam
in genere .i. erant ibi ideę singularum rerum . non solum in genere . sed etiam
in specie singulorum uidelicet animalium. Ω

urbes ciuitates ... competa uię a competendo ... specie uniuscuiusque ... genere omnium . numerandae computandę β IG

numerandę .s. erant N-T E-T IG

13/14 Zu Tíu bis bílde: Imago .i. effigies et idea . hoc est forma mundi. Ω Schulte nimmt S.102/103 für gescáft . únde bílde chiastische Stellung an, die Luginbühl S.75 Anm.2 bestreitet. Versmaß und Endreim können dabei eine Rolle gespielt haben; siehe Koegel S.619.

15 Zu .i. uoluntatibus siehe Ω zu 61,2-4 (arbitrium suę uoluntatis).

15/16 Zu .i. perficere, 16 zu .s. dei, 16-18 zu Uuáz bis gótes: Singuli populi omnium nationum agitarent. Pede ire .i. perficere et conari siue aggredi. Agitarent .i. conarentur. Relucebat in speculo ideę deest quasi . formantis .i. formatoris et creatoris dei. Ω

PEDE IRE hoc est naturali ordine ordinatisque gressibue in ipsa sphera omnia per loca et tempora videbantur ingredi. JS nach Lutz 43,3/4

pedeire uel pithei Br RG

hac .s. idea ... cuncti generalium omnes ... cotidianis quę cotidie agentur ... agitarent conarentur molirentur ... relucebat resplendebat β IG

18/19 Mit Táz bis spera wiederholt und vereinfacht Notker das Vorangegangene.

60,20-61,1 Zu Uuén bis hánt: Formabat .i. designabat ibi iupiter propria manu quem uellet augeri .i. eleuari et prosperari . quem uellet deprimi .i. affligi. Ω

J61 2-4 Zu Uuélih bis scáffare: Fictor .i. compositor . arbitrarius . hoc est qui ad arbitrium suę uoluntatis cuncta faciebat ac disponebat. Ω

disperdere inualidum reddere . beare fertilitate ... uastam amplam ... caelebrem cultura agricolarum β IG

5-7 Zu Tísen bis góto: Fatum publicum appellat ipsam speram siue ideam. Iussit admitti .i. recipi senatum deorum. Ω

FATUM PUBLICUM idea mundi dicitur quia in ea fata omnium publice formantur. JS nach Lutz 43,7/8

conspicans .s. diligenter intuens . componens ordinans prohibens ... admitti .i. recipi in palatium regium β IG

conspicans iupiter N-T E-T IG

7 Zur Überschrift siehe 8-10.

9 Zu .i. bis opi, 10-12 zu Sô-uuio bis ûf: Quamuis intrarent intus .s. illi quos testatur sacra uis .i. sacra auctoritas . innominabiles . hoc est sine nomine . quia ut supradixit [50,11-13] . non patitur eorum nomina publicare cęleste secretum. Tamen etiam primatibus .i. primis et principibus diuum. Prę-

sertimque parentibus .i. saturno et opi. Uterque consurgunt .i. iouis et iuno. Ω
intrarent in palatium ... diuum deorum. Praesertimque maxime .s. apud β IG

13/14 Zu Saturnus bis îs: Uerum sator eorum .i. saturnus tardus gressibus
. quia tardissimum eius est sidus. Triginta enim annis perficit cursum suum. Ω
gressibus incessibus β IG

14 Zu .i. uiridi, 16 zu .s. saturnum, 61,16-62,2 zu Únde bis îst: Glauco
amictu tectus caput . glauco .i. uiridi . aquosę enim et per hoc frigidę naturę est stella saturni. Amictus caput figurata locutio .i. amictum habens
caput sicut senex. Pretendebat .i. premittebat .s. ipse saturnus quendam flammiuomum draconem in dextera sua deuorantem ultima caudę suę. Saturnus in figura accipitur temporis. Unde et grece chronos .i. tempus uocatur. Per draconem quem dextera gerebat annus significatur . qui bene caudę suę ultima deuorabat . quia annus ipse per sua redit uestigia et annuam fecunditatem atque
prouentum omnium deuorat frugum. Hinc et flammiuomus dicitur draco fuisse .i.
deuorans omnia sicut flamma omnia consumit. Quem .s. saturnum credebant perdocere numerum anni nomine suo. Numerum anni trecentos sexaginta quinque numeros. THZ enim dicitur saturnus et interpretatur comedens siue consumens.
Tau trecentos. E quinque. Z sexaginta . hoc est anni totius numerus. Ω
flammiuomum flammas uomentem ... perdocere demonstrare β IG

17 Zu plâuuemo siehe auch 26,10 liuidum.

22 Zu Sô bis iâre: Annus est solis anfractus . cum peractis trecentis sexaginta quinque diebus . ad eadem loca siderum redit. Is et V xxxvi 1

J62 2 Zu Fóne bis genîmet: [mors] nulli parcit ętati . sed indifferenter
trahit omnia. Ω zu 55,20-56,1
Quamquam quid ipsa scripta proficiant . quę cum suis auctoribus premit longior
. atque obscura uetustas? Tôh îh uuîzen nemúge . so-uuîo îh iz chôsoe . uuáz
sélben die scrîfte dára-zûo uerfáhên . tîe mít scrîbôn mit állo diu álti genîmet. Nb nach A99,16-19

3/4 Zu Sîn bis gelîh: Ipsius canities candicabat .i. albicabat de pruinosis niuibus propter hiemis frigiditatem in qua sunt pruinę et niues. Ω

4-6 Zu Sôuuio bis lénzen: Licet crederetur posse fieri puer. Tempus enim
singulis annis senescit hieme . reiuuenescit uere .i. uernali tempore. Ω
Puer quoque describitur Saturnus quoniam tempus et deficit ut senex et renascitur ut puer. JS nach Lutz 43,25/26
ille saturnus ... uere autem quodammodo reiuuenescit cum terra suos flores
et erbas profert. β IG RG

7 Zu .s. ops, 8-11 zu Sîn bis grásegiu: Eius .i. saturni coniunx ops uide-

licet grandęua et corpulenta mater. Corpulenta dicitur quia terrę elementum
crassius et corpulentius est ceteris. Mater uocatur quia ipsa est terra mater
omnium . quamuis esset fecunda et circumfusa .i. ambita et circumdata partu-
bus . hoc est multitudine filiorum. Discoloram uestem terram ipsam dicit quę
multiplicem habet colorem. Hanc uestem discoloram contexuerat herbida palla
quia superficies terrę herbarum et florum uarietate uestitur et tegitur. Ω
Terra autem semper fecunda est diuersis rerum nascentium generibus ac ueluti
palla quadam herbarum diuersitatibus uestitur. JS nach Lutz 43,29-31
Bene contexuerat dicit . quia terra non tegitur floribus sed potius uestitur.
β RG

13-15 Zu În bis sâmon: In qua totus gemmarum census et metallorum. Census
.i. copia siue numerus gemmarum et metallorum. Hęc enim in uisceribus terrarum uel in arenis colliguntur. Atque omnium prouentus .i. rerum omnium incre-
menta . frugesque sationum .i. seminum. Hęc quippe omnia terra producit. Ω
IN QUA TOTUS GEMMARUM Hoc dicit quia omnium preciosorum lapidum diuersę species omniumquae metallorum venę in terra reperiuntur. Diuersarum etiam frugum
genera non aliunde nisi ex terra oriuntur. JS nach Lutz 43,32-44,1
qua .s. ueste ... gemmarum lapidum preciosum ... census supellex ... fruges
.i. fecundæ ... ubertate fecunditate β IG
qua .s. terra N-T E-T IG

15 Die Überschrift geht aus dem ersten lateinischen Satz hervor.

16-18 Zu Ze bis érdlucheren: Huic .s. opi adhęrebat uesta .i. dea ignis quę
coęua eius est .i. grandęua sicut et illa. Et bene ignis terrę dicitur adhęrere
quia in uisceribus eius latet. Uidemus enim de sicilibus ignem excudi. Ω
Huic grandęve scilicet matri Vesta adęrebat. Veteres siquidem Vestam dicebant
flammam humanis usibus necessariam quae Opi, id est Terrę, adhęrebat quia terrena materia semper nutritur. JS nach Lutz 44,1-3

18 Zu âlso bis sicilię: Ibi [in cilicia] est et mons cimera qui nocturnis
aestibus ignem exalat . sicut in sicilia aethna . et uesolus in campania. Is
et XIV iii 46
Ęthna brînnet in sicilia . álso ueseuus tûot in campania . únde clemax in ci-
litia. Nb nach A85,3/4

20/21 Zu Tíu bis ságet: Caput eius ausa est osculari pre fiducia qua eum
nutrierat. Ω
quod eo quod ... regis iouis β IG
quę .s. uesta N-T E-T IG

21/22 Zu Uuánda bis ętherem: Nam iouis ipse est ęther . iuno aer.... a ioue

.i. ab ętherio igni .... Ponitur uero [uulcanus] in significationem terreni ignis . sicut iouis in significationem cęlestis. Ω *zu* 12,10 sociale uinculum *und* 13,13 Lemnius

Nach Schulte S.110/111 füllte Notker mit diesen Worten den Gedankensprung des Kommentars aus.

62,22-63,1 *zu* ûnde² *bis* uuérden: Nutrix autem iouis fuisse dicitur ipsa uesta et eum suo gremio sustentasse quia ferunt philosophi terreno igni cęlestem nutriri. Ω
QUĘ AUSA EST Fabulę fingunt Vestam deorum esse nutricem, ea ratione qua terreni ignis vigor vapores sursum de terra et aqua erigit, quibus vaporibus, dico, nutriuntur sidera ut fisici dicunt. JS *nach Lutz* 44,4-6

J63 1 *Zur Überschrift siehe* 2.

2/3 *Zu* Nâh *bis* luna: Post hos expetitur .i. exposcitur ad nuptias auratus sol cum candida sorore .i. luna. Ω

5 *Zu* .i. uenustate, 5/6 *zu* .i. conuentum deorum, 6 *zu* .i. *bis* stellis, 6-10 *zu* Tên *bis* ûf-kánge: Anteuenit .i. pręuenit .i. pręuenit et pręcessit quidam puniceus .i. rubicundus et igneus fulgor purpurę rutilantis. Per puniceum siue purpureum colorem aurora intellegitur quę sole propinquante pręcedit et aliquando rubicundum . aliquando purpureum . non numquam crocineum uel ceruleum colorem habere uidetur. Et luminauit totam curiam ipsius aulę gratia rosulenti splendoris. Gratia .i. uenustas siue pulchritudo uel gratiositas. Rosulenti . hoc est rosei splendoris. Curiam ipsius aulę .i. conuentum deorum . obstupefactis ceterorum ornatibus .s. deorum. Sole enim apparente . stellę ceterę obscurantur et non apparent. Obstupefactis .i. reuerberatis et retusis a suo fulgore. Ω
mox ex templo ... coepit incoauit . ingressui palatio . propinquare adpropinquare ... fulgor splendor . anteuenit .i. pręcedit eum ... obstupefactis .i. reuerberatis . et obtusis a ipso solis fulgure ... luminabat lumine suo replebat β IG

6 *Zu* .i. *bis* stellis *siehe auch* Ω *zu* 13-17 (etiam *bis* occulitur).
hic [sol] reliqua sidera occultat et inlustrat Plin nat II iv 13

13-17 *Zu* Iôh *bis* skînen: Ast ubi .i. postquam intromisit primos radios honorati .i. augusti et uenerabilis capitis sui. Ipse etiam iuppiter. Emfaticos dicit ipse .i. exaggeratiue . hoc est non solum alia numina . sed etiam ipse iuppiter caligauit. Sole enim mundum intrante etiam pulcherrimum sidus iouis occulitur. Retrogressus .i. retrocessus et retroactus siue repercussus. Ω
inmensi inmensurabili . nitoris splendoris . numine sole . caligauit obscura-

tus est β IG

retrogressus .i. retrocedens N-T E-T IG

19 Zu .i. contrafulsere, 19-22 zu Sélben bis lunę: Spherę et orbes sicut supradictum est . quos iuppiter dextera tenebat . ipsas stellas solis et lunę significant . quę recognoscentes ipsa sua numina . apollinem uidelicet et lunam . refulserunt .i. contraluxerunt . speculo cognati .i. sibi cogniti uel affinis luminis quodammodo splendorem ipsorum . apollinis uidelicet et lunę in se recipientes. Ω

dextra .s. sua N-T E-T IG

J64   1 Zu .i. numinum siehe 63,12 sub inmensi nitoris numine, auch Ω zu 63, 13-17 (non solum alia numina) und 19-22 (ipsa sua numina).

2-4 Zu Áber bis ûf-kât: Iuno autem enituit candentibus serenis .i. conlucescente serenitate. Oriente enim sole . iuno quę est aer splendorem eius in se suscipit et serena luce resplendet. Ω

IUNO AUTEM id est aer suos diversos colores sole oriente declarat ac veluti diversis naturę suę ornamentis pulcherrimus efficitur. JS nach Lutz 44,32/33 diuersicoloris uaria . illustris resplendens . ornatibus ornamentis ... uaria multiplex . speculo cognato sole uidelicet ... candentibus splendentibus ... enituit .i. claruit β IG

cognati .s. luminis N-T E-T IG

5 Zur Überschrift: Et bene duodecim lapides terni per quatuor capitis partes distribuuntur . quia .xii. sunt menses anni per .iiii. eiusdem anni tempora terni supputati. Notandum uero sicut superius [ab 56,9] generaliter mundum descripsit . ita nunc per partes eundem mundum describere incipit . et quod dedit toto dat et partibus. Ω

Siehe auch NL zu 9-11.

6 Zu .i. preciosorum, 7/8 zu Apollinis bis iâres: Erat illi .i. apollini fulgens corona ducta .i. producta in circulum. Per coronam apollinis annus intellegitur. Duodecim uero lapides signa .xii. conformant per quę sol currens annum .xii. mensibus perficit.... Ignotorum lapidum .i. pretiosorum. Omne enim ignotum et rarum pretiosum est. Quidam codices habent ignitorum lapidum propter igneam signorum .xii. qualitatem. Ω

quae .s. corona ... ignitorum ignis similitudine pręcedentium . fulgorabat fulgorem emittebat β IG

Siehe auch die Zeichnung des Tierkreises gegenüber S.100.

9-11 Zu Trî bis leo: Per tres gemmas a fronte . tria signa ętatis temporis significantur. Nam frons anni totius est ęstas . flagrantior uidelicet et emi-

Codex Sangallensis 250, i.a. Aratus' „Phaenomena" nach Germanicus Caesar,
S.515: Der Tierkreis

Carsten Seltrecht, dipl.Fotograf, St.Gallen

Aries, von Sheila Anne King gezeichnet nach Codex Sangallensis 250, S.490

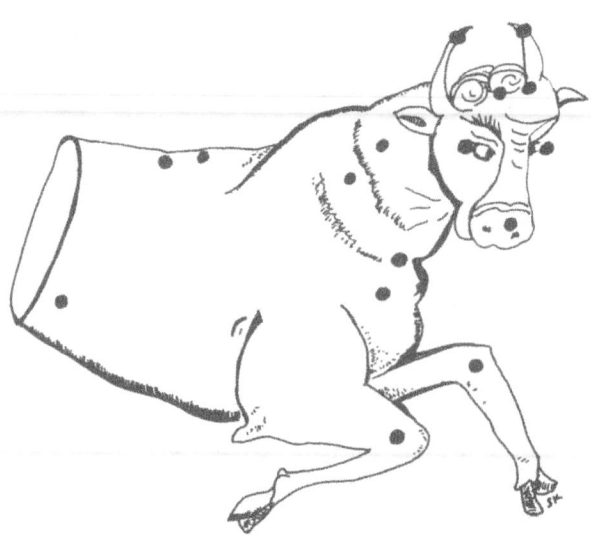

Taurus, von SAK gezeichnet nach Codex Sangallensis 250, S.485

nentior pars. Ω

FRONS IUNONIS aestivum tempus quę tribus lapidibus ornatur propter tria altissima signiferi signa Geminorum videlicet et Cancri et Leonis. JS *nach Lutz 45, 9-10*

a fronte ipsius solis β IG

11-14 *Zu* Übe *bis* âfteren: Contra guttur uero ad pedes anteriores vrsę maioris . in commissura zodiaci atque lactei . gemini sunt locati .... Juxta geminos qua zodiacus altissime erigitur . contra uentrem ursę maioris . cancer situs est . huius in dorso aselli albicante inter eos nebula . quam pręsępium appellant. At contra pedes eiusdem ursę posteriores . inter cancrum et uirginem . leo dicitur constitutus . bootem habens iuxta se. Anon astr

12 *Zu* in altitudinem cęli: DE UARIA ALTITUDINE CAELI. Non autem ita caelum hoc polo excelsiore se attollit . ut undique cernantur haec sidera. Beda nat 6

14-17 *Zu* Sélbiu *bis* míttelosten: Alter [polus] septentrionalis qui et borevs uocatur . qui numquam occidit . duos arcturos habens . quorum maiorem uocant helicem . minorem canis caudam.... Habet autem [helice] stellas in capite sex obscuras .... Item aquilonius est qui super humeros et distat ab aquilonio polo sortes decem et octo semis.... Fiunt omnino [canis caudę stellę] septem supra alias decem quę pręcedunt et maxime altera . quę uocatur polvs ad quem putatur totus mundus reuolui. GC ar

quorum alter [polus] a nobis semper uidetur . alter numquam. In eo qui a nobis cernitur . tria sunt signa constituta . duo uidelicet arcturi . et serpens circum atque inter illos . in morem fluminis means. Elice arcturus maior . cynosura minor appellatur . qui diuerse quidem aspiciuntur. Anon astr

Arctus minor hanc [agloasthenes] qui naxica conscripsit . ait cynosuram esse .... sed maiorem arctvm complures plaustri similem dixerunt . et amaxan greci appellauerunt . cuius hęc memoriae prodita est causa. Initio qui sidera peruiderunt . et numerum stellarum in unaquaque specie corporis constituerunt . quod non arctum . sed plaustrum nominauerunt ex septem stellis. Duę quę pares et maxime in uno loco uiderentur pro bubus haberentur . reliquę autem quinque figuram plaustri simularent.... Praeterea habet in capite stellas .vii. omnes obscuras .... sed in prioribus caudę [ursę minoris] stellis . una est infima . quę polus appellatur . et eratosthenes dicit per quem locum ipse mundus existimatur uersari. Hyg II III

15/16 *Zu* díe *bis* héizet: álso arcti tûont . tîe die líute héizent vuágen. Nb *nach* A210,9/10

16 *Zu* glóccun-lóche: *Nach der geläufigen Verbindung* plaustrum aratrumque

deutet Notker uuágen *in* ióh um.

17/18 Uuêlee *bis* dâr-âna: *Noch eine rhetorische Frage als Übergangssatz. Sie umschreibt* 9/10 Trî *bis* énde.

18-21 *Zu* Lichinis *bis* chóment: Lichinis est lapis purpureus quem fert india . lucernarum fulgore resplendens. Unde et nomen sumpsit. Nam lichnos grece lucerna uocatur.... Comparatur uero geminis propter purpureum colorem . quia dum sol in signo est geminorum iunio mense . purpurei de terra flores erumpunt. Ω

64,21-65,1 *Zu* Áber *bis* uuárbelôn: Astrites gemma est candida habens intra se quasi quandam stellam deambulantem. Unde et nomen accepit ab astro. Ω ASTRITES candida gemma est habens intra se quasi stellam deambulantem unde nomen accepit; ἄστρον enim stella, inde astrites stellaris. JS *nach Lutz* 45,16/17

J65 1 *Zu* Dér *bis* iulii: Qui lapis comparatur cancro propter stellarum eius altitudinem et claritatem. Ω

1 *Zu* iulii *siehe* Ω *zu* 9-11 (quando est in iulio mense sol).
DE SIGNIS .XII. MENSIUM. Singuli autem menses sua signa in quibus solem recipiant habent. Aprilis . arietis. Maius . tauri. Iunius . geminorum. Iulius . cancri. Augustus . leonis. September . uirginis. October . librę. Nouember . scorpionis. December . sagittarii. Ianuarius . capricorni. Februarius . aquarii. Martius . piscium. Beda rat 16

1-3 *Zu* uuánda *bis* héizent: habet [cancer] stellas in testa splendidas duas. GC ar

In eius deformationis parte . sunt quidam qui asini appellantur . a libero in testa cancri . duabus stellis omnino figurati.... Itaque cum [liber] uenisset ad templum iouis dedonei statim dicitur furore liberatus asellis gratiam retulisse . et inter astra collocasse.... Etiam alia historia de asellis ut ait eratosthenes.... Hic autem [cancer] habet in ipsa testa stellas duas . quę asini uocantur . de quibus ante diximus. Hyg II III
Sunt in signo cancri duae stellae parvae aselli appellatae, exiguum inter illas spatium obtinente nubecula quam praesepia appellant. Plin nat XVIII xxx 353
Siehe auch Anon astr zu 64,11-14 (huius *bis* nebula).

3-5 *Zu* Ceraunos *bis* blíg-fíur: Ceraunos lapis est fuluius . inuenitur ubi crebra fulmina cadunt. Et ceraunos uocatur a fulmine . nam fulmen grece ceraunium dicitur. Fertur opitulari contra fulmina. Hic lapis comparatur leoni propter fulminum similitudinem. Sicut enim fulmina omnia exurunt . ita ardor solis quando est in leone mense augusto consumit et exurit omnia. Ω

7/8 *Zu* Tíe *bis* ne-bechnâton: Quę .s. gemmę uibrantes .i. coruscantes occulebant .i. celabant reuerendam effigiem eius a cognitione conspicientium suis

fulgoribus. Ω
conspicientium intuentium β IG

9-11 Zu Únde bis geminorum: Quarum .s. gemmarum alia .i. astrites cancri cerebro propter eminentiam stellarum eius et claritatem [. quando est in iulio mense sol nur E¹]. Altera .i. ceraunos dicebatur assumpta ab oculis leonis propter feritatem ardoris. Maxime enim feritas in oculis deprehenditur leonum. Geminorum fronte dicebatur assumpta tertia propter pulchritudinem et formositatem ipsius .i. iunii. Pulchritudo enim in fronte hominum notatur. Ω tertia .i. lichnis N-T E-T IG

11/12 Dáz bis íst: Zusammenfassung von 64,18-65,5. Siehe auch Ω zu 9-11.

12 Zur Überschrift siehe Ω zu 67,8-12 (Uernali ... tempore).

13/14 Zu Án-dere bis coronę: Alię sex ex utroque latere capitis .i. ab utroque tempore eius rutilabant. Ω

14 Zu coronę siehe 64,6 corona.

14-17 Zu Déro bis alegrûoni: Smaragdus gemma est uiridissima ultra omnes herbas et frondes . inde nomen assumens quia amara sit. Omne enim uiride amarum dicitur. Optima est indica. Quę gemma datur tauro quoniam in maio mense clarius surgunt flores de terra. Ω

65,17-66,1 Zu Taurus bis hîades: Tauri quoque frons quę subvculę nominantur .... habet [taurus] stellas . in singulis cornibus singulas . in fronte duas . in unoquoque oculo vnam . in nare vnam. Hę septem subuculę siue pliades nominantur. GC ar

Exspectat autem ad exortum solem . cuius [tauri] oris effigiem quę continent stellę hyades appellantur.... Quarum [.xv. filiarum] .v. hyadas appellatas demonstrant . quod earum hyas fuerit frater a sororibus plurimum dilectus.... Pliades autem quod ex pleione oceani et atlante sint natae . hae numero .vii. dicuntur. Sed nemo amplius quam sex potest uidere .... Sed has pliadas antiqui astrologi seorsum a tauro deformauerunt.... Inter huius [aurigę] finitionem corporis et arietis caudam stellę sunt .vii. quas nostri uergilias . greci autem pliadas appellauerunt.... Habet autem [taurus] in cornibus singulas stellas . sed in sinistro clariorem . vtrisque oculis singulas . in fronte media unam . ex quibus locis cornua nascuntur singulas . quę .vii. stellę hyades appellantur . etsi nonnulli quas duas diximus nouissimas stellas negauerunt esse . vt omnino hyades essent .v. Hyg II III

qualiter in suculis sentimus accidere, quas Graeci ob id pluvio nomine hyadas appellant.... exempli gratia in cauda tauri septem [stellas] quas appellavere Vergilias, in fronte suculas. Plin nat II xxxix 106, xlii 110

Hyades dictae .APO TOY HYEIN. id est a suco et pluuiis. Nam pluuiae grece .HYETOS. dicitur . ortu quippe suo efficiunt pluuias. Unde et eas latini suculas appellauerunt . quia quando nascuntur pluuiarum signa monstrantur. Is et III lxxi 12

J66   1-3 Zu Ânderer bis ariete: Scithis lapis est uiridis a scithia dictus in qua nascitur. Datur arieti propter herbas quę eo mense quando sol in ariete est [in aprili mense nur E¹] uirere incipiunt. Ω
SCITIS est gemma smaragdini generis a Scithia dicta, in qua nascitur, quę datur Arieti propter inchoationem viriditatis in Aprili. JS nach Lutz 45,27/28

3 Zu aprili siehe auch Beda zu 65,1 iulii.

3/4 Zu Ân bis gechrûmpte: Habet autem [aries] in capite stellam unam . in cornibus tres . in interscapilio .iiii. Hyg III
Siehe auch die Zeichnung gegenüber S.101.

4-6 Zu Die bis sînt siehe Hyg zu 65,17-66,1 (Pliades bis pliadas appellauerunt).

6-8 Zu unde bis îst: Super caput quippe arietis non longe ab andromeda adiacet signum quod greci ob similitudinem deltę litterę . deltoton . latini ob proprietatem formę . triangulum uocant.... habet autem stellas tres . in singulis uidelicet angulis singulas . vnam ceteris splendidiorem. GC ar
Deltoton autem ut in triangulum deformatur ęquis lateribus duobus uno breuiore sed prope aequali reliquis ... supra caput arietis non longe ab andromedę dextro crure . et persei manu sinistra collocatum.... Habet autem stellam in unoquoque angulo unam. Hyg III

8-11 Zu Âber bis lânchon: Nonnulli aiunt . cum [europa] in bouem sit conuersa . vt iuppiter ei satis facere uideretur . inter sidera constituisse . quod eius prior pars appareat ut tauri . sed reliquum corpus obscurius uideatur.... Taurus ad exortum signorum dimidia parte collocatus vt incipere genu ac defigere ad terram uideatur . caput eodem habens adtentum. Hyg II III
Siehe auch die Zeichnung gegenüber S.101.

11/12 Zu Mît bis îst: Porro sub ariete et piscibus super fluuium cetus in cęli regione conlocatus est. GC ar
Aries in commissura zodiaci atque aequinoctialis circuli sub triangulo positus est . habens sub se cetum ad australem partem. Anon astr
Quorum [.xii. signorum] est princeps . aries in aequinoctiali circulo consistens . caput ad exortum habens conuersum. Occidens a primis pedibus et exoriens capite infra triangulum quod supra diximus tenens collocatum . pedibus prope contingens caput pistricis. Hyg III

12-15 Zu Ter bis piscibus: Iaspis et ipse est lapis uiridis sed obtunsę et non adeo perspicuę uiriditatis . cuius multa sunt genera . inter quę est etiam fuluum quo dicuntur dęmonia et omnia fugari fantasmata. Dictus iaspis ab aspide serpente . in cuius cerebro fertur nasci. Adęquatur hic lapis piscibus propter uirorem uernalis temporis [.i. in marcio nur E¹]. Ω
IASPIS gemma est multicolor vocata a serpente in cuius fronte nascitur. Qui lapis tribuitur Piscibus propter asperitatem Marci mensis. JS nach Lutz 45,25/26 tercia datur piscibus . marcio N-T E-T IG

14 Zu martio siehe auch Beda zu 65,1 iulii.

66,15-67,6 Zu Tér bis betânen: Piscium denique vnus aquilonius est . alter australis et ex aduerso caudis utrimque positis quodam sibi uinculo .... quod uinculum usque ad arietem pertingit . andromedę autem humerus sinister . piscis est signum. GC ar
At proximum huius signi [arietis] . pisces duo . quorum alter in aquilonem erectus . alter in austrum pronus . caudis tamen uinculo quodam connexis colligati sunt. Aquilonius ad andromedam extenditur . austrinus ad aquarium. Anon astr
Pisces . horum alter notius . alter boręus appellatur . ideo quod unus eorum . qui boręus dicitur . inter aequinoctialem et aestiuum circulum . sub andromedę brachio collocatus . et arcticum polum exspectans constituitur. Alter autem in zodiaco circulo extremo . sub scapulis equi . non longe ab ęquinoctiali circulo collocatus . exspectans ad occasum. Hi pisces quibusdam stellis ut lineola ab arietis pede primo coniunguntur.... Horum coniunctionem quę a pede arietis primo notatur ... cicero nodum cęlestem dicit.... in ipsa coniunctione circulorum . nodus piscium significatur.... Equus arcticum circulum exspectans . pedibus ęstiuo orbe niti . extremo ore caput delphini tangere uidetur. Aquari manum dextram ceruice sua coniungens . et utrisque piscibus clausus. Hyg III

J67 66,22-67,2 Zu âlso² bis stât: Uidetur autem quemadmodum in planis figuris triangulus numerus primus est . sic in solidis qui uocatur pyramis profunditatis esse principium.... Posito enim triangulo atque disposito si per tres angulos singulę lineę rectę stantes ponantur . hęque tres inclinentur . ut ad unum medium punctum uertices iungant . fit pyramis.

Boeth arith II xxi

7 .s. resplendebant und -que, 7/8 .i. fôntibus von Notker des Verständnisses wegen ergänzt.

8-12 Zu Únder bis lénzen: Inter quarum .s. trium gemmarum uirorem resplen-

debat quędam suauitas interioris coruscatus fonti . per lumina foeta . hoc est
ex mare. Ignes enim siderum aqua maris nutriuntur . siue foeta in mari. Uernali enim tempore solis radiis foetatur mare et diuersa genera producit animantium . unde ipsa lumina dicit foeta in mari per quę ipsum mare foetatur. Ω

12 *Zur Überschrift siehe* 18 autumnus.

13/14 *Zu* Témo *bis* eliotropios: Iacinto dendrites etiam et eliotropios utrimque compacti .s. erant. Ω
utrimque simul N-T E-T IG
conpacti .i. coniuncti β IG

16/17 *Zu* Tíe *bis* zîto *keine einzige Glosse.*

17 *Zu* .i. apollini *und* .s. sui: et hoc est quod ait quamvis APOLLINEI AXIS.
... veluti [Cyllenius] in obsequium sui fratris [Apollinis] revertitur JS *nach*
Lutz 29,17,23 zu 36,11-17 oben
Richtiger wäre allerdings eius *für* 17 sui.

18-20 *Zu* Tíe *bis* lénzen: munere in dono β IG

20 *Zu* tia *bis* máchont *siehe* Ω *zu* 94,3/4 (temperies duorum temporum ueris et
autumni).

21 *Zu* únde *bis* náhtô: Sol autem ipse quattuor differentias habet, bis aequa-
ta nocte diei, vere et autumno, in centrum incidens terrae octavis in partibus
arietis ac librae. Plin nat II xvii 81
Aequinoctium appellatum . quod tunc dies et nox horarum spatio aequali consistunt.... Item duo sunt aequinoctia unum uernale . et aliud autumnale . quae
greci .ICHMEPIAC. uocant. Is et V xxxiv 1,3

J68 67,21-68,4 *Zu* Eliotropios *bis* gegében: *Entgegen der ursprünglichen Reihenfolge* hyacinthus, dendrites, heliotropios *bei MC und RA befolgt Notker die
bei JS (nach Lutz 46,1-16)* - eliotropios, dendrites, iacintus.
Eliotropios lapis est uiridis . sanguineas habens uenas. Missus in argenteam
peluem aqua plenam . radios solis in sanguineum obscurumque uertit colorem....
Est enim lapis splendidus cum ortu solis et occasu colorem mutans. Daturque
uirgini propter claritatem solis in eo signo currentis. Ω *und JS nach Lutz*
46,1-7

3 *Zu* súnna-uuéndiger: Miretur hoc qui non observet cotidiano experimento
herbam unam, quae vocatur heliotropium, abeuntem solem intueri semper omnibus-
que horis cum eo verti vel nubilo obumbrante. Plin nat II xli 109
Eliotropia nomen accepit . primo quod ęstiuo solstitio floreat . et solis motibus folia circumacta conuertat. Is et XVII ix 37

3 *Zu* septembrio *siehe* Beda *zu* 65,1 iulii.

4 uuánda *bis* róti *ohne Anhaltspunkt in den Quellen.*

4-6 *Zu* Álso *bis* íst *siehe* 64,11-14 Úbe *bis* áfteren.

6 *Zu* fílo óffenero stérnon: Habet autem [leo] stellas in capite tres . in uertice duas . in pectore unam . sub pectore duas . in dorso tres . in caudę summitate splendidam unam . in anteriore pede splendidam unam. Sunt omnes .xviiii. GC ar

Hic [leo] habet in capite stellas .iii. in ceruicibus duas . in pectore unam . in interscapilio .iii. in media cauda unam . in extrema alteram . sub pectore duas . in pede priore unam claram . in uentre claram unam . et infra alteram magnam . in lumbis unam . in pede posteriore unam claram. Omnino .xviiii. Hyg III

6-8 *Zu* sô *bis* uirgine: Ydra in qua crater et coruus est signum in parte australi . caput uidelicet deflexum habens ad cancrum . cuius sinuosi corporis medietas est connexa sub leonem. Caudam uero extendit ad centaurum. GC ar

Ydra quoque iacet in circulo aequinoctiali nimia longitudine protensa . capite cancro . medietate leoni . cauda uirgini subiecta . coruum atque urnam in dorso gestans. Anon astr

Hydra trium signorum longitudinem occupans . cancri . leonis . uirginis . inter aequinoctialem et hiemalem circulum collocatur.... Habet autem in capite stellas .iii. in prima a capite curuatura .vi. sed earum nouissimam claram . in secunda curuatura .iii. in tertia .iiii. in quarta .ii. in quinta vsque ad caudam .viiii. Omnes obscuras . numero .xxvii. Hyg III

8-10 *Zu* Tía *bis* quadratum: Habet autem [uirgo] stellas in capite quidem obscuram unam . in unaquaque ala duas . in singulis humeris singulas . in unoquoque cubito vnam . in singulis manibus singulas . in penula uestimenti .vi. in unoquoque pede unam. Sunt omnes .xviiii. GC ar

Huius [uirginis] in capite est stella obscura una . vtrisque in humeris singulę . in utrisque pennis binę . quarum una stella . quę est in dextra penna ad humerum defixa protrygeter uocatur. Pręterea habet in utrisque manibus singulas stellas . quarum una quę est in dextra manu maior et clarior ea quam conspicis esse dicitur. In ueste autem habet passim dispositas stellas .vii. in utrisque pedibus singulas. Ita est omnino stellarum .xviiii. Hyg III

Siehe auch die Zeichnung gegenüber S.109.

10/11 *Zu* Târ *bis* signiferi: Incipit signifer non ab extremo circulo nec ad extremum pertenditur.... Ad aspectum autem bootis uirgo constituta est quę inter leonem et libram in zodiaco locvm tenet. GC ar

Uirgo infra pedes booti collocata . capite posteriorem partem leonis . dextra

manu circulum aequinoctialem tangit . ac inferiorem corporis partem . supra
coruum et hydrę caudam habere perspicitur . occidens capite priusquam ceteris
membris. Hyg III
*Dieser Satz beruht aber in erster Linie auf Notkers Vertrautheit mit dem St.
Galler Himmelsglobus, von dem in Nb nach A97,15-19 die Rede ist.*

12-18 *Zu Dentrites bis* bóumen: Dendrites lapis est arboreus .i. sucinum .
nam dendros grece dicitur arbor [. rabdos uirga *nur* Ω]. Quę gemma librę datur
quia sole partes librę tenente maxime arbores sudant. Ω *und JS nach Lutz 46,
8-10*
dendrites librę aut autumno N-T E-T IG
Nascitur autem [sucinum] defluente medulla pinei generis arboribus, ut cummis
in cerasis, resina in pinis erumpit umoris abundantia. Densatur rigore vel tepore aut mari, cum ipsa intumescens aestus rapuit ex insulis.... Arboris sucum
esse etiam prisci nostri credidere, ob id sucinum appellantes.... Genera eius
plura sunt. Ex iis candida odoris praestantissimi, sed nec his nec cerinis pre-
tium. Plin nat XXXVII xi 42/43, xii 47
Sucinus quem greci electron appellant . fului ceratique coloris . fertur arboris esse sucus . et ob id sucinum appellari.... Nascitur autem in insulis oceani septentrionalis . sicut gummi. Densaturque ut cristallus rigore uel tepore.
Is et XVI viii 6/7

16 *Zu* octobrio *siehe Beda zu 65,1 iulii.*

17 dánne¹ *bis* lóub *wohl aus Notkers Naturbeobachtung ergänzt.*

18-21 *Zu Iacinctus bis* íst: Iacintus lapis est ceruleus mirabilis uarięque
naturę quem profunditatis uocabulo uult intellegi. Aliquando nebulosus . aliquando purus et fluctus . et est lucis purpureę quamuis cum aere moueatur uel
mutetur.... Et uult per iacintum profunditatem et uarietatem aeris et aquę intellegi. Qui lapis tribuitur scorpioni propter nebulosum colorem. Ω *und JS
nach Lutz 46,11-16*
Siehe auch Ω *zu 58,5-9:* Uocatur autem ex nomine floris qui iacintus dicitur.

20 *Zu* nouembrio *siehe Beda zu 65,1 iulii.*

21 únde túncheli *von Notker ergänzt.*

21 *Zu Uuárte bis* férte: Luna quoque per totam latitudinem eius [signiferi]
vagatur, sed omnino non excedens eum. Plin nat II xiii 66 *und* Beda nat 17
Si ergo uis scire in quo signo luna uersetur. Sume lunam quam uolueris compu-
tare utpote duodecimam. Beda nat 22

68,21-69,1 *Zu* sô *bis* libra *siehe GC zu 68,10/11.*

J69 1/2 *Zu* libra *bis* héizent: Et contra summitatem caudę scorpionis ad au-

Aquarius, von Sheila Anne King gezeichnet nach Codex Sangallensis 250, S.496

Capricornus, von SAK gezeichnet nach Codex Sangallensis 250, S.497

Virgo, von Alan Tracy McLaughlin gezeichnet nach Codex Sangallensis 250, S.481

Serpentarius auf Scorpio, von ATMcL gezeichnet nach Codex Sangallensis 250, S.479

strum posita . brachia uero scorpionis locum obtinent quem libram dicunt. Anon
astr

Scorpius hic propter magnitudinem membrorum in duo signa diuiditur quorum [unius] effigiem nostri libram dixerunt.... Scorpius . huius prior pars . quę chelę
dicitur . ita premitur ab aequinoctiali circulo ut eum sustinere uideatur. Hyg
II III

2-5 Zu Sélber bis stât, 6/7 zu Fóne bis sínt: Habet autem [scorpius] stellas
in utroque labio duas quarum priores sunt magnę sequentes minores . in fronte
tres e quibus media splendidior est . in dorso tres claras . in uentre duas .
in cauda quinque . in aculeo duas. Sunt omnes .xviiii.... Ceterum serpentarius
qui super scorpionem constitutus est tenens utraque manu serpentem .... Habet
autem [serpentarius] stellas in capite splendidam unam . in sinistra manu .iii.
in dextera .iii. in unoquoque humero splendidam unam . in lumbis duas . in
utroque genu singulas . in dextera tibia unam . in singulis pedibus singulas.
Sunt omnes decem et septem. Cum his uero qui in serpente sunt .xxiii. GC ar
Sub ipso autem serpentario . scorpionem dicunt esse locatum . ita ut pedibus
serpentarii tangatur. Anon astr
Ipse [scorpius] autem pedibus ophiuchi de quo supra diximus subditus extrema
cauda circulum hiemalem contingere uidetur.... Hic habet stellas in his quę
chelę dicuntur . in unaquaque earum binas . e quibus primę sunt clariores .
pręterea habet in fronte stellas .iii. quarum media est clarissima . in interscapilio .iii. in uentre duas . in cauda .v. in acumine ipso quo percutere existimatur duas. Ita est omnino stellarum .xviiii.... Serpentarius pede sinistro
premens oculos . dextro autem testudini scorpionis innixus.... Hic habet in
capite stellam unam . in utroque humero singulas . in sinistra manu .iii. in
dextra .iiii. in lumbis duas . in utroque genu singulas . in dextro crure
unam . in utroque pede singulas . sed clariorem in dextro. Jtaque est omnino
stellarum .xvii. Hyg III

Siehe auch die Zeichnung gegenüber S.109.

5/6 Zu tûrh bis planetarum: Sicque adimpletur zodiaci ambitus.... per cuius
circuli obliquitatem septem errantes stellę feruntur .i. saturnus . iouis .
mars . sol . uenus . mercurius . luna. GC ar
Luna enim cum diebus .xxx. xii. signa percurrat . licet intellegere duos dies
et .vi. horas lunam in aliquo signo esse. Hyg IV
Zodiacus uel signifer est circulus obliquus .xii. signis constans . per quem
errantes stellae feruntur. Beda nat 17
Siehe auch Plinius und Beda zu 68,21.

7 *Zur Überschrift:* Hos enim .s. tres lapides genuerat undosa hiemps. Hic aperte tempus hiemis designat. Undosa .i. pruinosa et aquosa. Ω
Notker ließ den zugrunde liegenden Satz am Ende des Abschnitts aus.

9 *Zu* Tâz *bis* coronę: Posterior autem pars .s. aquarius in hieme N-T E-T IG coronae ipsius solis β IG

10-12 *Zu* ydathide *bis* springen: Ydatides ipse est enidros .i. gemma ab aqua uocata. Exundat enim aquam ita ut clausam in eo fontaneam putes scaturriginem. Ω *und JS nach Lutz 46,17/18*

12-14 *Zu* Únde *bis* blûote: Adamans lapis est in magnitudine nucleo auellanę [nucis *nur* β] similis . tantę fortitudinis ut nulla ui excepto hircino sanguine domari possit. Ω
ADAMAS est Indicus lapis nuclei Avellani magnitudine, nulla vi domatur nisi sanguine hircino. JS *nach Lutz 46,22/23*

14 *Zu* geuuílchten: siquidem illa invicta vis [adamas], duarum violentissimarum naturae rerum ferri igniumque contemptrix, hircino rumpitur sanguine, neque aliter quam recenti calidoque macerata et sic quoque multis ictibus, tunc etiam praeterquam eximias incudes malleosque ferreos frangens. Plin nat XXXVII xv 59
Sed dum sit [adamans] inuictus . contemptor ferri ignisque . ircino rumpitur sanguine . recenti et calido maceratus . sicque multis ictibus ferri perfrangitur. Is et XVI xiii 2

14-16 *Zu* Únde *bis* uuérde: Cristallus lapis est ex aqua perduratus. Unde et ex glacie nomen sumpsit . nam cristallon grece glacies dicitur. Ω
CRISTALLUS lapis glatie efficitur, indeque nominatur; Greci namque glacies κρύσταλλος dicunt. JS *nach Lutz 46,25/26*

16/17 *Zu* Ydathides *bis* rêgenôt: Daturque [ydatides] aquario propter nimias pluuias quę illo mense utpote hiemali inundare solent. Ω
Qui lapis datur Aquario propter copiam pluviarum in Februario. JS *nach Lutz 46,20/21*

17 *Zu* februario *siehe auch* Beda zu 65,1 Iulii.

18-21 *Zu* Aquarius *bis* hábet: Inter pisces et equum . caudamque capricorni . aquarius collocatus . aquam urna fundens . aquae effusio ad magnum piscem usque decurrit. Anon astr
Aquarius pedes habet in hiemali circulo defixos . manum sinistram usque ad capricorni porrigens tergus .... Hic habet in capite stellas duas obscuras . in utrisque humeris singulas magnas . in sinistro cubito unam grandem . in manu priori unam . in utrisque mammis singulas obscuras . infra mammas singulas .

in lumbo interiore unam . in utrisque genibus singulas . in dextro crure vnam
. in utrisque pedibus singulas. Omnino .xxii. Effusio aquę cum aquario ipso
stellarum .xxx. est. Sed in his omnibus prima et nouissima clara. Hyg III
Siehe auch die Zeichnung gegenüber S.108.

21 *Zu* urzeum: Capricorne oriente . oritur perseus. Uerum tamen antecanis .
nauis tota . hydrocholis usque ad urceum . centauri retrorsi pedes. GC ar

J70   69,21-70,3 *Zu* Áber *bis* ûf-kebógene: Parte autem humillima zodiaci iuxta
sagittarium atque aquilam . capricornus in commissura hiemalis circuli . ac
signiferi situs est . habens post se sagittarium . in commissura circulorum
zodiaci atque lactei . sub delfino constitutus est. Anon astr
Capricornus ad occasum exspectans . et totvs in zodiaco circulo deformatus.
Cauda toto corpore medius diuiditur ab hiemali circulo . subpositus aquarii
manu sinistrae.... Sed habet in naso stellam unam . infra ceruicem unam . in
pectore duas . in priore pede vnam . in priore eodem alteram . in interscapilio .vii. in uentre .v. in cauda duas. Omnino est stellarum .xvi. Hyg III
DECUSARET ornaret, in Geminis videlicet et Capricorno ubi [circulus lacteus]
eum [signiferum] tangit. Anon *nach Lutz 12,14/15 zu 164,16-19 unten*
Siehe auch die Zeichnung gegenüber S.108.

4/5 *Zu* Témo *bis* îst[1]: Attribuitur [adamans] capricorno propter duritiam et
austeritatem hiemalis rigoris. Ω
Qui lapis datur Capricorno propter indomitam duritiam Ianuarii mensis. JS *nach*
Lutz 46,23/24

4 *Zu* ianuario *siehe auch Beda zu 65,1* iulii.

5-7 *Zu* Cristallus *bis* gestât: Assimilatur [cristallus] sagittario quia eo
mense quo sol in sagittario est aqua in glaciem exasperari incipit. Ω
Qui lapis datur Sagittario quia tunc aquę gelascere incipiunt. JS *nach Lutz*
46,26/27

6 *Zu* decembrio *siehe Beda zu 65,1* iulii.

7-11 *Zu* Sagitarius *bis* sîn: Sagittarius autem spectans ad occasum centauri
corpore figuratur . uelut mittere incipiens sagittam ... cuius arcus lacteo
circulo medius diuiditur .... Habet autem in capite stellas duas . in arcu
duas . in sagitta unam . in dextro cvbito unam . in manu priori unam . in uentre unam . in interscapilio duas . in cauda unam . in priore genu unam . in
pede unam . in inferiore genu unam . in poplite unam. Omnino .xvi. Hyg III
Siehe auch die Zeichnung gegenüber S.132.

11 *Zur Überschrift:* Hactenus habitum Iunonis adueniente Apolline, hoc est
qualitates aeris sole signiferum lustrante, descripsit, deinde ipsius solis

in aulam cęlitem introitum subiungit. JS nach Lutz 46,28-30
DE INGRESSU PHILOSOPHIAE . ET EIUS HABITU. Nb nach A7,19

13-16 Zu Tû bis tenuissima: Ipsius diui .i. apollinis cęsariem. Cęsaries uirorum est proprie a cędendo dicta .... Crederes ipsam cęsariem auro tinctam .i. coloratam et superductam siue inauratam. Et comas bratteatas .i. bratteolis auri adopertas. Brattea autem est tenuissima auri lamina. Hoc autem dicit propter aureum colorem quem sol mane uidetur imitari. Ω

crederes .s. si ibi esses N-T IG

Brateatas brateis ornatas β IG

16 ut von Notker der Deutlichkeit halber ergänzt.

18 Zu .i. sudantis, 70,18-71,1 zu Án bis álten: Mox ingressus est facie .i. aspectu renidentis pueri .i. pulcherrimi et resplendentis. Sic enim mane quasi puer cernitur . unde et grece phębus uocatur .i. nouus. In incessu medio .i. in medio itinere anheli iuuenis .s. facie apparebat. Anheli .i. fatigabundi et laborantis. Media enim die tamquam iuuenis acerrimus in suo cursu sol cernitur . in fine apparebat facie occidui senis .i. deficientis . nam sero quasi senescit et deficit sol cum ad occasum properat. Ω

FACIES AUTEM et reliqua triplicem solis colorem suggerit. Nam dum primum ultra orizontem oritur pręclarum instar pueri renitentis vultum manifestat, donec ad tertiam ascendat horam; a tertia usque ad nonam iuuenilem formam demonstrat; a nona usque ad occasum, senilem ac veluti fatigatus pre nimiae celeritatis fatigatione habitum ostendit. JS nach Lutz 47,1-6

ingressus ipse apollo N-T E-T IG

18 Notkers Gedankengang: anheli .i. fatigabundi et laborantis . ergo etiam sudantis.

21/22 álso bis dág weicht von der Formulierung in Ω und bei JS ab.

J71 1-3 Zu Tóh bis táges: Licet crederetur a nonnullis conuertere .xii. formas. Quamuis enim sol tres habeat notissimas mutationes . singulis tamen horis singulas .i. duodecim habere creditur conuersiones. Ω

nonnullis litotes est figura .i. a multis ... conuertere mutare β IG

3/4 Zu Ér bis héizi: Totum corpus eius erat flammeum. Sphera enim solis ignea est. Unde et eas partes mundi ad quas accedit suo calore exurit. Ω

flammeum flammicoloris β IG

4/5 Zu Sîne bis snélli: Pennata uestigia . ob signum uelocitatis quia semper in motu est. Ω

pennata .s. erant N-T E-T IG

uestigia eius β N-T E-T IG

5 Zu .1. rebeum, 6 zu Sĩn bis gőld-rôt: Pallium coccineum .1. rubeum qui
color est igni conuenientissimus. Sed auro plurimo rutilatum . quia sol et ardet et splendet. Ω
PALLIUM COCCINEUM aether est qui cocco assimilatur propter rubeum ignis colorem solarique corpori undique in modum indumenti circumfunditur. JS *nach Lutz* 47,16-18

6 Zu geuuőrmôt: Omnes tamen has eius dotes ilex solo provocat cocco. Granum hic primoque ceu scabies fruticis, parvae aquifoliae ilicis: scolecium vocant.... Usum eius grani et rationem in conchyli mentione tradidimus. Plin nat XVI xii 32
Tinctura uocata . quia tingitur et in aliam fucata speciem nitoris gratia coloratur. Coccon greci . nos rubrum seu uermiculum dicimus . est enim uermiculus ex siluestribus frondibus. Is et XIX xxviii 1

7-9 Zu Ấn bis ĩst: Prẹferebat ipse apollo in sinistra manu coruscantem clypeum .1. solarem spheram. Hic apollinem quasi numen introducit . stellam suam in sinistra manu preferentem. Quẹ clypeo comparatur ob magnitudinem. Clypeum enim est maius scutum. Ω

9-11 Zu Ấn bis fácchelo: Dextra sua ardentem facem prẹferebat. Fingunt enim poetẹ face apollinis mundum illuminari. Ω

11-14 Zu Sĩne bis uuĩrt: Calcei eius similes .1. ẹquales .s. erant ex pyropo .s. facti. Pyropos metallica species est ex tribus denariis auri et sex ẹris. Pyr grece ignis . opo uideo . hinc pyropus quia similitudinem et uisionem quendam prẹtendit ignis. Ω
Est autem pyropus metallum splendidum auro vel argento auricalcoque temperatum de VI aureis denariis et VI unciis argenteis. Ὁράω enim video dicitur, πῦρ ignis. JS *nach Lutz* 47,29-31

14 Zur *Überschrift siehe* 15.

16-19 Zu Pĩ bis lampade: Iuxta quem luna leni et tenero uultu. Leni .1. mansueto. Nullam enim aspicientibus molestiam generat. Et tenero quia calor eius nihil exurit. Resumebat fulgorem ex fraterna lampade. Fraterna .1. solari. Manifeste indicat quia luna non habet lumen sed a sole illuminatur. Ω
fulgorem .1. splendorem β N-T E-T IG
resumebat .1. accipiebat N-T E-T IG

16 Zu suéster *siehe* 63,2/3 sorore ... suéster.

19/20 Zu uuánda bis hábeti: Prẹterea si [luna] suo lumine uteretur . huius numquam eclipsin fieri oportebat. Hyg IV
ECLIPSIS LUNAE EST QUOTIENS in umbram terrae luna incurrit . non enim suum lu-

men habere . sed a sole inluminari putatur. Is et III lix 1
Cur palleant cornua plenę lunę . infecta .i. caligata . metis noctis opacę .i.
nocturnis itineribus . et cur confusa .i. obscurata phoebe detegat astra .s.
deficiendo . quę texerat fulgenti ore. Mág ín óuh uuv́nder sîn zíu fóllêr mâno
. dánne eclypsis lunę in mítta nâht uuírt . álles káhes petúncheltêr . die
mínneren stérnen skínen lâze . die ér fóre dáhta . únz er gláto skínen mûosa.
Táz íst óffen . dáz ter mâno fóne ímo sélbemo lïeht nehábet . únde ín diu
súnna ána-skínendo líehten getûot . únde er ío in férte íst fóne dero súnnûn
. álde zûo dero súnnûn. Fóne díu geskíhet . tánne er in plenilunio sô gegât .
táz er dero súnnûn réhto inchít . ánderhálb tes hímeles . únde díu érda únder
ín zuískên íst . táz ímo an déro stéte gebrístet sínes líehtes . únz ér áber
fúrder gerúcchet . târ ín diu súnna ána-skínen mág. Tér brésto héizet eclypsis lunę. Nb *nach A210,16-27*
20 *Zur Überschrift siehe* Ω *zu 71,22-72,2.*
J72   71,22-72,2 *Zu* Nâh *bis* plêicher: Post hos .i. post predictos deos. Admissi .i. recepti sunt fratres iouis . pluto et neptunus. Quorum alter .i.
neptunus uiridior erat .i. glaucus et multum uiridis maritima inundatione.
Maris enim color uiridis est . quamuis ex aeris qualitate mutetur. Alter .i.
pluto pallescens lucifuga .i. obscura inumbratione utpote inferni et tenebra-
rum deus. Ω

1 *Zu* pláuuer *siehe auch* 26,10 liuidum.

2 *Zu* nâhtlichemo *siehe* 6 noctis.

3 *Zu* .i. qualitate, 3/4 *zu* íro *bis* sólta: Gestabat uterque sertum in capite.
Sertum .i. coronam siue diadema . pro conditione .i. pro qualitate imperii. Ω
gestabat .i. ferebat β IG

4 *Zu* álso chúning sólta *siehe auch* Is *zu* 56,4 hoc est ornamentis regalis imperii.

5/6 *Zu* .i. ebeninum, 6-9 *zu* Éiner *bis* nâhttimberi: Nam unus .i. neptunus
.s. gestabat sertum candidum instar albidi salis propter colorem maris . sui
uidelicet elementi. Et concolorum .i. consimile ipsum sertum. Canitiem .i.
propter uel per canitiem . hoc est albedinem spumarum. Alter .i. pluto hebe-
num .i. hebeninum sertum gestabat. Hebenus arbor est indica quę cęsa in lapidem uertitur. Est autem nigri coloris. Hebenus autem tam de arbore dicitur
ante incisionem quam de lapide postquam incisa fuerit. Ac .s. erat furuescens
.i. nigrescens uel tenebrescens obscuritate tartarę noctis.
tartarę infernalis ... Et bene autem furuescens dicitur pluto qui nimis durus
. nulla misericordia flectitur. β IG RG

12-18 *Zu* Tér *bis* guán: Qui .s. pluto multo ditior erat fratre .i. neptuno.

Ditior .i. locupletior et opulentior . quia infernus omnia recipit . unde et
grece plutos . latine dis siue diues interpretatur. Et semper opulentus conquisitionibus eorum .i. earum rerum quę gignuntur ex terra. Conquisitionibus
.i. lucris uel mercibus. Alius .i. neptunus renudatus .i. spoliatus et pauper
propter molem et elationem corporis. Moles ad magnitudinem maris refertur .
elatio uero ad tumorem et inundantiam fluctuum. Nihil enim mare retinet . sed
quicquid acceperit ęstu et elatione sua reicit. Unde sequitur despuens diuitias oppressione quęsitas. Despuens .i. abiciens et contempnens quęsitas oppressione .i. rapina et iniustitia. Semper enim diuitię aliorum oppressione
aliis proueniunt. Quidam oppressione .i. labore accipiunt . sicut iohannes
scottus. Ω
DIVITIAS OPPRESSIONE QUAESITAS Hoc ait quia divitiae absque oppressione, hoc
est labore, non adquiruntur. Vel potius Neptunus spernit divitias quas Pluto
naufragio mare opprimens per diversas mundi regiones quęrit. JS *nach Lutz*
48,14-17

opulentus diues ... despuens reiciens . diuitias aliorum . oppressione naufragio . quaesitas adquisitas sibi β IG

14/15 *Zu* sî *bis* sat *siehe* Ω *zu 52,12/13* (Est enim [pluto] unum de insaturabilibus).

18 *Zur Überschrift siehe* NL *zu 22* stigem *und 73,5* proserpinam.

19 *Zu* îro *bis* úngelîh: Utrique erat diuersa coniunx. Ω
utrique .i. neptuno et plutone ... coniunx .i. uxor β IG

21 *Zu* .i. incrementis *siehe* Ω *zu 73,5-7*.

J73   72,21-73,4 *Zu* Uuánda *bis* consortium: Nam hic .i. neptunus nudus .i. pauper ducit secum nutricem et hospitam omnium deorum . hoc est stygem quę fertur
esse uxor neptuni. Ideo autem nutrix et hospita deorum quia omnes dii de terris
per purgationem quam stix significat cęleste meruerunt consortium. Ω
Neptuni uxor Thethis vocatur.... Alii dicunt Neptuni uxorem Stigem esse, hoc
est infernalem paludem quam et nutricem deorum fabulę fingunt. JS *nach Lutz*
48,18,21/22

1 *Notker ersetzte* purgationem *durch* purificationem; *siehe auch 3* purificati.

2/3 *Zu* in stige palude: Palus etiam stix appellata .i. tristitia quod poetę
fabulose ad fluuium inferni referunt. Ω *zu 9,3/4* ut *bis* inuenire.
Siehe auch Ω *zu 131,8-11* (Charon *bis* transponit).
Cocyti stagna alta vides Stygiamque paludem, Verg aen 6,323

3 *Bei* tôufi *bricht sicherlich Christliches durch.*

4 *Zu* Fóne *bis* stige: di cuius iurare timent et fallere numen. Verg aen 6,324

5-7 Zu Áber bis chúmet: Ille .i. pluto .s. ducit secum puellam . hoc est proserpinam gratulantem .i. gaudentem accessibus .i. incrementis. Uis herbarum et omnium quę semine de terra surgunt proserpina accipitur. Unde et proserpina uocata a proserpendo .i. porro et multum crescendo. Quę bene puella uocatur . quia terrarum semina singulis annis innouantur. Ω

Proserpina dicitur quasi proserpens; vis enim herbarum serpit, id est surgit in omnia quę de semine nascuntur, et dicitur puella quod omni anno surgit. JS nach Lutz 48,34-49,2

9-12 Zu Tíu bis zên-zegfáltiger: Quod autem dicit. Quę ita frugem exposcentibus tribuit ut magni numinis uota sint eidem redhibere centesimam .s. frugem . hoc significat quod terra duplicata uel centuplicata reddit semina quę acceperit. Unde et grece ipsa proserpina echate uocatur. Ekaton namque grece centum dicitur. Per quod innuitur quod dictum est . quia uis terrę centuplicatum restituit quod acceperit. Ω

ILLE PUELLAM Puellam nominat Ecahten, hoc est seminariam. Echate autem fertilis terra est copiosissimaque mater frugum, in tantum ut sępe centuplum colentibus se reddat fructum. Ideoque sacerdotibus eius centesima pars frugum per singulos immolabatur annos; quo sacrifitio veluti contenta Echate uxor Plutonis fertilem semper faciebat tellurem.... MAGNI NUMINIS VOTA hoc est magnę Echates sacrificia. JS nach Lutz 48,29-34 49,3

redibere reddere β IG

9 Zu chórn siehe JS zu 76,9/10 chórn-géba (frumentum).

13 Zur Überschrift, 14 zu Sô bis súne: Dehinc admissi sunt .i. recepti filii ipsius tonantis . mars et liber. Ω

tonantis iouis β IG

16-18 Zu Tếro bis mors: Inter quos primus iuuenis .i. mars ruber uel propter qualitatem sideris ipsius quod est igneum uel propter sanguinis similitudinem qui in bellis funditur quibus mars pręest. Unde er mars quasi mors uocatur. Ac uorax .i. consumptor omnium et sititor sanguinis. Ω

19-21 Zu Tếr bis uuíne: Alter .i. liber suauis .i. iocundus et comis .i. lepidus . facetus uel urbanus. Comitas enim dicitur urbanitas uel honestas . et bene ista dat libero quia uinum corda exhilarat. Ω

ALTER SUAVIS Liberum dicit qui et Bacchus vocitatur, qui suavis dicitur propter vitream suavitatem. JS nach Lutz 49,6/7

20/21 Zu Uuáz bis uuíne siehe auch 4,20 Uuánda uuín máchot kelúste. Noch eine rhetorische Frage.

73,22-74,1 Zu Sîn bis uuînsterun: Gestans dextera sua falcem qua putantur uineę . lęua cratera .i. craterem . uas uidelicet uinarium . somnificum .i.

temulentum. Ω

CRATER Grece, Latine calix dicitur. JS nach Lutz 49,10

J74   2 Zu Iôh bis uuâre: Ferebatur pronus in petulantiam .i. lasciuiam. Lasciuia enim libido uel instabilitas ebriosorum est. Ω

3 Zu Sîne bis scránchelige: Huius liberi gressus incerti .i. nutabundi . mobiles et dubii. Ω

gressus erant N-T E-T IG

3/4 Zu .i. odorati, 4/5 zu Únde bis uuînes: Implicati .i. innexi et impediti. Madoribus .i. humore uel infusione. Olacis temeti .i. odorati uini. Ω

5 Zur Überschrift, 6-8 zu Nâh bis fáter: Post hos .s. admissa est facies duorum .s. fratrum . castoris uidelicet et pollucis . una et germana. Una .i. consimilis. Et germana .i. fraterna. Fratres enim sunt de una matre . hoc est leda . quamquam non ambo de ioue. Ω

facies .s. ferebatur N-T IG

9-12 Zu Dér bis nâht: Sed alius refulgebat sidere lucis . alius sidere opacę noctis . quod est aperte dicere . unus habebat stellam diei . alius stellam noctis. Quod ideo fingitur quia geminorum sidera ita sunt constituta ut alio oriente . aliud sub terra sit . et item occidente altero . alterum est super terras. Ω
Similiter dum unus oritur, alter sub terra occultatur et qui primus occidit in occasu, prius surgit in ortu, et qui serius occidit, serius surgit. Eaque ratione unus luci, alter tenebris attribuitur. JS nach Lutz 49,18-21

12-19 Zu Ter bis únder-zuísken: Habent autem [gemini] stellas . vnus quidem qui excedit cancrum in capite splendidam unam . in singulis humeris singulas splendidas . in unoquoque genu vnam . sunt simul quinque. Alter in capite splendidam vnam . in humero sinistro vnam . in singulis femoribus singulas . in dorso .vi. sunt simul .x. GC ar
Exoriuntur autem [gemini] inclinati ut iacentes . sed de his qui cancro est proximus . habet in capite stellam unam claram . in utrisque humeris singulas claras . in dextro cubito unam . in genibus utrisque singulas . in pedibus utrisque prioribus singulas. Alter autem in capite unam . in sinistro humero alteram . in utrisque mammis singulas . in sinistro humero unam . in sinistro genu unam . in pedibus utrisque singulas et infra sinistrum pedem unam . quę tropus appellatur. Hyg III
Siehe auch die Zeichnung gegenüber S.132.

20 Zu Ze bis uuâren: Castor interea et pollux . quos nos geminos uocamus . dicuntur fuisse diui curiales . nutriti autem in lacedemonia . et propter di-

lectionem fraternam in qua omnes superabant inlustres habiti et in astra con-
locati. GC ar

Gemini hos complures astrologi castorem et pollucem esse dixerunt . quos demonstrant omnium fratrum inter se amantissimos fuisse . quod neque de principatu
contenderint . neque ullam rem sine communi consilio gesserint. Pro quibus officiis eorum . iuppiter inter notissima sidera eos constituisse existimatur.
Hyg II

21/22 Zu dôh bis sól: Pollucem ait homer concessisse fratri dimidiam uitam.
Itaque alternis diebus eorum quemque lucere. Hyg II

Cum autem ipse [Pollux] stellam ab Ioue accepisset, et fratri [Castori] non
esset data, ideo quod diceret Iouis, Castorem semine Tyndarei et Clytemnestram
natos: ipsum autem [Pollucem] et Helenam Iouis esse filios. Tunc deprecatus
pollux ut liceret ei munus suum cum fratre communicare, cui permisit, ideoque
dicitur alterna morte redemptus. Hyg 80

si fratrem Pollux alterna morte redemit/itque reditque viam totiens. Verg aen
6,121/122

Ut diximus supra, Helena et Pollux de Iove nati inmortales fuerunt, nam Castor
Tyndarei filius fuit; cuius mortem suo interitu fraterna pietas redimit. Quod
ideo fingitur, quia horum stellae ita se habent, ut occidente una oriatur altera. Serv zu Verg aen 6,121/122

Notker verwechselte die Zwillingsbrüder.

J75 1 *Zur Überschrift, 2-5 zu* Sô *bis* egetîeren, *7 zu* án *bis* nám: Dehinc .s.
admissus est quidam inauditi roboris . hoc est insolitę fortitudinis . herculem
significat . cuius decem triumphi feruntur. Pręparatus exstirpandis .i. euel-
lendis et delendis semper aduersitatibus. Cuncta enim monstra expugnabat. Ω
IN EXTIRPANDIS quia Hercules multa monstra bestias quoque nec non et tirannos
interemisse traditur ut leonem et taurum flammas vomentem et in Egipto Busiri-
dem. JS *nach Lutz 49,26-28*

5/6 *Zur rhetorischen Frage* Uuáz *bis* tîer, *die Notkers Etymologie von* égetîer
enthält, siehe Backes S.83/84.

6/7 *Zu* Sô *bis* centauri: *Bei Verg aen 6,285-289 kommen die* monstra *Centauri,*
hydra Lernae *und* Harpyiae *vor.*

Auch in Nb nach A228,13 ff. bekommt man von Hercules, *den* centauri, *den* arpię
und der ydra *zu hören.*

7/8 *Zu* .i. nobiles: pręclues .i. nobiles . generosi et ualde gloriosi. Pręcluis autem non uenit a uerbo quod est cluo .i. ausculto sed a nomine quod est
cleos .i. gloria. Ω *zu 7,1-4*

8 Zu .s. oculis, 8/9 zu Áber bis kéinôn: Sed eius miros lacertos cernebat iuno sublimis oculis .i. parum tortis et obliquis ac non recto intuitu. Limos enim dicimus strabos .i. obtortos oculos habentes. Lacerti sunt tori brachiorum .i. eminentię uel pulpę in quibus indicium fortitudinis deprehenditur.... Rictus .i. oscitationes a uerbo ringo .i. os aperio. Cleoneos .i. gloriosos . cleos enim grece gloria. Ω

10 Zu .i. diana, 11 zu .i. uenus, 11-15 zu Uuâren bis úngehîte: Quis inter eos .i. inter supramemoratos. Et est eclypsis . hoc est defectio locutionis. Ita tamen potest iungi. Erant .s. decernentes feminę .i. diiudicantes . quis inter eos .i. prędictos esset uel melior uel pulchrior aut fortior. Iohannes uero scottus ad superiora iungit . et quis pro qualis accipit. Cernebat inquit iuno quis .i. qualis et quantus esset hercules inter eos cum quibus gradiebatur. Et hic facta distinctione subsequitur . erant decernentes feminę. Decernentes quia altera uirginalis . altera nuptias pręferebat. Quarum una uirgo ferebatur . dianam quidam accipiunt . alia generationum omnium mater .i. uenus. Ω

QUIS pro qualis, ac si diceret: SUBLIMIS IUNO CERNEBAT hoc est mirabatur qualis esset Hercules, deinde subiungit INTER EOS filios videlicet. DECERNENTES hoc est contendentes, FEMINĘ, subauditur a superioribus, admissę sunt. JS nach Lutz 49,32-50,3

15 Zu id est diâne und id est ueneri, 16-19 zu Énero bis rôson: Illi .i. dianę erat arcus cum pharetra. Huic .i. ueneri erat sertata .i. in modum serti implexa contextio. Uinculatis .i. compositis et colligatis rosis decusatim .i. honorabiliter et ornate. Ω

17 Zu uenatrix siehe JS und Anon zu 146,13-15 (venatrix).
Namque umeris de more habilem suspenderat arcum/venatrix dederatque comam diffundere ventis,/nuda genu nodoque sinus collecta fluentis. Verg aen 1,318-320

19 Zu dáz bis máchot siehe 87,10 ze íro brûtlouften, Ω zu 102,18/19 (quibus uirgo ornabatur), 103,11 diadema uirginale und 121,20 gezîerte mît rôse-blûomôn.

J76 75,22-76,3 Zu Tía bis mínnon: Quam .s. ab inferioribus uelles .i. uellet aliquis qui adesset. Et est pulchra translatio a tertia persona ad secundam. Uelles illam conspicere nitentem .i. fulgentem. Hoc ad uoluptatem oculorum pertinet. Et audire fantem .i. loquentem dulces illecebras . hoc est uoluptuosa lętificaque uerba. Hoc ad aurium uoluptatem . et attrahere .i. odorari redolentem halatibus flagrantissimi spiritus . hoc ad uoluptatem olfactus. Et osculis lambere .i. demulcere et contingere corpore . hoc pertinet ad illecebram tactus. Uelles suspirare .i. ardere et inhiare cupidine eius .i. amore. Ω

5-7 Zu Tíe bis inpudica: Quę uenus licet crederetur mater omnium amorum et uoluptatum . tamen deferebant ei principatum pudicitię. Duę namque sunt ueneres . una uoluptuaria et libidinum mater quę fertur ermafroditum genuisse . altera casta quę pręest honestis et licitis amoribus. Duo enim sunt amores . est enim amor castus . est et incestus . quem ad differentiam illius casti pluraliter semper amores dicimus. Ω

TAMEN EIDEM PUDICITIĘ PRINCIPATUM Hoc dicit quod poetę libidinis et pudicitiae simul principatum mendacissime Veneri adtribuunt. Pudicam quidem eam dicunt ne Vulcano iniuriam facere videantur eius uxorem blasphemantes, libidinosam vero quia meretricum dominam. JS nach Lutz 50,8-12

5 Zu méistrun siehe 107,7 pręsul .i. magistra.

7 Zu Uuánda bis inpudica: Duę sunt ueneres . una casta et pudica quę pręest honestis amoribus . quę etiam fertur uxor uulcani . altera uoluptuaria libidinum dea cuius filius est ermafroditus. Sic etiam sunt duo amores . alter bonus et pudicus quo uirtutes et sapientia amantur . alter impudicus et malus . quem ad distinctionem boni amoris pluraliter amores dicimus. Ω zu 132,4/5 uoluptuarie ueneris filius

Duę Veneres sunt, una VOLUPTARIA, id est libidinosa, cuius filius est Ermafroditus, altera casta quae erat uxor Vulcani. Est etiam amor castus et amor impudicus. JS nach Lutz 67,3-5, auch zu 132,4/5

8 Zur Überschrift und .s. diana et uenere, 9/10 zu Sáment bis chórn-géba: Cum his .i. cum diana et uenere uidebatur grata ceres. Grata .i. gratiosa quę gratiam frugum mortalibus tribuit. Ω

GRATA CERES Ceres frugum dea fingitur et maxime frumenti; Ceres autem dicta aut quod a veteribus Ceres vocabatur frumentum seu quod filiam suam Proserpinam apud inferos quaesivit. JS nach Lutz 50,13-15

10 Uuéliu bis érda, 17 Zíu, 22 Uuélih bis fíur: Drei rhetorische Fragen auf einer Seite.

10 Zu Uuéliu bis érda, 10/11 zu Éin bis érda: Admodum grauis . quia ipsa est terra grauissima omnium elementorum. Ω

11 Zu .i. cultrix, 12/13 zu Állero bis zúgedâra: Alumnus est et qui nutrit et qui nutritur. Alumna ergo hic cultrix terrarum significatur ac nutrix mortalium propter ostensas fruges. Ω

13 Zur Überschrift, 14-16 zu Chám bis hálzo, 18-20 zu Únde bis uuúrte: Quidam etiam claudus faber uenit .i. uulcanus . qui secundum fabulam de cęlo a

iunone proiectus in lemnum insulam cecidit . sicque claudus factus est . quod
ideo fingitur quia ignis numquam rectus incedit sed flexuosus et anfractuosus.Ω

16 Zu .i. aerius, 17 zu Únde bis sî: Qui licet crederetur iunonius .i. aerius . quia iuno est aer. Ω

Zu den rhetorisch-syntaktischen Anweisungen 16/17 Suspensio und 21 Depositio siehe NL zu 7,1 Suspensio uocis.

17/18 Zu uuánda bis blîg-fîur siehe NL zu 77,2 ánderiz bis blîcchen und
114,17-19 Dáz bis iz.

20/21 Zu .i. detentor, 21/22 zu Dôh bis fîur: Dictus tamen est ab eraclito
demorator .i. retentor et ligator siue firmator [N², dafür formator β RG, N-T
E-T IG, N¹ E¹] totius mundi. Nihil enim in omnibus creaturis sine igne constat . unde et eraclitus ex igne dicit constare omnia [siehe 166,10/11]. Ω

J77 1-3 Zu Áber bis uuármen: Inter iouem . uulcanum et uestam hoc distat .
quia iouis est ęthereus ignis simplex et innocuus . nihilque perurens. Uulcanus uero intellegitur noxius ignis et perurens . qualis est fulminum . unde
et uulcanus quasi uolicanus .i. uolans candor interpretatur. Uesta uero est
ignis usibus et utilitatibus mortalium accommodatus. Ω

3 Zu dâr bis uuármen siehe auch JS zu 51,19 hérd-cota (singulorum domorum
focos veteres vocabant Lares).

4 Zur Überschrift siehe 12 und 79,6.

6-8 Zu Dô bis sprúngezta: Tunc etiam garrula .i. loquacissima omnium puellarum. Fluuibunda .i. lasciua et uoluptuaria. Contrario luxu gestiebat pernix
ipsa desultoria leuitate. Gestiebat .i. mouebatur. Pernix .i. uelox . desultoria leuitate .i. mobili uel ioculari. Quidam nominatiuum accipiunt desultoria.
Inter motum et gestum hoc distat quod motus est totius corporis . gestus proprie manuum uel ceterorum membrorum. Ω
DESULTORIA hoc est deludendi instrumenta. JS nach Lutz 50,28

9 Mit Sî bis óuh kommt Notker 19-22 Et bis zúcchendo zuvor.

9-11 Díu bis sprángondo wiederholt und vereinfacht 7/8 únde¹ bis sprúngezta.

12 Zu .i. fortunam und .i. infirmitatem, 12-16 zu Día bis fúnden: Nemesis
ipsa est sors. Nemo grece tribuo . hinc nemesis dicitur sors quę singulis sua
tribuit. Nemesis ergo potest resolui arbitrium. Alii tychen .i. fortunam .
hinc et eutiches .i. bene fortunatus. Aut nortiam .i. infirmitatem siue impotentiam . propter impotentiam enim et infirmitatem hominum sortes repertę sunt.Ω

Zu den rhetorisch-syntaktischen Anweisungen 17 Suspensio, 20/21 78,1 3mal Et
hic und 4/5 Depositio siehe NL zu 7,1 Suspensio uocis.

18/19 Zu Uuánda bis trûog: Largiore gremio .i. amplissimo sinu . comparatiuus pro superlatiuo. Portabat ornamenta totius orbis. Patet hẹc ad fortunam pertinere. Ω

20 Zu Únde bis káb: Et tribuebat hẹc .s. ornamenta aliis repentinis motibus impertiens illa. Repentinis motibus .i. subita largitione . repente enim quis ex paupere ditescit. Ω

21/22 Zu Súmeliche bis zúcchendo: Rapiens his .i. aliis comas puellariter .i. lasciue et ioculariter. Puellarum enim est lasciuire. Comas rapit quorum substantias diripit. Nam comẹ incisẹ non dolent quia damnum substantiẹ extra nos est. Ω

J78 1-3 Zu Súmelichen bis scálchet: Illis .i. aliis comminuens .i. percutiens caput uirga .i. flagello. Caput comminuit quos ex nobilibus ignobiles et despectos facit fortuna. Ω
GARRULA PUELLARUM Fortunam dicit quẹ veluti instabilis loquaxque puella nullum ordinem observat, nil firmum seu stabile prẹstat, et quos subito honorat, subito despicit, et quos despicit, honorat. JS nach Lutz 50,25-27

4 Zu .i. in nodos, 5/6 zu Iṓh bis fíuste: Eisdemque quibus fuerat eblandita uulnerabat uerticem crebris ictibus complicatis digitis in condilos .i. in nodos. Apertissime mutationem fortunẹ describit quẹ quasi rotam uergens quos prosperari permiserat deicit. Et hic quasi ludus fortunẹ est. Ω
uulnerabat .s. illis cum virga N-T IG

6-8 Zu Uuáz bis chnóden: Hinc et condilogmatica passio uocatur nodositas manuum . et uerbum grecum condilo . condilas .i. pugnis cẹdo. Ω
CONDILOS Greci dicunt plicatos in pugnam digitos; condilo, pugnis caedo, et est verbum condylo, -las. JS nach Lutz 50,34/35
Palma est manus expansis digitis . sicut contractis pugnus. Pugnus autem a pugillo dictus . sicut palma ab expansis palmẹ ramis. Is et XI i 69

6/7 Uuáz bis petûot: Noch eine rhetorische Frage.

8 Zu ut, 9 zu .s. fatorum, 10 zu .s. bis dicunt, 10-13 zu Sô bis albo: Hẹc .s. fortuna mox conspicit . deest ut fata omnia subnotare .i. excipere et scribere quẹ gerebantur in consistorio .i. in palatio iouis. Cucurrit ad libros eorum .i. fatorum et pugillarem paginam. Pugillarem paginam tabulam manualem dicit quẹ ob sui breuitatem pugno clauditur. Quidam pugillarem paginam albo dicunt . albo tantum inuenitur sine aliis casibus. Ω
Hẹc .s. fortuna dea N-T E-T IG

8 Bei facta für fata richtete sich Notker nach Br.

11 Zu parcas siehe β zu 41,15-17, Ω und JS zu 41,18/19.
Tria autem fata fingunt in colo et fuso digitisque filum ex lana torquentibus

propter tria tempora.... Parcas per antifrasin appellatas quod minime parcant.
Is et VIII xi 92/93

16-19 Zu Ûnde bis geírtîn: Inopinata .i. repentina et inprouisa descriptione
sua corripuit .i. celeriter inuasit quasi quędam delens et sua scribens. Ut .i.
quasi et tamquam perturbarent seriem .i. ordinem et statum rerum quędam repente
prorumpentia. Ω

19-21 Zu Uuánda bis geskéhen: AD PUGILLAREM PAGINAM hoc dicit quia Fortuna
Iovis consilia solet perturbare atque ad suum arbitrium traere omniumque deorum
scripta, id est decreta, ad suum libitum movere. JS nach Lutz 51,1-3
Siehe auch 31,17/18 Prouidentia bis hábet.
Putasne hunc mundum agi temerariis et fortuitis casibus? An credis inesse ei
ullum regimen rationis? Uuânest tu díse uuérltlichen geskîhte uerlâzene uáren
. únde stúzzelingun? Álde uuânest tu dar-ána uuésen dehéina rîhti áfter rédo?
Nb nach A36,19-23

J79 1-3 Zu Uuánda bis tôh: Alia uero quę uulgauerat prospecta ratio causarum. Prospecta .s. a diis .i. disposita et preordinata . quoniam non poterat
illa facere inprouisa ut non uenirent . suis tamen operibus arrogabat .i. iac-
tanter attribuebat. Ω
ALIA quoque, hoc est quędam decreta Iovis ceterorumque deorum quę omnibus de-
vulgata sunt non potuit confundere, ne videretur inprovisa, hoc est stulta et
inprovida, suę tamen administrationi arrogans tribuebat, quasi ipsa non invita
sed libita omnia administrarit. JS nach Lutz 51,4-7

3-6 Zu Uuánda bis úrhab siehe Ω zu 26,16 zuîfelsâldon (qua bis gubernari).
Causa ist io conexa zû dero euentu. Fóne díu . dáz man chît temerario motu .
únde sine causa . álde sine conexione causarum . dáz ist ál éin. Táz chît ál-
lez . stúzzelingûn . árdingun . úndúrftes . âne úrhab . âne úrspring . âne
scúlde . âne réda.... Quis enim locus esse potest ullus temeritatis . coer-
cente deo cuncta in ordine? Uuár mág táz sîn . dáz man chît stúzzelingûn .
únde árdingûn . únde âne rîhti . góte állíu díng tuuíngentemo ze rîhti? Nb
nach A233,20-23 234,1-3

6/7 Zu Náh bis zû: Post hanc .s. feminam deuenerunt ceteri .s. dii minores.
Unde et uulgo dicit .i. mixtim . quia multi simul et sine ordine intrabant. Ω

7 Zur Überschrift siehe 10/11.

9/10 Zu Tô bis sízzen: Solio .i. regali cathedra. Est autem solium sedes
ex solido ligno facta ad tutelam regii corporis . unde et solium dicitur quasi
solidum. Pro ordine meriti .i. singulos pro sua dignitate. Ω

11 Zu .i. micantia, 11/12 zu Tô bis mánigi: Tuncque subsellia .i. sedilia .

flammabunda .i. micantia. Cętum .i. multitudinem et senatum sidereum. ῼ

13-19 Zu Únde bis íst: Uerum quidam puer .i. cupido redimitus .i. ornatus . ad distinctionem nudi cupidinis dicit qui nudus pingitur . ipse est enim deus turpitudinis. Compresso ad os salutari digito .i. indici. Hoc enim digito antiqui homines se inuicem salutabant. ῼ
REDIMITUS PUER Cupidinem dicit filium Veneris quem pręconem divum fabulę ferunt. JS nach Lutz 51,8/9

Schulte verzeichnet S.109/110 Notkers Umordnung der Glieder von Remigius' Auslegung.

15/16 Zu Táz bis héizet: Digiti nuncupati . uel quia decem sunt . uel quia decenter iuncti existunt. Nam habent in se et numerum perfectum . et ordinem decentissimum. Primus pollex uocatus est . eo quod inter ceteros polleat uirtute et potestate. Secundus index et salutaris . seu demonstratorius . quia eo fere salutamus uel ostendimus. Is et XI i 70

17 Notkers Schüler Ekkehart IV. erzählt in den Casus sancti Galli §126 vom Bedrängen St.Gallens durch die Sarazenen vor 958.

20/21 Zu Tô bis dára-uuért, 21 zu Dô spráh iupiter: Keine Glossen.

22 Zur Überschrift siehe 81,3/4 und 82,13-15.

J80 Zu den rhetorisch-syntaktischen Anweisungen 2 17 je 2mal Suspensio, 4 20 Et hic und 7 21/22 Depositio siehe NL zu 7,1 Suspensio uocis.

2/3 Zu Úbe bis áhton: Ni cogeret benignitas mea uobis nota o astrigeri conferre intimum arbitrium. Conferre .i. communicare uobiscum. ῼ
ni cogeret, nisi compelleret, nostra benignitas vobis nota conferre. ARBITRIUM MEUM INTIMUM hoc est meam secretam voluntatem vobiscum conferre JS nach Lutz 51,17-20

4-6 Zu Únde bis spûoti: Et nisi foret complacitum ferre .i. in medium quicquid fuit satis uelle tacito mihi .i. silenti .i. quicquid per memet ipsum ordinare et decernere poteram . placuit uobis dicere et cum uestro .i. consilio pertractare. ῼ
et nisi COLLIBITUM FORET, FERRE IN MEDIUM, hoc est coram vobis quicquid satis fuit, TACITO VELLE. Sufficit enim mihi occulte velle quicquid dispono facere. JS nach Lutz 51,20-22

6 Zu .i. mea decreta, 7 zu .i. sententiis, 7/8 zu Ánderes-uuíó bis beněimeda: Possem ego promere certa .s. decreta meis ductibus .i. meis sententiis et eloquiis uel etiam ducibus. ῼ
possem animi mei ductus, hoc est sensus et voluntates, per me ipsum absque vestro consilio peragere.... Possem, O astrigeri, promere certa, id est diffiniam

eis ductibus meę mentis conceptionibus JS nach Lutz 51,14-17

9 .1. ualeret *ohne Anhaltspunkt in den Quellen.*

10 Zu .1. mea iussa, 10-12 zu Únde bis strîten: Nec cuperet quisquam tollere .1. auferre iussa deum patris .1. iussa mea. Concertans .1. renitens et resistens mihi illicitis nisibus .1. conatibus. Ω

NEC QUISQUAM deorum CUPERET ILLICITIS NISIBUS, hoc est profanis ornatibus, concertans tollere. IUSSA DEUM PATRIS id est deorum. JS *nach Lutz 51,23-25*

12 Zu .1. decretio, 13-15 zu Áber bis uuíllo: Sed melius clauditur . hoc est tacetur . tristis censio .1. tristis decretio mea. Si quid triste ordinaturus sum . melius taceo atque premit silentium meum infanda sensa. Ω

Sed clauditur, hoc est excluditur, quamvis tristis, ... ATQUIN INFANDA PREMIT SENSA SILENTIUM ac si diceret: Infanda sensa, hoc est mala consilia, silentio premenda sunt et occultanda, bona vero coram omnibus publicanda. JS *nach Lutz 51,26/27,30-32*

censio .1. decretio iudicatio ... sensa .1. decreta N-T E-T IG

15 Zu Zíu, 16 zu Nío bis neléidegoen: Cur? Ne cieant .1. commoueant et concutiant corda uestra doloribus uulgata ipsa sensa .1. cum fuerint uulgata. Quidam hoc ad deos referunt qui non sunt uocati ad nuptias sicut erant manes . discordia et alii qui non erant uocandi. De his ergo dicit . melius clauditur .1. reicitur et non recipitur tristis censio .1. numerus illorum deorum qui non sunt recipiendi ad has nuptias. Ω

Ausnahmsweise steht die rhetorische Frage diesmal schon in der Vorlage.

NE VULGATA CIANT CORDA DOLORIBUS Sensa inquit: Infanda silentia premit ne, dum sint vulgata, audientium corda ciant doloribus, hoc est in dolores vocent. JS *nach Lutz 51,33-35*

17/18 Zu Sô bis áhtonne: At cum deceat patrem .1. me promere lęta gaudia .1. cum sim locuturus de nuptiis filii. Ω

18 Zu lústet *siehe* 4 collibitum.

19 Zu .1. coram *siehe* JS zu 4-6 und 13-15 (2mal coram).

19 Zu .1. diis, 20/21 zu Únde bis góten: Et cum deceat iungere pignora .1. filium meum perpetuis nutibus .1. ęternis diis . certo fędere .1. legitimo coniugio . et hoc palam . hoc est in pręsentia deorum. Ω

22 Zu Sô bis hélenne: Cassum est .1. inane et inutile nolle .s. me loqui decentia sensa .1. decreta. Ω

CASSUM EST vanum est. NOLLE LOQUI hoc est nolle me vobiscum conferre mei pignoris conubia. JS *nach Lutz 52,1-3*

J81 1 Zu o, 1-3 zu Mîn bis uuíllen: Uobiscum ergo o dii qui estis grata

propinquitas studium est conferre uota propaginis .i. uoluntatem et desiderium filii mei mercurii. Ω
GRATA PROPINQUITAS O grata propinquitas, omnes enim vos estis aut fratres mei aut filii. JS nach Lutz 52,4/5

4 Zu .i. sanctione siehe Ω zu 42,20 decor .i. consilium celitum (Decor cęlitum .i. sanctio deorum), auch 82,4 foedera santio.

4-6 Zu Únde bis sínt: Ęquum quippe puto fędere cęlitum et cetera. Ordo est . ęquum quippe puto orsa nostri incliti pignoris quę sectanda forent probari fędere cęlitum. Orsa quę sunt sectanda .i. implenda fędere cęlitum .i. gestu et decreto omnium deorum . probari .i. laudari. Ω
AEQUUM QUIPPE Ordo verborum: Aequum puto, iustum existimo. ORSA petitiones. NOSTRI PIGNORIS INCLYTI nostri filii gloriosi. QUAE ORSA SECTANDA FORENT hoc est quae implenda essent. PROBARI FOEDERE CAELITUM consensu deorum et quae sunt illa orsa. JS nach Lutz 52,6-9

orsa .i. inchoamenta et coepta N-T E-T IG

7 Zu Únde bis sínne: Et .s. ęquum est degere maiugenam in nostris sensibus. Degere .i. manere uel haberi. Maiugenam . hoc est mercurium maia genitum. Ω

8-10 Zu Nóh bis tûot: Quę caritas non frustra est mihi insita .i. non inutiliter . nec sine causa eum diligo. Ut .i. sicut et quemadmodum sueuit stringere patria pectora illa caritas .i. non tantum eum diligo quia meus est filius propter quod solent patres suos filios caros habere . sed pręcipue pro eius obsequiis. Ipse enim eadem obsequia modo commemorabit. Ω
QUAE NEC FRUSTRA MIHI INSITA CARITAS Quę caritas, qui amor filiorum insitus mihi est, nec frustra consueuit enim amor filiorum patrum PECTORA STRINGERE. JS nach Lutz 52,12-14

10/11 Zu Núbe bis tríuua, 12 zu Mín bis únst und .i. adiutor, 12/13 zu Mín uuâre hóldo, 13 zu Mín getríuua uuíderfárt, 14 zu Chúndâre mínes uuíllen, 14/15 zu Uuíhiu êra: Nam ille est nostra fides et noster sermo ac nostra benignitas . ac uerus genius .i. adiutor uel angelus . et fida recursio quia recurrit ad solem postquam anteuenit illum. Interpres meę mentis .i. meorum consiliorum . unde et grece ermes uocatur . et ipse est sacer honos. Legitur et sater. Hoc autem distat inter sater et sator . quod sator seminum est . sater uero uerborum. Ω
NAM NOSTRA ILLE FIDES Nunc per laudem Mercurii nuptias eius pater et approbat et suadet. SERMO BENIGNITAS Sermo, id est interpres. AC VERUS GENIUS verum nomen naturale. FIDA RECURSIO Nulla quippe planetarum tam frequenter ut Mercurius retrograditur. HONOR SACER honor sanctus vel ὁ νοῦς sacer, ὁ articulus, νοῦς

mens, sacra mens. JS *nach Lutz 52,15-21*
onos sacer uel sator Br RG
honos sacer uel o nus hoc est mens β RG
benignitas ac nostra clementia ... Interpresque .i. publicator ... Per illum
enim fidem nostram hominibus reuelamus ... honos .i. mens ... Quia quicquid
honoris tribuo per sermonem tribuo. N-T E-T IG RG

15/16 *Zu* Ér *bis* góto, 16/17 *zu* Ér *bis* stérnen: Hic solus potest promere .i.
manifestare et indicare numerum celitum .i. deorum . hic potest noscere uibrata
pro uibrantia sidera. Ω

17 *Zu* sit, 17/18 *zu* Uuélih *bis* sî, 18/19 *zu* Únde *bis* sî: Et hic potest noscere quę mensura sit polis .i. axibus celi. Ω
solus novit mensuras polorum et altitudines JS *nach Lutz 52,23/24*
Laus mercurii in arithmetica et astrologia. N-T RG
profunditas .i. altitudo inter celum et terram .s. sit N-T E-T IG

19 *Zu* .i. guttis, 20 *zu* Únde *bis* sîn, 21 *zu* .i. litore *und* .i. reditus, 21/
22 *zu* Únde *bis* stáde: Qualis numerus sit haustibus marmoris .i. guttis maris .
et quantos cardines .i. reditus rapiat ipsum marmor suo margine .i. litore. Ω
solus novit numeros fluctuum maris. ET QUANTOS RAPIAT MARGINE CARDINES hoc est
solus novit quantos cardines, quantas conversiones rapiat numerus marinorum
fluctuum. MARGINE in margine, in litore ac si diceret: Solus novit quot vicibus accedit mare ad litora et recedit, quot vicibus malinam efficit atque le-
donem. JS *nach Lutz 52,24-29*

J82 1/2 *Zu* Uuélih *bis* érda: Quęque elementa liget dissona nexio .i. diuersa
coniunctio elementorum. Sinzugię enim elementorum aut sunt mediate et dissonę .
aut sunt immediate et nexę . sicut supra expositum est . et per omnia subaudi-
endum est ipse potest noscere. Ω
Mundus iste corporeus ex quatuor elementis constat . igne uidelicet . aere .
terra et aqua. Ω *zu 3,18*
Universalis mundi huius visibilis structura quatuor contexitur elementis: igne
videlicet, aere aqua et terra. JS *nach Lutz 4,3-5, auch zu 3,18*
DISSONA ELEMENTA id est humida siccis, calida frigidis, qua ratione nectuntur.
JS *nach Lutz 52,30/31*
Siehe auch Ω *zu 95,2-4* (Et elementa *bis* aqua).

2/3 *Zu* Tés *bis* ál: Phisice hoc dicit quia sermo qui designatur per mercurium . de his omnibus disputat . ideo fingitur nosse hec omnia mercurius. Ω *zu*
81,15-19

4/5 *Zu* Mít *bis* féstenon: Et per hunc ipse .i. ego sancio .i. stabilio federa mea. Ω

PER HUNC IPSE PATER Ego pater foedera sancio mea pacta cum diis et ominibus firmo. JS *nach Lutz 52,32/33*

5 Zu .s. dea, 5/6 zu .i. obediens, 6 zu .i. impleat, 6-8 zu Nû *bis* ketûoe: Sed forsan recenseat sola pietas quę munera pensitet .i. impleat et ministret. Parens .i. obediens probitas illius. Hic pietas quasi dea introducitur. Ω
SED FORSAN PIETAS Sed fortassis, inquit, sola pietas ipsius et mea potest recensere, hoc est numerare. QUAE MUNERA quanta munera. PENSITET ponderet. PARENS PROBITAS obtemperans laudabilitas illius mihi et omnibus diis et hoc est quod sequitur. JS *nach Lutz 53,1-5*
probitas illius laudabilitas N-T E-T IG

6 Zu .s. mercurii, 8 zu .i. equis, 9 zu .i. in modum, 9/10 zu Tér *bis* na: Qui mercurius sępe anteuolans iugalibus phębi .i. pręcedens currus illius . quando uidelicet pręuenit solem. Nonne relabitur .i. recurrit in sortem .i. in obsequium famuli cum sit retrogradus? Ω
QUI PHOEBI ANTEVOLANS Qui posuit pro ipse, more veterum. NONNE RELABITUR nonne recurrit ipse. IN SORTEM FAMULI in vicem servi. ANTEVOLANS praecedens sępe. PHOEBI IUGALIBUS equis Apollinis. Hoc autem dicit quia frequenter, dum Mercurius pręcedit solem, subito mira celeritate ad eum retrograditur. JS *nach Lutz 53,6-10*

8 Zu .i. equis *siehe auch* Ω *zu* 39,18 flúgeros (Sol autem quatuor fingitur equos habere).

9 .i. in modum *richtig, aber ohne Anhaltspunkt in den Quellen.*

11 Zu sit, 12/13 zu Iốh *bis* sî: Hic quoque sic seruit . hoc est deseruit patruis honoribus .i. plutoni et neptuno. Ut dubium .s. sit quis mage pro magis uendicet illum sibi proprium . hoc est qui proprium eum uelit habere. Ω
PATRUIS SERVIT HONORIBUS Non solum, inquit, fratri suo Apollini obtemperat, verum etiam patruis suis, Neptuno videlicet et Diti, honorem dat.... UT DUBIUM hoc est sic patruis honorem dat, ut ambiguum fiat qui magis illum proprium filium vindicet, egone an illi. JS *nach Lutz 53,11-13,19/20*
quis .s. illorum .s. illum uendicet .i. adquiret uel habeat N-T E-T IG

12 Zu uulcano *siehe* 50,19/20 Sînen brûoder uulcanum.

13 Zu flagitant, 14 zu .i. exposcentem, 14/15 zu .i. grande, 15-17 zu Nû *bis* ána-gehîien: Flagitant illum sęcula iugarier conubio rite suadentem . hoc est exposcentem. Et robur additum thalamos flagitat . hoc est uirilis fortitudo . uel ita . et robur additum illum .s. flagitat thalamo. Ω
ET ROBUR THALAMOS FLAGITAT ac si diceret: Ille suadet iugali conubio propter

sui meritos labores quibus servit per saecula; insuper etiam ROBUR additum aetas iam iuuenilis. FLAGITAT THALAMOS postulat nuptias. JS nach Lutz 53,21-24
iugarier pro iugari N-T E-T IG

thalamos .i. uxorem N-T IG

14/15 *Notker ersetzte die Glosse* uirilis *bzw.* iuuenilis *durch* grande; *vgl.* et grandia volvere saxa Verg aen 11,529.

18 *Zur Überschrift:* Sequitur nunc laus Philologiae, AT VIRGO PLACUIT et cetera. JS *nach Lutz 53,25*
Siehe auch die Überschrift 12,1 DE UIRTUTIBUS ANIMĘ . QUAM ADAMAUIT.

19/20 *zu* Nû *bis* ében-flîzig: At uirgo .i. philologia docta quidem nimis et compar .i. consimilis et studio placuit illi. Ω

21/22 *zu* Áber *bis* hímele: Sed cui est ortus terreus .i. terrena natiuitas. Propositum tamen est illi .s. philologię .i. uoluntas et destinatum tendere .i. ut tendat in sidera. Ω
SED CUI TERREUS ORTUS De terra, inquit, orta est illa virgo sed eius propositum tendit in sidera volens in deam verti. JS *nach Lutz 53,26/27*

82,22-83,1 Sî *bis* sî *wiederholt den Sinn des vorangegangenen Satzes.*

22 *Zu* Sî *bis* uuérden *siehe auch* 83,19/20 in appetitum cęlitem . propositumque siderę cupiditatis.

J83 2-5 *Zu* Únde *bis* íst: Plerumque et .i. etiam preuolat cum rapidis axibus ac exsuperat sępe globum mundi means ipsa . quia sapientia etiam de his quę extra mundum sunt disputat. Ω
PLERUMQUE ET RAPIDIS Quamvis, inquit, Mercurius velox sit, illo tamen velocior est virgo. Studium quippe rationis omnem caelestium corporum motum praecedit tociusque mundi globum altitudine raciocinacionis comprehendit et hoc est quod ait AC MUNDI EXSUPERAT SAEPE MEANS GLOBUM. JS *nach Lutz 53,28-32*

5 *Zu* o, 7 *zu* .s. templa, 7-10 *zu* Nû *bis* tára: Ergo censendum est .i. prouidendum o superi ut nihil officiant illi philologię editę .i. genitę et natę cunę .i. ortus mortalis uel nutrimenta quę illi utpote mortali adhibita sunt. Quique .i. uos recolitis teneri .i. haberi in terris uestra crepundia .i. nutrimenta puerilia uel munuscula siue blandimenta quę a nutricibus infantulis uagientibus exhibentur. Quę .s. crepundia occultant sacra .i. templa in latentibus aditis suis .i. in secretiore parte ipsorum templorum. Ω
CUNAE ERGO EFFICIENT hoc est prospicient virgini nutrimenta sua in studiis sapientiae. QUO NIL EDITĘ CENSENDUM ut nihil sit imputandum editae in terris, hoc est ut non ei inpediat quod de terra orta sit. O SUPERI QUICUNQUE CREPUNDIA vestram originem, vestram et nutrituram RECOLITIS TENERI in terris, vos

quippe dum terreum habeatis ortum, merito tamen virtutis, mutati estis in deos. Non ergo mirum si et virgini Philologiae sua studia efficiant ut de homine vertatur in deam. QUAE OCCULTANT quae craepundia vestra occultantur in sacris templis ne vulgo publicentur et vilescant. JS *nach Lutz 53,33-54,8*

8 *Notkers* uuésteruuât *‚Taufkleid' ersetzt Klassisch-Mythologisches durch Christliches, so Schulte S.110.*

10/11 *Zu* Îr *bis* mortali *siehe JS zu 50,3-5 (*nisi *bis* verti*) und 124,6/7* ni *bis* optinebis.

11/12 *Zu* Kébe *bis* mir: Iungantur paribus auspiciis . nam decet auspiciis. Apud antiquos enim omnia augurato fiebant pręcipue nuptię. Ω
IUNGANTUR PARIBUS AUSPICIIS similibus auguriis, virgo et Mercurius. JS *nach Lutz 54,9/10*

12 *Zu* dáz líchet mir *siehe* 81,2 líchet mir.

13/14 *Zu* Únde *bis* néfôn: Et cumulent .i. augeant ipsi . mercurius uidelicet et philologia per officium nuptiarum astra de nostris nepotibus. Ω
NAM DECET et prolem nostram inter astra augeant. JS *nach Lutz 54,10*

14 *Zur Überschrift,* 15/16 *zu* Nâh *bis* hérote: Concitatur omnis senatus deorum in suffragium .i. in declamationem et laudes siue in consensum et confirmationem uerborum iouis. Ω
Siehe auch 49,20 fauor celitum.

17/18 Únde *bis* sólti *ohne Glosse.*

J84 83,21-84,3 *Zu* Únde *bis* dára-géronnes: Adiciunt ipsi dii iouiali sententię .i. addunt ex suo iouiali sententię . hoc est decreto iouis ut coaptentur in numerum deorum. Deinceps .i. quemadmodum mortales quos extulerit in appetitum cęlitem .i. in desiderium cęleste. Elatio insignis uitę et ingenium maximum cultus meritorum diffinitiue dicit . et propositum siderę cupiditatis. Insignis elatio uitę. Hic heroas tangit qui per fortia facta meruerunt cęleste consortium. Ingenium maximum cultus meritorum . hic tangit philosophos qui introducentes adinuenerunt propositum siderę cupiditatis . hic religiosos tangit. Propositum .i. ardor et desiderium. Ω
deinceps .i. quemadmodum mercurius et philologia sunt inmortales [sic] .s. ita fiant inmortales N-T E-T IG

3 *Zu* álso philologia dára-géreta *siehe* 82,22 Si uuíle hímeliskiu uuérden.

5 *Zu* .i. descripti *siehe* Ω *zu 100,8-11 (*Signatur .i. designatur et describitur*).*

5 *Zu* .i. fama nominis, 6-9 *zu* Iôh *bis* hábet: Ac mox nominentur cęlestes designati . ut ęneas et romulus aliique quos postea inseruit astris nomen .i. fama de nomine. Inter alios quos aut dabat nilus .i. ęgyptus . sicut osiriden

et isiden. Tangit uero hic quod primum apud ęgyptios fictum est homines in deos translatos. Aut thebę . sicut cadmum. Ω
QUOS AUT NILUS DABAT Osiridem dicit et Isida. AUT THEBĘ Cadmum Thebarum regem insinuat quos translatos in caelum fabulae fingunt. JS *nach Lutz 54,11-13*
Ac mox adicivnt uel aivnt ... alios .s. semideos N-T IG
ut ęneas .s. sicut est N-T E-T IG

5 *Aus de nomine bei Remigius wurde der Genitiv* nominis *bei Notker.*

7 *Zu* filius agenoris: Cathmus agenoris filius . grecas litteras e fenice in greciam . decem et septem . primus attulit. Is et I iii 6

10 *Zu* .i. consortes curię, 10/11 *zu* Dáz *bis* sîn: Quare hoc? Ut fierent curiales deorum .i. de ordine curię deorum. Post corporea .i. terrena membra quę gesserant. Ω

10 *Zu* consortes *siehe* Ω *zu* 84,1 dehéin zéichenhaft púrlichi íro líbes (cęleste consortium).

11 *Zu* húsknoza *siehe* Ω *zu* 51,19 húsinga (.i. cohabitantes cum ioue).

13 *Zu* .i. consilium *siehe* Ω *zu 50,2* (consulto . hoc est decreto uel consilio).

13 *Zu* .i. insculptum, 14-17 *zu* Ioue *bis* vuégen: His quoque .s. decretis deorum fauente ioue. Iubetur quędam grauis .i. modesta siue sobria . et insignis .i. excellens et nobilis femina quę dicebatur philosophia .i. amor sapientię. Publicare hoc consultum superi senatus .i. cęlestis senatus . per orbes .i. per circulos cęlestes . et per competa .i. per diuersas cęli uias et regiones . incisum .i. insculptum ipsum consultum ęneis tabulis. Tangit uero morem romanorum qui quicquid ad ęternam memoriam conseruare uolebant ęreis tabulis insculpebant. Ω

18/19 *Zu* .i. mercurii et philologię *siehe* Ω *zu 83,13/14* (mercurius uidelicet et philologia).

J85 84,21-85,3 *Zu* Tára-zûo *bis* iûngon: Tunc iuno condicit .i. pręcipit simul cum ioue ut conueniret omnis ille senatus deorum . postridie .i. post tres dies in palatia . quę palatia faciunt potissimam arbitrationem iouis . quia ibi de rebus pręcipuis locuturus et ordinaturus conuenit. In galaxia .i. in lacteo circulo . gala grece lac. Ω
PALATIO IOVIS maximum Iovis palatium fabulę fingunt in lacteo circulo esse in Geminis ubi lacteus et signifer iunguntur. JS *nach Lutz 31,26/27 zu 40,9/10*
tonantis palatium

4 *Zu* Sô: His igitur .s. sic N-T IG

6-8 *Zu* Álliu *bis* uuâren: Proprias sedes dicit .i. stationes propter fixa

sidera . cursum uero propter mobiles stellas quę sunt planetę .i. errantes. Ω
   7 Zu stationarie siehe Ω zu 154,20/21 (planetę ... stationarię).
   9 Zu EXPLICIT bis SECUNDUS: MARTIANI MINNEI FELICIS CAPELLĘ AFRICARTAGINI-
ENSIS LIBER .I. EXPLICIT. INCIPIT . EIUSDEM .II. DE NUPTIIS . PHILOLOGIĘ . ET
MERCURII. Br
INCIPIT LIBER SECVNDVS. β
MARTIANI . MINEI . FELICIS . CAPELLĘ . LIBER PRIMUS EXPLICIT. INCIPIT LIBER
SECUNDVS. N-T E-T
   10 Zu CONSULTUM bis INNOTUIT siehe 84,11-14 und 87,15/16.
   11 Zu .i. serenum: Purum . serenum GS
Siehe auch Ω zu 38,1 sudis tractibus (.i. serenis spatiis).
   11 Zu .i. luna, 12 zu .i. occidente, 13-16 zu Hína bis stérnen: Sed purum
astrificis cęlum scandebat habenis. Describit finem diei et noctis initium.
Scandebat iam nox . noctem pro luna posuit. Scandebat purum cęlum cum astrificis habenis .i. cum stellatis frenis. Luna enim depingitur quasi in frenis
stellas habeat quia nocte apparent sidera. Reuocans .i. reducens ipsa nox .i.
luna . fulgentia sidera quę fugauerat presentia solis. Merso .i. demerso et
occidente . phębo . hoc est sole. Poetę enim dicunt sero solem in oceanum mer-
gi et ibi reficere fatigata lumina . indeque mane lotum emergere. Ω
SED PURUM ASTRIFICIS CAELUM SCANDEBAT HABENIS inchoantis noctis descriptio est
sub qua allegorice veluti praecedentis lucis gesta insinuat. JS nach Lutz 55,3-5
   14/15 Zu dáz bis málenne siehe Ω zu 123,2/3 (Interstincta.i.picta et uariata
sideribus . hoc est stellata) und 159,19 laqueatum .i. pictum stellis.
   17/18 Zu Únde bis uuágena: Tunc nocte uidelicet subintrante succendit senior
bootes ardua plaustra. Bootes grece . latine bubulcus. Ipse est artofilax .i.
custos plaustri . quia ipse est finis septentrionalis circuli et initium solstitialis. Ardua .i. sublimia propter polum aquilonarem. Succendit . quia tunc
apparere incipit. Ω
SENIOR BOOTES non quod senex sit vocatur Bootes senior, sed quod aquilonalis
verticis signa claritate sui praecedit. Βοώτης Grece, Latine bubulcus dicitur,
qui etiam Arctofilax nominatur, hoc est Ἄρχτων φύλαξ, id est custos arctorum.
Sicut enim bubulcus sequitur plaustrum, ita Bootes duos arctos tortuoso draco-
num meatu labitur. JS nach Lutz 55,10-14
   18/19 Zu Uuánda bis zúnden: Arcturi custos bootes dicitur . eo quod plaustrum
sequitur .i. septentrionem . quasi succinctus sit septentrionibus. GC ar
Et si quis nescit . cur legat .i. sequatur bootes tardus .i. tardus ad occasum
plaustra .... únde [so-uuér neuuéiz] zíu signum bootis an démo arcturus stât .

Sagittarius, von Sheila Anne King gezeichnet nach Codex Sangallensis 250, S.498

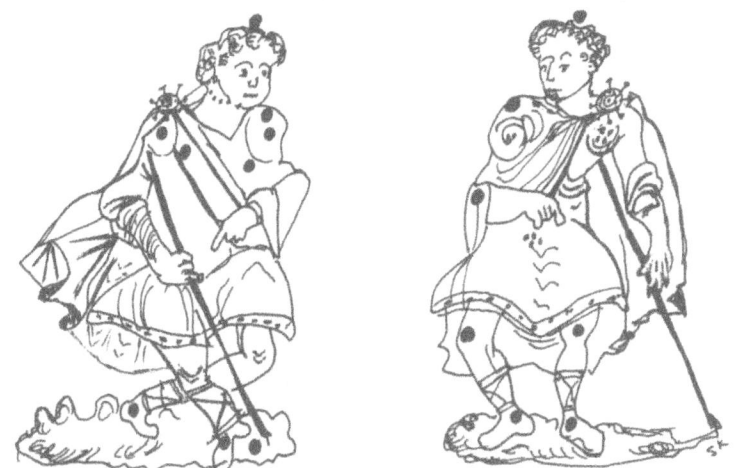

Gemini, von SAK gezeichnet nach Codex Sangallensis 250, S.482

Canis mit Sirius, von SAK gezeichnet nach Codex Sangallensis 250, S.502

Bootes, von Sheila Anne King gezeichnet nach Codex Sangallensis 250, S.480

Orion, von SAK gezeichnet nach Codex Sangallensis 250, S.501

lángséimo fólgee demo uuágene .... Elix héizet tiu mêra [ursa] . an déro síhet
man septem stellas claras . díe septentrio héizent. Téro fólgêt bootes . uuánda
er hínder íro gât . únde so-uuára si bechêret íro posteriora . dâr síhet man
bootem. Nb *nach A210,2/3,5/6,13-16*

18 *Zu* tîe *bis* fácchelôn *siehe auch* 64,14-16 Sélbiu *bis* héizet.

19/20 *Durch den Genitiv* torui draconis *ersetzte Notker den Dativ* toruo ...
draconi *der Vorlage.*

20-22 *Zu* Únde *bis* elicem: Et nituerunt tunc astra toruo draconi cum spiris.
Astra .i. stellę ipsius signi. Spiris .i. reuolutionibus uel reflexionibus.
Spirę autem sunt coronę funium uel rudentium. Draconem serpentem dicit qui inter duas arctos in morem funis elabitur. Ω
Serpens uero cauda cingit elicen . cetero circuitu . cinosyram. Anon astr
Draco inter duas arctos collocatus . uidetur corporis sinu facto arctum minorem ita concludere . vt pęne pedes eius tangere uideatur. Cauda autem flexa .
caput maioris attingere. Hyg III

J86   85,22-86,6 *Zu* Bootes *bis* ursę: Habet [bootes] stellas in dextera quidem
manu . quae non occidunt . in capite splendidam unam . in singulis humeris singulas . in mamilla unam . in dextro cubito quatuor . in sinistro unam . in singulis genibus unam. Sunt omnes .xiiii. GC ar
Iuxta huius serpentis flexuosa uolumina . nullo alio interueniente signo . bootes post tergum arcturi maioris uidetur . pedibus ad uirginem uersis. Nam uirgo sub pedibus bootis est constituta. Anon astr
Habet autem bootes in manu sinistra stellas .iiii. quę numquam occidere dicuntur . in capite stellam unam . in utroque humero singulas . in utraque mamma
singulas . sed clariorem dextram . et sub ea alteram obscuram . et in cubito
dextro claram unam . in zona unam . clarius ceteris lucentem. Haec stella arcturus appellatur. In utrisque pedibus singulas . quę omnino sunt.xiiii. Hyg III
Arcturus íst éin stérno in signo bootis. Nb *nach A31,28*
Siehe auch die Zeichnung gegenüber S.133.

7-9 *Zu* Skéin *bis* máchonten: Splendebat etiam in auratis armis suis flagrans
.i. ardens propter splendorem et claritatem stellarum suarum. Dicit autem de
orione. Qui .s. orion trahit .i. ducit post se sirion .i. sirium . caniculam
uidelicet. Nam post orionem apparet . quia fertur secundum fabulam canis orionis fuisse. Ω
AURATIS ETIAM FLAGRANS Orionem dicit qui fingitur quasi gladio accinctus. Est
autem clarissimum signum sub Tauro ac Geminis austrum versus fixum. FULGENTEM
SIRION Sirion antecanis dicitur qui quoniam et ortum et occasum Orionis sequi-

tur ab eo trahi perhibetur. JS *nach Lutz 55,15-19*

Habet autem [canis] stellas in lingua vnam quam sirium et canem uocant . magna quidem est et splendida. GC ar

At sub pectore tauri orion gladio accinctus conspicitur . lepori qui sub pedibus eius est . superpositus. Habet enim post uestigia sua canem quem sirium quemque caniculam appellant collocatum . cancri signo subiectum. Anon astr

Hic canis habet in lingua stellam unam . quę stella canis appellatur . in capite autem alteram . quam nonnulli sirion appellant . de quo prius diximus....
Qui quod ante maiorem canem exoritur . procyon est appellatus. Hyg III

ánderêr [stérno] îst syrius in lingua maioris canis. Nb *nach A31,29*

9-11 *Zu* Tér *bis* kehéizen: Cum ęstifero autem ortu dicit quia mense iunio [β N², E¹; iulio N¹] quando sirius oritur . solent homines nimio ęstu solis laborare. Ω

Sirius stella est in medio centro caeli . ad quam cum sol ascenderit duplicatur calor ipsius . et languore afficiuntur corpora. Sirium autem illam uocatam putant . propter flammę candorem. Latini autem illam caniculam uocant. Unde et dies caniculares dicuntur. GC ar

Ardentissimo autem aestatis tempore exoritur Caniculae sidus sole primam partem Leonis ingrediente, qui dies XV ante Augustas calendas est. Plin nat II xlvii 123

cum graue sydus cancri inęstuat radiis phębi .... dô diu súnna in cancro méistûn hízza téta Nb *nach A35,21-23*

11/12 Uuér *bis* ne-bechénne: *Nochmals eine rhetorische Frage.*

86,12-87,2 *Zu* Án *bis* máchont: Habet [orion] stellas in capite tres. GC ar
Orion . hunc a zona et reliquo corpore aequinoctialis circulus diuidit ... dextra manu clauam tenentem . et incinctum ense exspectantem ad occasum ....
Hic habet in capite stellas .iii. claras . in utrisque humeris singulas . in dextro cvbito obscuram unam . in manu similem unam . in zona .iii. in eo quod gladius eius deformatur .iii. obscuras . in utrisque genibus singulas claras . in pedibus singulas. Omnino .xviii. Hyg III

Siehe auch die Zeichnung gegenüber S.133.

15/16 *Zu* dáz *bis* uuártenten: cęlum horoscopis .i. stellas aspicientibus Ω *zu 3,21 maritas*

Siehe auch Ω *zu 156,7-11 (sic sol spectaculum est mundi).*

86,22-87,1 *Zu* táz *bis* sirium *siehe* 86,8/9 dér *bis* fûoret *und NL zu 87,13-15.*

J87 2-5 *Zu* Áber *bis* áfteren: Pręterea habet [canis] in utrisque auribus singulas stellas obscuras . in pectore duas . in pede priore .iii. in interscapi-

lio .iii. in sinistro lumbo unam . in pede posteriore unam . in pede dextro unam
. in cauda .iiii. Omnino .xx. Hyg III

Siehe auch Hyg zu 86,7-9 und die Zeichnung gegenüber S.132.

6 Zu .i. bis indici, 7-11 zu Iôh bis sîhet: Hoc quoque sertum quod ardet .i.
resplendet . sparsum . hoc est respersum . nisiacis floribus .i. indicis a nisa
monte indię ubi liber colitur. Uocatur autem mons ille nisa a nisa sorore liberi. Sertum dicit coronam ariadnes uxoris liberi quam in eius nuptiis uulcanus dicitur detulisse. Redimitur .i. ornatur illud sertum ambitum .i. circumdatum multiplici lumine. Habet enim .xii. stellas clarissimas. Ω
MULTIPLI AMBITUM REDIMITUR Redimitur ornatur, Orion videlicet in cuius capite
sertum, id est corona multiplici stellarum ordine, astrologi depingunt. Potest
etiam de Corona Ariadnes accipi .... QUOD ARDET quod flagrat, SPARSUM subauditur nuptiale cubile, NISIACIS FLORIBUS, Indicis herbis ex Nisa Indiae monte
lectis. JS nach Lutz 55,27-29 56,2/3

Coronam ideo inter astra conlocatam ferunt eo quod a uulcano facta auro et gemmis pretiosis ornata ariadni filię minois regis in munere apud cretem insulam
donata fuerit cum a dyonisio qui et pater liber . etiam bachus dicitur nuberetur. GC ar

Corona haec existimatur ariadne fuisse a libero patre inter sidera collocata .
dicitur enim in insula dia cum ariadne libero nuberetur . hanc primum coronam
muneri accepisse a uenere et horis . cum omnes dii in eius nuptiis dona con-
ferrent. Sed ut ait . qui cretica conscripsit quo tempore liber ad minoa uenit cogitans ariadnen comprimere . hanc coronam ei muneri dedit . qua delec-
tata non recusauit conditionem. Dicitur etiam a uulcano facta ex auro et indicis gemmis . per quas theseus existimatur de tenebris labyrinthi ad lucem
uenisse . quod aurum et gemmę in obscuro fulgorem luminis conficiebant. Hyg II

10 Der Genitiv ariadnes der Vorlage wurde nach Schulte S.108 zum Nominativ
bei Notker.

11-13 Zu Sî bis túncheliu: Habet corona stellas nouem in circuitu positas .
quarum tres sunt splendidę ad caput serpentis arcturi. GC ar
Coronam humero sinistro prope contingere arctophylax [= bootes] uidetur ....
Habet autem stellas .viiii. in rotundo dispositas . sed ex his tres clarius
ceteris lucentes. Hyg III

13-15 Zu Hîer bis ferfâhet: Notandum uero quod hic duas cęli partes tetigit . septentrionalem per draconem et booten . australem uero per orionem et
sertum . et hęc signa quatuor posuit pro omnibus. Ω
ubi notandum quod pro omnibus sideribus in auspicio noctis orientibus duo no-

tissima signa posuit, quorum unum Bootes videlicet pro aquilonalibus sideribus, alterum Orion scilicet pro austrinis ponitur. JS *nach Lutz 55,29-32*

15 *Zu* .s. dea, 16/17 *zu* Únz *bis* ôron: Interea .i. inter hęc perlabitur .i. peruenit fama ad trepidas aures uirginis .i. philologię. Fama illa uidelicet dea quam uirgilius depingit .... Dum complet tecta iouis magno boatu .i. sonitu. Ipsa est enim nuntia rerum omnium. Trepidas aures. Distat autem inter trepidationem et turbationem hoc . quod turbatio est animi . trepidatio uero animi simul et corporis. Ω

Perlabitur, id est percurrit, aures virginis Philologiae .... QUANDO PERLABITUR dum complet. FAMA dea velocissima. TECTA Iovis. MAGNO BOATU magno clamore nuptias Mercurii et Philologiae praeconans. JS *nach Lutz 56,1,4-6*

17-19 *Zu* Sî *bis* uuérdenne *siehe 32,15-17 und 82,22.*

19 *Zur Überschrift*, 20 *zu* .i. profunda, 87,22-88,2 *zu* Únde *bis* mánigiu: Denique compertis .i. agnitis decretis .i. consiliis et constitutionibus superum ipsa uirgo .i. philologia peruigilans adulta iam nocte .i. profunda . per quod maiorem partem noctis transactam indicat. Retractabat secum multa. Retractabat .i. cogitando meditabatur multa .i. multas res. Anxia ipsa cum ingenti cura . quę essent illa indicat subsequenter. Ω

RETRACTABAT deliberabat. COMPERTIS DECRETIS arcanis sententiis. JS *nach Lutz 56,8/9*

J88 3 *Zu* .i. repentina, 4-7 *zu* Sî *bis* hîmel: Primo ingrediendum .s. sibi esse senatum deorum et subeundos .s. sibi esse conspectus iouis inpręmeditata uisione .i. repentina. Hoc inquit secum tractabat . quia ipsa mortalis subitura erat conspectum iouis et pręsentiam inmortalium deorum. Et retractabat exiliendum .i. conscendendum sibi esse in superam sortem cęlitum .i. in cęleste habitaculum deorum. Nam sorte terra mortalibus . cęlum datum est inmortalibus. Hoc est quod dicit in superam sortem. Ω

8 *Zu* Cęlum *bis* hominum: Cęlum cęli domino . terram autem dedit filiis hominum. Np 113,24 *nach R429,8/9*

9/10 *Zu* Dára-náh *bis* cyllenio: Deinde .s. tractabat sociandam se esse ipsi cyllenio. Ipsi enfaticos dicit .i. exaggeratiue . hoc est illi magno numini. Ω

10 *Zu* álso *bis* ságeta *siehe 87,15.*

12 *Zu* .i. ualde electis, 13 *zu* est, 13-20 *zu* Sô-uuîo *bis* eruárenne: Quem licet optarit .i. dilexerit et ambierit semper cum multo amore . uix tamen conspicata .i. intuita est eum recurrentem post palęstricam unctionem. Ipse est enim deus palęstrę et exercitii. Dum decerperet ipsa flores pręlectis .i. ualde electis quibusdam herbusculis. Hoc poetice dicit . quia cum rediret mercurius

post exercitium luctationis . uidit illum philologia dum colligeret flores. Per flores autem initia et rudimenta artium figurantur. Ω

16 Zu sî bis brêchen: Ergo post inuentionem oportet te iam discernere ac iudicare quod inuenitur.... Post enim diiudicationem eligis quid dicas, quid dispuas, eligere utile caducumque dispuere caeleste ingenium est. Anon nach Préaux 1953 S.454

18/19 Zu dáz bis dîngo siehe 32,15-17 Penetrans bis irríngenne.

20/21 Zu Álso bis sobrietatem: Non plus sapere . quam oportet sapere . sed sapere ad sobrietatem. Rom 12,3

Also daz ist. nîêht ferror uuîse sîn danne manne tûge sunder sûberlicho uuîse sîn NON PLVS SAPERE QVAM OPORTET SAPERE . SED SAPERE AD SOBRIETATEM. Np zu Ps 73,17 nach R264,13/14

21/22 Zu Tér bis eloquentia: Dum ergo flores colligeret prelectis iam herbusculis quibusdam eum uidit . quia dum studium rationis in meditatione artium exercetur . tunc mercurius .i. facundia sermonis adipiscitur. Ω
TUNC FLORES IPSA DECERPERET Per hoc significatur initium eloquentiae, nam primo quasi tenebris flores usque dum addatur studium, Filologia igitur dum flores carpebat aspexit Mercurium quia studium sapientiae et amor in primis sic sunt quasi flores. JS nach Lutz 56,10-13

J89 88,22-89,1 Zu Díe bis ûobton: Palęstra grece luctatio a uerbo palo .i. luctor. Hinc palęstrites luctator. Uel apo ton palon .i. a motu urnę . quia per sortem luctabantur. Ω zu 10,4-7
QUID SIT STADIUM ET OLYMPIAS. Apud grecos uuás íu éin solemnitas erhâuen . día sie olympiadem hîezen . fóne olympo monte . dér in macedonia íst . pí démo sie ze êrest uuárd.... Fermáhta er síh ríngennes . sô hîez er grece palestricator. Nb nach A196,26-28 197,4

1-3 Zu dîe bis ceroma: Et castigatum Libycae ceroma palaestrae. Mart epigr V lxv 3
Luctatio a laterum complexu uocata quibus comminus certantes innitent . qui greca appellatione athletę uocantur. Locus autem luctationis . palęstra dicitur. Palęstram autem uel apo tes pales . id est a luctatione . uel apo tu palin . id est a motu ruinę fortis nominatam dicunt . scilicet quod in luctando . cum medios arripiant . fere quatiant . idque apud grecos palin uocatur. Quidam opinantur artem luctandi ursorum contentione monstratam . namque inter ceteras feras eos solos . et erigi congressos et subsidere celeriter ac reuerti . et modo manibus temptare inuicem . modo complexu abigere sese more luctantium. Is et XVIII xxiii/xxiv

Quęstiunculam mihi datam a uestra reuerentia his diebus attulit familiaris noster fredilo . in qua requirebatur . quid proprie uiri non incelebres intellexerunt esse ceroma.... Athletæ autem greca appellatione a laterum complexa-

tione et commissione dicuntur . quibus comminus decertantes adnixi persistunt .
et ne alter alterum quocumque casu falleret . aut astu inpediret . peruncto
corpore olei liquamine exertitatio agebatur . donec iusta palma alteri eorum
cederetur. Id genus certaminis quod taliter nudato et perfuso corpore agebatur
. proprie ceroma uocatur. Locus autem destinatus luctationi . palęstra uocabatur . quæ trahit ethimologiam . uel a luctatione uel a motu urnæ . id est sortis . eo quod ad palęstram sortito eligerentur. Lup epist

3-5 Zu Be bis ránguuîge: Completur in me tritum uulgi sermone prouerbium.
Oleum perdit et impensas . qui bouem mittit ad c̈æroma. Haec non est illius
culpa . cuius sub persona . alius agit tragoediam. Hier epist
Bei Notker wurde Oleum *zu 3* Ceroma, ceroma *zu 4* palestram.

5-7 Zu Uuánda bis ratione: Est ergo sensus prouerbii. Oleum et inpensas perdit . qui mittit boues ad ceroma . quod sicut stolidum et brutum animal . quamquam robustum et uegetum . tam exquisitæ arti est inutile . quæ non tantum ui-
ribus . sed etiam subtilitate et ingenio propter lacertorum complicationem mul-
tiformem agitur. Lup epist

7 Zu .i. conueniret, 8-10 zu Uuáz bis hígŭollichi: Quid .s. erat etiam illud
quod dubitabat .i. hęsitabat anxia ipsa utrumne conduceret .i. conueniret uel
utilis foret sibi hęc amplitudo nuptialis.... Amplitudo nuptialis .i. excellentia et nobilitas. Ω

10 Zu .i. fabulas, 12-17 zu Sî bis uuólti; Formidat non cassa .i. non uana
. opinione amissuram se penitus . mythos .i. fabulas . hinc et mythologiarum
liber appellatur . et milesias delicias poeticę diuersitatis. Milesias delicias .i. carminum uoluptates. Miletos ciuitas est uel insula de qua fuit thales unus ex septem sapientibus . unde et milesius dictus est. Non tamen hunc
.s. thaletem hic uult intellegi . sed aliquem poetarum qui carmina fabulosa
de ipsa philologia scripserat. Hęc omnia se timebat amissuram cum cęlum con-
scendisset . per quod ostenditur . quia etiam licet tunc transferretur inter
deos . nolebat tamen carere studiis sęcularibus et poeticis oblectamentis. Ω
DELITIAS MILESIAS quia ille scripsit de nuptiis, non ille sapiens Grecus, sed
quidam poetarum et per hoc significatur noluisse Philologiam terrenas cogita-
tiones dimittere quamvis verteretur in deam. *JS nach Lutz 56,15-17*

16/17 Zu dôh bis uuólti *siehe auch* 82,22 Sî bis uuérden.

17 Zur Überschrift, 19 zu .i. mercurii und .i. uelocitas, 89,20-90,2 zu Tô
bis gelímfe: Itaque primo conquirit numero .i. per numerum nominis mercurii
et sui . conducatne conubium .i. utrum conueniat uel utile sit sibi illud conubium . et utrum copuletur sibi apto fędere pennata rapiditas ętherei uerticis.

Pennata rapiditas ad uelocitatem mercurii referendum est . quem uocat ętherium uerticem propter excellentiam ipsius. Ex congruentia .i. ex conuenientia nuptiali quę per ipsum numerum probatur. Ω

21 Zu zálondo siehe Ω zu 90,3-5 (Calculando siue numerando).

J90 3-5 Zu Únde bis cyllenii: Moxque nomen suum cylleniique uocabulum in digitos et calculum distribuit. Calculando siue numerando digitis nomen suum et uocabulum cyllenii distribuit .i. expendit. Ω

7-10 Zu Náls bis stêtô: Sed non illud .s. uocabulum quod affixit .i. apposuit ei .i. cyllenio dissonans .i. discordans et multifaria discrepantia nationum nec diuersi ritus gentium pro causis et cultibus locorum .i. non illud nomen quod ei ab hominibus pro diuersitate locorum impositum est. Numina enim pro locis tam diuersas figuras quam etiam diuersa nomina sortiuntur.... Sic etiam mercurius diuersa nomina habet et diuersas effigies. Uocatur enim cyllenius a cylleno monte . mercurius a negotiatione . archas ab archadia . proprium uero eius nomen est xyrios .i. dominus. Hoc ergo nomen eius proprium philologia distribuit in digitos et calculum . per numeri mysterium requirens utrum conueniret sibi hoc coniugium mercurii. Ω

9 Zu trimegistus: Ermes autem grece dicitur .ΑΠΟ ΤΗC ΕΡΜΗΝΙΑC. latine interpres . qui ob uirtutem multarumque artium scientiam trimegistus .i. ter maximus nominatus est. Is et VIII xi 49

10 Zu .s. mercurio, 11 zu .i. cęlesti, 12-16 zu Núbe bis ersprángten: Uerum illud nomen quod compactum .i. impositum est nascenti .s. mercurio ab ipso ioue supera .i. cęlesti nuncupatione.... Ac asseuerat .i. affirmat fallax curiositas mortalium uulgatum .i. diffamatum esse hoc nomen .i. xyrrii per sola commenta ęgyptiorum . quia apud ęgyptios tam artes quam etiam sacra deorum primum reperta sunt. Ω

PER SOLA COMMENTA per solos libros Aegyptiorum. FALLAX CURIOSITAS quia fefellit Aegyptios in hoc quod nomen secretum Cyllenii caeteris gentibus manifestavit. JS nach Lutz 56,27-29

16/17 Síe bis er² umschreibt und vereinfacht 12-16.

17 Zu fóne iouis auctoritate siehe Ω zu 61,8 sacra uis (.i. sacra auctoritas).

18-20 Zu Fóne bis pezéichenet: Ex quo uocabulo uidelicet mercurii sumit ipsa philologia litteram utrimque finalem .i.x. .... Finalem ergo litteram dicit non quoniam in nomine xyrrii ita finita sit . ubi sexcentos numeros significat . sed quia aliquando ad millenarii significationem ita clauditur. Ω

90,21-91,1 Zu Tér bis bezéichenet: .i. x. quę ut priscianus dicit in libro qui est de ponderibus . si ex utroque latere ductis uirgulis finita et clausa

fuerit . sic .Oo. primum cybum .i. solidum numerum ex denario perficit . hoc
est millenarium. Decies enim deni decies mille fiunt.... Quę littera finalis
.i.x̄. claudit primum et perfectum terminum numeri .i. millenarium. Ω
  chi

J91 1-3 Zu Ấn bis milia²: Tertius [uersus uel terminus numerorum est] ab
ecatontade usque ad myriaden .i. mille . in quo est perfectus terminus . inde
in infinitum numeri procedunt. Ω

 3 Zu .s. sumit siehe 90,18 und 91,18 2mal sumit.

 3/4 Zu .i. considerat siehe Ω zu 92,2-6 (consideratis) und 92,21-93,1 (considerat).

 4 Zu .s. mercurius, 5-8 zu Dára-nâh bis gescríben: Dehinc illud .s. exqui-
rit atque distribuit ipsa uirgo quod adoratur dominus .i. ipse mercurius in
fanis omnibus cubica .i. perfecta soliditate. Super statuas enim mercurii .x̄.
littera clausa scribebatur . hoc est quod dicit adoratur in fanis cubica soliditate. Ω
                               chi

IN FANIS OMNIBUS id est in omnibus templis Mercurii scribebatur X supra suam
imaginem quia χιλιάς mille significat. JS nach Lutz 56,32-57,1

 8/9 Zu dáz bis íst¹, 11-13 zu Ũbe bis cubus siehe Ω zu 90,21-91,1.

 9/10 Zu Uuáz bis íst, 15-17 zu Táz bis héizent: Et quoniam omnis cvbus ab
ęquilateris quadratis profectus . ęquus ipse omnibus partibus est. Nam et la-
titudini longitudo . et his duobus conpar est altitudo. Boeth arith II xxv

 9/10 Noch eine rhetorische Frage.

 10/11 Zu álso bis sínt: Lapis qui ad (h)ostium monumenti [= sepulcri domini]
positus erat nunc fis[s]us est. Cuius pars minor quadratum altare ante (h)o-
stium nihilominus eiusdem monumenti stat. Maior uero in orientali eiusdem ec-
clesię loco . quadrangulum aliud altare sub linteaminibus ex[s]tat. Beda hist
V xvi

 14/15 Zu álso bis fíerstunt: Item tertius cybus . qui a tetrade uenit .i.
.lxiiii. nam quater quaterni sedecim sunt . hoc quater .lxiiii. fiunt. MC VII
§740 nach Dick/Préaux 374,22-375,2

 17 Zu .i. phitagoras, 91,18-92,1 zu Sî bis uitia: Sumit quoque in proximum
locum .s. post .x. litteram .i. y. quam .s. litteram ęstimauit prudens samius
.i. pytagoras qui de samo insula fuit . asserere . hoc est affirmare uim .i.
intellectum mortalitatis . hoc est mortalis naturę hominum. Pytagoras namque
.y. litteram ad similitudinem humanę uitę inuenit.... Nam .y. littera ab una
uirgula incipit et in quoddam biuium finditur. Sic et natura humana in pueri-
tia simplex est . nec facile apparet bonum an malum iter apprehendat. In adulescentia uero iam aut uirtutes eligit . quę per dexteram uirgulam breuiorem

et angustiorem significantur . aut ad uitia deflectit . quę notantur per sinistram .s. uirgulam latiorem. Ω
biuium
 .vjṁ. Br

biuim] bi *ausrad.* β

J92 2-6 *Zu* Ze *bis* mille .cc.xviii.: Ac si computatis et consideratis omnibus litteris eiusdem nominis .i. xyrrii refulserunt mille ducenti decem et
                 chi   ro
octo numeri ita .x. sexcenti .y. quadringenti .p. centum . quę item geminatur
ro   iota   eta
.p. centum .i. decem .h. octo . qui simul faciunt mille ducentos decem et octo numeros. Ω

7/8 *Zu* .i. detractas, 8-12 *zu* Tīe *bis* uuúrten: Per nouenariam regulam .s. distribuens et minuens per monades subrogatas .i. substitutas et additas decadibus. Nouenario enim numero ad denarium perficiendum monas .i. unitas subrogatur. Restrinxit perita ipsa in tertium . hoc est in ternarium numerum. Nouies enim centum nongenti . supersunt trecenti decem et octo. Nouies .xxx.cc.lxx. restant .xl. et octo. Nouies quini quadraginta .v. atque ita in unum redacti. Nouies centies tricies quini mille ducenti quadraginta quinque fiunt. Supersunt tres. Hoc est quod dicit . in ternarium numerum restrinxit .i. redigit totam illam summam numeri. Ω

SUBROGATAS subtractas de decadibus. JS *nach Lutz 57,3*
(sub)tractas de *bei JS ergab* 8 detractas *bei Notker.*
per nouenariam regulam .s. distribuens Br RG

13-18 *Zu* Íro *bis* dccxxiiii: Suum quoque uocabulum . hoc est philologia explicatum .i. absolutum et determinatum per septingentos uiginti quatuor nume-
                                phi   iota   lapda   o
ros in quaternarium duxit ita . φ quingenti . i decem . λ triginta . ω septua-
      lapda   o   gamma   iota   alfa
ginta . item λ triginta . itemque ω septuaginta . Γ tres . item i decem . a unum . qui simul sunt septingenti uiginti .iiii. Partiuntur autem ad nouenariam regulam sic . nouies quinquaginta quadringenti quinquaginta . supersunt ducenti .lxxiiii. Nouies .xxx.cclxx. Nouies ergo octoginta septingenti uiginti. Remanent .iiii. Ω

16 *Die Entstellung* lauta [lapda β N² E¹; *fehlt* N¹] *setzt* *lanta *für* la(m)bda *voraus.*

19/20 *Zu* Díe *bis* rédo: Qui numerus uterque ternarius uidelicet ex nomine mercurii et quaternarius ex philologię . signatur .i. assignatur et attribuitur ambobus . congruente .i. parili et conuenienti ratione. Ω

92,21-93,1 *Zu* Uuánda *bis* énde: Nam et ille .i. ternarius numerus perfecto .i. certe perfectus est. Quod .i. eo quod ratio dispensat .i. ordinat et disponit principium et medium et finem. Ideo inquit ternarius datur rationi .

quia ratio in omnibus initium rei et medium et finem considerat. Ω

J93 1/2 Zu Álso bis suauiter: Attingit ergo [sapientia] a fine usque ad finem fortiter . et disponit omnia suauiter. Sap 8,1
Sî sprîchet scôno hier . únde óuh târ sî fóne íro sélbûn sprîchet. Sapientia attingit a fine usque ad finem fortiter . et disponit omnia suauiter. Nb nach A175,18-20
Diû [sapientia dei bzw. Gotes uuîstuôm] chúmet mit tráti impetu also chlínga torrens . unde stárchlicho folle tréffende fone ende ze ende
ist fortiter pertingens a fine usque ad finem. Np zu Ps 35,9 nach R117,2-4
Siehe auch 109,17/18 o sapientia.

3/4 Zu Ér bis íst: Quippe solus ternarius lineam facit .i. longitudinem explicat . et triangulum primum omnium figurarum complet. Ω

4/5 Zu uuánda bis finem: Aristotiles lêret in cathegoriis . dáz punctvm sî ána-uáng lineę . únde ûz/lâz . únde íro partes mît puncto únderskîdôt uuérdên . únde dóh punctum fóre lúzzeli nehéin déil nesî dero lineę. Nb nach A96,2-5
Linea uero continuum est. Potest enim sumere communem terminum . ad quem particulę eius copulentur .i. punctum. Ter rêiz hábit sîh áber zesámine . uuánda ér mág úndir-stúpfit uuérdin . únde dér stúpf íst tánne geméine márcha des zéseuuin téilis . únde des uuînsterin . in hunc modum.

                                        sinistra pars   dextera pars
                                        •————————•————————•
.... Linea uuîrdit ke-dîutit rêiz únde zîla . únde rîga . únde strîh . únde dúrhkáng. Nk nach B42,12-18 61,20/21
Siehe auch 92,20/21 principium medium finemque und 93,1 ánagenne . únde mítti . únde énde.

5-7 Zu Únde bis corporum: Et absoluit .i. perficit siue restituit. Et frontes solidorum .s. numerorum uel corporum . incunctanter .i. indubitanter. Ω

7-11 Zu Álso bis deorsum: Omnis namque soliditas tribus constat . longitudine . latitudine et altitudine. Ex quibus sex frontes .i. superficies colliguntur. Longitudine enim continetur ante et retro . latitudine dextrum et sinistrum . altitudine sursum et deorsum. Hi sunt sex frontes .i. superficies solidorum . hoc est corporum. Nam longitudine profunditateque censentur .s. illi frontes. Nota quod longitudinem et profunditatem . hoc est altitudinem tetigit. Omisit uero latitudinem quam tamen subintellegendam reliquit . quia nullus a longitudine ad profunditatem nisi per latitudinem uenire potest. Ω
Fárên óuh cęlestes nuntii de loco ad locum . táz sie dôh inlocaliter tûont . uuánda sie nehábent ante . et retro . dextram . et sinistram . supra et infra . sô corporalia hábent. Nb nach A215,26-28

Uuáz íst sélbiu diu stát? Tíu séhsiu . díu állero díngolîh úmbe-hábint . únde úmbe-grîfint. Uuéliu sînt tíu? Taz únder . únde daz óbe . daz fóre . únde daz áfter . daz in-ében ze zéseuûn . únde daz in-ében ze uuínsterûn. Nk *nach B47, 19-24*

12 Zu .s. ternarii, 13-16 zu Tára-nâh *bis* ter: Dehinc .i. deinde ideo .s. perfectus est ternarius quod .i. eo quod prima triplicatio numeri .s. ternarii .i. nouenarius gignit cybon ex imparibus. Tria enim ter nouem fiunt. Hic .i. nouenarius tertio ductus ita. Ter terni ter primum cubum ex imparibus perficit .i.xxvii. in quo tertio multiplicatus est nouenarius. Ω

16/17 Zu V́nde *bis* altitudinis *siehe* 91,9/10 Uuáz *bis* íst *und* 15-17 Táz *bis* héizent.

17/18 Zu álso *bis* ságeta *siehe* 91,14/15 álso *bis* fíerstunt.

19-21 Zu Uuér *bis* musica: Tres autem symphonias .i. consonantias uidelicet diatessaron . diapente et diapason . quis ignorat in musicis? Quasi de re omnibus manifesta dicit . quis ignorat. Ω
Schon die Vorlage weist hier eine rhetorische Frage auf.

21 Uuér *bis* neêree: *Noch eine rhetorische Frage bei Notker.*

21 Zu ternarium *siehe* 12 ternarii, zu neêree Ω zu 49,4-11 (reuerendam), *auch* 91,5 adoratur.

J94   93,22-94,3 Zu V́ngerad *bis* íst: Impar numerus maribus est attributus . quia maioris uirtutis est quam par. Est enim indiuisibilis . unitatem in medio sui continens . quę resistit diuisioni . et ab arithmeticis eiusdem naturę uocatur .i. simplicis. Atque ideo fortiori sexui deputatur. Par uero numerus infirmiori sexui .i. femineo . quia mutabilis et diuisibilis est . et ab arithmeticis alterius naturę dicitur. Ω

3 Zu .i. uicissitudinibus, 3/4 zu V́nde *bis* futurvm: Omne tempus tribus uicibus .i. uicissitudinibus uariatur . in pręteritum . pręsens et futurum . siue etiam in calorem . frigus et temperiem. Calor ęstatis . frigus hiemis . temperies duorum temporum ueris et autumni . et hoc pertinet ad perfectionem ternarii numeri. Ω

Zîte lóufent per tria tempora . pręsens . pręteritum . et futurum . êuuighéit stât ío ze stéte in pręsenti. Nb *nach A216,17/18*

Pręsens enim tempus copulatur . et ad pręteritum . et ad futurum. Taz kágenuuérta zît . háftêt zû demo feruárenên . únde demo chúmftîgin. Únde íst keméinmérche íro zuéio . íst ûz-lâz pręteriti . ána-uáng futuri.... Táz nû pręsens íst . táz uuírdit sâr pręteritum . únde dáz futurum nû íst . táz uuírdit sâr pręsens. Nk *nach B46,17-21 50,23-25*

Siehe auch Nk *nach* B63,1-8 Pręsens *bis* comprehendis.
áber díe casus uerbi . díe bezéichenent tíu zuéi tempora . díu úmbe daz pręsens stânt. Pręteritum únde futurum . stânt inében . pręsens . stât in mîttemen . futurum . lóufet zû . taz iz pręsens uuérde . pręteritum . dáz pręsens uuás . lóufet tána . sélbez pręsens . íst únder hánden. Ni *nach* B152,7-13 *Siehe auch* Ni *nach* B147,6-8 Dáz *bis* sînt *und* 157,22-24 Álliu *bis* futuri.

4 *Zu* .i. ternarius, 5-9 *zu* Únde *bis* gestât: Idem numerus .i. ternarius seminarium .i. origo est perfectorum numerorum sexti atque noni .i. senarii et nouenarii. Senarius perfectus dicitur quia suis partibus impletur . nam medietas eius tres . tertia eius duo . sexta unus . unus . duo . tres . sex restituunt. Nouenarius autem idcirco perfectus dicitur quia finis est primi uersus uel ordinis numerorum. Quod autem dicit alterna diuersitate iuncturę significat quia uterque numerus .i. senarius et nouenarius a ternario nascuntur . sed diuersa procreatione. Namque bis terni sex . ter autem terni . nouem faciunt . hoc est quod dicit alterna .i. uaria et dissimili diuersitate iuncturę .i. coniunctionis. In senario enim ternarius et binarius iungitur. In nouenario uero ternarius per se ipsum multiplicatur. Ω

9/10 *Zu* tén *bis* perfectum *siehe* 92,20-93,1 Nam *bis* énde.

10 *Zu* .i. iure, 10/11 *zu* Pe *bis* mercurio: Rite igitur .i. merito et iure attribuitur ille ternarius deo rationis .i. mercurio. Ω

13-16 *Zu* Áber *bis* numero: Philologia autem quod .i. eo quod etiąm ipsa doctissima est . perficitur absoluta .i. libera et perfecta ratione . licet ęstimetur .i. perpendatur femineis numeris .i. paribus. Ω

14 *Zu* quaternario *siehe* 16 quaternarius.

15/16 *Zu* perfecto numero *siehe* Ω *zu* 5-9 (perfectorum numerorum) *und* 95,6/7 perfectę rationis numerum.

16/17 *Aus lat.* Nam *wurde das ahd. Übergangsglied* Álso dâr-ána skînet . táz.

17 *Zu* denarium *bis* íst *siehe* Ω *zu* 92,8-12 (Nouenario *bis* subrogatur).

17/18 *Zu* mít sînên stúcchen, 18/19 *zu* Ér *bis* denarium, 21/22 *zu* uuánda *bis* eruuîndet: Suis partibus .i. suis membris . quę sunt unus . duo . tria et quatuor. Unusquisque enim numerus quot habet numeros pręcedentes se . quasi tot constat membris. Unus autem . duo . tria et quatuor denarium faciunt. Ω

20 sáment *bis* íst² *wiederholt* 17 denarium *bis* íst.

94,22-95,1 Ideoque *bis* fólleglih *wiederholt* 94,19/20 Ideoque *bis* perfectus.

J95 1 *Zu* .i. ternarius, 2-4 *zu* Únde *bis* uuírt: Et habetur ipse quaternarius quadratus .i. cubus et solidus . habet enim semel duo bis .i. longitudinem . latitudinem et altitudinem. Sicut ipse cyllenius .i. ternarius qui su-

perfuit ex summa nominis xyrrii. Ternarius uero solidus est propter suprapositam rationem . quia ipse primus ex imparibus cubum gignit. Cui .s. quaternario conueniunt .i. coaptantur tempora anni quę .iiii. sunt. Uer . ęstas . autumnus et hiemps. Et cęli climata .i. latera uel plagę quę sunt anathole .i. oriens . mesimber .i. meridies . disis .i. occidens . arctos .i. septentrio. Et elementa mundi quę similiter quatuor sunt . aer . ignis . terra et aqua. Ω
IDEO QUADRATUS EST CYLLENIUS quia omnis species cuborum, id est quadratorum, ostenditur per ternarium, ideo Philologia quadrata est quia quaternarius numerus quadratus est. Habet enim semel duo bis, cui sunt Philologiae. JS *nach* Lutz 57,24-27

5 Zu .i. attestatio *und* .i. phitagorę, 6 zu .i. doctrinam quaternariam, 7-10 *zu* Uuáz *bis* perfectum: An aliud confitetur illa ratio .i. assertio uel doctrina senis dei .i. pytagorę nisi numerum perfectę rationis? Hic enim arithmeticę repertor fuit qui non tacuit mathentetraden .i. doctrinam quaternariam. Omnis enim doctrinę perfectio in quattuor artibus continetur. Arithmetica . geometrica . musica . astronomia. Hoc est illud quadruuium sine quo nulli proponitur philosophandum. Ω
SENIS DEIERATIO de Phitagora dicit. MA THN TETPAΔA doctrinam quaternariam, τετράς quattuor. JS *nach* Lutz 57,28/29

5-8 *Eine rhetorische Frage bei Martian und bei Notker.*

12 Álso *bis* táz: *Die gleiche Übergangsformel, der der Leser* 94,17 *begegnete.*

12-14 *Zu* er *bis* uuérdent: Quippe tenet intra se quaternarius unum .i. monaden . secundum .i. diaden . tertium .i. triaden . bis binum .i. quaternarium . se ipsum uidelicet. Intra se .i. sub se. Et hęc sunt quasi membra ipsius. Nisi enim hi pręcedant . numquam poterit constare quaternarius. Quis .i. quibus collationibus . hoc est proportionibus et conferentiis . peraguntur omnes symphonię .i. consonantię musicę. Plenitudo namque totius musicę tribus symphoniis continetur . uidelicet diatessaron . diapente . diapason. Quarum ratio manifeste intra quaternarium numerum considerari potest. Ω

15 *Zu* .i. supertertius: aut supertertio . quem .ΕΠΙΤΡΙΤΟΝ. ... greci uocant MC VII §761 *nach* Dick/Préaux 390,10/11
.ΕΠΙΤΡΙΤΟΝ. supertertia aut sesquitertia. RA *zu dieser Stelle nach* Lutz 213,6/7

16-19 *Zu* Vuánda *bis* quatuor: Nam tres ad quatuor epitritus uocatur arithmetica ratione. Ipse est sesquitertius quia maior numerus habet in se minorem et eius tertiam partem .i. unitatem. Ac perhibetur .s. ipse sesquitertius diatessaron in musicis. Diatessaron ex quatuor. Est autem diatessaron consonantia quando uocula uoculam tota sui quantitate pręcedit et insuper tertia superatę

uocis parte . siue in intensione acuminis . siue in remissione grauitatis. Ω
RA *wiederholt hier, was er früher zu 20,12 sesquitertiis ausführte.*

19 Zíu íst táz? *Noch eine rhetorische Frage.*

19 *Mit* in quarto loco *richtete sich Notker nach* secundo loco *‚zweitens, an zweiter Stelle' bei Cicero u.a.; man erwartet dafür* *(in) sesquitertia proportione.

95,20-96,1 *Zu* Tero *bis* héizet *siehe* 106,2-5 Nam *bis* órgenlûtun.
An demo regulari monochordo uuerden ze erist finfzehen buohstaba . fure also manigen seitun .... Fóne díu sínt án dero lírûn . únde án dero rótûn ío síben séiten . únde síbene gelícho geuuérbet. Pe díu negât óuh án dero órganûn . daz alphabetum níeht fúrder . âne ze síben buohstaben dien êristen . A B C D E F G. Téro síbeno sínt fíere . íh méino . B C D E . állero sángo ûzlâza.... uuánda diatesseron únde diapente . máchônt éin diapason.... álso er chúnnen mág án demo monochordo . álde án dero órganûn. Tér die suégela méze . dér bórgee dés sélben . dés án dero lírûn ze bórgenne íst .... Síd tû nû bechénnêst . uuîo álle die suégelâ éinánderên enchédên . sô nebedríeze díh óuh íro mâza ze lírnenne. Nm *nach Piper* 851,1-3 853,8-14 854,3/4 856,32-857,3 857,17-19

J96   1 *Zu* .i. sesqualtera, 2-6 *zu* Sô *bis* uuírt: Item intra eum .i. quaternarium iacent tres ad duo quę hemiolios .i. sesqualtera forma est. Hemi namque semis . olon greci dicunt totum . hinc hemiolia dicitur sesqualtera proportio in arithmetica . sicut sunt tres ad duo . quia ternarius habet in se totum binarium et eius medietatem .i. unitatem. Symphoniam secundam quę diapente dicitur . reddunt. Hęc inquit proportio quę in arithmetica dicitur sesqualtera . uocatur in musicis diapente. Est autem diapente symphonia quando uocula uoculam tota sui quantitate superat et insuper medietate superatę uocis . siue in intensione acuminis . siue in remissione grauitatis. Ω
Mit hinc *bis* grauitatis *wiederholt RA, was er früher zu 20,11* sesqualteris *darlegte.*

2 *Zu* begríffen *siehe* 95,11 tenet *und* 13 begrífet.

3 *Zu* collationis *siehe* 95,11/12 collationibus *und* 96,7 collato.

5 *Zu* ex quinque *siehe* Ω *zu* 7-10.

5/6 *Zu* in quinto loco *siehe NL zu* 95,19 in quarto loco.

7-10 *Zu* Tíu *bis* loco: Tertia symphonia .i. consonantia . uel quod melius est ęquisonantia perhibetur .i. uocatur in melicis . hoc est in musicis diapason . et conficitur .s. in arithmetica diplasio .i. duplari proportione . hoc est uno duobus collato. Quod enim est duplum in arithmetica . hoc est diapason in musica. Est autem diapason quando uocula uoculam duplo superat uel in intensione acuminis uel in remissione grauitatis. Diatessaron autem dicitur ex quatuor . diapente ex quinque . diapason ex omni. Ω

Mit Quod bis grauitatis wiederholt RA, was er früher zu 20,11 duplis vortrug.

10 Zu in octauo loco siehe NL zu 95,19 in quarto loco.

11 Zu .i. reddit siehe 2 reddunt.

11/12 Zu Pe bis erfóllôt: Tali ergo modo intra quaternarium fiunt omnes symphonię . nulla enim ratio musicę extra has tres symphonias protenditur. Quicquid enim aliud inueniri poterit . ex his compositum est. Ω

12/13 Zu .i. melodias: lene melos .i. lenis melodia RA nach Lutz 317,5 zu MC IX §913 nach Dick/Préaux 485,12

13 Zu .s. membrorum suorum, 13/14 zu Vnde bis kemáchot: Et conquirit .i. possidet ipse .s. quaternarius omnia mela .i. omnes modulationes distributione .s. membrorum suorum. Ω

14 Zu consonantias siehe Ω zu 7-10.

16 Zu Dísa bis síh: Gratulatur perita uirgo philologia discutiens .i. euentilans et subtiliter inquirens hanc congruentiam numeri .i. ternarii et quaternarii. Ω

16 Zu an quaternario numero siehe auch Ω zu 13/14.

17/18 Zur Überschrift siehe 18/19 und 21/22, auch 99,3-5.

19 Zu .i. septenarium, 19-21 zu Tára-nâh bis fieren: Deinde utrumque .s. numerum . ternarium uidelicet et quaternarium consociat .i. coniungit sibi . et trias .i. ternarius quaternario sociata eptaden facit .i. septenarium. Ω

J97 21/22 Zu .i. planarum, 96,22-97,6 zu Díu bis plenitudo: Qui numerus .i. septenarius perfectio est superę .i. cęlestis rationis uidelicet propter septem circulos planetarum . sicut etiam docet illa plenitudo omallon .i. planarum .s. figurarum. Omnes enim planę figurę a ternario quaternarioque originem ducunt . a ternario quidem omnes quę ex imparibus . a quaternario quę ex paribus fiunt. Planę autem uocantur figurę quę habent longitudinem et latitudinem . deseruntur autem profunditate .i. altitudine. Ω

1 Zu uuárba siehe 7 motus und Ω zu 46,10-16 (uertigines . hoc est reuolutiones . circumactiones siue rotationes).

2 Zu dero sléhton numerorvm: Simplices [numeri] sunt qui nullam aliam partem habent . nisi solam unitatem . ut ternarius solam tertiam . et quinarius solam quintam . et septenarius solam septimam . his enim una pars sola est. Is et III v 7

6/7 An bis motus, 7-9 Uuáz bis septenarii: Noch eine rhetorische Frage in beiden Sprachen.

7-12 Zu Uuáz *bis* constillatio: An aliud testantur .s. quam perfectionem septenarii cursus fatalis temperamenti .i. constellationis quę est maxime in planetis . quę .s. constellatio ideo perfecta est quia septenario perfecto numero continetur. In primo autem libro [zu 25,17/18] demonstratum est septem fluminibus planetarum fieri. Et an aliud testantur circuli siderum et motus ipsorum. Motus ipsorum dicit quia ipsi circuli planetarum per se mouentur. Ω
FATALIS TEMPERAMENTI In primo enim libro dixit septem fata uel fortunas in septem fluminibus planetarum fieri. JS *nach Lutz 58,9/10*

12-14 Zu Fóne *bis* fríste: Sed ad hęc solent mathematici respondere . quia uirtus constellationis in ictu pungentis est. Greg hom
Quia uirtus constillationis in ictu pungentis est. Uuánda des kestírnis chráft fergât únde uirlóufit in sô lángero uiríste sô man einin stúpf ketûon mág.
St.Galler Schularbeit *nach Piper 861,22-862,2*

14 Zu Uuánda mathematici uuánent *siehe 25,18* sô mathematici uuánent.

15-17 Zu táz *bis* uuérde *siehe Jul zu 20-22* (horoscopum *,Feststellung der Gestirnkonstellation zur Geburtsstunde')*.

17-19 Zu únz *bis* súlín *siehe* Ω *zu 25,17/18* (Et *bis* aduersitatis).

20-22 Zu So-sámo *bis* uuérde: In parte III. Tauri quicumque habuerint horoscopum, erunt agricolae aratores.... In parte XVII. Geminorum quicumque habuerint horoscopum, faciet eos pulchritudo et corporum magnitudo perspicuos. Erunt sane uerecundi et propter hoc amici regum. Jul math VIII xx 1, xxi 6

20/21 Zu úbe *bis* uuérde *siehe auch* Ω *zu 65,9-11* (propter pulchritudinem et formositatem).

J98 97,22-98,1 Zu So-uuílo *bis* gebríefent *siehe 8,5/6* Et *bis* parcarum *und 7-9* Únde *bis* keháltentero, *auch 41,17-19* Quippe *bis* díng[2].

1/2 Zu Álso *bis* fatur: FATA DEVM Fata modo participium est . hoc est quę dii loquuntur . ut statius et uocem fata sequuntur.... QVĘ VOCE GRAVARIS Quae negas fato . uox enim iouis fatum est.... QUIA NOTA MIHI TUA MAGNE UOLUNTAS IUPPITER.... Sed iuno sciens fatum esse quicquid iuppiter dixerit se cedere eius uoluntati. Serv zu Verg aen 2,54 10,628 12,808
Siehe auch die Aufnahme gegenüber S.148.
Fatum autem dicunt esse quicquid dii affantur . quicquid iupiter fatur. Is et VIII xi 90
Fatum híezen die álten líute . sô seruius chít . uocem iouis . sámo-so dáz mánnolíchemo sólti geskéhen . dáz er ímo spréchendo erlégeti. Tánnân díutent knúoge . fatum úrlag. Nb *nach A216,23-25*

2 Zu .i. uiuificata, 3-5 zu Vnde *bis* chédent: An aliud testatur absoluta

Iuppit(er) necessitatem obicerat fati dicens
uentum ad sup(remu)m (est). Sed Iuno sciens fatu(m)
e(ss)e quicquid Iuppit(er) dixerit secedere eius
uoluntati nam id agit ut conciliet sibi ei
fauorem ad peticione(m) futura(m). DIGNA INDIG-
NA PATI. Id (est) om(ni)a et prouerbi(um) ali(i)s dictu(m).
NON UT TELA TAM NON UT. C. A. hoc loco
quasi iuturnam sagittam iecisse significat, si ut sup(ra) diximi possum(us) accipere q(uo)d
alter in eius gratiam maenean tela con-
torsit. PRO UITA. Ac si diceret pro re
nobis data. id (est) superis. ADIURO STYGI-
OS F. pro iuro. nam p(er) thesis (est). quidam tam(en)
uolunt iuro tunc dici debere cu(m) firmam
aliq(ui)d aut p(ro)mittim(us) ut iuro me facturum;
Adiuro (autem) cu(m) negam(us) ut adiuro me n(on) posse
adiuro me n(on) fecisse. Terentius. adiurat
se n(on) posse aput uos pamphilo absente p(er)-
durare. potest tam(en) et adualde significare.
UANA SUP STITIO. Religio metus eo q(uo)d sup(er)-
stet capiti om(n)is religio. REDDITA. Data
n(on) p(er) thesis (est). NULLA FATI QUOD LEGE

Codex Sangallensis 390, erster Band von Hartkers Antiphonarium, S.40: 1.a. O SAPIENTIA mit Neumen

Carsten Seltrecht, dipl.Fotograf, St.Gallen

mortalitas? Absoluta .i. perfecta et uiuificata mortalitas .i. mortale pectus . homo uidelicet intra latebras uteri. Latebras clausuram dicit et secreta uteri materni. Ferunt enim phisici septimo mense uiuere hominem intra materna uiscera . unde et septimo mense quosdam nasci contingit. Et sicut macrobius [I vi 14-17 zu Cic scip] dicit . humana conceptio . formatio . uiuificatio et pęne tota uita septenarii numeri mysterio continetur. Ω
LATEBRAS UTERI quia euenit ut in septimo mense filii nascantur, sive ideo dixit ABSOLUTA MORTALITAS quia post septem menses integer homo efficitur in utero matrum. JS *nach Lutz 58,12-14*

3 *Zu* septenarium perfectum *siehe* Ω *zu 7-9.*

4 *Zu* conceptu: Discretio uero sexus futuri . sicut hyppocrates refert . sic in utero dinoscitur. Aut enim septuagesimo aut nonagesimo die conceptus mouetur. Macr I vi 17 *zu Cic scip*

7-9 *Zu* Tára-nâh *bis* máchot: Dehinc .s. additur ad perfectionem septenariam quod trias .i. ternarius qui remansit de nomine mercurii triplicata facit nouenarium. Quaternarius autem qui remansit de nomine philologię per diplasion .i. per duplum geminatus octo reddit ita . bis quaterni octo. Ω
RA ersetzte 6 nouem *durch 8* nouenarium, *Notker ersetzte 7* octo *durch 9* octonarium.

9 *Zu* .i. superoctaui, *10/11 zu* Sô *bis* héizet: Nouem uero ad octo efficiunt iunctionem epogdoi numeri. Epogdous dicitur quasi epiogdous .i. superoctauus. Nouem enim habent intra se octonarium et eius octauam .i. unitatem. Est autem epogdous in arithmetica . tonus appellatur in musica. Ω
RA nahm epogdous *schon 20,12 zu* octauis *durch.*
EPOGDOI Epogdous dicitur superoctavus quia novenarius superat octonarium in octava sua parte. JS *nach Lutz 58,15/16*

11/12 *Zu* .s. epogdous, *13/14 zu* Vnde *bis* máchot: Tantumque pensat .i. ualet in numeris epogdous . quantum .s. pensat symphonia diapason in melicis .i. in musicis. Quę .s. diapason tonum facit. Ω

14/15 *Mit* Táz *bis* musica *umschrieb Notker 13/14* sô *bis* máchot.

15 *Wegen der Abtrennung des Relativsatzes vom Vorangegangenen ergänzte Notker* .s. tonus.

16 *Zu* .i. perfectę armonię, *16/17 zu* Dér *bis* íst: Qui est continua modulatio consonę unitatis . hoc est perfectę armonię. Ω

17/18 *Zu* Tonus *bis* enchédunga: Ex tonis enim et semitoniis constat omnis musica. Notandum autem quia non de omni diapason hoc dicit . sed de illa quę tonum facit et octo cordis uel uocibus constat. Sciendum autem quia sunt symphonię in musicis consonę et dissonę. Consonę sunt cum uno eodemque spatio toni separantur . ut est in symphonia diapason. Dissonę uero sunt cum a se separantur aut hemitonio aut tritemoria . hoc est tertia parte toni . aut tetratemoria . hoc est diesi . quarta scilicet parte toni . quę spatia sunt in diatessaron et diapente. Ω

Constat autem [diatessaron] ex duobus tonis et non integro semitonio.... Rursus diapente consonantia . uocum quidem est quinque . interuallorum quattuor . trium tonorum et minore semitonio.... Diapason consonantia . constat ex quinque tonis et duobus semitoniis quę tamen non unum impleant tonum. Boeth mus I xvii-xix

únde án diatesseron sîn drî únderlaza tonus tonus semitonium . únde án diapente fîere . tonus tonus semitonium tonus.... Án dîen octo modis ... sínt úns keóuget octo species . diapason simphonię . án dîen uuîr fîndên ûfstîgendo fóne demo níderôsten ze demo óberôsten dîse síben únderskéita . tonum tonum semitonium . tonum tonum semitonium tonum. Nm *nach Piper 854,25-27 855,21, 23-27*

18/19 *Zu* .i. ex qua ratione, *19-22 zu* Dánnan bis *sie:* Ex quo .i. ex qua ratione numerorum nihil est quod discrepet .i. discordet aut resultet .i. contradicat uel resistat in medio. Nullus enim medius numerus est inter ternarium et quaternarium sicut neque inter octonarium et nouenarium. Ω

RESULTAT IN MEDIO id est nullus numerus interponitur inter tria et quattuor sicut nec inter octo et novem. JS *nach Lutz 58,23/24*

J99   98,22-99,1 *Zu* .i. coniunctione .s. uterque numerus, *1/2 zu* Vnde bis fûogi: Congruit .s. sibi uterque numerus. Congruit .i. concordat et conuenit . consentanea .i. consimili uel consentiente . iugitate . hoc est coniunctione uel societate. Ω

2/3 *Zum Übergangsglied* Táz *bis* táz *siehe* 7 lętabunda.

3 *Zu* íro *bis* gehíllet: Ergo concinebat numerus nominum prędictorum .i. omnium quę prędicta sunt. Concinebat .i. conueniebat. Ω

4 *Zu* i. diffinita: Ratum uero . quasi rationabile et rectum. Unde et qui pollicetur dicit . ratum esse profiteor . hoc est firmum atque perpetuum. Is et V xxiv 21

Ratum. Firmum. Stabile. Fidele . certum. Fixum. Immobile.... quasi racionabile .... hoc est firmum atque perfectum. GS

4 *Zu* .s. numeros, *5/6 zu* Sô *bis* nîeht: Sic igitur constrinxit .i. conciliauit et copulauit inter eos rata sociatio .i. rationabilis copiam nuptialem .i. conuenientiam uera ratione .s. numerorum. Nam ueritas in numeris continetur. Ω

7 Zu .i. confirmauit, 7-9 zu Dánnan bis sórgon: Ex quo .i. unde lętabunda
illa .i. alacris et lętanti similis concitauit sibi commodissimum .i. utilli-
mum uel conuenientissimum conubium. Concitauit .i. confirmauit et composuit .
multiuida .i. multa uidens et considerans .s. tamen alio fluctu .i. alia cogi-
tatione uel perturbatione mentis. Ω

10 Zur Überschrift siehe 11/12, 13-16 und 19/20.

11 Zu .i. hesitans, 12/13 zu V́nzuĭuelig bis uuíste: Nam nihil differens .i.
hęsitans uel diffidens cępit formidare decori .i. pulchritudini formę suę et
corporeę substantię .i. mortali et fragili. Sensus est . licet nihil dubitaret
in animo quod hę nuptię conuenirent . metuebat tamen fragilitati corporeę .
dubitans non posse se ferre ignes cęlestes . et per hoc metuens turbari in
aliquo suam formositatem. Ω

16-19 zu Sî bis stérnon: Quippe formidabat tremebunda ipsa perferendos esse
.i. tolerandos et sustinendos globos flammarum cęlestium .i. speras planetarum
per quarum circulos transitura erat . et ignes ardentium siderum .i. stellarum
quę in cęlo sunt fixę . perferendos esse illos globos artubus .i. membris adhuc
mortalibus siccatis .i. exhaustis macilenta gracilitate .i. subtilitate . et
hoc non incassum .i. non inutiliter. Ω

20 Zu i. incorruptum und .i. saturni, 99,20-100,2 zu Dára-gágene bis sún:
Sed aduersum illa .s. quę metuebat pręparauit quoddam alimma. Limma grece corruptio . alimma uero incorruptum siue incontaminatum sonat. Pręparauit ergo
alimma .i. unguentum incorruptibile abderitę senis .i. saturni qui abderites
uocatur a lapide quem pro ioue deuorauit qui grece abaddir dicitur. Et bene
contra siderum calores frigidissimi saturni medicamenta pręparat . est autem
medicina a contrario. Ω

ABDERITĘ id est Saturni, a lapide quem devoravit Saturnus pro Iove filio suo.
JS nach Lutz 58,32/33

Sed .s. ipsa N-T E-T IG

2 Zu fúre sînen sún siehe auch Ω zu 8,20 .s. fóne des súnes âhtungo (saturnum iouis patrem.... a filio regno pulsus).

J100 3 Zu .i. animalium, 3-6 zu V́nde bis creaturis: Cui .s. alimmati con-
cesserat .i. permiscuerat siue tribuerat multa de lapillis et surculis permixtis . multa etiam herbarum et membrorum .i. animalium . per hoc unguentum scientia phisica designatur . quę disputat de naturis lapidum . arborum . herbarum . animalium et omnium creaturarum. Ω

6 Zu .i. incantatio, 7 zu .i. producta, 8-11 zu Ter bis gálsterâra: Signatur .i. designatur et describitur colchica fiducia .i. colchica incantatio in

qua fidebant homines. Colchos autem regio est scithię de qua fuit medea maga
potentissima . cuius regionis homines maximam operam in incantationibus magicis impendunt. Quibus nunc fulcitur philologia . quia rationales homines ea
arte utuntur. Continuata .i. producta ipsa fiducia in centum uoces. Finitus
numerus pro infinito .i. in multas uoces. Diuersis enim uocibus utebantur in
magicis pro diuersitate incantationis. Qua re signatur? Impressione adamantini
cacuminis .i. duri stili . quia nihil durius adamante. Cacumen acutam partem
stili dicit qua litterę formantur. Ω

11 Zu .s. carmen, 12 zu i. sursum mouebat, 13 zu .s. ipsa und et, 13-16 zu
Táz bis sólta: Quid pro quod .s. carmen . uel quod .i. omne illud quod prę-
dictum est submouebat in curiam .i. in senatum deorum . submouebat .i. sursum
mouebat secum deportatura aduersum superos ignes siderum et aduersum confinia
.i. uicinitatem deorum . per quorum circulos erat transitura . planetarum uidelicet quę uocabulis deorum titulantur. Pręparata ipsa cum lumine decoris et
etiam uenustatis. Ω

17 Zu .i. appositum und ex, 18 zu i. reaccensione und .i. lunę, 18-21 zu Dô
bis enfâhet: Denique allinebat apposito .i. apto et applicato corpori suo unguentum irrorati liquoris ex reuibratu mensis. Apposito corpori ypallage est
pro appositum unguentum. Irrorati .i. ex rore confecti qui ros erat ex reuibratu mensis .i. ex fulgore uel lucubratione lunę. Reuibratum autem mensis
dicit lunę coitum quando luna iterum incrementatur et a sole illuminatur. Ex
illo ergo rore qui tunc cadit quando luna in coitu est et mensis reuibratur
.i. iterum illuminatur et accenditur incremento lunari . confectum erat hoc
unguentum quo corpus suum perducebat. Ω
ALLINIBAT infundebat. MENSIS id est lunę. Ex rore enim cadente de corpore lunę
allinibat corpus suum. REVIBRATU lucubratione, quia per radios lunę cadit ros
in terram. Lucubratio dicitur lux blanda. JS *nach Lutz* 59,7-10

18 iterum ... accenditur *bei* RA *ergab* reaccensione *bei Notker*.

20/21 *Zu* enfâhet *siehe* Ω *zu* 71,16-19 (Resumebat fulgorem ex fraterna lampade).

21 *Die Überschrift faßt den Inhalt des Abschnitts zusammen.*

J101   100,22 Zu .i. famula, 101,1/2 zu .i. fronesi, 2 zu .s. sponte . incertum est *und* .i. coeua, 3-6 zu Vnz *bis* mûoter: Sed cum uirgo talia componit .
pedissequa eius periergia conspicatur sollicita trepidatione quid ageret incertum .s. est utrum missa sit a matre ipsius philologię .i. a fronesi . an
.s. uenerit sua sponte utpote eius collactia uel collactea . hoc est collac-
tanea et coęva.... Periergia ergo studiosa operatrix potest interpretari .

quam quidam arithmeticam accipiunt . pedissequa .i. famula. Ω

7/8 Zu Únde bis réisonta: Quam cum cognosceret disponentem prędicta .s. adiutoria uel medicamenta siue etiam argumenta . speculabunda ipsa ab ostio rimatim .i. per rimas . hoc est aperturas ostii. Hoc uero ad subtilitatem arithmeticę est referendum. Ω

11-15 Zu Sô bis máchont: Adorta est .i. aggressa uel cępit increpare familiari et blanda non mordaci increpatione aliam eius ancillam cui uocabulum est agrimnia .i. uigilia.... Et prębebat excubias .i. uigilias uel custodias. Quod non siuisset paululum .i. admodicum coniuere .i. parum dormire uel oculos claudere . uirginem gratia seruandi decoris . quia nimia uigilia pallorem adducit. Ω

15/16 Zu .i. periergia: CUM IPSA id est Periergia. JS nach Lutz 59,15 Siehe auch Ω zu 101,20-102,1.

17/18 Zu Sîd bis uuólti sonst keine Glosse.

101,20-102,1 Zu Únde bis ánaslóufo: Nam asserit .i. affirmat se ipsa periergia circuisse multa .s. loca et comperisse quid sollertię . quid ornatus uel quid denique indumentorum sumerent dotalia mancipia .i. septem liberales artes . hoc est quomodo prępararentur a mercurio. Ω

22 Zu brûte-gómen siehe 102,1 sponsus.

J102 2/3 Zu Vnde bis hóue: Dicebat ipsa periergia non nescitum sibi sed bene scitum et cognitum quid perageret ipse sponsus .i. mercurius . et quid gereretur in palatio iouis. Ω

3/4 Zu .i. aurora, 4 zu .i. pulchrvm, 4-6 zu Vnde bis hábe: Et an succenderet facem leucothea .i. aurora . interpretatur autem alba dea. Succenderet facem .i. afferret lucem mundo . et purpureum lumen .i. pulchrum . aurora enim non est purpurea sed purpureum pro pulchro ponitur sicut oratius. Ω

6 Zu .i. currus, 7/8 zu Vbe bis uuâre: Et .s. dicebat non nescitum sibi an uigilarent remigia .i. equi uel currus solis . hoc est an esset iam ortus diei . et an comeretur .i. exornaretur .... Sonipes .i. equus phosphori .i. luciferi.... Hęc omnia nouerat periergia quia harum rerum scientiam studiosa cooperatio adquirit. Ω

9/10 Zu Vnde bis spého: Astruebat innumera id genus .i. multa huius modi . et est figurata et honesta locutio. Quę aspexerat curiosis .i. sollicitis perscrutationibus. Ω

11 Zur Überschrift siehe 12/13 und 17/18.

12 Zu .i. prudentia, 13 zu Tô bis muôter: Irrupit repente fronesis mater philologię secretum cubiculi. Bene fronesis mater est philologię quia pru-

dentia rationem exornat et quodammodo enutrit sicut mater. Ω
FRONOSAPIO, FRONESIS, PRUDENTIA Quicumque studiosus est necesse est ut adeat haec tria. JS *nach Lutz 59,21/22*
phronesis .i. prudentia N-T E-T IG

15 Zu .i. auxiliorum, 15-17 zu Sî *bis* hábeta: Prȩparatorum boematum .i. auxiliorum. ΒΟΗΘΟC enim grece auxilium . auxilia autem uocat medicamenta superius prȩparata. Legitur et boymatum .i. ascensionum . boymata ergo uocat ipsa quȩ prȩparauerat per quȩ illȩsa ascensura erat cȩlum. Fecit eam consciam .i. participem huius scientiȩ. Ω

18/19 Zu Áber *bis* míteuuíste: Uerum illa .i. fronesis detulerat filiȩ suȩ .i. philologiȩ exuuias .i. uestes et ornatus uel ornamenta. Exuuias uocat interulam et peplum . ornatus autem diadema et cingulum quibus uirgo ornabatur. ... Quis pro quibus .s. exuuiis induta non paueret .i. non formidaret sociari .i. coniungi cȩtibus . hoc est agminibus deorum. Ω

102,20-103,1 Zu Sî *bis* sapientiȩ: Itaque dedit ei uestem .i. interulam . interiorem scilicet tunicam siue camisiam. Et dedit illi peplum fulgidum instar lactis. Per uestem interior ratio designatur . per peplum uero quod erat fulgidum instar lactis quo exterius induebatur significatur simplicitas honestatis cum luce sapientiȩ. Ω

20/21 Zu gáb ... ze líche *siehe* 100,16/17 apposito .i. appositum corpori.

J103   1 Zu uidebatur esse *und* .i. preciosarum, 3-6 zu Dáz *bis* gáreuuent: Quod .s. peplum uidebatur esse uel ex illa lana felicium .i. pretiosarum herbarum qua perhibent .i. dicunt indusiari . hoc est indui uates indicȩ prudentiȩ et accolas montis umbratii. Umbratius mons est indiȩ. Apud indos autem herbȩ quȩdam sunt lanuginem candidissimam atque mollissimam ferentes ex quibus pontificum uestes fieri solent. Ω

6/7 Zu álso *bis* uuérdent: Nec miscere .i. tinguere lucida uellera servm . tirio ueneno. Nóh tíe scónen sîdâ dero serum . fáreuuen mít tíriskemo sóuue. Seres sízzent hína uérro óstert in ében india . díe stróufent ába íro bóumen éina uuólla . día uuír héizên sîdâ . día spínnet man ze gárne . dáz kárn fáreuuet man místelicho . únde máchôt tar-ûz féllôla. Nb *nach* A84,1-6

8 Zu hoc peplum esse *und* .i. filis, 9 zu .i. indiȩ, 9/10 zu Únde *bis* héizet: Et quantum apportat osus telluris eius .i. indiȩ. Osus pro usus antique dixit. Uidebatur illud peplum ex netibus .i. filis uel telis candentis pro candidi bissi. Apportat .i. exigit. Bissus genus est lini candidissimi et mollissimi.Ω

8 Zu hoc peplum esse *siehe auch* Ω *zu* 1 uidebatur esse.

12-14 Zu Tára-nâh *bis* stûont: Dehinc apponit uertici ipsius philologiȩ uirginale diadema. Diadema decus et munimen sapientię significat. Quod .s. diadema pręnitebat maxime lumine medialis gemmę .i. quę media erat et a fronte refulgebat. Ω

12/13 Zu gôld/rîng: Diadema est ornamentum capitis matronarum ex auro et gemmis contextum. Is et XIX xxxi 1

14 Zu .s. gemma, 15 zu .i. profunde, 16-18 zu An bis tôugeni: Ex qua .s. gemma resplenduit quędam galeata uirgo et obtecta uultu. Figurata locutio .i. obtectum habens uultum. Incisa .i. insculpta illi gemmę . penitus .i. profunde et intime . instar secreti troiani. Ω

103,18-104,2 Zu Palladium bis gemma: Troiani reges in suo diademate iaspidem gemmam ferre solebant in qua palladium .i. simulacrum palladis insculptum erat . et hoc habens speciale decus . nulli enim reges aliarum gentium hoc habuisse leguntur. Secretum ergo troianum uocat ipsum palladium . hoc est simulacrum palladis . quod pro mysterio habebant troiani. Erat enim paruulum simulacrum quod ferebatur de cęlo lapsum in quo etiam erat fatum imperii troianorum . quod a nullis nisi a paucis sacerdotibus uideri licebat. Nam illud quod uidebatur simulacrum palladis ligneum et maximum erat . illud autem uerum palladium breue . ut dictum est . quod agnoscebatur ex toruitate .i. terribilitate luminum et hastę mobilitate. Dicit ergo in illo diademate fuisse gemmam in qua gemma sculpta erat imago palladis sicut in diademate regum troianorum insculpi solebat. Ω

19 Zu effigies palladis: sacram effigiem Verg aen 2,167

J104 3-5 Zu Aber bis bezêichenet: At exsoluit sibi prudens mater .i. fronesis cingulum quo annecteret .i. stringeret pectus .s. philologię. Cingulum .i. fasciam pectoralem per quod significatur amor uel caritas uirtutum. Ω
SIBI a se ipsa. JS nach Lutz 60,3

4/5 Zu mît bis zîerton siehe Ω zu 102,18/19 (ornatus bis ornabatur).

7/8 Zu Únde bis zâme: Et ne careret philologia ornatibus ipsius fronesis apponit .s. ipsum cingulum pectori eius quo uerius comeretur. Ω

7 Zu îro tôhter siehe 102,17 filię.

10-13 Zu Âne bis stât: Pręterea subligauit .s. pedibus illius calceos .i. calciamenta ex textili papyro. Papyrus genus iunci est. Per calceos ex papyro inmortalitas significatur . quia papyrus semper uiret . et ne umquam siccetur in aquis radicem figit. Ne quid morticinum pollueret membra eius .i. philologię . ideo inquit calcei non ex corio sed ex papyro fuerunt quia cęlum ascensura nihil morticinum secum ferre debebat. Ω

12/13 Zur falschen Etymologie von bînez (fóne bis hábet) siehe Backes S.84.

14 Zu .i. plena, 15-17 zu Áber bis uuésen: Onerantur .i. replentur et grauidantur etiam manus uirginis acerra .i. turali archa . grauidata .i. quę acerra grauidata et plena erat multo aromate .i. multis aromatibus. Eademque .s. acerra candenti . hoc est ipsa acerra candens erat. Per acerram cum aromatibus fragrantia bonę opinionis et uirtutis significatur . hęc omnia debent esse in animo sapientis. Ω

18/19 Zur Überschrift siehe 105,19,21/22 und 106,18/19

19 zu CAMENAE siehe 3,7 camena und NL zu 3,11 sáng-cúttenno.

20 Zu .i. operire, 21 zu Sô bis stérnen: Et iam tunc roseo subtexere sidera peplo cęperat . ortum diei describit. Et iam tunc cęperat aurora subtexere .i. occultare uel operire sidera in roseo peplo. Oriente enim die splendor siderum euanescit. Ω

22 Zu .i. turpitudinem, 104,22-105,1 zu Irbáronde bis mán-ézon: Promens .i. manifestans ipsa aurora pudorem . hoc est facinus uel turpitudinem ambronum. Ω

J105   1-3 Zu Cibus bis múgen: Ambrones populi sunt scithię qui carnibus humanis uescuntur et maxime noctibus uagantes captos homines deuorant. Inde fingit auroram .i. ortum diei manifestare scelus illorum quod noctibus peragunt. Brosis grece cibus dicitur . hinc ambrones ipsi sunt et antropofagi .i. hominum comesores. Ω

4-7 Zu álso bis vuúrme: His motibus ita compositis . sclauis qui nostra consuetudine uuilci . proprie uero id est sua locutione uuelletabi dicuntur . bellum inlatum est. Einh vita I xii zum Heereszug Karls des Großen 789

Erat quidam vir de Durgowe iuxta nomen suum magna pars terribilis exercitus, vocabulo Eishere, tantę proceritatis, ut de Enachim stirpe ortus credi potuisset, nisi tantum temporis ac locorum interesset.... Is itaque cum in comitatu cęsaris Bemanos, Wilzos et Avaros in morem prati secaret et in avicularum modum de hastili suspenderet, domum victor reversus et a torpentibus interrogatus, qualiter ei in regione Winidum complaceret, illos dedignatus hisque indignatus aiebat: 'Quid mihi ranunculi illi? Septem vel octo vel certe novem de illis hasta mea perforatos et quid nescio murmurantes huc illucque portare solebam. Frustra adversum tales vermiculos dominus rex et nos fatigati sumus'. Notker B gesta II xiii

Ex iis, quae pagina 105, linea 4 dicuntur, elucet: ex Slavis aevo Carolingo in captivitatem redactis, ac in germaniam deductis, Hazchorum (Zechen) coloniam in nostra vicinia consedisse, et pro Antropophagis habitos fuisse. Qua assertione abs Authore coaevo prolata in Bohemia docti viri his annis multum vexati fuere. Ildefons von Arx vorne in Cod.Sang.872

Nach Notker sind die Wilzen Menschenfresser gewesen. Der Originalität halber
sei daher die ganze Stelle angeführt: Áber bis vuúrme. Brüske S.7 Anm.29
*Woher Notker das mit der besonderen Küche dieser Leute genommen hat, ist also
immer noch nicht ermittelt.*

7 Zu .i. quando, 8 zu .i. adornata, 8/9 zu Sô bis îst: Cum pro quando micat
alma lux in ortu uidelicet diei . creperum .i. dubie . alma autem lux proprie
dixit. Ferunt enim phisici luce omnia crescere et nutriri. Creperum aduerbium
est pro crepere .i. dubie . hinc et crepusculum dicitur dubia lux . gemmata .i.
adornata ipsa lux decore. Quidam codices habent geminata .i. aucta uel duplicata decore orientis solis. Ω
gemmata uel geminata decore Br RG

10 Zu Sô bis skînet: Cum nitet phosphorus .i. lucifer .i. cum mane oritur
ante solem . cum uero occidente sole oritur . uesper uocatur. Et fit .i. creatur uel apparet cum aurato astro. Ω

10/11 Zu .s. cum *siehe* 9 Cum ... cum.

11/12 Zu Sô bis tóuue: Tunc .s. glaciatur candens pruina cum tenero rore .
glaciatur .i. incrustatur . candens .i. cana. Ω

13/14 Zu Únde bis eruuégent: Et cum quatiunt greges caulas in matutina pascua. Quatiunt caulas proprie dixit . nam egredientes a caulis ad pastum cum
impetu ipsas caulas quatiunt . in matutina pascua .s. pergentes. Ω

15 Zu Sô bis hérzen: Cum pulsant mordaces curę languida pectora. Mordaces
proprium epitheton curarum . quia mordent et stimulant ac sollicitant se pos-
sidentes. Pulsant .i. commouent et repetunt. Nocte enim sollicitudo deserit
homines .i. cum dormiunt . ad quos iterum mane reuertitur. Ω

16-18 Zu Únde bis trînchentên: Et fugit expulsus somnus ad loethea litora.
Poetice dicit fugere somnium ad loetheum fluuium inferni. Loethos grece sopor
uel obliuio . hinc loetheus fluuius de quo feruntur animę potare obliuionem
transeuntes in corpora. Ω
post mortem sequitur vita. JS *nach Lutz 22,19 zu 25,8* Hi bis cursus
Siehe auch Anon zu 142,8/9 (post mortem) und 160,18-22 (Loethos bis exeuntibus).
Animae, quibus altera fato/corpora debentur, Lethaei ad fluminis undam/securos
latices et longa oblivia potant. Verg aen 6,713-715
LETHAEI AD FLVMINIS VNDAM. Si anima aeterna est et summi spiritus pars . qua
ratione in corpore non totum uidet . nec est uiuacitatis ut omnia possit ag-
noscere. Quia cum coeperit in corpus descendere . potat stulticiam et obliuionem . unde non potest implere uim numinis sui . post naturę suę obliuionem.
Serv *zu dieser Stelle*

19-21 Zu An bis lûstsami: Ecce ante fores uirginis .s. philologię quidam dulcis sonus cum multifidis .i. uariis et multiplicibus suauitatibus modulationum. Ω

J106   105,22 Zu illum, 106,1/2 zu Tên bis brûtlôuften: Quem .s. dulcem sonum concinebat chorus conuenientium musarum. Inpendens .i. attribuens uel reddens illum sonum nuptialibus sacramentis tinnitibus .i. sonitibus doctę modulationis. Ω

4/5 zu Dâr bis órgenlûtun: Nam nec tibiarum mela .s. deerant. Tibię dicuntur quod ex tibiis gruis maxime dexteris fieri soleant. Nec .s. deerat sonitus ex fidibus .i. ex chordis . nec .s. deerat armonica plenitudo ydraularum .i. organorum. Ydraula grece organum dicitur . ydor namque aqua . aulę autem dicuntur fistulę organales . hinc ydraulia uel ydraula dicitur organicus sonus. Tangit autem hic tria genera musicę . tibiarum . chordarum et musicam aquę quę fit in organo. Ω

7 Zu .i. musarum, 7-11 zu Áber bis musę: Sed collata .s. illa tria genera modulationis in blandum cantum ac compactum modificato .i. moderato et temperato fine fecerunt ratum silentium uoci uirginum .i. musarum . ut inquit illę musę canere possent . fecerunt .i. dederunt silentium musica instrumenta spatio complementi .i. ut complerent facienda . et donec uoces uirginum complerentur. Ω

COMPLEMENTI SPATIO id est donec completa esset vox virginis, dabant Musae silentium. JS nach Lutz 60,16/17

12 Zu .i. superat . et pręit, 13-15 zu Vnde bis vuîsun: Ac tunc omnis ille chorus musarum pręuertit .i. superat et pręit omnes organicas suauitates cum canoris uocibus et cum dulci modulatu. Ω

16 Zu .i. rithmis, 16/17 zu Vnde bis uuórt: Et funduntur hęc dicta cum numeris .i. rithmis siue modulationibus. Ω

17 Zur Überschrift: Et hoc metrum canebant simul omnes musę. Ω, auch ohne simul JS nach Lutz 60,20

INCIPE MAENALIOS MECUM MEA TIBIA VERSUS. Dicitur autem hic versus intercalaris, qui frequenter post aliquantulos interponitur versus, sicut intercalares dies et menses vocantur, qui interponuntur, ut ratio lunae solisque conveniat. Serv zu Verg ecl 8,21

19-21 zu Nû bis stérnen: O uirgo philologia scande templa cęli digna tanto fędere .i. talibus nuptiis. Poscit .i. uult uel iubet socer iupiter. Non enim maior postulat persona subire te .i. conscendere celsa astra. Ω

21/22 Zur Überschrift: Est autem laus philologię de astrologia. Ω
SIDEREOS COETUS In is versibus laus Philologiae de Astrologia dicitur. JS nach

Lutz 60,21/22

Damals verwechselte man astronomia mit astrologia. Siehe Ω zu 126,16-18 (astrologiam) und 127,13-18 (astronomiam).

22 Zu VRANIA siehe 107,1 urania.

J107   1/2 Zu Tô bis gesuîgentên keine Glosse.

3 Zu Nû fár siehe 106,19 Nû fár ûf.

3-6 Zu únde bis únguis: Uide tu o philologia sidereos cętus .i. cęlestes multitudines . et sacra culmina polorum .i. summos deos siue uertices cęli . nil iam coniciens .i. nihil hęsitans . nil dubitans . sed sub certitudine uidens omnia.... Cum inquit cęlum conscenderis . iam non sicut ante cum esses mortalis dubitando requirens . sed potius sideribus legem imponens . et tua auctoritate illa reges. Ω

5 Zu Dea uuérdendo siehe JS zu 82,21/22 (volens in deam verti) und Ω zu 111, 18 (siue deificata et inmortalis facta).

6 Zu .s. eras, 7-10 zu Tû bis férten: Olim disquirens .i. inuestigans .s. eras tu . quid .i. quę causa torqueat . hoc est rotet uel coniungat nexos orbes .i. circulos planetarum. Nunc dabis tu ipsa pręsul .i. moderatrix et rectrix . dicimus autem hic et hec pręsul. Dabis causas raptibus .i. cursibus siderum. Ω

NEXOS quia circuli planetarum invicem coniunguntur. JS nach Lutz 60,2/3

7 .i. magistra scheint von Notker zu stammen. Siehe 54,15 méistera, 56,15/16 uuérch/méistera, 76,5 méistrun, 113,19 méistra, 142,18 méisterun und 148, 18 méisterina.

7 Zu .i. leges siehe Ω zu 3-6 (sed potius sideribus legem imponens).

10 Zu .i. compositio und aspicies, 11/12 zu Tû bis bînde: Aspicies tu zeuma est ab inferioribus [siehe 108,6] . quę textura .i. compositio liget circos .i. circulos cęlestes. Ω

11 Zu sô dû dára-chûmest siehe Ω zu 3-6 (Cum inquit cęlum conscenderis . iam).

12-14 Zu Uuélih bis ándere: Uel quid claudat nexio .i. abside planetarum. Uidebis inquit . quid unusquisque circulus intra se contineat . nam singuli planetarum circulos qui intra se sunt suo ambitu continent. Ω

13/14 Zu Uuánda bis ándere siehe auch Ω zu 161,5/6 Únde bis dráti.

14 Zu .i. quot, 15/16 zu Únde bis úmbeháhe: Et .s. aspicies quantos globos .i. circulos aliarum planetarum ambiat curua orbita .i. obliquus circulus. Quantos autem pro quot dixit .i. quantitatem pro numero . quia et ipsi circuli suam habent quantitatem. Ω

16-19 Zu Uuáz bis tuâla: Et .s. aspicies quid cogat .i. concitet sidereos cursus quidue retardet. Cogit enim planetas propinquitas terrę . retardat altitudo. Quantum enim magis appropinquant terrę . tanto citius currere uidentur . et quanto elogantur a terra in altitudinem . tanto tardius. Quattuor autem modis retardantur sidera . aut quando in altissimis absidibus currunt . aut quando retrograda sunt . aut quando stationaria . aut quando anomala . hoc est quando per latitudinem uagantur signiferi. Item concitantur tribus modis . aut quando propinquant terris . aut quando impelluntur radio solis et celerius currere uidentur . aut quando per rectam lineam sui circuli mouentur. Ω

18 Zu chráft siehe 153,19 uis ... chráft.

19/20 Zu Únde bis suînen: Et .s. aspicies tu quis radius flammet .i. inflammet et accendat lunam uel minuat. Ω

107,20-108,1 Zu Sô bis óugon: Notum est quia luna non habet suum lumen . sed a sole illuminatur. Flammatur uero cum elongatur a sole . quia tunc obuertit nobis eam partem quam sol illustrat . minuitur uero cum soli appropinquat.Ω Cum sit luna semper pleni orbis . quia numquam crescit nec decrescit . sed crescere uidetur cum elongatur a sole . decrescere uero cum appropinquat soli. Subicit soli scilicet ipsa luna. Omni hemispherio scilicet suo .i. medietate sui circuli. Ideo hoc dicit quia dimidia pars lunę semper plena est. Namque ea pars qua aspicit solem illuminatur . atque inde efficitur ut luna non crescat uel decrescat quantum ad solem pertinet . sed quantum ad nos. Nam si sub sole sit . a nobis non uidetur usque dum recedat a sole . tunc paulatim lux eius incipit apparere hominibus.... Quando iterum plena est luna nobis . contra solem faciem suam habet . et contra nos quando autem penitus a nobis non uidetur. Simili modo plena est et contra solem dum sit in coitu. RA nach Lutz 279,8-16,19-22 zu MC VIII §862 nach Dick/Préaux 454,13-15

Sol enim illi loco superior est . hinc euenit ut quando [luna] sub illo est . parte superiore luceat . inferiore uero quam habet ad terras . obscura sit. Is et III liii 2

atque inde [luna] omnino non appareat . quia tunc illa pars quae illustratur sursum est ad cęlum . ad terram autem illa quam radiare sol non potest....
QUA RATIONE LUNA . CUM SIT SITU INFERIOR . SUPERIOR SOLE ALIQUOTIENS UIDEATUR. Beda rat 25/26

J108 2 Zu .i. illuminet, 2/3 zu Vuélih bis súnnun: Qui fomes stellet cęlum . fomitem solem dicit a quo cuncta sidera illuminantur. Ω

2 Zu .i. flamma siehe 28,6/7 flamma ... fomitibus und 107,19 flammet.

3 Vuélez *bis* súnnun: *Noch eine rhetorische Frage.*

3 *Zu .s.* sydera, 3-5 *zu* Vnde *bis* máchot: Et quanta .s. sidera reuoluat . quinque scilicet planetas. Reuoluat autem dicit retroagat propter retrogradationem . siue reuoluat dicit propter uicissitudinem temporum. Sidera enim distinctis temporibus uel oriuntur uel occidunt. Ω

5 *Zu .i.* prouidentia, 6 *zu s.* gubernandi, 6/7 *zu* Tár *bis* sî: Quę sit cura .i. prouidentia gubernandi mundi deis . uel qui modus .i. quę mensura gubernationis aspicies. Ω

9-11 *Zu* Fár *bis* suêr: *Diese Fassung des ahd. Refrains ist mit den anderen – 106,19-21 und 109,21-110,2 – zu vergleichen, was Sonderegger S.98-100 unternahm.*

11 *Zu* LAVS *bis* MVSICAE: Laus philologię de peritia musicę. Ω
Laus Philologiae in his versibus est de Musica. *JS nach Lutz 61,7*

11/12 TVNC CALIOPE *gehört eigentlich zum Text.*

12 *Zu .i.* tibi, 13 *zu* tulerunt, 13-17 *zu* Dîe *bis* trínchên: O philologia amica semper complacitis musis.... Amica musis semper tibi complacitis .i. tibi caris et semper placentibus. Cui .i. tibi tulerunt . syllepsis per numeros. Tulerunt .s. tibi poculum .i. carmen magnesia fluenta. Magnesia regio est scithię uicina thessalię abundans tam poetis quam etiam fontibus. Ibi est enim libetros fons musis consecratus. Ω
MAGNESIA regio nobilissima Scithiae ubi abundant poetę et flumina, ibique canes optimi sunt. *JS nach Lutz 61,9/10*
Thesseliae uicina magnesia . cuius fons est libetris poetici haustus nomine celebratus. *MC VI §654 nach Dick/Préaux 323,11-13*

14 *Zu* dîerna *siehe* 7 uirgo.

17 *Zu* Vuánda *bis* chánst *siehe* 11 LAVS *bis* MVSICAE, 32,5/6 chúndiu *bis* poetis *und* 109,7/8 Tu *bis* metris.

18 *Mit* pe *bis* hábest *umschrieb Notker* 13/14 Dîe *bis* ketrénchet.

19 *Zu .i.* pegasi *und* tibi poculum, 108,19-109,2 *zu* Vnde *bis* fûoze: Et tulit .i. attulit tibi poculum fons gorgonei caballi .i. pegasi. Gorgonei autem dicit de sanguine gorgonę nati . est autem fabula .... Perseus autem in figura uirtutis ponitur qui gorgonam cum adiutorio mineruę occidit . quia uirtus auxilio sapientię omnes terrores uincit. De sanguine autem gorgonę natus est equus pegasus . qui fama interpretatur . et pede suo fontem castalium siue pegaseum produxit . quia uirtus superans omnia famam sibi conquirit. Finguntur autem poetę de illo fonte potare . quia figmentis poeticis maxime fama iuuatur. Ω

J109   2 *Zu .i.* tibi, 3 *zu .s.* montium .i. aonis montis *und .i.* florens, 3/4 zu .i. poetis, 4 zu Tír bis poetis: Cui .i. tibi frondet uertex aonidum .s. nympharum. Aon mons est tracię siue boetię . a quo musę aonides dicuntur. Uirens ipse mons coraulis .i. abundans poetis. Ω

3 Für .s. montium .i. aonis montis erwartet man *.i. musarum .s. aonis montis.

3 Zu .i. florens siehe NL zu 6/7 (floribus).

4-6 Zu Aulę bis cornicen: Coraula proprie est qui cornu canit sicut bubulcus. Ω

Siehe auch Ω zu 106,4/5 (aulę bis organales).
In Anlehnung an Remigius' Aussage führte Notker corneę fistulę, tubę corneę, coraulus und cornicen auf, aber choraula bzw. choraules hat nichts mit cornu zu tun. Das erste Glied von χοραύλης ‚der zum Chortanz die Flöte bläst' ist bekanntlich χορό-ς.

6/7 Zu Apollinis bis hábentemo: Cirra mons apollini consecratus . uiolas specialiter pro omnibus floribus posuit. Ω
CIRRE similiter mons Indiae. De floribus Cirrae montis Indię serta habebant Musae et cantabant in Aonio monte Traciae. JS nach Lutz 61,20/21

7 Zu scis, 8 zu Tû bis metris: Tu scis mela uatum .i. cantus poetarum. Uates a ui mentis dicuntur. Ω

9 Zu .i. cytharam, 9/10 zu Dû bis musici: Et scis referre pindaream chelin. Pindarus poeta uel citharędus optimus fuit . chelin .i. lyram pindari. Ω
PINDARUS quidam musicus. JS nach Lutz 61,22

chelis .i. lyra uel cithara RA nach Lutz 313,29 zu MC IX §910 nach Dick/Préaux 483,4

11/12 Zu Dír bis tracia: Te dictante o philologia .i. dum tu dictas nouit treicium carmen sonare .i. ut sonaret uel ad sonandum. Nouit fides .i. chordas et sacrum plectrum. Carmen treicium . carmen et scientiam orphei dicit . qui fuit de tracia. Ω

13 Zu óuga siehe 154,7 oculus ... óuga.

13/14 Zu hábe bis lóbenne: Suesce tu .i. assuesce et in consuetudinem recipe probare .i. laudare sacros cantus. Ω

14-17 Zu Vnde bis ána-fíeng: Atque beare organicis circis. Beare imperatiuus modus est. Organicis .i. musicis . circis .i. symphoniis. Proprie autem circi sunt symphonię quę ad eandem rationem melodię recurrunt. Ω

17-19 Zu Héue bis o: Um sich und seinen Schülern symphonia und melodia zu vergegenwärtigen, suchte Notker die erste der sieben größeren, mit dem Anruf O beginnenden Antiphonen zum Magnifikat aus, die für die Vespera der letzten

Adventstage bestimmt sind. Die für den 17.Dezember vorgeschriebene hat folgenden Wortlaut: O SAPIENTIA QUAE EX ORE ALTISSIMI PRODISTI ATTINGENS a fine usque ad finem fortiter suauiter disponensque omnia veni ad docendum nos viam prudentię. Hart ant *nach Cod.Sang.390, 40,2-4*
Siehe die Aufnahme gegenüber S.149.
Hierher gehören Stellen in zwei Apokryphen des Alten Testaments:
Ego ex ore altissimi prodiui . primogenita ante omnem creaturam. Eccli 24,5, *von RA zu 47,16/17 iouiali uertici angeführt.*
Attingit ergo [sapientia] a fine usque ad finem fortiter . et disponit omnia suauiter. Sap 8,1; *siehe NL zu 93,1/2 Álso bis suauiter.*
Betrachtet der Musikologe die zum Text gehörigen Neumen, so sieht er ein, daß O sapientia, wie von Notker beschrieben, tatsächlich mit dem Ton d beginnt und endet. Auch der Schluß des ganzen Wechselgesangs - prudentię - lautet auf d aus. Remigius' oben angegebene Formulierung (Proprie bis recurrunt) paßt außerdem eher zur vollständigen Melodie als zum einleitenden O sapientia allein. Für die Feststellung der O-Antiphone bin ich meinem gelehrten Freund Meredith Knox Gardner sehr verbunden; die Deutung der Neumen verdanke ich meinem ehemaligen Schüler Patrick Wolfram Jacobson Dr.mus.

19-21 *Zu* Dér *bis* comma: *Notker geht ohne weiteres zum* periodus, circuitus, colon *und* comma *über, die alle den Gedanken- und Satzbau des Rhetorikers betreffen. Bei den Altgriechen und -römern war der* periodus *bzw.* circuitus *ja ein kunstvoll gefügter längerer Satz, in der heutigen Sprachlehre ein Satzgefüge, ein Hauptsatz mit einem oder mehreren Nebensätzen. Mit dem* colon *meinte man einen größeren Teil des Satzgefüges, etwa einen Nebensatz, mit dem* comma *einen noch kleineren Bestandteil, ein Satzglied.*
DE COLO ET COMMATE ET PERIODIS. COMPONITUR AUTEM INSTRUIturque omnis oratio uerbis. commate. et colo . et periodo. Comma particula est sententiae . colon membrum . periodos ambitus uel circuitus. Fit autem ex coniunctione uerborum comma . ex commate colon . ex colo periodos. Comma est . iuncturae finitio .... Sequitur et aliud comma .... Et factum est colon id est membrum . quod intellectum sensui praestat . sed adhuc pendet oratio. Sicque deinde ex pluribus membris fit periodos . id est extrema sententiae clausula .... Periodos autem longior esse non debet . quam uno spiritu proferatur. Is et II xviii 1/2 *Zu diesem Thema siehe auch MC V §§526-530 nach Dick/Préaux 261,10-263,13,* Nr §52 *nach Piper 674,29-675,27 und NL zu 7,1* Suspensio uocis.
Parallelen zu den besagten Begriffen kommen allerdings in der neueren Tonkunst vor, in der die Periode mit einem ganzen Musikwerk gleichzusetzen wäre, das

Kolon mit einem musikalischen Satz und das Komma mit einer musikalischen Phrase, aber in der mittelalterlichen Harmonielehre, die in erster Linie auf Boethius' Institutio musica beruht, waren solche Bezeichnungen noch nicht geläufig.

Von Remigius' Anregung ausgehend, sprang Notker also von Musikalischem zu Rhetorischem über, oder anders ausgedrückt: auf diese Weise schloß sich bei ihm der Gedankenkreis organicus circus : symphonia : melodia : antiphona : periodus circuitusve rhetoricus : colon commaque. Vereinigten sich doch beim Schöpfer der ersten O-Antiphone wie auch bei unserem Notker Ton und Wort, Melodie und Text.

J110   109,22-110,2 *Zum Refrain siehe NL zu 108,9-11.*

2 Zu LAVS DE GEOMETRIA: Et est laus philologię de geometrica et partim de musica. Ω

TANDEM LABORIS Iambicum senarium de laude Philologiae in Geometria et Musica. JS *nach Lutz 61,26/27*

3 AC SIC POLIMNIA *gehört zum Text.*

5 *Zu* i. affinitatem *und* .i. sublimata de terris ad cęlum, 6 *zu* .i. addita tibi diuinitate, 6-9 *zu* Án *bis* infáhentiu: Tandem laboris fructus .... Tandem .i. ad ultimum carpis .i. recipis tu fructus laboris .i. studiorum . ęthram scilicet fulgidam .i. cęlum coruscum . pro premiis inquit meruisti cęleste consortium. Et sedes diuum .s. carpis . et consortia iouis .i. affinitatem . quia nurus efficeris ipsius. Prouecta .i. sublimata de terris ad cęlum . indito numine .i. addita tibi diuinitate. Ω

fructus .i. mercedem scilicet effecisti N-T E-T IG

9 *Zu* eras *und* .s. dum mortalis eras, 10 *zu* .i. coniungere *und* .i. noua carmina, 10/11 *zu* Dû-dir *bis* máchonne: Quę sueta .s. eras dudum .i. cum esses mortalis . iugare .i. coniungere cruenta rithmica .i. noua et inperfecta carmina. Ut cruentum pro nouo dicatur. Ω

DUDUM dum homo eras. JS *nach Lutz 61,28*

dudum .s. eras N-T E-T IG

12/13 *Zu* Ióh *bis* regula: Ac mixta ipsa rithmica dispari .i. diuersa et multiplici regula. Ω

13/14 Vuîo *bis* kezéllen: *Noch eine rhetorische Frage.*

13/14 *Zu* díu mísselichi dero níumon *siehe* 20,20/21 án sínero níumon keféllígî mit Ω (Inter *bis* confingit) *und* 127,13/14 dero níumon sûozi.

14 *Zu* uuér mág táz kezéllen *siehe* 81,16/17 Ér chán gezéllen.

14 *Zu* solita .s. probare, 15 *zu* .i. figuret *und* .i. protensa, 15/16 *zu* .s.

in angulo, 16/17 zu v́nde bis órten: Mox solita .s. eras probare quid recuruet .i. formet siue figuret trigonus .... Iacente linea et iugata. Iacente .i. recta et protensa . et hic tangit longitudinem. Iugata linea angulum dicit. Ω

17-19 zu Dáz bis máchont: Trilatera quidem figura est quę sub tribus rectilineis continetur.... Si trianguli duo anguli ęque sibimet inuicem sint et quę ęqualibus angulis subtenduntur latera sibi inuicem erunt ęqualia. Boeth geom I Lineae tres directae diuersa positione faciunt trigonum. MC VI §711 nach Dick/ Préaux 354,11

20 Zu v́nde bis úmbe-bĭege: Et quid torqueat .i. inflectat et in orbem agat circulus. Ω

21/22 Zu dáz bis máchoe: Circulus est figura plana et circumducta et sub una linea continetur quę circumferentia uocatur . ad quam ab uno puncto eorum quę intra figuram sunt posita omniaque incidunt rectę lineę quę sibi inuicem sunt . punctum centrum circuli nominatur. Boeth geom I
Circulus est figura planaris . quae una linea contineatur. Haec linea .ΠΕΡΙ-ΦΕΡΕΙΑ. appellatur . ad quam ex una nota intra circulum posita omnes directae ductae lineae aequales sunt . punctum autem est circuli media nota. MC VI §711 nach Dick/Préaux 354,3-6
Quę una linea scilicet circumducta RA zu dieser Stelle nach Lutz 165,11

J111   110,22 Zu .s. solita, .i. tropos und .s. musicos, 111,1 zu .i. pulsus chordarum, 1/2 zu Quuóniu bis séiton: Solita tu probare melos .i. tropos et sonos musicos . siue genera musicę . diatonicum . cromaticum . enarmonicum. Et crusmata . crusmata quasi crismata .i. pulsus cordarum . tactu enim digitorum pulsę resonant cordę. Ω

3 Zu probare, 4 zu .i. sursum acta mente, 4/5 zu v́nde bis sínne: Artes cunctas solita tu probare . et quę possunt parare .i. pręparare culmina cęlitum adacta mente .i. sursum acta. Ω

3 .i. pręcellentię ist wohl noch einer von Notkers Beiträgen zu den Glossen.

5 Zu hímel-sâzen siehe 50,10 cælicolas und 14 hímelsazen.

5/6 Zu Scande bis cętera: Scande cæli et reliqua astra iuppiter. N[2]

6 Zu LAVS DE ARTE POETICA: Laus philologię de metris et carminibus. Ω
Laus Philologiae de peritia poematum. JS nach Lutz 62,4
TVNC MELPOMENE gehört zum Text.

7 Zu .s. es, .i. tragicos und in, 7-10 zu Tû bis scúha: O philologia sueta [es N-T E-T IG, auch E[1]; fehlt β N[1] N[2]] tu depromere coturnatos cantus in scenis.... Coturnatos cantus .i. tragicos et altisonos . depromere .i. canere . in scenis .i. in theatris.... Coturnus calciamentum tragicum uel uenatorum

utrique pedi aptum Ω

COTURNATOS cantus, poetica carmina. *JS nach Lutz 62,4/5*

10-12 Zu Scena *bis* comicarum: Scea grece umbra . hinc scena umbraculum ubi poetę recitabant. Ω
Scena autem erat locus infra theatrum . in modum domus instructa cum pulpito . qui pulpitus orchestra uocabatur . ubi cantabant comici et tragici atque saltabant histriones et mimi. Dicta autem scena a greca appellatione eo quod in speciem domus erat instructa.... Orchestra autem pulpitus erat scenę ubi saltator agere posset . aut duo inter se disputare. Ibi enim poetę . comoedi . et tragoedi ad certamen conscendebant. Hisque canentibus alii gestus edebant. Is et XVIII xliii/iv
Ita latius factum fuerit pulpitum quam Graecorum, quod omnes artifices in scena dant operam, in orchestra autem senatorum sunt sedibus loca designata. Et eius pulpiti altitudo sit ne plus pedum quinque, uti, qui in orchestra sederint, spectare possint omnium agentium gestus. Vitr arch V vi 2
In skena skéllent hértôn béide . fabulę lętarum rerum . sô comoedię sînt . ióh tristium . sô tragoedię sînt. Nb *nach A66,10-12*
Do ueteres iû in skéna ze spíle sâzen . do uuas uuîlon iro delectatio ze fernemenne luctuosa carmina diu tragedię hêizent. An diên uuurden geántrôt fletus miserorum . nah demo únderskeîte sexus et ętatis . daz man fictis uocibus ketâte representationem priami . alde hectoris . alde eccubę . alde andromachę . alde ételiches fone des mîsseburi diû fabula ságeta.... Dára-nâh uuúrden geheizen personę singuli homines . unde iêgeliche rationabiles creaturę . die sih an iro proprietate fone ánderen skeîdent . also in skena mit mîsselichi dero stimmon sexus unde etas kesceîden uuard. N ath *nach R569,24-570,4,12-15*
An Vitruvius anknüpfend, vertritt Notker den römischen Brauch (Dâr/Înne gesâzen díe auditores tero fabularum tragicarum . álde comicarum) *gegenüber Isidorus und Remigius, bei denen die Rede vom griechischen Usus ist* (*Dâr/Înne gesúngen díe auctores tero fabularum tragicarum . álde comicarum).
Koegel S.617 bezeichnet die Stelle 10-12 Scena bis comicarum als fehlerhaft, während Singer S.22 nur noch 11 auditores auffällt.

12/13 Zu V́nde *bis* comicorum: Et sueta ferre soccum comicum. Soccus genus est calciamenti quo comici poetę utebantur. Ω

13 Zu .i. portauimus, 13/14 zu .s. nos musę, 14/15 zu V́nde *bis* trûtun: Et sueta reboare carmina quę tulimus .i. portauimus nos musę . tua cura .i. per tuam curam uel pro tua cura. Ω

15 Zu .i. applaudente, 15/16 zu .i. dulci carmine, 16/17 zu Sûozemo *bis*

scûndentemo: Fauente .i. applaudente nobis rithmico melo .i. dulci carmine. Ω

17 Zu dáz bis gehîeltin siehe 13/14 carmina bis cura.

18 Zu i. mutata . et deificata und .i. protractione, 19 zu .i. facundia nostra, 19-21 zu Nû bis zúnga: Nunc cano tibi o uirgo uersa .i. quę es uersa . hoc est mutata et conuersa . siue deificata et inmortalis facta tenore .i. uirtute carminis . quę es spes et assertio .i. facundia nostri pro nostra. Ω
VERSA Hucusque simpliciora metra fecimus, nunc autem subtiliora; vel VERSA dum es tu mutata in deam. JS nach Lutz 62,11/12

spes .i. quies N-T E-T IG

18 .i. protractione stammt von Notker im Gegensatz zu .i. uirtute bei Remigius.

Auch die Glossen 21 .i. ornare, 22 hoc est sinito, 111,22-112,1 .i. ornamenta und 1 uel moribus gehören Notker.

ornare kommt ornamenta zuvor; zu ornamenta: sertum .i. diadema uel coronam Ω zu 58,9 sertum

Ornamenta capitis feminarum . diadema . nimbum . capitulum . et mitra. Is et XIX xxxi 1

Zu sinito siehe 169,1 sinerent, zu moribus 123,1 ritu mistico .i. more diuino.

22 Zu .s. tuum, 1 zu .i. usibus, 1/2 zu Tînen bis sîten: Nam iuuat .i. delectat me redimire thalamum tuum .s. carminibus meis. Tu probato placere .i. ut placeant et ut accepta sint serta . hoc est coronę carminis mei tuis ritibus . hoc est usibus. Ω

J112 3 Zu .i. marito olimpi, 3/4 zu Vuérd bis mercurio: Uidearis tu semper digna maritali olympo .i. marito deo. Olympum ponit pro mercurio qui est in olympo . per id quod continet id quod continetur. Uidearis semper digna maritali olympo uel maritali olympo dicit .i. cęlo in quo marito iungeris. Olympus autem mons est ultra omnes nubes et pęne ad ipsum confinium ętheris pertingens. Unde pro nimia celsitudine et pro cęlo ponitur. Ω

4/5 zu Vnde bis zîmigôsta: Et uidearis decentior cęlitum .i. nobilior et honestior ceteris deabus. Ω

5 Zu Scande bis cętera: Scande caeli . et reliqua astra iupiter. N[2]

5 Zu LAVS DE RHETORICA: Laus philologię de arte rethorica. Ω

6 AC SIC CLIO gehört zum Text.

6 Zu sollers eras und .i. declamare, 7/8 zu .i. bis rhetoricę, 8/9 zu Nû bis dîng-chôse: O philologia conspice tu nunc stellata limina poli [siehe 113,18/19] . quę .s. ab inferioribus [113,17] sollers eras clangere rhetorico syrmate. Syrma dicitur prolixa sententia artis rhetoricę. Syrma etiam uocatur genus

tragędię. Hinc iuuenalis [sat 8,228/229] . ante pedes domiti longum tu pone tyeste syrma uel antigones. Dicitur etiam syrma longaria .i. longę manus scriptura . sed hic pro longa rethoricę sententia accipitur. Clangere .i. resonare. Clangor tubarum est proprie . refertur ad eloquentiam rethorum. Ω
SYRMATE tractus. Syrma prolixa sententia rethoricę. JS nach Lutz 62,16

6 Notker hat declamare *von den Altrömern Cicero, Horatius, Juvenalis und Suetonius. Siehe auch* Ω *zu* 83,15 *in* suffragium *(.i. in* declamationem et laudes*).*

7 *In* rhetorico habitu *klingt die Grundbedeutung von* syrma *‚Schleppkleid des Rhetorikers und Tragöden' mit.*

Zu den rhetorisch-syntaktischen Anweisungen 8 Suspensio, 112,12,15 113,8,12, 14,17 *6mal* Et hic *und* 113,19 Depositio *siehe NL zu* 7,1 Suspensio uocis.

9-11 *Zu* Álso *bis* catilinę, 13/14 *zu* Álso *bis* catilinę: Placet igitur eos dimitti et augeri exercitum catilinę? Minime . sed ita censeo . publicandas eorum pecunias . ipsos in uinculis habendos per municipia quę maxime opibus ualent . neu quis de eis postea ad senatum referat . neue cum populo agat. Qui aliter fecerit . senatum existimare eum contra rem publicam et salutem omnium facturum. Postquam cęsar dicendi finem fecit . ceteri uerbo . alius alii uarie adsentiebantur. At m.p.cato rogatus sententiam. huiuscemodi orationem habuit. Longe mihi alia mens est patres conscripti . cum res atque pericula nostra considero . et cum sententias nonnullorum ipse mecum reputo.... Bene et composite .g.cęsar . paulo ante in hoc ordine de uita et morte disseruit .... Quare cum de .p.lentulo . caeterisque statuetis . pro certo habetote . uos simul de exercitu catilinae . et de omnibus coniuratis decernere.... Vervm parcite dignitati lentuli . si ipse pudiciciae . si famę suae . si dis aut hominibus umquam ullis pepercit . ignoscite cethegi adulescentiae . nisi alterum iam patrię bellum fecit. Sall cat li 43, lii 1,13,17,33
Siehe auch die Aufnahme gegenüber S.168.

10 *Zu* cato *uticensis: Rígidus cato uuás sáment pompeio in defensione libertatis . uuíder iulio cęsare. Únde dô iulius sígo genám . únde pompeius flíhentêr . in egypto erslágen uuárd . tô léita cato fóne egypto daz hére . ío cęsare nâh fárentemo . állen dén fréisigen uuég . tér dánnân gât ze utica ciuitate. Târ erslûog síh sélben cato . dáz ín cęsar negefîenge . dánnân héizet er uticensis. Nb *nach* A102,27-103,3

10 *Zu* in catilinario: álso salustius ságet in catilinario Nb *nach* A87,8/9

11/12 *Zu* .i. commoto, 12/13 *zu* Vnde *bis* mûote: Atque .s. sollers eras absoluere .i. liberare reum .i. damnandum aliquem . rabido .i. commoto et turgido pectore. Rabidi enim dicuntur rethores propter copiam eloquentię. Ω

parcerent. bonos omnis potentium victus. Sed ea
composui, q(uae) Cesar paulo ante in hoc ordine de
uita et morte disseruit, credo falsa existumans ea
que de inferis memorantur: diuerso itinere malos a bonis loca tetra, inculta, foeda atq(ue) formi-
dolosa habere. Itaq(ue) censuit pecunias eorum
publicandas, ipsos per municipia in custodiis habendos, uidelicet timens ne si in roma(e) sint, aut
a popularibus (con)iurationis, aut a multitudine
conducta per uim eripiantur. Quasi uero mali atq(ue)
scelesti tantum modo in urbe n(on) p(er) tota italia sint
aut n(on) ibi plus possit audacia, ubi ad defende(n)d(um)
opes minores sunt. Quare uanum equide(m) hoc
c(on)silium est, si periculum ex illis metuit; sin tanto
omnium metu solus non timet, eo magis refert me
mihi atq(ue) uobis timere. Quare cu(m) de p. lentulo,
ceterisq(ue) statuetis, pro certo habetote uos.
simul de exercitu catilinae et de omnibus
coniuratis decernere, quanto uos aduerse ea
agent, tanto illis animi infirmior erit. Si

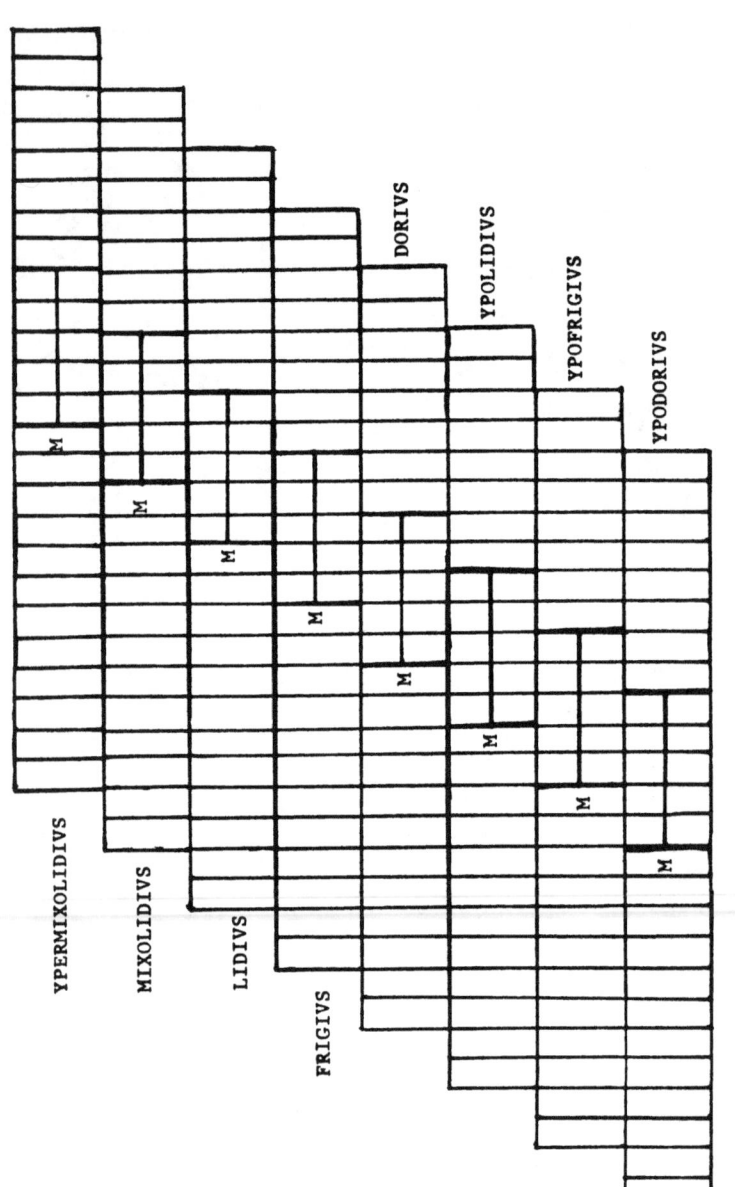

OCTO MODI, von Sheila Anne King gezeichnet nach Codex Einsidlensis 298, 1.a.
Boethius „De institutione musica", S.131

RABIDI vocantur rethores propter copiam verborum. JS nach Lutz 62,17
Facundia rethoris habet proprium ut hominem iniuste damnatum liberet et noxum solutum poenis afficiat. N-T RG

14 Zu .i. ligas, 15 zu .i. sententias und .i. syllogismis, 15-17 zu Tû bis uuérdent: Quę nunc .i. aliquando ligans pro ligas . participium pro uerbo. Horrida sensa ligans .i. coniungis . horrida .i. terribilia sensa .i. consilia uel sententias . siue horrida .i. densa et spissa. Nexibus .i. subtilitate artis siue collectis syllogismis. Ω
LIGANS pro ligabas. SENSA HORRIDA hoc est spissas sententias. NEXIBUS collectionibus, id est syllogismis. JS nach Lutz 62,18/19

112,17-113,1 Zu uuánda bis uuîrdet, 3-5 zu An bis geuuâret: D.Quid est dialectica? M.Disciplina rationalis . quęrendi . diffiniendi . et disserendi . uera a falsis discernens .... D.Suntne alię pręsdicationes? M.Etiam sunt quę dicuntur condicionales. D.Quomodo condicionales? M.Quibus aliqua condicio supponitur . ut omnis homo si bonus est iustus est . ita homo iustus est si bonus est. Et ita cęlum si rotvndum est uolubile est . ita cęlum uolubile est si rotundum est. D.Qualiter sillogismus confici debet? M.Sępissime ex tribus. D.Ex quibus? M.Ex duobus propositionibus et conclusione.... D.Ratiocinatio quid est? M.Argumenti confirmatio. D.Quomodo? M.Proposicione assumptione conclusione . quod est tripertitus syllogismus. Nr nach Piper 624,27-29 631,12-20 642, 16-18
QUID SIT SYLLOGISMVS. Syllogismus grece . latine dicitur ratiotinacio. Teutonice autem possumus dicere . geuuârrahchunga . uel pluribus uerbis . éinis tîngis irrâtini . unde guuîsheit fóne ánderên. Item ratiotinacio est . quędam indissolubilis oratio .i. féste gechóse . unzuîuelîg kechóse . peslózen réda. Item est ratiotinacio . quædam orationis catena . et inuicta ratio .i. sîgenémelîh kechóse . táz man endrénnen nemág .... DE CONDITIONALI SYLLOGISMO . QVOT MODOS ET PARTES HABEAT.... Et sicut eius [pręsdicatiui] partes tres sunt . duo sumpta et illatio . ita et istius [conditionalis] tres sunt . propositio adsumptio conclusio.... In conditionali autem . cuius est propositio . eius est et assumptio . atque conclusio. Áber mít kedíngun uuârráchondo . hôrint álliu diu téil . ze éinero hánt. Sed propositio est . táz man ze êrist pîutet. Assumptio daz ánder . dáz man nímet zûo demo êrerin. Quare? Táz man síu béidiu bîete. Quę duo si conceduntur . eadem lege sicut in pręsdicatiuo . tertia necessitate subsequitur conclusio. Übe dánne déro gebótenôn zuéio geíegen uuîrdet . sô neurâget níoman des trítten . uuánda sîn nót íst.... ALIA DIFFINITIO SYLLOGISMI. Item. Quid est syllogismus? Ratiocinatio . disputatio . argumenta-

tio uel argumentum . dissertio . discussio . iudicium . experimentum. Est enim
ratiocinari . rationem rerum dare .... sólih kechôse héizit syllogismus....
Ratio est quę ostendit rem. Ratio est indita uis animę . ad discernendum bonum
et malum . uerum et falsum.... Tíu máht dero sêlo gegébin íst . kûot únde úbel
ze bechénnínne . únde uuâr únde lúgi . dáz íst réda.... Faciamus deriuationem
.... Hinc iterum uerbale nomen . ratiocinatio .i. rationabilis oratio. Ze êrist
chídit man réda . dánnân chídit man rédenôn . únde rédenúnga.... Item experimentum est . quasi extra operimentum . ipsa detectio rei . et manifestatio. Táz
man beuíndet únde geéiscôt tia uuârheit . táz ist experimentum . táz íst syllogismus.... Cęlum si rotundum est . uolubile est. Íst ter hímel sínuuélbe .
sô mág er uuálbôn. Ns *nach Piper 596,2-10 605,21/22,27-29 606,17-26 616,5-9,
14/15,19-21,23-25,26 616,28-617,2,25-28 620,21-23*
Táz sie [artes liberales] uéste sínt . táz máchôt tiu uuârheit. Sô uuârên
sumptis uuâriu inlatio fólget . sô nemág tára-uuídere níoman nieht ketûon.
Fóne díu ist ío in uuârhéite fésti.... QUANTA SIT UIS SYLLOGISMI. Sillogismus
netríuget . úbe er legitime getân íst . Sô íst er legitime getân . uuánda er
in dialectica tria membra hában sól . táz téro zuéi sô geuuârîu sîn . dáz íro
mánnolîh iéhen múge . únde siu éin ánderên sô háfteên . dáz siu daz trítta ge-
uuârên . íoh âne geíîht.... DE PRĘDICATIUO ET CONDITIONALI SYLLOGISMO. Duo
sumpta máchônt éina illationem hîer . uuánda iz prędicatiuus syllogismus íst .
álso óuh in conditionali syllogismo propositio únde assumptio conclusionem
máchônt.... Uuáz íst áber propositio . âne prima et ultra tendens temptatio .
mít tíu man ze êrest ten mán grúozet . únde sîna gegíht férrolicho besûochet .
álso óuh assumptio íst . táz tara-zûo uuírt assumptum . ánderêst sîne gegíht
ze besûochenne. Uuánda díu zuéi daz trítta uuúrchent . mít tíu der mán sô ge-
fángen uuírdet . táz er dána nemág . pe díu héizet táz conclusio . dáz chît
slóz. Conditionalis syllogismus íst tánnân genómen . uuánda er mít kedíngûn .
únde mít íbo chît . ist tíz . únde díz . sô íst táz. Pe díu chît conditionalis . mít kedíngûn gespróchenêr.... Áber der syllogismus sól ío hában zuô
ságâ . sólche . dáz sie dia dríttûn stérchên.... Úbe uuír áber chéden . si
hęc duo sunt illud tertium erit . táz héizet latine ratiotinatio . grece syllogismus.... Sô uuír éin fóne ánderên errâtên . álso aristotiles lêrta . dáz
íst ratiocinatio. Nb *nach A8,17-20 114,5-10 154,7-155,5 178,18/19 216,4/5*
INCIPID DIALECTICA.... Ergo in sylogismis maxima uis est disputandi et eorum
sicut magna subtilitas et difficultas sic et magna est utilitas nec ad eorum
notitiam alia uia tendit nisi quam ipse monstrauit aristotiles huius disciplinę summus magister.... DE PRIMIS ANALITICIS. Dictum est autem quia singulę

dictiones componuntur ut fiant proloquia . iterum componuntur proloquia . id est propositiones ut fiant syllogismi qui latine dicuntur ratiotinationes.... In ceteris id est condicionalibus qui tribus constant membris primum dicitur propositio . secundum assumptio . tertium conclusio. Nectuntur autem sibi certa ratione ita ut non alienum sit sequens sumptum a pręcedente sumpto neque his ultima illatio. Eodem modo pręcedente propositione assumptio et conclusio quę sequitur ex his sumenda sunt.... Omnis autem syllogismus oritur quęstione conficitur argumento uel diffinitione quę pro argumento sumitur et dum incerta est quęstio per certam rationem argumenti uel diffinitionis . ad certum et ipsa deducitur.... Hanc communem regulam syllogismorum in primis analiticis aristotiles dedit et eam syllogisticam uocauit. G *nach Piper LVI,3/4,11-15 LXIII,9-LXIV,3,8-15 LXV,13-16,24/25*

112,21 Vuénne geskíhet tíu? *Noch eine rhetorische Frage.*

J113 1-3 *Zu* Tés *bis* er *siehe* 33,3-7 Dáz *bis* stare.

5/6 *Mit* Fóne *bis* uuízen *umschreibt Notker* 112,16-19 Ántsazig *bis* nemág.

6 *Zu* díe *bis* uuízen *siehe auch* Nb (QUANTA SIT UIS SYLLOGISMI) *und* G (in sylogismis maxima uis) *zu* 112,17-113,1,3-5.

6 .i. colligens *und* 7 .i. incrementis *müßte man Notker zuschreiben. Zu* colligens *siehe* NL *zu* 112,15 .i. syllogismis (siue collectis syllogismis ... collectionibus, id est syllogismis), *zu* incrementis Ω *zu* 100,18 i. reaccensione (incrementatur ... incremento).

7 *Zu* .i. minutissimas rerum collectiones, 8/9 *zu* Tero *bis* chléinunga: Aggerans soritas accessibus cumuli. Soritas .i. minutissimas et subtilissimas argumentationes. Nam sorita proprie est minutissimarum rerum in unum collectio. Ω SORITA est minutissimarum rerum in unum cumulum collectio. AGGERANS id est dum aggerabas. JS *nach Lutz 62,20/21*

cumulis .i. cumulatis accessionibus . accessibus .i. prosperitatibus N-T E-T IG

9-11 *Zu* Álso *bis* uuáre: Ex comparatione autem omnia ualent . quę sunt huiusmodi. Quod in re maiore ualet . ualeat in minore . ut si in urbe fines non regantur . nec aqua in urbe arceatur. Cic top iv 23

11 *Zu* .i. arguere: stringere pro stringebas et arguebas N-T E-T IG
Siehe auch Ω *zu* 14-17 (stringere et arguere).

12 *Zu* Únde *bis* êo: Nunc stringere .i. stringebas . quid .i. aliquid grammatica regula. Ω

12/13 *Zu* Sô *bis* soloecismum: DE CETERIS UITIIS. UITIA APUD GRAMMATICOS ILLA dicuntur quae in eloquio cauere debemus.... Barbarismus est corruptio uerbi unius.... Soloecismus . conpositio uitiosa uerborum. Is et I xxxiv 1-3

DE UITIIS SINGULARUM DICTIONUM. Dicendum est quoque de uitiis elocutionis quę cauenda sunt in singulis et compositis dictionibus . et quę non sunt idonea ad inuentionem. In singulis . ut sunt barbara . corrupta . inpropria . antiquata . turpia . differentia . longe repetita . insolenter prolata ... et omnes barbarismi.... DE UITIIS CONIUNCTORUM UERBORUM. In coniunctis autem uerbis aliquando structura . aliquando clausula fit uitiosa. Malam structuram soloecismum grammatici uocant. Nr *nach Piper 675,28-676,3,10 677,14-17*

13 Zu Sollers, 13/14 zu .i. perfringat, 14-17 zu Kelóuuiu *bis* chúnniga: Sollers .i. strenua et sagax .... Quid conterat .i. perfringat ordinem fandi ambiguis .i. dubiis .s. rationibus . et est sensus. Tu aliquando solebas stringere et arguere grammatica arte . aliquando uero deludere sophistica arte. Nam sophisma est falsa conclusio . et hoc est sophisma in dialectica uel rhetorica quod est amphibolia in grammatica. Ω

17/18 Zu Kelóuuiu *bis* rédon: Sollers ludere docticanis sensibus .... docticanis .i. docte canentibus . sensibus . hoc est numeris. Ω

19/20 Zu Dû *bis* hímeles: Tu ergo quę ista solebas facere cum esses mortalis. Nunc conspice limina poli uel limmata .i. uertigines circulorum cęlestium quibus limmata . hoc est semitonia constant. Ω

19 Zu méistra *siehe* 107,7 pręsul .i. magistra *mit* NL.

19/20 Zu fár nû *siehe* 106,19 Nû fár ûf.

113,22-114,1 Zu Únde *bis* líehte: Et utere .i. fruere sacro candore .i. splendore ętheris . hoc est cęli. Quem .s. splendorem cum uero lumine noscere pręt ium est .i. remuneratio tuorum laborum. Ω

J114   2 Scande *bis* cętera *fehlt* Ω.

2 Zu LAVS PHILOLOGIĘ DE PHISICA: Et est laus philologię de phisica. Ω Laus Philologiae de Phisica. JS *nach Lutz 62,25*

2/3 MOX ERATO *gehört zum Text*.

4 Zu .s. uisibilis, 4/5 zu .s. uisibilem, 5-8 zu Máre *bis* uuésentíu: O inclita uirgo . caput artibus .i. caput artium.... Caput artibus . hoc est principium artium . merito .i. iure subditur tibi orbis .i. mundus sensibilis siue intellectualis. Subditur ergo tibi orbis .i. uniuersitas creaturę. Repertus ante .s. formam uisibilem. Mundus enim iste uisibilis . antequam crearetur in ratione dei iam erat et in ea uiuebat. Ω

repertus ipse orbis N-T E-T IG

6 Zu iouis *siehe* Ω *zu* 15,16-19 (tonantis .i. iouis).

7 Zu úngesíunlicho *siehe* Ω *zu* 59,19 (inuisibilem et intellectualem mundum).

8 Zu .s. hęc phisica carmina, 9 zu .i. execrabilia, 9-11 zu Dír *bis* geské-

hên: Ordo est. Canimus hęc .s. carmina phisica . cognita tibi soli uidelicet
. cur rutilescant .i. splendeant sacra fulgura. Sacra cata antifrasin .i. per
contrarium . hoc est execrabilia. Ω

11 Zu uuánnan siehe 11/12 Unde.

12/13 Zu Uuánnan bis geskéhe, 13-19 zu Sô bis materia: Fulgura autem de
attritu nubium ui uentorum inter se collisorum creantur . simul cum tonitruo.
Et unde intonet resultans .i. resonans fragor . hoc est unde fiant tonitrua .
uidelicet de nubium repercussione cum uentus altiores partes petierit. Ideo
autem ignis fulminum ualidiorem uim habet ad penetrandum quia de subtiliore
elemento .i. de aere fit. Ω

DE TONITRVO. TONITRVVM DICTVM QVOD sonus eius terreat. Nam tonus sonus . qui
ideo interdum tam grauiter concutit omnia ita ut caelum discississe uideatur
. quia cum procella uehementissimi uenti nubibus se repente inmiserit . tur-
bine inualescente exitumque quaerente . nubem quam excauauit impetu magno
perscindit . ac sic cum horrendo fragore . defertur ad aures.... DE FVLMINE.
... Fulmen autem conlisa nubila faciunt. Nam omnium rerum conlisio . ignem
creat . ut in lapidibus cernimus .... Simili modo in nubibus ignis . vnde et
prius nubila sunt deinde ignis. Ex uento autem et igni fulmina in nubibus fieri . et inpulsu uentorum emitti. Ideo autem fulminis ignem uim habere maiorem ad penetrandum quia subtilioribus elementis factus est quam noster id est
qui nobis in usu est. Is et XIII viii 1, ix 1/2

DE TONITRU. Tonitrua dicunt ex fragore nubium generari . cum spiritus uentorum earum sinu concepto sese ibidem uersant pererrantes . et uirtutis suę mobilitate in quamlibet partem uiolenter erumpentes . magno concrepant murmure.
Instar exsilientium de stabulis quadrigarum . uel uesicę quę licet parua .
magnum tamen sonitum displosa emittit. DE FULMINIBUS. Fulmina nubium attritu
nasci in modum silicum conlisorum concurrente simul et tonitru.... Nam omnium
rerum conlisio ignem creat. Ideo autem fulminis ignem uim habere maiorem ad
penetrandum quod subtilioribus elementis factus . quam qui nobis in usu est.
Beda nat 28/29

18/19 Zu uuánda bis materia siehe 76,16-18 Qui bis blíg-fiur.
ex informi materie primus ignis ... ex aere ignis MC VII §738 nach Dick/Préaux
373,13,15

DE ELEMENTIS. .YLHN. GRECI . RERVM QVANdam primam materiam dicunt . nullo
prorsus modo formatam . sed omnium corporalium formarum capacem . ex qua uisibilia haec elementa formata sunt.... Rursusque ... aer in ignem extenuetur.
Is et XIII iii 1/2

19/20 Zu .i. spatia aeris, 20 zu .i. aliquando, 20-22 zu Uuáz bis názenten: Et quid .i. quę [res uel nur E¹] causa agat madores .i. pluuias . per aperta .s. spatia aeris.... Mador uocatur omnis humor de imbrificatis .i. madentibus et irroratis . modo .i. aliquando nubibus. Ω

Quid .i. quę res quę causa N-T E-T IG

22 Zu trûobenten siehe 58,21 uuólchen únde nébel sínt trûobe.

22 Uuáz . âne dáz: Übergangsglied.

J115   114,22-115,3 Zu Uuáz bis nemág: Pluuię autem fiunt cum calor solis caumaliter aquam de terris trahit uel aer densatur in nubes . quę cum altiores partes petierint calore solis in pluuias resoluuntur. Ω
DE PLVVIA. PLVVIAE DICTAE . EO QVOD FLVANT QVASI FLVVIAE. Nascuntur enim de terrae et maris anhelitu. Quae cum altius eleuatę fuerint aut solis calore solutae aut ui uentorum compressae stillantur in terris. Nimbus est . densitas nubis . intempesta et obscura . et inde nimbi a nube. Sunt autem nimbi repentinae et praecipites pluuiae. Nam pluuias uocamus lentas et iuges quasi fluuias fluentes. Imbres autem et ad nubes et ad pluuias pertinent . dictae a greco uocabulo . quod terram inebrient ad germinandum.... Gutta est quę stat . stilla quę cadit . hinc et stillicidium quasi stilla cadens. Is et XIII x 2-4, xx 5
DE IMBRIBUS. Imbres ex nubium concreti guttulis dum in maiores stillas coeunt . aeris amplius non ferente natura . nunc uento impellente . nunc sole desoluente pluuialiter ad terras dilabuntur. Sed pluuias uocamus . lentas et iuges. Nimbos autem repentinos et pręcipites. Beda nat 33

3/4 Zu .i. recedentibus, 4 zu .s. hiemalibus . cum und .i. impetu, 5/6 zu Uuáz bis eruuínden: Et quid .i. quę [res uel nur E¹] causa reuocet .i. reducat nitidissima uerna .i. uernale tempus . euntibus .i. recedentibus nimbis . hoc est pluuiis hiemalibus . cum agmine .i. cum impetu. Ω

Quid et quę res uel quę causa N-T E-T IG

7/8 Zu Zíu bis énde: Cur rotet circulus anni omnia sęcula properantia claudere .i. terminare et finire. Ω

ROTET cogat, acceleret. JS nach Lutz 63,1

8 Zu .s. aliis, 9/10 zu Uuáz bis uuír: Quid rationis habent omnia hęc operta .s. aliis . tibi soli canimus cognita. Ω

Canimus tibi soli cognita, das Notker nach Remigius schon 114,8 abschrieb, steht bei Martian erst am Ende dieses Abschnitts.

10 Scande bis cętera fehlt Ω.

10 Zu LAUS DE ARUSPICINA: Laus philologię de aruspicio [β N¹ N²; dafür

astrologia E¹, auch N-T E-T RG].

Laus Philologiae de Aruspicio. JS nach Lutz 63,3/4

ARUSPICINA nach Ω zu 11,12-14.

11 AC TVNC TERPSICORE gehört zum Text.

11 Zu o und pro¹, 11/12 zu .i. pro remuneratione, 12 zu tui .i. deificationis tuę, 12/13 zu Frô bis gótheite, 13/14 zu Ten bis íst: O uirgo lętor ego pro meritis tui honoris .i. pro remuneratione tuę deificationis. Legitur et lęta ut sit. O uirgo lęta de meritis tui honoris . conspicis iam astra. Ω

LAETA HONORIS JS nach Lutz 63,3

Laeta uel letar Br RG

Laeta or β IG

Laeta aetor N-T IG

Laeta uel Letor E-T RG

14/15 Zu .i. sedulitas tua, 15 zu Dáz bis íligi: Hoc .s. pręmium uidelicet ut cęlum merereris . peperit .i. adquisiuit tibi sollers .i. sagax et multiplex ingenium et labos .i. sedulitas studii. Ω

16 Zu tibi und .i. tibi peritę cum lucernis, 17/18 zu Tíz bis líehte: Ista .s. pręmia quę nunc es assecuta tribuit tibi uigil cura .i. studiosa cum peritis lucernis. Ypallage est pro tibi peritę cum lucernis .i. lucubrationibus. Antiqui enim maxime noctibus lucubrabant et ad lucernas exercebantur studiis.Ω

18 Zu .s. ipsa cura und Dáz bis ána-uuás: Perdia ipsa cura .i. diurna et pernox .i. uigil . hoc est cura perseuerans diebus et noctibus. Ω

19 Zu .i. apta ad discendum, 19/20 zu .i. sensibus, 20 zu .i. libris, 21 zu .i. disputantes und .i. in porticibus, 115,21-116,2 zu Tû bis uuítchéllen: Namque tulisti tu docilis .i. apta ad docendum cum anhelis .i. fatigabundis fomitibus .i. sensibus . onerata ipsa .i. repleta sacris cartis . hoc est uoluminibus. Tulisti . hoc est percepisti . pręscia ipsa quicquid dant agentes . hoc est disputantes .s. philosophi . stoasi .i. in porticibus.... Pręscia tu futuris .i. pręnoscens ea quę futura sunt . uel pręscia futuris .i. per pręscientiam futurorum. Ω

19 Das Gerundivum ad docendum ersetzte Notker durch das Gerundium ad discendum.

19/20 Zu uel lucernis siehe 16.

20 Zu .i. libris siehe auch Ω zu 124,22-125,2 (.s. uolumina ... libri).

J116 2/3 Zu Dáz bis úobton: Quicquid inuenerunt Stoici de praescientia futurorum tu tulisti. JS nach Lutz 63,6/7

AN CREDENDUM SIT STOICIS . QUI DICUNT UACUAS MENTES AFFICI EXTIMIS CORPORIBUS.

Quondam attulit .i. habuit porticus .s. athenis . nimium obscuros senes. Daz
uuîtchélle ze athenis . ínnota íu . díe hárto tíef-tâhtigen álten .i. stoicos
philosophos.... súme [iúngeren platonis] fûoren in athenas ciuitatem . únde
híezen stoici. Dén námen gáb ín stoa . dáz chît porticus . in démo sie dâr
sâzen . únde íro uuîstûom âhtotôn. Nb nach A256,11-15,18-20

3 Zu .i. pręuenis, 4 zu .i. ardentibus, 4-8 zu Tû bis áltaris: Nam anteuortis tu pro anteuertis antique .i. pręuenis et pręoccupas intrepidis fatibus . nec dubitans pro nihil dubitans . quid edat uapor in rapidis aris .i.
ardentibus. Edat .i. consumat et diuidat . ac si diceret . quid aruspices in
aris sabęorum cognoscunt . tu pręuertis sapientia. Sabęi autem ipsi sunt
arabes . apud quos tus nascitur.... Anteuortis hęc omnia intrepidis fatibus .
hoc est responsis et oraculis tuis. Ω
ANTEVORTIS praescis. QUID EDAT consumit vel divinat. RAPIDIS ARIS id est fu-
mantibus, ac si dixisset: Quicquid per Sabęorum tus cognoscitur tu praever-
tis.... INTREPIDIS FATIBUS indubiis responsionibus. JS nach Lutz 63,11-13,16

6 Zu altaro, 7/8 zu des áltaris: Altare autem ab altitudine constat esse
nominatum . quasi alta ara. Is et XV iv 14

7 Zu día pręscientiam futurorum siehe Ω (.i. per pręscientiam futurorum)
und JS (de praescientia futurorum) zu 115,21-116,2 bzw. 116,2/3.

8 Zu quid, 9-11 zu Únde bis ál: Et anteuortis quid paret .i. pręparet et
portendat fumida aura .i. alatus cum turicremis .i. tura cremantibus fauillis.
Et anteuortis quid ferant certa omina auguratis .i. pręsagis uocibus. Augurium
enim est diuinatio in uolatu et uocibus auium. Ω

11/12 Zu Scande bis cętera: Scande cæli et reliqua astra iuppiter. N²

12/13 Zu LAVS bis CONIECTVRA: Et est laus philologię de aruspicio . de coniectura et de augurio. Ω
Laus de Aruspicio de Coniectura de Augurio. JS nach Lutz 63,17
Zur Reihenfolge bei Notker siehe Ω zu 11,12-14 (Nam quasi filię sunt prouidentię . aruspicina . augurium . coniectura).

13 TVNC EVTERPE gehört zum Text.

13/14 Zu .i. sapientię, 14/15 zu Zéigara bis máhtôst: O uirgo pręuia .i.
pręudx et pręmonstratrix peritę sortis .i. sapientię. Ω

14 Zu .i. meruisti siehe Ω zu 110,6-9 (pro pręmiis inquit meruisti cęleste
consortium).

16 Zu .i. tribuere und .i. philosophis, 17/18 zu Únde bis sélben: Quę po-
tuisti ferre .i. tribuere sacra dogmata castis .i. piis et religiosis .s.
philosophis . quis pro quibus .s. dogmatibus ualuerunt illi noscere semet .i.

se ipsos. Ω

ualuere .s. ipsi philosophi N-T E-T IG

16 uoluere für ualuere *stammt wohl vom Schreiber, denn* 18 chúnnîn *verdeutscht* ualuere.

18-20 *Zu* Uuánda *bis* uuîstûome: Hoc est enim prȩcipium . et hoc requirunt summi philosophi ut se ipsos cognoscant. Iuuenalis [sat 11,27] . ΓΝΟΤΙ CH AYTON [IG *nur* N²] . hoc inquit prouerbium . scito te ipsum . de cȩlo descendit. Ω

20 *Zu* .s. dogmatibus *siehe* Ω *zu* 17/18.

21 *Notker versah* cernere *perf. mit der Glosse* .i. cernebant *imperf.*

22 *Zu* .i. fortunȩ *siehe* 77,12 .i. fortunam.

J117   116,21 *Zu* .i. prophetȩ, 22 *zu* .i. deorvm, 116,22-117,3 *zu* Unde *bis* sînt: Quique .i. quicumque uidentes . hoc est philosophi. Uidentes et cognoscentes dicebantur philosophi . sicut qui nunc prophetȩ . aliquando uidentes dicebantur. Quicumque ualuerunt cernere .i. intellegere numina fati et uultus geniorum .i. deorum claro lumine. Quicumque inquit philosophi se et deum intellegere potuerunt . per te acceperunt sacra dogmata. Ω

1/2 *Zu* fóne *bis* sînt *siehe* 6 caducis et mortalibus, 41,17-19 Quippe *bis* dĭng¹ *und* 130,8/9 caducȩ mortalisque ... substantiȩ .... dero múrgfarun . únde dero stírbigun vuíste.

2/3 *Zu* an *bis* sînt *siehe* 123,17/18 Sî *bis* ȩternos.

4 *Zu* bíst *bis* uuîstûomes *siehe* 116,14/15, *zu* dero philosophorum Ω *zu* 116,21 .i. prophetȩ.

4/5 *Zu* tû² *bis* stérnen: Et quȩ .i. tu ipsa dedisti . hoc est fecisti esse sidera . hoc est ut splenderent docendo alios sicut sidera mentes platonis et pytagorȩ. Ω

5 *Zu* íro léro *siehe auch* 167,10 sína léra.

7/8 *Zu* Unde *bis* pechénnen: Et tu iusti pro iussisti caducis et mortalibus. Caducis .i. labilibus et perfunctoriis cernere numina cȩli .i. intellegere deum . remota nube .i. sublata omni difficultate. Ω

8/9 *Zu* Fóne *bis* hímelhérote: Tu ergo quȩ omnia hȩc fecisti . scande senatum .i. curiam tonantis. Ω

9 *Zu* hímelhérote *siehe auch* 158,13 senatum cȩlitem.

10/11 *Zu* Díh *bis* mercurio: Quam unam .i. te decet iungi mercuriali fȩdere pro fȩderi .i. consortium habere mercurii. Ω

11 *Zu* Scande *bis* reliqua: Te socer subire celsa poscit astra iupiter. N²

11 *Zu* PRȨCONIA MERCURII: Ac hoc loco prȩconia mercurii exequitur. Ω

12 DEINDE THALIA *gehört zum Text.*

12/13 Zu .i. laudibus, 13 zu .i. maritalem, 14-16 zu Sâliga bis uuésentero: Beata .s. es tu o uirgo quę capis thalamum iugalem .i. maritalem cum tantis choreis siderum. Choreis .i. laudibus uel carminibus. Ac sic adderis tu nurus tonanti quia nubis filio eius fauente mundo. Ω

15 Zu góto siehe 55,3 uuánda sô mánig cót sô mánig stérno, zu iouis Ω zu 15,18 ioui.

17/18 Zu Áber bis tu: At cuius diui contigit tibi esse maritam? Admiratiue loquitur. Quis uel qualis est ille diuus? Maritam autem per achirologiam dixit pro uxorem . nam maritus tantum masculini generis est. Ω

18/19 Zu .i. excurrit, 19 zu .i. solem, 19/20 zu Dér bis súnnun: Eius .s. diui contigit tibi esse maritam qui solus perrexit .i. uelocissime excurrit astra mundi pręuolans .i. anteuolans meante penna sua. Nam mercurius ob signum uelocitatis alato depingitur uertice. Tangit autem hic astrologiam quia aliquando mercurius supra solem scandit et pęne usque ad martis circulum peruenit. Ω

20/21 Zu Lucifer bis chád siehe 102,6-8 mit Ω.

22 .i. gressibus scheint von Notker zu stammen; siehe 61,12 gressibus.

22 Zu Uuácherer bis férte keine Glosse.

J118   1/2 Zu Sô bis níderen: Qui .s. mercurius cum tranat .i. transcurrit superna . recurrit tartarum et freta . hoc est ad inferiores circulos descendit cum est retrogradus. Tunc enim pęne usque ad confinium lunaris circuli descendit. Siue freta et tartarum dicitur recurrere . quia ipse habet uirtutem in terra et in mari. Ω

2/3 Zu Uuánda bis níderôro: Uirgam autem dicitur habere mercurius ... uel quia sidus mercurii non sicut quędam planetę per anfractus absidum incedit . quando cum sole est.... Uel quid claudat nexio .i. absidę planetarum. Ω zu 16,9 uirgam und 107,12 nexio

Siehe auch 82,8-10 Qui bis na.

3 Zu sô platonici cháden: Plato atheniensis philosophus . sáz pî athenis in achedemia uilla . dâr sîn éigen uuás . únde lêrta sîne iúngeren . únz án sîn énde. Nb nach A256,15/16

Man kann auch bei Cic deor I viii 19 und Is et VIII vi 6/7,20 von den platonici lesen. Siehe ferner 117,3 platonis.

4 Zu est, .i. mouere und .i. caducevm, 5-7 zu Tér bis súnnun: Qui solus est altipotens ciere .i. ut cieat . hoc est commoueat memorem uirgam ante currum et candidos iugales parentis .i. solis. Solem parentem uocat .i. creatorem rerum omnium.... Candidos iugales dicit splendidos equos. Memorem uir-

gam .i. caduceum . memorem autem aut quia per eam memoriam facit . nam sermo
ad memoriam reducit . aut memorem pro memorabilem. Ω

6 Zu fóne ioue *siehe* 16 pater deorum ... iouis.

7 *Dick/Préaux 55,22 schreiben mit Notker* reparat *gegenüber* separat *Lutz Br
β N-T N¹ N² E-T E¹.*

7 *Die Glosse* .i. excitat *ist entweder dem Anonymen oder Notker zuzuschreiben.*

8 *Zu* .i. frugibus *und 15 zu* frugibus *siehe* Ω *zu 140,6/7 (Sed bis* frugum) *und
146,7-12 (*quia luna *bis* ostendere frugum).

8 Zu .i. messionem: Et dedit eos in manus gabaonitarum . qui suspenderunt
eos in monte coram domino. Et ceciderunt hi septem . simul occisi in diebus
messis primis . incipiente messione hordei. 2 Sam 21,9
Nonne uos dicitis quod adhuc quattuor menses sunt et messis uenit? Ecce dico
uobis . leuate oculos uestros et uidete regiones . quia albae sunt iam ad
messem. Joh 4,35

9 .i. qui reperit genitalia: *Eine von Notker stammende Umschreibung.*

9 Zu genitalia .i. semina: vere tument terrae et genitalia semina poscunt.
Verg geo 2,324

9 *Zu* .i. semina, *9-11 zu* Dér *bis* fánt, *13-15 zu* be *bis* frugibus: Qui mercurius separat .i. discernit grauari fata succidentis osiris repertis genitalibus sationibus. Fata .i. tempora uel casus . succidentis .i. succumbentis
et amputantis osiris. Osiris rex fuit ęgypti . maritus isidis . qui apud ęgyptios cultum uinearum repperit . sicut liber apud indos . ideoque pro uite ponitur. Interpretatur autem osiris pauper . quia ergo repperit uinearum culturam. Ideo dicuntur fata eius grauari genitalibus sationibus .i. seminibus .
cuius fata separat mercurius . quia sicut diximus ipse pręest seminibus et per
ipsum discernitur quo tempore debeant grauari uineę fętibus uel quo tempore
putari uel coli. Ω
OSIRIS rex Aegypti repperit cultum agricolarum et vinearum. JS *nach Lutz 63,30*

11 *Zu* chórn-sámen *siehe JS zu 76,9/10* chórn-géba (Ceres frugum dea ... et
maxime frumenti).

Nach Schulte S.101 gibt Notker mit chórn-sámen *lat.* acinus ,Weinbeere' *wieder.*

11-13 *Zu* Uuánda *bis* máchondo *siehe NL zu 118,22-119,1.*

15 *Zu* .i. diligit, *16 zu* Dén *bis* mínnôt: Quem mercurium scit .i. nouit et
diligit pater deorum .i. iouis. Ω

17/18 *Zu* Tén *bis* házetî: Cui mercurio dedit nouerca sua .i. iuno lacteam
papillam .i. mammam. Lacteam .i. candidam uel diuinam. Gaudens ipsa ad laudem
refert mercurii . quod iuno quę omnes de pelicibus natos odio habuit . istum

tantum dilexit. Ω

19 Zu .i. hebescit, 19/20 zu Dés bis stíllêt: Cuius mercurii uirga uigente
.i. ualente et potente stupet .i. hebescit et conquiescit dirum uenenum. Tanta
est uirtus sermonis in rethore ut possit damnare et liberare. Uenenum inquit
.i. iurgia et contentiones. Ω

21/22 Zu Témo bis téilet: Cui fanti .i. loquenti facit gemellum orbem omne
uirus. Gemellum orbem dicit propter duos serpentes qui sunt in caduceo eius. Ω
ORBEM GEMELLUM geminam speram propter serpentes quia duo serpentes in virga
ipsius sunt. JS nach Lutz 64,6-7

118,22-119,1 Zu íh bis suono: Phisice autem hoc dicit quia omne uirus .i.
contentio facit geminum orbem .i. diuisionem . unus enim quasi orbis est sub
ipsa contentione . alter sub sedatione. Siue geminum orbem dicit quia rethor
non solum uerbis . sed etiam ingenio damnat et liberat. Ω
Ideo geminatur draco quia arbiter non solum uerbis sed etiam ingenio occidit
et liberat homines. JS nach Lutz 64,7/8
Siehe auch 16,18-21 Áber bis uuírt, N-T RG zu 112,12/13 (Facundia bis afficiat), auch Ω (ad mortem deducit) und Anon (ad mortem ducit) zu 149,22-150,2.

J119 1 Zu álso iz fóre chít siehe 118,11-13.

2-4 Zu Ér bis sermo: Et est ille doctus pro doctissimus diuum . sed doctior
puella. Doctior autem dicit . quia ratio plus ualet quam sermo. Ω
doctior .s. est N-T E-T IG

5 Zu ut, 5-7 zu Nû bis indûen: Nunc nunc beantur .i. beatificantur artes
per uestrum conubium. Et est sensus . hucusque solius mercurii peritia artium
fuit . modo non eius tantum . sed et philologię quę ei iungitur . et ideo beantur artes quia studium additur naturali ingenio. Quas .s. artes sic sacratis
uos .i. consecratis ambo ut dent .i. tribuant caducis .i. hominibus mortalibus
meare cęlo .i. ad cęlum . et ut reserent astra. Ω

7 Zu dent, 8-10 zu Únde bis líehte: Ac dent ipsę artes subuolare pia uota
usque ad lucidam ęthram. Ęthram pro ęthere posuit . nam ęther est elementum .
ęthra uero splendor elementi. Ω
subuolare .i. sursum uolare N-T E-T IG

9 Zu óberen siehe 47,12 uuánda ęther hóhera íst tánne aer.

10 Zu .i. intellectus siehe Ω zu 161,14-18 (omnem intellectum).

10/11 Zu .i. homines, 11/12 zu Fóne bis zímigen: Per uos complet ima NOYC
mentis uigil et decens. NOYC .i. mens uel ratio. NOYC enim grece dicitur summa pars animę quam uocamus mentem. Et est sensus . uirtus sapientię quę tantum deorum erat per uos descendit ad homines .i. per studium et naturam. Ω

11 Zu zuéin siehe 4 ambo.

13/14 Zu Fône bis gûollichi: Per uos .i. per uestrum beneficium fert glorias probata lingua per ęuum. Probata .i. laudata lingua . hoc est facundia fert glorias .i. possidet certas artium regulas . et nota glorias pluralis dictum. Ω

15 Zu Pe bis líste: Uos ergo sacrate .i. consecrate uobis omnes disciplinas et nos musas uestras pedissequas . sacrate uobis ut nos proprias habeatis. Ω

16/17 Zur Überschrift siehe 20/21, auch Ω zu 120,4,8,12-14,16-18.

18/19 Zu Ůnz bis súngen: Dum hęc musę nunc solicanę .i. solę canentes . nunc concinentes .i. simul canentes interserunt . hoc est interponunt uel miscent. Ω

19/20 Zu Únde bis hértotôn: Et dum geminantur .i. ingeminantur uel iterantur uicissim . hoc est alternatim dulcia mela. Ω

20 zu in², 119,21-120,1 zu Uuâr bis zîeri: Ecce conueniunt .i. simul ueniunt in penates .i. in secretaria et in thalamum . hoc est in cubiculum uirginis philologię quędam matronę . hoc est honestę mulieres laudabiles sobrio decore .i. naturali et modificato siue moderato et non nimis superbo. Ω

J120   1 Zu .i. pulchre, 2/3 zu Scône bis máchungo: Nec uultuosę .i. pulchrę et formosę circa faciem de conquisitis .i. inuenticiis et elaboratis figmentis rerum. Erant inquit naturaliter pulchrę . non habentes superductam artificialem pulchritudinem. Ω

3 Zu Fône sélbsconi skímbare: Comitate .i. uenustate. Comitas enim est honestas uel uenustas . hinc et comis dicitur honestus siue facetus. Ω

4 Zu Déro bis frûtheit: Quarum .s. matronarum una dicebatur uocitari prudentia quasi porro uidentia . eo quod a longe futura preuideat. Est autem prudentia quę grece fronesis dicitur . uirtus quę docet quid sequendum quidue sit necessaria discretione fugiendum. Ω

5/6 Zu Cnôto bis úmbeséhentiu: Cautissima illa intenta .i. sollicita circumspectione .i. consideratione. Ω

6/7 Zu Únde bis únderskéite: Discriminans .i. discernens omnia uigili distinctione rerum. Ω

8 Zu Îro bis iustitia, 9-11 zu Mánnolichemo bis íst: Huius germana attribuens cunctis sua .i. propria et secundum meritum uniuscuiusque . nullumque afficiens eo .i. ea re uel eo supplicio quo non merebatur . ferebatur sortita uocabulum iustitię. Iustitia quę grece dichea uocatur est unicuique propria distribuere . deum plus quam se . proximum tamquam se diligere. Ω

12-14 Zu Díu bis mâriu: Uerum tertia .s. soror prędicanda .i. laudanda et efferenda contemptis muneribus et abstinentia acceperat nomen ex temperantia morum .i. temperantia uocabatur. Est autem temperantia quę grece sophrosini dicitur . uirtus qua moderate et temperate etiam licitis rebus utimur. Ω

16-18 Zu Únde bis lído-stárchiu: Illa quę supererat .i. quę restabat fortissima et infracta .i. insuperabilis et inuicta semper tolerandis aduersis . pręparata robore quoque corporis subeundis etiam laboribus. Robore corporis dicit quia duobus modis fit fortitudo . animo et corpore uidelicet . uel cum tolerandis aduersis animus pręparatur . uel cum subeundis laboribus robur corporis aptatur. Possidebat uocabulum uirium .i. fortitudinis. Est autem fortitudo quę grece andreia siue ychis dicitur . unde et ychiros fortis . qua omnia aduersa uel superantur uel tolerantur. Ω

19 Zu Díe bis chússen: Deferuntur .i. cum impetu ueniunt hę .s. quatuor matronę in amplexum et osculum eius. Amplexus ad brachia refertur . osculum uero pacis est signum quod ore datur. Ω

21/22 Zu Únde bis râtelôsa: Atque cum conspicerent eam trepidantem per omnia intra cubiculum trepidantem .i. uerentem [N2; reuerentem β, N-T IG, E1; reuertentem N1, E-T IG] et metuentem . et torpentem hęsitationibus uelut lucifugam .i. refugientem lucem . hoc est publicum aspectum. Ω

J121   1-3 Zu Íro bis gesíhte: Tractantes .i. contrectantes et contingentes pectus eius et faciem compulerunt eam uenire in conspectum omnium et in publicam faciem .i. coegerunt eam egredi a cubiculo. Ω

3 Zur Überschrift siehe 4/5 mit Ω zu 5-8, auch 12/13.

5-8 Zu Sô bis chómen: Post has .s. quatuor matronas ingressa est quędam femina philosophiam dicit. Grauis .i. honesta uel longęua . et crinita quia philosophi omnes criniti erant . et admodum gloriosa ex eo quod per ipsam tribuerit iuppiter cunctis ascensum in superiora. Nemo enim cęlum potest conscendere nisi per philosophiam .i. per amorem sapientię. Ω

9 Zu Sô bis érnest keine Glosse.

11/12 Zu Álso bis hímel-fárt: Quippe quadam fiducia compertorum .i. compertarum rerum ipsa philosophia eidem .i. philologię augurata fuerat .i. pręcondixerat et pręnuntiauerat scandendum cęlum. Ω

13/14 Zu Únde bis brûtlôufte: ad eam .s. phylologiam ... transmissa .s. est N-T E-T IG

13 Zu bótescaft tríbet siehe 50,1 pótescaft tríbendo.

14 Zu mercurio siehe Ω zu 81,7 (Maiugenam . hoc est mercurium maia genitum).

14/15 Zur Überschrift siehe Ω zu 18-20.

16-18 Zu Châmen bis ánalútte: Parili .i. ęquali et consimili . hoc est unius pulchritudinis . luculentę .i. clarę et lucis plenę . uenustate .i. formositate. Ω

18 Zu .s. *bis* coherent, 19 zu .i. floribus, 19/20 zu Mít *bis* róse-blûomôn: Religatę manus figurata locutio .i. religatas habentes manus inuicem sertis pro uinculis . sertis erant innexę ac redimitę speculis .i. floribus rosarum. Tres puellas tres gratias dicit quę et caritę dicuntur . quę sertis illigatę sunt quia gratię sibi cohęrent. Ω

21 Zu est, 22 zu .i. nuda *und* .i. pilos, 122,1 zu Téro *bis* únderbrâuue: Ubi discriminat .i. discernit pubem ciliorum .i. superciliorum.... Pili palpebrarum tautones dicuntur. Glabella medietas . glabella est nuditas frontis inter duo supercilia . sed et qualiscumque pars corporis pilis carens glabrion grece dicitur. Uidelicet prima .s. ideo osculata est frontem eius. Ω
Quarum puellarum N-T IG
pubem .i. pilos N-T E-T IG

J122   2 Zu chústa *und* 3 zu Táz *bis* êrista siehe Ω zu 1 (Uidelicet *bis* eius).

3/4 Zu dáz *bis* gegâbe, 4 zu .i. facundiam, 4/5 zu Ánderiu *bis* gegâbe, 5/6 zu Diu *bis* kâbe: Ut afflaret .i. infunderet et inspiraret oculis eius lętos honores .i. iocundos. Secunda spirabat .i. infundebat gratiam linguę eius . gratiam .i. facundiam et eloquentiam. Tertia quę pectus eius osculata est .s. inspirabat animo illius comitatem .i. scientię profunditatem siue liberalem amorem uirtutum. Ω

6 Zu uuv́nesami *siehe auch* 5,3 mínnesami *und* Ω *zu* 120,3 (Comitas enim est honestas uel uenustas).

7 Zu .i. ornamentorvm deę, 7/8 zu Síe *bis* uuérdent: Quippe dicebantur illę cantes .i. ornamentorum deę . tres uidelicet gratię. Cantes autem proprie sunt fistulę quarum sonus artem musicam excedit . et ideo cantes uocantur . quia alias musas .viiii. sua gratia et muneribus superabant. Re uera autem tria sunt quibus amatores placent . diuitiis . pulchritudine et sapientia. Ω CARITES tres Gratiae filię Iovis. Carites dicuntur fistulę quarum sonus artem musicam excedit et ideo istę Carites superuenerunt quia alias Musas proprio quodam modulamine superabant. JS *nach* Lutz 64,29-31

9/10 Zu Únde *bis* êrsam: Uenustabant .i. pulchrificabant . lumine .i. splendore . gratia siue decore. Ω

11/12 Zu .i. motus musicos, 12 zu .i. saltationes, 12-15 zu Sô *bis* trétenôda: Dederunt etiam consonas gesticulationes .i. gestus siue motus musicos siue etiam omnia musicę instrumenta . atque hymeneia .i. nuptialia tripudia . hoc est saltationes. Ω

14/15 Zu mít íro líden: gestus .i. motus membrorum RA nach Lutz 105,9 zu MC V §540 nach Dick/Préaux 270,7

16 Zur Überschrift siehe 122,22-123,1,3/4.

17 Zu .i. sonitu, 18 zu .i. cymbalorum, 18/19 zu Ín-in dés bis cymbalis: Sed ecce dissultant .i. resonant et concrepant uniuersa .s. loca crepitu .i. sonitu tympani. Tympanum autem est corium extensum quod percussum magnum edit sonum. Et tinnitu crotalorum .i. cymbalorum. Crotos grece pulsus . hinc cymbalum crotalum dicitur a pulsu et repercussione. Ω

21/22 Zu Sô bis timpanorum: Eo usque .i. in tantum ut redderetur aliquanto obtusior .i. tardior uel hebetatior . cantus musarum bombis .i. sonitibus tympani illius. Ω

J123 1 Zu .i. more diuino, 2/3 zu Sáment bis síte: Lectica gestatorium siue uehiculum matronale est.... Interstincta .i. picta et uariata sideribus . hoc est stellata. Cui .s. lecticę pręcinebant .i. antecanebant crepitus illos mystico ritu .i. more diuino. Ω

pręcinebant .i. antecanebant ipsę musę N-T E-T IG

4-6 Zu In bis gnôzskefte: Qua .s. lectice fuerat mos .i. consuetudo peruenire nubentes deas ad concortia cęlestis thalami .i. illa lectica deportabantur in cęlum nupturę deę. Hęc autem lectica significat corpus omnium philosophantium [β N^2, dafür philosophorum N^1 E^1].

Aus der Raumbezeichnung 4 thalami bei MC und der Standesbezeichnung philosophantium bzw. philosophorum bei RA entstand die Personenbezeichnung 6 chámerlingo bei Notker.

6/7 Zur Überschrift siehe 16 und 124,4-7,12/13.

8 Zu .s. lecticam, 10 zu .i. pręsulatu, 10-12 zu Dâr-fóre bis bíscofheite: Ante hanc .s. lecticam pręminebat quędam femina augustioris uultus .i. nobilioris uel pręstantioris resplendens ipsa uenerabili antistitio .i. pręsulatu uel primatu . et resplendens sacro et ęthereo lumine. Ω

11 Zu hímeliskemo siehe Ω zu 16,12-17 (Ętherios recessus . hoc est cęlestia secreta).

12 Zu bíscofheite siehe β zu 5,21 pontificis] *antistitis.

13 Zu sunt, 14-16 zu Álle bis uuérlte: Reueriti sunt .s. inclitam maiestatem eius . ut custodem omnium deorum et mundi. Ω

Quam .s. feminam N-T E-T IG

16-18 Zu Téro bis perpetuum: Athanasia grece . latine inmortalitatem sonat. Et bene athanasia .i. inmortalitas et mundi custos esse dicitur . quia dii ęterni sunt . mundus uero perpetuus . et ideo athanasia .i. inmortalitas custos est mundi cum eum facit perpetuo durare. Ω

18/19 zu Ûnde bis si: Heus uocantis aduerbium est . iohannes scottus heus ubi es resoluebat. Ω

HEUS ubi es, adverbium loci. JS nach Lutz 65,3

inquit .s. illa athanasia N-T E-T IG

20-22 zu Téro bis hímele: .s. ut subueharis N-T E-T IG

J124 1 zu Dáz bis hándelonne: Terrigenę .i. de terra genito et adhuc mortali. Ω

fas est N-T E-T IG

2 zu Nóh bis tránche: Sed nec tibi quidem si .i. siquidem . hoc est siquidem sed nec tibi . et est ordo pręposterus . siquidem sed nec tibi licet ante nostrum poculum. Ω

3/4 zu Ûnde bis hérzen: Et cum dicto .i. statim atque dixit pertractat dextra sua leniter pulsum cordis eius et pectus . pulsum .i. impetum uenarum. Ω Notker übersetzte pulsum cordis eius . pectusque in umgekehrter Reihenfolge.

5 zu .s. ipsum pulsum, 8-12 zu Iốh bis sîst: Ac respiciens ipsum pulsum distentum .i. refertum et plenum cum magno turgore .i. inflatione . coactissima .i. uiolentissima et ualidissima egestione .i. uomitione. Et [nisi N-T E-T IG, N¹ E¹; fehlt β N²] diffuderis foras .i. extra pectus proieceris. Nullatenus obtinebis sedem inmortalitatis. Ω

9 Das Nebeneinander von inbláhenen und inbláheni erörtert Backes S.84/85.

10 zu glónken, 13/14 zu Tô bis uuárd: Quicquid .s. noxium et graue intra pectus senserat euomebat. Ω

15/16 zu Dára-nâh bis bûochen: Tum uero illa nausea .i. uomitus. Ω

16/17 zu Uuánda bis bûohlîste siehe Ω zu 126,1-4 (Quod bis est).

19-21 zu Târ bis fûoren: Cernere erat greca figura est quando duo uerba simul iunguntur .i. uideri poterat ab aliquo . quot opera linguarum .i. libri . id enim quod lingua profert litterę formant. Ω

21/22 zu .i. resina cedri, 124,22-125,2 zu Súmelichiv bis nefûleti: Alia .s. uolumina uidebantur esse ex papyro. Apud ęgyptios enim ex biblo fiunt libri . qui est genus papyri . quę papyrus fuerat perlita .i. peruncta cedro .i. cedria . hoc est resina cedri. Papyrus autem suco cedri illita inputribilis est. Ω

J125 3 zu Súmelichiu bis bîzucchen: Alii libri implicati .i. inuoluti erant carbasinis uoluminibus. Carbasus genus est lini mollissimi et candidissimi. Ω

4 zu Iốh bis mánigiv: Multi quoque .s. libri erant ex ouillis tergoribus .i. membranis siue pergameno. Ω

5/6 Zu Únmanigíu bis uuás: Rari subnotati erant in cortice phyllirę. Phyllira species est arboris nigrum habens corticem. Interpretatur autem foligera quia ΦΥΛΛΟΝ grece folium . de cuius arboris cortice ueteres uolumina faciebant. Rari autem dicit uel propter antiquitatem uel propter uilitatem. Ω

6 Zu álso bis uuás siehe auch 162,5/6 Ueterumque ritu.

7/8 Zu Uuáren bis gescríbeniu: Erantque quidam colorati .i. descripti sacra nigridine . hoc est incausto. Ω

8-10 Zu Téro bis animantium: Quorum .s. librorum litterę credebantur effigies animalium. Hoc dicit propter cosmographiam .i. mundi descriptionem et zoographiam. Zoo grece animal . hinc zoographia dicitur descriptio de naturis animalium siue ipsorum animalium pictura. Litterę ergo illę animalium effigies credebantur quia sapientia de mundo disputat et de naturis animalium philosophatur. Ω

9 Zu phisiologia für zoographia: Hunc censes primis ut dicitur labris gustasse physiologiam, id est naturae rationem, qui quicquam quod ortum sit putet aeternum esse posse? Cic deor I viii 20

10 animantium für animalium des Kommentars wiederholt 8 animantium des Textes (eigentlich animantum Br β, animalium N-T E-T).

12-16 Zu Díe bis egyptiis: In quibusdam eminentibus saxis .i. pręcipuis uel pretiosis lapidibus iussit ascribi atque iussit collocari illa supradicta intra specum .i. antrum.... Per adita .i. templa ęgyptiorum. Tangit hoc loco quod cum omnes artes pessumdatę essent .i. annullatę et defecissent in toto mundo . ab ęgyptiis reparatę sunt. Ω

17/18 Zu Únde bis stérnen: Pręcepit athanasia continere eadem saxa stemmata .i. genealogias uel origines deorum. Est autem proprie stemma filum quo cingebantur capita sacerdotum . unde et flamines dicti ipsi sacerdotes quasi filamines. Ponitur autem stemma pro genealogia quia sicut corona uel filum circa caput sacerdotis in se reuertebatur . ita genealogia in semet per succesiones redit. Appellans illa saxa stellas pro claritate originis deorum. Illa ergo saxa stellas appellauit quia claram et nobilem deorum originem continebant. Ω

19 Zur Überschrift siehe vor allem 125,20-126,1 und 127,18/19.

J126 1-4 Zu Únz bis gezívge: Undanter .i. copiose et affluenter euomeret. Quarum alię dictę sunt artes . alię disciplinę. Inter artem et disciplinam hoc distat . disciplina est dum discitur . ars autem cum ad perfectum animi habitum .i. intellegentiam peruenerit. Subinde .i. frequenter et sępe colligebant quę effuderat uirgo ex ore suo corripiens illa unaquęqua illarum .s.

puellarum in suum necessarium usum et facultatem .i. possibilitatem. Facultas est uniuscuiusque rei possibilitas. Quod enim ex uno fonte rationis procedit multiformiter in species artium diuisum est . et ideo dicuntur singulę artes in suum usum et facultatem necessaria rapuisse ex his quę effuderat philologia. Ω

5-7 Zu Iôh bis gescríben: Ipsę etiam musę .s. nouem pręcipue uranie calliopeque. Ideo hę duę pre ceteris libros illos colligebant quia quasi doctiores sunt. Nam urania cęlestis musicę . calliope autem artificialis musicę est pręsul. Congesserunt .i. coadunauerunt et colligerunt in suo gremio .i. sinu. Gremium intimam et profundam memoriam dicit. Ω

Facultas artis est omne instrumentum quo discitur et docetur. Ideo URANIA ET CALLIOPE collegerunt libros prę ceteris quia doctiores erant. Praesul est Urania caelestis musicae, Calliopea artificialis musicę praesul. JS nach Lutz 65,24-27

5 Zu camenę siehe 3,7 camena und 11 sáng-cúttenno mit NL.

Notker prägte 5 tíu natûrlicha im Gegensatz zu 6 díu erdâhta. Zu erdâhta in érdo siehe auch Ω zu 158,22-159,2 (in hoc differt musica cęlestis ab hac terrestri et artificiali).

7 Állêr bis gescríben formulierte Notker ziemlich frei.

8 Zu sunt, 8-10 zu An bis brítero: In aliis quippe libris distinctę erant paginę ac deductę in tonum. Paginulę proprie sunt in musica ubi tropi in altitudinem ascendunt per differentiam tonorum . distinctęque per tropos uidelicet . deductę .i. extensę. Et hic musicam tangit. Ω

10-15 Zu Uuánda bis sprózen: Ex tonis enim et semitoniis constat omnis musica.... Án dîen octo modis ... sínt úns keóuget octo species. Ω und Nm zu 98,17/18

Siehe auch Ω zu 127,13-18 (Musica bis litteras).

DESCRIPTIO CONTINENS MODORUM ORDINEM AC DIFFERENTIAS.... RATIO SUPERIUS DISPOSITAE MODORUM DESCRIPTIONIS.... Nunc illud est considerandum quod hae paginulae quas inter se rectus linearum ordo distinguit. Aliae quidem habent notulas musicas . aliae uero minime uelut in eo modo qui scribitur hypermixolydius prima quidem paginula.... Iamque hoc regulariter in cunctis est considerandum . ut si uocum notulas integra pagina disgregauerit . toni inter eas sciamus esse distantiam. Sin uersus notulas ac non pagina distinguit . semitonii non ignoremus esse distantiam. Boeth mus IV xv/xvi

Siehe auch die Zeichnung gegenüber S.169.

Atque inter utrasque literas uidebantur insigniti quidam gradus in modum scalarum. Únde únderzuísken púohstaben . stúonden sámo-so léiter-sprózen gezéichenet . álde stégon stúofa. Quibus esset ascensus . ab inferiori ad superius elementum. Áfter díen man stígen máhti . fóne demo níderen púohstabe zu demo óberen. Nb nach A9,1-6

16-18 Zu An bis séhên: In aliis erant circuli . orbes planetarum dicit. Hemisperiaque .i. semicirculi. Duo autem sunt cęli hemisperia .... Et hoc ad astrologiam. Ω

16/17,20 Zu 2mal gebíldot siehe 8 formatę.

17/18 Remigius verwechselte astronomia mit astrologia, wofür Notker richtig astronomia schrieb.
Siehe auch Ω zu 127,13-18 (astronomiam).

18/19 Zu Mít bis séhên: Cum trigonis et quadratis . geometricam tangit. Ω quadratis hoc ad geometriam N-T E-T IG

20 Zu Ióh bis gebíldot: Multiangulę figurę sunt omnes a quadrato usque ad infinitum . ut sunt pentagoni . exagoni et septem uel octo angulorum figurę . ceterique numeri in plures angulos ducti. Ω

21 Zu .i. contemplationum, 126,21-127,2 zu Áfter bis uuíste: Pro diuersitate theorematum. Theoro grece uideo . hinc theorema contemplatio siue speculatio. Est autem theorema speculatio rationis figurarum . cum uidelicet consideramus quomodo lineę lineis . anguli angulis . latera lateribus socientur. Uel elementorum . elementa uocat in geometrica punctum . lineam uel omnes planares figuras. Proprie autem theoremata ad geometricam . elementa ad astrologiam pertinent. Quod enim geometrica fingit in geometricis figuris . hoc describit astrologia in naturalibus corporibus. Ω
TEOREMATUM speculationum, teorema proprie dicitur in geometria quod elementa in astrologia; quod enim geometria fingit in geometricis figuris, hoc describit in naturalibus corporibus astrologia. JS nach Lutz 66,2-4

21 Zu .i. creaturarum siehe Ω zu 3,14/15 (et concordiam qua elementa omnia et uniuersitas subsistit creaturarum).

22 Zu mûot-píldungon: Dien sensibus fólgêt imaginatio. Dáz íst tíu píldunga . des mûotes . âne diu corpora. Nb nach A253,24/25, von Schulte S.70 Anm. 1 verzeichnet.

J127   1/2 Táz bis uuíste bildet eine vierzeilige Strophe mit dem Endreim líste : uuíste.

1/2,4,6 4mal astronomia bei Notker für fragwürdiges astrologia bei RA. Siehe aber Ω zu 13-18 (astronomiam).

2-4 Zu Doctrinaliter bis astronomia siehe Ω (Quod bis corporibus) und JS (quod bis astrologia) zu *126,21-127,2*.

2/3 Zu *Doctrinaliter:* Doctrinalis dicitur scientia . quae abstractam considerat quantitatem. Is et II xxiv 14

4/5 Zu *Geometria bis circumductio:* Est enim circulus posito quodam puncto et alio eminus defixo . illius puncti qui eminus fixus est ęqualiter distans a primo puncto circumductio . et ad eundem locum reuersio unde moueri cęperat. Spera uero est semicirculi manente diametro circumductio . et ad eundem locum reuersio unde prius coeperat ferri. Boeth arith II xxx

5/6 *Mit Dâr bis elemento umschrieb Notker* 2-4 *Doctrinaliter bis astronomia*.

6/7 *sô bis mânen: Von Notker ergänzte Beispiele*.

8-12 Zu *Dára-nâh bis uuérdent:* Dehinc complicabat .i. conformabat uel compingebat in unam speciem membra multigenum .i. diuersorum animalium . cosmographiam tangit. Totus enim mundus cum regionibus et animalibus in una imagine et ueluti quadam specie comprehenditur et aspectu oculis monstratur. Ω
Siehe auch Ω *zu 125,8-10* (Hoc *bis* zoographiam).
IN UNAM SPECIEM hoc est in unam mundi imaginem. Ut enim una imagine totus mundus cum regionibus et animalibus in una quadam specie compraehenditur aspicientiumque oculis manifestatur, sic tota musica in una imagine describitur per tonos et tropos caeterosque modos et horum singula super notatos numeros et litteras et notas. JS *nach Lutz 66,5-9*

13-18 Zu *Uuâren bis léicha:* Erant etiam ibi libri qui pręferebant mela sonorum. Pręferebant .i. pręmonstrabant . musicam dicit. Et signa .i. figuras numerorum . arithmeticam tangit uel astronomiam. Et quędam opera canendi. Musica enim in uno libro quasi in una imagine describitur per tonos et tropos ceterosque modos et horum singula per notatos numeros et litteras. Ω
Siehe auch JS zu 8-12 (sic *bis* notas).

14/15 Zu *íh bis diapente siehe 20,20/21 án sînero níumon kefélligî und 93, 20 íh méino diatesseron . diapente . diapason*.

16/17 Zu *álso bis numeri:* hoc autem cognoscendum est quod hæc signa numerorum quę posita sunt . et quæ nunc quoque homines in summarum designatione describunt . non naturali institutione formata sunt . ut enim quinarii subiectam notulam signant de V . uel denarii quam descripsimus de X. Boeth arith II iv

17/18 Zu *álso bis léicha:* Et qui abduxerunt nos . ymnum cantate nobis de canticis syon.... Singent uns . chédent síe . iúuueriû liêd . hêimenân singent uns in iúuuera uuîs. Np 136,3 *nach R506,14,16-18*
Álle natûrliche léicha . únde álle rártâ . hábet tiu sêla in íro. Nb *nach A258,4/5*

19 Zu .i. parturiens und .i. imitationes, 19-21 zu Sô bis lírneta: Postquam igitur diffudit .i. copiose effudit uirgo illam copiam bibliothecalem.... Nixa .i. parturiens illa philologia. Imitatus .i. imitationes et labores quos imitabatur et experiebatur. Nixa autem participium est a uerbo nitor . unde et enixa. Ω

NIXA pariens. IMITATUS subaudit similitudines et imagines. JS nach Lutz 66,10

J128   1/2 Zu Pléih bis chónda: Confecta .i. afflicta . exhausto .i. madefacto et euacuato pallore quo euacuata fuerat . quia amiserat uirgineum colorem. Postulauit opem athanasię .i. inmortalitatis . quia athanasia fuerat conscia .i. particeps tanti laboris. Ω

2 Zu Dô bis zûo: Tunc illa .s. athanasia inquit. Ω

3/4 Zu Nû bis fárêst: Accipe hoc .s. poculum sorbillandum. Dicit autem oui speciem quam ei dedit quo conscendas cęlum refectior .i. ualidior . sorbillandum .i. exhauriendum. Ω

5 Zur Überschrift siehe 129,12 totam incunctanter exhausit und 17/18 ętherivmque bis ęuum.

7 Zu eam, 7/8 zu .i. purificationi uel deificationi, 9 zu eos, 10-14 zu Únde bis trínchenne: Ordo est. Ac tunc sumit illa athanasia quandam globosam animatamque rotunditatem . auferens illam .i. accipiens matri . hoc est a matre apotheosi quę forte conuenerat cum illa . hoc est cum athanasia . et iam pridem consecrabat ipsa apotheosis libros. Grece apotheosis deificatio uel consecratio interpretatur . quę bene mater est athanasię . quia purgatio mater est inmortalitatis. Hęc ergo apotheosis consecrabat .i. auctorabat et confirmabat libros illos. Globosam .i. speroidem et rotundam . animatam .i. uitalem. Ac porrigit .i. prębet uirgini hauriendam .i. sumendam. Ω

7 Man erwartet .i. purgationi für .i. purificationi, wie auch schon 73,1 purgationem für purificationem.

15-18 Zu Áber bis uuérlte: Per crocinum .i. roseum [uel rubeum N^1 E^1; fehlt β N^2] colorem . quo ipsa species exterius rutilabat splendorem superum uel ęthereum significat. Ω

CROCINO roseo. Per ovum totam speram caelestem significat. JS nach Lutz 66,17 coccino .i. roseo uel rubeo N-T E-T IG

18 Zu daz óberosta fíur ... tírro uuérlte siehe auch 62,21/22 cęlestis ignis.

19 Zu .s. ipsa species siehe 14.

128,20-129,1 Zu Únde bis íst: Per albidum uero humorem splendiditatem aeris [significat] . per soliditatem quę interius apparebat terra significatur. Ω

20 *Zu* nâh téro rôti *siehe* 17 ûzenan uuás iz rôt.

J129   1/2 *Zu* Sô *bis* gegében: Mistice hoc dicit . quia quamdiu humanus animus terrena scientia pregrauatur . quę inflat et turgescit . nequaquam potest capax esse uerę sapientię . quę ad cęlum subleuat. Ω *zu* 124,10-12 tû *bis* sîst *Siehe auch* 127,18-21 Postquam *bis* lîrneta.

2 *Zu* dîu gótelicha [uuîzentheit] *siehe* 93,1/2 Sapientia *bis* suauiter *und* 161,17 gótes sapientia.

2/3 *Zu* dîu *bis* îst: Áber gótes prouidentia . dáz íst tíu sáment-háftîga óbe-síht . tíu úngetéilet íst . per tempora . et loca . mít téro sáment pegríffen sínt . presentia . preterita . et futura . svperiora . et inferiora. ... Cernit [conditor magni orbis] in uno ictu mentis . quę sint . quę fuerint . et ueniant. Éines plícches ána-síhet er [gót] . dáz êr uuas . únde nû íst . únde nóh chómen sól. Nb *nach* A212,4-6 239,11-13

2 *Zu* in éinero sámohafti *und* 3 *zu* pegrîfet *siehe auch* 60,5 sáment pegríffen.

4 *Zu* Tîa *bis* élle *siehe* Ω *zu* 7-9 (Per *bis* significatur).

4/5 *Zu* dáz *bis* gelîchez *siehe* 128,17/18 ûzenan *bis* uuérlte.

5 *Zu* únde¹ *bis* érdo *siehe* 128,22-129,1 únde *bis* íst.

5/6 *Zu* únde² *bis* lúfte *siehe* 128,20-22 Únde *bis* íst.

6/7 *Zu* álso *bis* uuérlte *siehe* 161,11/12 totam cęli molem . machinamque *und* Ω *zu* 114,5-8 (Mundus enim iste uisibilis).

7-9 *Zu* Dáz *bis* uuérben: Per hanc formam rotundam et animatam et per hanc oui speciem totus mundus significatur . quem philosophi animam habere dixerunt . licet careat sensu. Ω *zu* 128,15-18
Endelichia secundum calcidium perfecta ętas . secundum aristotilem absoluta perfectio interpretatur. Plato tamen endelichiam animam mundi dicit. Et dicta endelichia quasi endos lechia .i. intima ętas. Philosophi namque animam mundi uocant illum spiritum quo uegetatur et regitur mundus .... Ex hac ergo anima mundi secundum philosophos ministrante uel inseruiente sole dicunt gigni omnes speciales animas rationales siue irrationales. Ω *zu* 11,19-22
Siehe auch 166,18-22 Aristotiles *bis* túrnet.
Tû gehéftest tía sêla zu díen íro gemínnên líden . únde zetéilet sia áfter díen . Íh méino día súnnûn gânda an míttemo hímele . únde in míttemen gânda dero septem planetarum. Tîa philosophi híezen animam mundi . uuánda ál dáztír grûet . únde uuáhset . táz túrh-kât sí . álso díu sêla die líde tûot. Nb *nach* A150,2-9

8/9 *Zu* éina ándera tóugena chráft *siehe* 153,19-22 Ignoti *bis* anima.

12-14 *Zu* Sô *bis* iz: Quam speciem rotundam cum susciperet . quoniam sitiebat plurimum post afflictiones .i. fatigationes et ęstus .i. turbationes et sollicitudines mentis. Reseratis archanis .i. interioribus partibus eius rotunditatis . postquam comperit esse rem dulcissimam . exhausit totam incunctanter .i. absque [β N²; sine N-T E-T IG, N¹ E¹] dubio. Ω

15/16 Zu Sâr bis lîde: Nouo .i. insolito uel magno utpote inmortali. Ω

16/17 Zu Únde bis írdisgheit: Perit gracilenta .i. fragilis et infirma macies. Cedit .i. recedit ab ea uis terrea .i. mortalitas carnis. Ω

18/19 Zu Únde bis uuâltesôd: Et uenit illi ętereum ęuum sine legibus mortis. Ω

19/20 Die Überschrift faßt den Inhalt des Abschnitts zusammen.

21 Zu Sô bis úndôdigi: diua apotheosis ... eam phylologiam N-T E-T IG

21 Zu athanasia siehe Ω zu 130,8/9.

J130 1 Zu siue leucos .i. alba, 2-5 zu Sîa bis lîlien: Coronauit eam ex herba rurestri .i. terrestri et rure nascenti . cui uocabulum est ΛΕΥΖΟC pro leukos .i. alba . quidam lilium esse dicunt . quo perdoceret illam pergere in cęlum de terris . et factam inmortalem . enigmate .i. imagine uel similitudine redimiculi . hoc est coronę. Ipsa quidem herba uisibilis erat . sed per eius speciem significabatur illius inmortalitas. Ω
LEUZOS pro λευκός, albula herba. Dicunt quidam quod lilium sit. ENIGMATE imagine per quam ostendit se ipsam immortalem. REDIMICULI coronae. JS nach Lutz 66,18-21

5 Zu ut, 6/7 zu Kebîetende bis hîmelfîure: Pręcipiens ut expelleret .i. proiceret a se omnia quę coaptauerat aduersum uim superam .i. aduersus uiolentiam superi ignis. Ω

8/9 Zu Uuánda bis vuîste: Quippe memorabat illa athanasia ista hęc .s. pręsidia minima caducę .i. labilis et mortalis esse substantię . hoc est quia illa remedia mortalibus tantum et fragilibus conuenirent . et ideo minima uocantur quia inmortalitatem non possunt afferre. Ω

11/12 Zu Dáz bis únmûoza: Quę omnia abstraxit ei mater .i. apotheosis . hoc est purgatio postquam recognouit eam transcendisse mundana studia. Ω

10/11 Zu humana] *mundana, 12/13 zu îh bis tûont siehe Ω zu 48,11/12 (Cum bis habet) und 131,18/19 (Laborem bis laborabat).

13 Noch eine Überschrift, die den Inhalt des Abschnitts zusammenfaßt.

15/16 Zu Dô bis nám: Ex pręparato aromate et propria acerra supplicauit. Acerra est arca turalis ubi tymiama seruabatur . primitus .i. primum et primo loco supplicauit athanasię. Ω

supplicauit .i. sacrificauit N-T E-T IG

16 Zu apotheosi, 17 zu Únde bis ópfere: Et persoluit gratiam .i. honorem diuinum matri eius .i. apotheosi . multa litatione .i. sacrificio . hoc est inmortalitati et causę inmortalitatis sacrificauit. Ω

18 Zu .i. orcum und .i. proserpina, 130,19-131,1 zu Dáz bis inpunitas: Cur autem eis sacrificauit? Quod .i. eo quod nec conspexerit uedium cum uxore . uedium .i. plutonem siue orcum . cum uxore . hoc est proserpina uel allecto. Ideo inquit eis sacrificauit quod eam de conditione mortis liberam fecerint . ita ut non uiderit uedium cum uxore qui est insidiator animarum a corpore exeuntium. Sicut suadet .i. docet etruria regio italię. Etruriam autem pro philosophis etruscis posuit . qui dicunt quod exeuntibus animabus de corpore occurrat uedius cum coniuge . unde et uedius dicitur quasi uediuus .i. malus diuus quia terrorem incutit animabus. Ipse est et orcus . orco grece iuro . inde orcus dictus . quia quodammodo iurat quod nullam animam sine pęna dimittat. Ω

19 Zu héllo-uuárt siehe NL zu 8,14/15 hélle/góte (inferorum deus ... deus inferni) und 52,13 fíur-gót (deus inferni), auch 54,5-7 Ueiouis .i. malus iouis ... héllo-iouis.

22 Der rhetorischen Frage Uués bis iurator bei Notker ging die oben wiedergegebene Cur bis sacrificauit bei RA voran.

Nach dem Beispiel insidiator bei RA leitete Notker 22 iurator nomen agentis aus iurat verbum ab, während das Adjektiv 1 inpunitas das Präpositionalgefüge sine pęna vertritt. Zu Notkers Schaffensdrang siehe Schulte S.108.

J131 2 Zu .i. figmenta siehe Ω zu 138,21-139,1 (miraculo sui .i. suo . rem aliquam miram ostendendo.... Refert fabula) und 153,21-154,1 (Secundum fabulam ... quod figmentum).

2/3 Zu Nóh bis úrdáhten: Et ideo .s. sacrificauit eis quod non formidauit eumenides ad .i. secundum chaldęa miracula. Nam chaldęi docent quod eumenides .i. furię infernales occurrant animabus easque crucient. Dictę autem sunt eumenides cata antifrasin .i. bonę [lunę β N²; fehlt N¹ E¹] pro malę. Ω
Μήνη luna, EUMENIS mala luna. JS nach Lutz 66,27

3 Zu .s. uedius, 3/4 zu Nóh bis uuázere: Et ideo .s. sacrificauit illis quia non usserit illam igne suo ipse uedius . nec subluerit lympha .i. purgauerit uel abluerit aqua. Ω

5/6 Zu Nóh bis philosophi: Et ideo .s. sacrificauit illis quia non uerberarit illam simulacrum animę dogmate .i. secundum dogma cuiusdam syri. Quidam enim syrus philosophus dogmatizabat simulacrum quoddam esse animę . quod omnes animas e corporibus exeuntes et ad originem suam redire uolentes uerberaret. Ω

7 Zu .s. apotheosis siehe 130,16 apotheosi.

8 Zu .i. dogmate, 8-11 zu Únde bis inmortalitate: Et ideo .s. sacrificauit illis quia non consecrauit .s. sibi ipsi .i. non est adepta inmortalitatem auspicio .i. per auspicium mortis. Auspicium .i. initium . hoc est non precessit mors ut illa fieret inmortalis. Ritu .i. usu uel dogmate phasi senis charontis manibus inuolutam inmortalitatem mortis. Phasus enim senex quidam docebat nullum posse uenire ad inmortalitatem nisi per mortem. Et ideo dixit ipsam inmortalitatem inuolutam esse in manibus charontis .i. constitutam in potestate inferorum . quia non nisi per mortem ad illam uenitur. Charon autem est nauta inferorum qui animas ultra stigem paludem sutili cymba transponit. Ω

10/11 Zu charon dero héllo túro-uuárt: Charon ist eher *dero héllo féri(g)o ‚Fährmann der Unterwelt'. Zum eigentlichen Torwart der Unterwelt, Cerberos: Stupet tergeminus ianitor .i. cerberus . infernalis canis . captus .i. illectus nouo carmine. Erchám síh tô dér dríu hóubet hábento túro-uuárt . sús úngeuuónes sánges. Nb nach A180,14-16

12 Zusammenfassung des Abschnitts in der Überschrift.

13/14 zu Ín-in díu bis tráge-bétte keine Glosse.

14/15 zu .i. in excelso loco, 15 zu .s. conscendere, 16/17 zu Únde bis nemáhti: Quę .s. lectica quoniam uidebatur in maximo .i. altissimo suggestu . hoc est sedili uel excelso loco . deputabat illa philologia admodum sibi esse difficile .s. ut ascenderet . ne dicam .i. ut non dicam inpossibile. Non enim putabat sibi esse inpossibile . sed potius difficile [β N²; possibile N-T E-T IG, N¹ E¹]. Ω

15 Zu .s. conscendere siehe auch 13 conscendere und 128,3 conscendas.

18/19 Zu Táz bis chômen: Alumnum suum .i. laborem dilectum prę ceteris. Laborem dicit quo philologia in studiis sapientię laborabat. Ω

20 Zu .i. lecticę: SUPERĘ CONSESSIONIS divinę lecticae. JS nach Lutz 67,2. Siehe auch 22 lecticę.

20/21 Zu Án bis stûoles: Quo alumno innixa euicit omnem difficultatem superę consessionis. Ω
consessionis uel conscensionis N-T IG

J132 1-3 Zu Áber bis hímele: Uerum idem .s. alumnus qui uocabatur ab eadem labor . grece kopos.

3 Zu .i. pulcherrimo, 4 zu Éinemo bis geuuétenemo: Quippe consociato sibi quodam puero renidenti .i. pulcherrimo . hoc est amore. Ω

5/6 zu Táz bis neuuás: Qui non erat filius uoluptuarię .i. libidinosę et turpium amorum deę. Ω

7 Zu Díe bis lecticam: Memorantur hi duo labor et amor subuehere lecticam a fronte . hoc est ab anteriore parte. Ω
subuehere .i. sursum portare N-T E-T IG

8 Zu .i. cura, 9 zu .i. uigilia, 9/10 zu Daz bis uuácha: Nam posticam . hoc est postremam partem lecticę sustulerunt pimelia et agrimnia dilecta mancipia. Pimelia grece . latine cura . non illa quę sollicitudines sęculi parit . sed illa quę studium sapientię. Agrimnia uigilia interpretatur. Ω

11-13 Zu Sô bis fûorin: Ut uterque sexus posset ascendere cęlum. In utroque enim sexu philosophati sunt. Ω

Lectica quatuor portitoribus gestabatur . et humanum corpus quatuor elementis subsistit. Et pulchre duobus sexibus portatur illa lectica . duobus uidelicet pueris et duabus puellis sicut in sequentibus legitur . quia .iiii. elementorum duo quodammodo sunt mares . ignis et aer . duę feminę . aqua et terra. Illa enim incumbunt . ista subteriacent. Illa agunt semper et non patiuntur . ista patiuntur et non agunt. Ω zu 123,4-6

Per LECTICAM Phylologiae corpus omnium ratiotinantium significatur, quod quattuor elementis naturali iunctione componitur. Ideoque quasi sexibus duobus illa lectica portatur quia quattuor elementorum: duo, id est ignis et aer, quasi masculino sexui comparantur, agunt enim et numquam paciuntur; alia vero duo, id est terra et aqua, feminino, patiuntur enim et agunt. Anon zu 145, 9/10 nach Lutz 3,18-24

11/12 Zu tiu frôuua inmortalitas siehe 123,8 femina und 17 inmortalitas.

13 Zur Überschrift siehe 16 comitum uenerabilis multitudo und 133,2 comitatus.

14/15 Zu Sô bis musarum: Pompa .i. ornatus et decor . pompam autem musarum illarum cantum dicit. Ω
conscendentem .s. illam ... pompa .i. ornatus deorum N-T E-T IG

16-19 Zu Ûnde bis alumnę: Et uenerabilis multitudo prędictarum comitum .i. apotheosis . athanasię . phronesis cum suis pedissequis. Ω

Notker ergänzte 17 philosophia nach 121,3 PHILOSOPHIA, auch 18 unde quatuor uirtutes . únde gratiae nach 119,16 QVATVOR VIRTVTES und 121,14 TRES GRATIĘ.

20-22 Zu Arithmetica bis fórscondív: Periergia sequebatur comitata aliis pedissequis et dotalibus mancipiis perscrutans atque interrogans uniuersa. Arithmetica enim constat omnia et nihil sine numero. Ω
Periergia .i. cooperatrix β RG, N-T E-T IG

J133   132,22-133,1 Zur Überschrift siehe 2 und 11/12, 1 zu SUPPLICAT 130,14 supplicauit.

3 Zu Sô bis lúfte keine Glosse.

4 Zu hoc bis nuptiis, 4/5 zu Târ bis zûo-fûore: Pronuba deorum .i. iuno quę pręest nubentibus. Ω

4 Zu nuptiis siehe Ω zu 40,16-20 (utpote pronubam et pręsulem nuptiarum) und 41,11 (pronuba .i. paranimpha et ministra nuptiarum), auch JS zu 41,11 (PRO-NUBA bis suffragari).

6/7 Zu Téro bis chĭuski: Ante quam .s. iunonem pręcurrunt fides . concordia et pudicitia istę deę. Ω

8-11 Zu Áber bis turpitudinem: Nam cupido ueneris filius corporeę uoluptatis illex .i. incentor et prouocator siue instigator . licet anteuolet .i. pręeat eam iunonem . uirtutes enim uitiis attemptantur . non est tamen ausus interesse occursibus philologię . quia sapientia omnem turpitudinem expellit.Ω

13/14 Zu Sô bis sús: In conspectum nubentis .i. philologię diua .i. iuno. Atque postquam litauit aromatis . ut mos erat uirginis philologię . sic enim fecerat athanasię et ceteris. Deprecatur .i. adorat deam talibus .s. uerbis. Ω

15 Zu .s. ut luciam . aut luceiam: Gemeint ist etwa die Heilige bzw. Märtyrerin Lucia von Syrakus, ✝304? Fest 13.Dez., deren Passio u.a. bei Hrab mart, Cod.Sang.458, S.218 steht.

Zu den rhetorisch-syntaktischen Anweisungen 15 Suspensio, 17 20 2mal Et hic, 134,2 Interposita ratio, 8 Et hic interposita, 14 17 18/19 4mal Et hic und 134,22-135,1 Clausula siehe NL zu 7,1 Suspensio uocis.

15/16 Zu Iuno bis sînt: Licet tribuerit tibi aliud nomen .s. quam iuno cęleste consortium. Ω

17/18 Zu Únde bis héizên: Et licet nos nominemus te iunonem a iuuando . iuno a iuuando dicta. Ω

20/21 Zu Álde bis nascentibus: Siue conuenit te nuncupare lucinam ac lucesiam. Ω

21/22 Zu .i. fluorem feminis pręstantem: Fluuoniam a fluoribus seminum . quia liberat feminas a partu. Ω

Von Notker ziemlich frei wiedergegeben.

133,22-134,1 Zu .i. purgatricem egredientium secundarum: Februalem uel februam . quia purgat eas post partum secundis egredientibus. Februo grecum uerbum est . latine purgo . hinc et februus dicitur pluto . quia pręest purgationibus. Ω

Aus purgat verbum und purgationibus nomen actionis bei Remigius wurde 22 purgatricem nomen agentis bei Notker, wie 130,22 iurator aus iurat.

J134   2 Zu .i. incorrupta: Intemeratus incorruptus . et nulla temeritate uiolatus. Is et X 127

2-5 Zu Uuánda bis bín: Et est sensus. Non est inquit mihi necesse ut his nominibus te appellem cum sim uirgo intemerata et nihil pertulerim corporeę contagionis. Ω

8-13 Zu Uuégoléittun bis flégest: Interducam quę nubentes puellas per iter ducis. Domiducam quę ad domum maritorum eas introducis. Unxiam ab unguendo. Unguebantur enim uariis inguentis . unde et uxores dictę quasi unxores . uel quia postes domorum ingredientes unguebant. Cinctiam a cingulo quia ipsa resoluit cingulum castitatis. His inquit omnibus nominibus debent te conuocare mortales puellę in suas nuptias. Affigas .i. applices uel adiungas illis. Ponentes cingulum in thalamis .i. deponentes uirginitatem. Ω

13 Zu Saticenam uel, 14 zu .i. in labore coeundi, 14-16 zu Sâmo-gébun bis skírmist: Pręcabuntur te soticenam illę .s. quas protexeris uel in discrimine uel in bello. Soticena a sociando quia sociat marem et feminam . uel saticena a satione dicta.... Uel in bello .i. in labore coeundi. Uirgilius . at non in uenerem segnes nocturnaque bella [aen 11,736] . et de equo seniore si quando ad pręlia uentum est in cassum furit. Ω
in partus discrimine .i. in periculo ... protexeris .s. illę [quas defendis nur N-T] N-T E-T IG

16 Zu te, 16/17 zu .s. bis populum, 17 zu Líut-fróuuvn bis héizen: Plebes debent te memorare populonam quia multiplicas populum [N²; populos β N¹ E¹]. Ω
PRAECABUNTUR TE POPULONAM a populo quia multiplicas populos si protexeris eum in bello. JS nach Lutz 67,22/23

18 Zu .i. fortem . uel potentem, 18/19 zu Stárcha bis féhtenten: Bellantes debent te memorare curitim .i. regalem uel fortem siue potentem. Curis grece uirtus . inde curitis .i. potens. Ω

18 Zu ánaháreên siehe auch 13 precabuntur.

20 Zu Áber bis ríchesôst: Alii te diuersis nominibus appellent . ego uero hic .i. in isto aere uoco te aeram . nuncupatam ita ab aeris regno . quia in aere principatum tenes. Ω

J135   1-3 Zu Ünnîst bis flógerze: Ordo est. O iuno pulchra . da nosse mihi poscenti quid animantum gerat hęc aeria latitudo . atque da nosse quid gerant campi perlucentes concurrentibus athomis. Quid animantum gerat . plato enim angelos et dęmones animalia uocat. Campi perlucentes .i. splendentes athomis. Athomos dicit corpuscula breuia et inuisibilia . de quibus epicuri quatuor elementa et totum mundum constare dicunt. Est autem synchesis uel synchrisis

.i. yperbaton . ex omni parte confusum.... Quidue hic .i. in hoc aere . uel
id .i. per id elementum. Ω

3 Zu philosophi siehe Ω zu 137,3/4 (Quem etiam uocauerunt .s. philosophi).

4 de² ist eine sinnlose Wiederholung von de¹.

6-8 Zu Îh bis îh: Non enim quęro .i. non interrogo et non requiro . quem
excedit cacumen .i. uertex olympi montis . hic enim mons nubes dicitur excedere sua altitudine. Qui uix sublimatur altitudine decem stadiorum.... Sed
disquiro .i. diligenter inquiro . elata .i. excelsa huius aeris. Ω
ELATA summa. JS nach Lutz 68,1

9 Zu .i. de bona demonitate, 9-12 zu Iôh bis malos: Ac iam fas .i. licitum
puto mihi esse conspicari iamque intellexeram . lectitans .i. [frequenter uel
N¹ E¹; fehlt β N²] sępe legens . peri eudęmonias .i. de bona dęmonitate. Iam
inquit licet mihi uidere ea quę in libris philosophorum legi de bonis dęmonibus. Bonos autem dęmones dicit . quia sunt et mali . sicut bonos angelos et
malos dicimus. Ω
conspicari .s. illud ... lectitans .i. frequenter legens N-T E-T IG

12/13 Zur Überschrift siehe 13-15 und 16-19.

12 Zu DEORUM SEDES siehe 110,4 sedes diuum und 157,11 sedes deorum.

12/13 Zu PRECANTI siehe auch 133,12 deprecatur.

15/16 Zu Sî bis lûft-cóto: Hic .i. tunc ducit eam iuno secum in arces ętherias .i. in sublimiorem partem aeris. Non repugnans .i. non renitens uel resistens precibus conscendentis .i. philologię. Atque hinc .i. ex illa arce perdocet illam diuersitates multarum potestatum. Ω

18 Zu .i. peruagantes, 19-22 zu Tîe bis dîngen: Inquit illa iuno illi quasi
ostendentis est . quos suspicimus .i. sursum aspicimus ignitę substantię uel
igneę et uelut igneam habentes substantiam.... Demeantes .i. transcurrentes
et peruagantes. Et sperę superioris . hoc est ab extima spera . a firmamento
uidelicet. Et alias .i. alio loco siue aliter. Alias autem et loci et temporis est aduerbium. Ω
SUSCIPIMUS sursum aspicimus. IPSO AMBITU hoc est ab ultima spera caelestis
ambitus. JS nach Lutz 68,3/4
usque .i. ad N-T E-T IG

21 Zu hîmelsâzen siehe 50,10 cælicolas und 14 hîmelsazen.

J136 1 Zu inpassibiles, 2/3 zu Sîe bis únsórgende: Sunt enim puriores .i.
simpliciores .s. quam illi qui infra sunt. Nec sollicitant eos uota curarum
mortalium .i. curę illę quę mortales tangunt non eos sollicitant uel perturbant. Apathesque .i. inpassibiles. Pathos enim grece passio . et pathin pati

dicitur grece. Ω

3/4 Zu Târ bis sîn keine Glosse.

4 Zu iouis stûol siehe Ω zu 57,21/22 (Huius .s. iouis suggestui .i. throno).

4 Zur Überschrift siehe Ω zu 10 .s. numina (quę bis circulum).

6 Zu .i. inferioris, 7-9 zu Nîder-hâlb bis uuérdent: Supparis potentię .i. inferioris uel minoris. Uaticinia .i. prophetię . ea quę uates prędicunt . et somnia .i. uisiones . ac prodigia quasi porro dicia. Et sciendum quia in uaticiniis et somniis ambiguitas est . in prodigiis uero certa fides. Ω

per quę .s. numina N-T IG

7/8 Zu sízzent siehe NL zu 135,12 SEDES.

10 Zu .s. numina, .i. findunt und .i. per aruspicium, 12-14 zu Tîe bis sâgentên: Hęc .s. numina quę sunt a solari usque ad lunarem circulum fissiculant exta aruspicio .i. per aruspicium . quia per exta hostiarum responsa dant in aris deorum. unde et aruspices dicti quasi ararum inspectores qui in extis et fibris hostiarum diuinationem capiunt. Fissiculant .i. prophetant uel etiam fingunt [N-T E-T IG, N1 E1; findunt β N2] . uocesque transmittunt .i. locuntur aliquando . auguratis .i. augurio plenis et diuinationibus. Ω

14 Zu fógelrárta siehe auch Ω zu 116,11 fógelrárton (uocibus auium).

15-20 Zu Frâgente bis naufragio: Ammonent quęrentes .i. consulentes se uel cursu sideris sicut in excidio troię quando stella super domum anchisę lapsa cecidit . deinde facem ducens uiamque signans in ida silua se condidit. Per quod significabatur quia troiani ad domum anchisę uenturi erant . postea in ida silua congregandi et inde ad exilium profecturi paucique ad italiam uenturi erant [Verg aen 2,692 ff.]. Uel iaculo fulminis sicut in percussione anchisę . per quod ostendebatur ira deorum . quia ille se de concubitu ueneris iactauerat [aen 1,621 2,647-649]. Uel ostentaria nouitate quando illud contigit quod nouum et inusitatum omnibus haberetur sicut quando palladium delatum in castra grecorum a diomede et ulixe uisum est subsilisse et sudasse . quod est contra naturam [aen 2,162 ff.]. Per quod significabatur labor quem greci reuertentes mari terraque passuri erant. Ω

17/18 Zu sô bis quercus: Die von Remigius benutzten Stellen aen 1,621 und 2,647-649 ersetzte Notker durch folgende: Saepe malum hoc nobis, si mens non laeva fuisset,/de caelo tactas memini praedicere quercus. Verg ecl 1,16/17

20 Zu naufragio: PALLADIUM Helenus apud Arisbam captus a Graecis est, et indicavit coactus fata Troiana, in quibus etiam de Palladio. Unde dicitur a Pyrrho regna meruisse; quamquam praestiterit Pyrrho ut non ea die qua Graeci ceteri navigaret, ut per terram rediret, dicens omnes Graecos – quod et conti-

git - naufragio esse perituros. Serv zu Verg aen 2,166

J137   136,22-137,3 Zu Uuánda bis gesézzet: Unicuique superiorum deorum .i. unicuique ex superioribus diis. Superiores deos uocat eos qui sunt a spera cęlesti usque ad solarem circulum. His ergo singuli minorum deorum deseruiunt qui sunt suppares et a solari circulo usque ad lunarem inhabitant. Ex illorum .i. superiorum arbitrio . hoc est decreto et dispositione . et ex istorum .s. minorum comitatu .i. administratione uel societate et seruitio admouetur .i. attribuitur et deputatur siue applicatur genius singulis mortalibus et generalis omnium pręsul et specialis. Ω

3/4 Zu Tén bis flíget: Quem etiam uocauerunt .s. philosophi pręstitem .i. pręfectum uel prępositum eo quod pręsit omnibus gerendis. Ω

6/7 Zu Tén bis sínen: Nam supplicatur ab omnibus genius populi cum poscitur ille generalis genius. Ω

8/9 Zu Fóne bis flíhte: Nam quare genius dicatur . quia uidelicet cum quis hominum genitus fuerit . mox eidem copulatur ad tutelam sui. Ω

10-12 Zu Tíser bis állero: Genius naturalis deus siue angelus qui singulis nascentibus tribuitur.... Hic .s. genius tutelator .i. protector fidissimusque germanus quia illis nascentibus et de germine manantibus attribuitur. Ω

13-15 Zu Uuánda bis héizen: Superę potestati .i. deo. Angelus grece nuntius uel angelus quasi eggus .i. iuxta .s. stans . quasi enim iuxta deum stat ut eius pręceptis obsequatur. Ω

15/16 Zu .i. a principatu populi, 16-19 zu Tíe bis ménniskon: Sciendum uero quia duo sunt genii . unus bonus qui animam ad uirtutes inpellit . alter malus qui ad uitia stimulat.... Hos omnes greci dęmonas dicunt apo tu dęmonu .i. a principatu populi . uel dęmones dicti quasi daimones .i. omnia scientes utpote nuntii dei. Latine medioximos uocitarunt .i. in medio positos. Medioximus dicitur quasi medius proximus . inter deum enim et homines discurrunt. Ω

18 Zu angeli siehe Ω zu 13-15 (Angelus grece muntius).

19 Zu esse siehe 22 sunt.

20-22 Zu Tíe bis síhest keine Glosse.

J138   1/2 Zu Tóh bis ménniskôn: Corpulenti .i. crassi et corporei. Natura enim spiritus sunt . sed cum uolunt apparere hominibus boni genii de ęthere . mali de aere corpus sumunt. Ω

2/3 Zu Híer bis hért/cóta: Hic igitur .i. in alia parte post dęmones .s. sunt lares.... Lares ignes ipsi etiam sunt et genii post nexum corporum. Ω

2/3 Zu hért/cóta siehe auch Ω (Lares dii ignis) und JS (singulorum domorum focos) zu 51,19 hérd-cota.

3/4 Zu Hier bis lîbe: Hic degunt puriores animę .i. quę non sunt pręgrauatę sordibus peccatorum . post nexum membrorum .i. post depositionem corporum. Ω

6/7 Zu Tîe bis sînt: Quę transiliunt .i. transcendunt etiam circulum solis et flammantia septa si subuehantur [de N¹ E¹; .s. de N-T E-T IG; fehlt β N²] excellentia meritorum.... Septa flammantia circulos planetarum dicit . quę septa sunt malis et uitiosis animabus quia non possunt ab illis penetrari. Ω

7/8 Zur Überschrift siehe 8/9, 11/12, 12-14 und 141,9.

9-11 Zu So-uuáz bis únderskeit: Dehinc quicquid interpatet .i. interiacet a lunari circulo usque ad terram discernitur .i. diuiditur partitione . hoc est diuisione proprii interstitii. Ω
interstitii .i. interualli uel spacii N-T E-T IG

12 Zu Únde bis getêilet: Et ab orbe .i. circulo lunari disparatur .i. separatur et discernitur . interfusa . hoc est interiecta et interposita medietas ipsius. Ω

13/14 Zu .i. semihomines, 14-16 zu Áber bis góta: Superior portio .i. superior pars aeris quę est uicina ętheri . claudit eos .i. continet . ambit et circumdat quos dicunt hemitheos .i. semideos . qui sunt diui ex hominibus facti. Semones quasi semihomines. Semidei dicuntur non quod dimidii homines uel dimidii dii sint . sed quia non perfecti dii. Ω

15 Zu greci siehe 137,15 greci.

17 Zu .i. puras siehe 3 puriores mit Ω.

17/18 Zu Tîe bis mûot: Hi tales gerunt cęlestes animas quamuis habeant terrena corpora sacrasque mentes. Mens et anima unum idemque est . sed mens dicitur superior pars animę in qua uis rationis consistit. Ω
Hi .s. semidei N-T E-T IG

19/20 Zu Únde bis gemáche: Atque procreantur illi hemithei in commoda .i. utilitates totius mundi sub humana effigie. Ω

21/22 Zu Dîe bis sînt: Fecerunt fidem .s. quod essent cęlestes miraculo sui .i. suo . rem aliquam miram ostendendo. Ω
FECERE FIDEM CAELESTIUM Fecere hominibus credere quia cęlestes sunt. JS nach Lutz 68,21/22

J139 1 Zu Álso bis uuárd, 2-6 zu Únde bis nemáhta: Refert fabula quod iouis cum alcmene uxore amphitrionis concubuerit . ex qua natus est hercules . cuius ortus ut celaretur iunoni quę natos de pelicibus odio habebat . geminata est nox. Sed cum non latuisset iunonem. inmisit duos serpentes qui herculem deuorarent in cunis iacentem. Erant autem duo pueri . yficlus de amphitrione . hercules de ioue. Ad aduentum serpentum yficlus territus de cunis cecidit et uagitu

suo dormientes parentes excitauit . qui surgentes uiderunt puerum herculem
angues elidentem ac eorum guttura pręfocantem.... Et oblidens idem paruulus
serpentes approbauit uim numinis .s. inesse sibi. Ω
OBLIDENS frangens. Filius Iouis est HERCULES; ipse est Alcus qui etiam Alcme-
nes dicitur ex quo etiam Alcides Hercules dicitur, sed in ortu eius miracula
facta sunt ut crederetur ex Ioue fuisse natus. Geminata enim nox est et misit
nouerca Iuno duos dracones qui eum deuorarent, quos ipse, ut natus est, manibus collisit. JS *nach Lutz 68,23-28*

7 *Zu* .i. legem religionis, 7-11 *zu* Tages *bis* mare: Tages quidam fuit in
cuius ortu tagus hispanię fluuius processit . aureas habens arenas. Hic ipse
tages mox natus secundam fabulam loqui et oppida construere cępit. Nam sipnum
oppidum in hispania condidit in quo et ipse regnauit . quod oppidum martianus
in libro de geometrica sipponem uocat. Tages autem potens interpretatur a uerbo greco tago .i. possum. Hic etiam in hispania ritum .i. usum et leges serendi inuenit. Ω
Olisipone illic oppidum ab ulixe conditum ferunt . ex cuius nomine promuntori-
um . quod maria terrasque distinguit. Nam ab eius ambitu inchoat mare gallicum
et facies septentrionalis oceani . athlanticus uero et occiduus terminatur
oceanus qui tum hispanię limitatur excursibus. MC VI §629 *nach Dick/Préaux
308,9-14*
Excurrit deinde in altum vasto cornu promunturium, quod aliqui Artabrum appellavere, alii Magnum, multi Olisipponense ab oppido, terras, maria, caelum discriminans. Illo finitur Hispaniae latus et a circuitu eius incipit frons. Plin
nat IV xx 113

7 *Für verfehltes* .i. legem religionis *wäre* *.i. legem serendi *bzw.* (agri)
culturę *zu erwarten.*

13-18 *Zu* Hammon *bis* famosum: Ammon ipse est iouis libicus. Fabula talis
est. Dionisius post subiectam indiam cum per ęthiopiam reuerteretur et exercitus eius siti laboraret . inuocauit iouem patrem suum . mox illis aries
quidam apparuit. Quem cum insequerentur . euanescente ariete fons uisus est.
Unde intellexerunt iouem sibi apparuisse . et ammonem cum uocauerunt .i. are-
narium . quod in arenis libię eis apparuerit. Ubi etiam templum illi fabrica-
tum est centum aris famosum. Et uestimentum lanicio . tunc enim primum usus
lanę esse cępit. Dicimus autem hęc lana et hoc lanicium sub eodem sensu. Ω
AMMON arena. DIONISIUS qui et Liber pater vocatur, postquam subiecit sibi Indiam reversus est in Aethiopiam cum magno exercitu. Non inveniens autem aquam
in arenosis locis, sacrificans Iovi, petit ab eo auxilium quia populus eius

siti moriebatur, et subito surrexit fons de arena. Quoniam vero arietem sacrificauit, fons ille in forma arietis fingitur. Ideoque Ammonius Iovis, id est
arenosus, quia in forma arietis simulacrum habet et ibi postea templum consti-
tum est, centum aris ornatum. Grece autem dicitur arena ἄμμος vel ψάμμος. LA-
NICIO quia ante arietem nec lana nec fons fuit. JS *nach Lutz 69,4-13*

14 *Zu dionisio,* 22 *und* 140,1 *zu 2mal* dionisius: *Im Mittelalter verwechselte
man den Gott* Dionysus *und die geschichtliche Gestalt* Dionysius, *indem man auch
jenen* Dionysius *schrieb.*

20/21 *Zu* Uuáz *bis* gemáh: Quid loquar eos .i. quid commemorem eos . uel quid
loquar eos .i. quid dicam de eis? Ω

J140   139,22-140,1 *Zu* Álso *bis* grecia: Dionisius ipse est liber pater rex
thebanorum. Thebę ciuitas fuit ęgypti nobilis centum portis quam destruxit
alexander. Ω
DYONISIUS de India progressus ramusculos vineae in Ęgyptum detulit. JS *nach
Lutz 69,14/15*
Thebas boetiae cathmus ueniens a fenicibus condidit . thebis ęgyptiis prius ab
eo constructis. Is et XV i 46
Notker entschied sich also nicht für *in ęgypto *nach RA und JS, sondern für*
in grecia *nach Is, wodurch Schultes Dilemma S.99 und Anm.1 gelöst wird.*

2/3 *Zu* Únde *bis* zíhen, 4 *zu* osyridis uuírten: Et .s. sicut fecit osyris
maritus isidis . comperiens haustum et usum uini apud ęgyptios. Ω

2 *Zu* rex *siehe NL zu* 118,9-11 (Osiris rex ... ęgypti).

4/5 *Zu* Únde *bis* lêrtôn, 6/7 *zu* Únde *bis* spínnen: Triptolemus celei filius .
alumnus cereris. Eadem isis quę docuit frumentum in ęgypto monstrauit sementum
lini .i. quomodo sereretur . et usum quomodo inde uestes fierent. Dicimus autem hoc semen et hoc seminium . et hęc sementis et hoc sementum . et hoc seminarium. Sed semen et seminium animalium . sementis autem et sementum frugum .
seminarium cuiuscumque rei initium. Ω
SEMENTEM seminacionem. JS *nach Lutz 69,16*

8-10 *Zu* Stámfôn *bis* coronę: Italia signat .i. assignat et attribuit pilumno
fragmenta frugis et farris. Ipse enim inuenit usum molendi et pinsendi frumen-
ta. Grecia ascribit .i. attitulat et attribuit asclepio medicinam. Ęsculapius
uel asclepius filius apollinis fuit qui de secto coronę matris utero productus
est . quam apollo interfecerat coruo eius adulterium prodente . factus est repertor medicinę. Interpretatur autem dure faciens. Ω
AESCULAPIUS filius Apollinis primus in Grecia artem medicinam invenit. JS *nach
Lutz 69,17/18*

13-18 Zu Ándere bis uuás: Huius generis homines .i. diuini. Carmentis ipsa est nicostrata . mater euandri. Carmentis autem dicta eo quod carminibus futura prędiceret [uel pręuidebat N¹ E¹]. Hęc primum latinas litteras repperit postquam cum filio de archadia ad italiam uenit . a qua et carmentalis porta romę dicta est. Ω
CARMENTIS invenit Latinas litteras. JS nach Lutz 69,19
ALII QUOQUE HUIUS id est praedicti GENERIS, subauditur emitheorum. AB EFFUSO id est multo. Anon nach Lutz 1,1-3
memorata .s. est N-T E-T IG

14/15 Zu mâre bis fóre-ságôn: Nach Schulte S.99 und Anm.6 habe Notker hier die Pointe verfehlt bzw. die von Remigius an den Tag gelegte Etymologie übersehen.

15/16 Zu Díu bis fánt: [Aeneas:] Euandrum petimus..../..../Tum regem [Euandrum] Aeneas dictis adfatur amicis:/..../tum rex Euandrus, Romanae conditor arcis:/..../Me pulsum patria pelagique extrema sequentem/Fortuna omnipotens et ineluctabile fatum/his posuere locis, matrisque egere tremenda/Carmentis Nymphae monita et deus auctor Apollo. Verg aen 8,119,126,313,333-336

18/19 Zu .s. diuina quoque erat, 19/20 zu Sô bis frigia: Sybilla et ipsa .s. futura prędixit. Sybilla autem interpretatur quasi sios bule .i. iouis uel dei consilium . nam sios ęolice deus dicitur. Erithrea uocata est ab erithra insula . hinc et erithreum mare dicitur. Quęque cymea est .i. cumana a cumis ciuitate campanię ubi uaticinata est . uel frigia .i. troiana. Ω
SIBILLA σιὸς βουλή, divinum consilium. JS nach Lutz 69,20
SIBILLA mens divina; ERITHREA Eritrae filia; CUMANA a Cumis civitate; VEL FRIGIA id est Troiana. SYBILLA dicitur quasi σιὸς βουλή, id est mens dei. Anon nach Lutz 1,4-6

18/19 Zu diuina siehe auch Ω zu 13-18 (.i. diuini) und 141,6-8 (duo diuini ... diuinus quidam).

20/21 Zu .s. sybillas: Sciendum autem quod sybillę generaliter hoc nomine uocabantur quamuis haberent sua propria nomina. Ω

J141 1-5 Zu Dero bis vuĺzegota: Quas non nescis . sed scis o philologia non fuisse eas decem ut asserunt . sed duas .i. herophilam . troianam marmensi filiam. Herophilam quasi eroon pilam .i. uirorum fortium cognatam . et symmachiam .i. compugnatricem uel adiutricem . quę progenita .i. nata erithra insula . uaticinata est cumis .i. prophetauit apud cumas. Ω
NON NESCIS sed scis; litotes figura. TROIANAM quae fuit in Troia [dazu Dolch S.361].... ERITRA de matre vel insula. Anon nach Lutz 1,7/8,10

asserunt .s. quidam N-T E-T IG

4/5 Zu tâz in campania îst siehe Ω zu *140,19/20* (a cumis ciuitate campanię).

6-8 Zu Déro bis ságet: Ex hac possibilitate .i. uirtute et potentia diuinandi celebrati sunt mopsus et amphiaraus. Mopsus et calchas duo diuini fuerunt . qui cum essent in grineo nemore apollonis proposuerunt ut diuinaret qui posset quot folia essent in arboribus et mopso uictoria stetit . calchas interiit. Amphiaraus diuinus quidam fuit. Ω

AMPHIARAUS MOPSUSQUE pastores fuerunt quos nominat Virgilius [ecl 5,1 ff. *ist die Rede von* Menalcas *und* Mopsus, aen 2,100 ff. *von* Calchas]. Ipsi fuerunt dii divinationum. Anon *nach Lutz* 1,11/12

8 sô virgilius ságet] *sô remigius ságet, *denn diese Anekdote ist nicht bei Vergilius, sondern bei Remigius zu suchen.*

8/9 *zur Überschrift siehe* 9-11.

10 Zu .i. terrigenę, 11-15 zu Fóne bis chûeniga: A medietate aeris usque ad confinia montium et terrę uersantur [β N2; *dafür* morantur N1 E1, uersantur .i. morantur N-T E-T IG] hemithei et heroes qui nuncupati sunt heroes .i. terrigenę . hoc est terrę filii . quia hera grece terra dicitur. Ω

HEMITHEI inferiores. EROES terreni, ab Era, terra. JS *nach Lutz* 69,24
HEMITHEI dimidii dei. HERAM id est terram dominam antiquam. Anon *nach Lutz* 1,14/15

12, 16 Zu 2mal sîzzent *siehe* 135,12 DEORUM SEDES.

12 Zu érd-kóta *siehe* Ω *zu* 52,20 érdcot (Tellurus terrę numen).

13 Zu latine *siehe* 138,13 latine.

14 Zu ęneas *siehe* 84,4,7 2mal ęneas.

14 Achilles *ist bei* Verg aen 1,468 ff. *belegt.*

15 Zu hértinga álde chûeniga *siehe* Ω *zu* 2/3 therophila (quasi eroon pilam .i. uirorum fortium cognatam) *und* 84,1 dehéin zéichenhaft púrlichi íro líbes (Hic heroas tangit qui per fortia facta meruerunt cęleste consortium). Heroicum enim carmen dictum quod eo uirorum fortium res et facta narrantur. Nam heroes appellantur uiri quasi aerii et cęlo digni propter sapientiam et fortitudinem. Is et I xxxix 9

16-18 Zu Târ bis sâmen: Ibique sunt manes attributi pręsules humano corpori. Manes dicti quasi boni ab eo quod est manu .i. bonum . siue a manando quia de seminibus parentum manauerunt . quamquam sola corpora per generationis traducem nascantur . sed a coniunctione corporis ipsę quoque animę appellantur. Ω
Siehe auch 142,2/3 2mal corporibus.
MANES ipsi dominantur corporibus hominum. PRĘSULES principes. MANAVERUNT fluxerunt ut homines generati sunt. Anon *nach Lutz* 1,16-18

17 Zu *górporôn: swn. *górpora, hier d.pl., wohl der älteste Beleg für eingedeutschtes corpus, dessen Entlehnung man sonst erst ins Mhd. setzt. Siehe DWB 11, Sp.1833-38 KÖRPER, auch Dolch S.362/363.

17/18 Zur Ableitungs- bzw. Lehnetymologie rúnsige ... rúnnen siehe Backes S.85.

19/20 Zu Tísîv bis keuuálte: Sub plutonis potestate consistit. Hic enim fingunt poetę esse infernum. Ω
PLUTONIS Orci, dii infernalis. Anon nach Lutz 1,19
diffusio .i. latitudo N-T E-T IG

21/22 Zu Dér bis manium: Qui etiam .s. pluto summanus dicitur quasi summus manium . hoc est princeps infernalium potestatum. Ω

22 Notker ersetzte memoratur durch nominatur.

J142 1/2 Zu Dâr bis proserpere: Hic .i. in hac parte mundi. Ω
HIC LUNA adverbium loci. Anon nach Lutz 1,20
Siehe auch 39,7/8 thalia dáz-ter chît ponens germina sowie Ω (Uis bis innouantur) und JS (Proserpina bis surgit[2]) zu 73,5-7.
Dicunt etiam eam [cererem .i. terram] et opem . quod opere melior fiat terra. Proserpinam quod ex ea proserpiant fruges. Is et VIII xi 59/60
Ob bei (pro)serpina : germina der Rhythmus und Endreim Notker fesselten?

3-5 Zu Uuánda bis lîbe: Delectantur isdem corporibus morantes cum ipsis quamdiu aliquid superest de corpore. Unde et quibusdam gentibus mos est ut cadauera mortuorum aromatibus condiant . quatinus multo tempore conseruentur corpora et possint animę morari cum suis corporibus. Ω
POST VITAM postquam nascuntur homines. ISDEM CORPORIBUS etsi non ipsa corpora, fingunt tamen eandem corporum similitudinem. Anon nach Lutz 1,21-23

6/7 Zu Únde bis morantes: Lemures quasi lares morantes .s. cum corporibus.Ω
LEMURES limo adhaerentes. JS nach Lutz 69,25
LEMURES quasi Lares morantes in corporibus. Anon nach Lutz 1,24

8/9 Zu Únde bis búrgô: in lares .i. in penates N-T E-T IG
QUI scilicet Lemures. SI VITAE PRIORIS id est ante mortem. HONESTATE scilicet qua utuntur in corporibus. LARES DOMORUM URBIUMQUE subauditur post mortem corporis. Duo genera sunt vitae, ante mortem et post mortem. Anon nach Lutz 1,25 -2,1.

9 Zu Díe bis lara: Forte fuit nais, Lara nomine, prima sed illi/dicta bis antiquum syllaba nomen erat,/ex vitio positum..../Fitque [Lara] gravis geminosque parit, qui compita servant/ et vigilant nostra semper in urbe, Lares. Ov fasti 2,599-601,615/616

10-12 Zu Sînt bis insanientes: Laruę quasi mali lares. Inter lemures et laruas hoc distat. Laruę sunt noxię umbrę . lemures innoxię. Ac Manię .i. insanientes uel insaniam inferentes. Nam mania grece insania dicitur. Ω
LARVAE umbrae. MANIAE insanientes. JS nach Lutz 69,26
SI AUTEM DEPRAVANTUR id est ut consentiant desideriis carnalibus. LARVAE id est mali dii. MANIAE mali demones. Anon nach Lutz 2,2-4

13 Zu .i. bonos und .i. malos, 14-16 zu Hîer bis demonas: Agathos dęmonas .i. bonos dęmonas et kacos .i. malos. Ω
HIC id est in hoc loco. TAM BONI sicut Lares. QUAM TRUCES id est pessimi, crudeles, ut Larvae. QUOS AGATHOS id est bonos. ET CACODĘMONAS id est malos. GRAIA DISCRETIO Greca differencia. Anon nach Lutz 2,5-9

15 Zu greci siehe auch 137,15 Hos omnes greci demonas dicunt.

17 Zu .i. principes, 17/18 zu Hîer bis mantuona: Eorumque pręstites .i. pręsules qui pręsunt illis uel excellunt . mana atque mantuona. Ω
Siehe auch 141,21/22 mit Ω (hoc est princeps infernalium potestatum).
IN HIS id est a medio aeris. SUBMANES id est sub Manibus positi. PRAESTITES quasi principes Manium. MANTUONA eo quod in montibus sit. Anon nach Lutz 2,9-12

19 Zu .i. nigros: Aquilos antiqui . nigros dicebant. GS

19/20 Zu Hîer bis skînent: Aquilos species dęmonum qui in forma aquilarum apparent curuo rostro. Ω
AQUILOS DICUNT monstra diabolica qui in forma avium apparent curvo rostro. JS nach Lutz 69,27/28
AQUILOS qui sub aquilonari parte habitant. Anon nach Lutz 2,12/13

21 Zu .i. lusores, 142,22-143,2 zu Unde bis tróum-trúgenara: Et mater .s. illorum intemperięque deę quę pręsunt intemperantiis elementorum. Triptes .i. lusores a uerbo tripto .i. ludo . quia deludunt homines dormientes . siue triptes dicuntur species dęmonum quod habeant triplicem potestatem . in corporibus . in umbris et spiritibus. Ω
Tripto inde TRIPTES lusores dii. JS nach Lutz 69,29
FURA FURINNAQUE deae furantium. INTEMPERIAE pluralis numerus. TRIPTES quasi trepidantes, vel trinam potestatem habentes in corporibus, in umbris, in spiritibus. INTEMPERIAE malam temperiem tribuentes hominibus. Anon nach Lutz 2, 14-18

142,22-143,1 Zu die bis sînt: Furuum enim nos nigrum dicimus. Unde et fures qui in obscuro latent. GS

J143   4-8 Zu Sélbíu bis uuázer-zésso: Circa ipsum circulum terrę .i. circa ipsam terram quę ima est aer turbidatus .i. turbidus factus et densatus siue crassus ex supero calore caumaliter descendente . atque ex halatu .i. uapore uel nebula . inferoque madore .i. humore uaporaliter ascendente. Ex hac enim causa fiunt nebulę et crassitudo aeris. Non facile patitur euolare .i. conscendere .s. ad superiora animas egredientes e corporibus . collidens eas .i. atterens uel inuoluens quodam fluenti .i. currenti ęstu . hoc est collisione uel impetu. Ω

EXHALATU id est vapore. AESTU fervore. COLLIDENS discindens. Anon *nach Lutz 2,21/22*

9 Zu i. fictionis, .i. deductum *und* .i. ignem flammantem, 10/11 zu Hínnân *bis* hélle-uuázer: Hinc .i. hac de causa allusit .i. confinxit sollertia poeticę adumbrationis .i. fictionis [β N², finctionis N-T E-T IG, N¹ E¹] uel compositionis tractum .i. deductum . pyrflegetonta .s. fluuium .i. igneum flegetonta. Flegeton fluuius est inferni a greco dictus quod est flox .i. flamma. Est enim totus igneus ambiens infernum de circulo martis ad lunarem circulum descendens . figurate significans turbidam corpulentamque huius inferioris aeris naturam quę concreta est igne de superioribus tracto et aqua de inferioribus hausta . ex quibus aer densescit atque crassatur . in quo putatur peccatrices animas purgari. Ω

Iam modo describit corpulentum aerem qui circa terras est ubi gravantur et torquentur animae ne reddeant ad superiores sedes. Πῦρ ignis, φλόξ flamma, inde PYRPHLEGETONTA igneus. Per Pyrphlegetonta tonitrua et fulmina significat. JS *nach Lutz 69,29-70,4*

CIRCA IPSUM VERO TERRAE CIRCULUM AER Ipse est infernus qui retinet animas peccatorum.... HINCQUE id est hac de causa, vel ex illo loco. PYRFLEGETONTA est igneus fluvius totum infernum ambiens de circulo Martis manans. Figurate significat turbidam corpulentamque huius infimam aeris naturam quae concreta est igne de superioribus tracto et aqua et aere, in quo pagani putant peccatrices animas dampnari. Poetę dicunt quod ex circulo Martis igneus Phlegeton progreditur, id est fluvius in quo terrentur animae malae viventes in hoc sęculo. SOLLERTIA sagacitas, studium. ADUMBRATIONIS finctionis. ALLUSIT finxit, docuit. Anon *nach Lutz 2,18-20,22-32*

9 *Durch morphologische Umordnung wurde* *igneam flammam *adj.+nom. zu* ignem flammantem *nom.+part.praes. bzw. adj. bei Notker.*

12-14 Zu Únde *bis* uuéiz: Atque colliditur in eo .s. flumine impietas animarum quas adiudicauerit .i. damnauerit. Ω

ATQUE IN EO scilicet Pyrflegeton. Anon *nach Lutz 2,32*

12/13 Zu uuálont únde tócchont *siehe auch* Ω *zu* 4 collidens (.i. atterens uel inuoluens).

15/16 zu Dến bis iouem: Uedius .i. pluto quem etiam ditem .i. diuitem uocant. Plutos enim grece . latine dis .i. diues . nihil enim inferno ditius. Ueiouem .i. malum iouem. Ω
VEDIUS Orcus. PLUTON quasi προϋδών quod praesit arti divinationis. Anon nach Lutz 2,33/34

18-21 zu Sélbun bis brúnnôn: Ipsam quoque terram qua .i. ubi . est inuia . hoc est inhabitabilis et deserta ab hominibus referciunt .i. replent chori longęuorum .i. macrobiorum. Macron grece longum . bia uita . hinc macrobii dicuntur qui longę sunt uitę. Ω
QUA ubi, vel in illa parte. INVIA inhabitabilis. REFERCIUNT replent. LONGEVOVORUM longo tempore viventium. Anon nach Lutz 2,35-37

20/21 *in brúnnôn . in áhôn = 18 fontes ac fluuios scheint alphabetisch umgeordnet worden zu sein.

21 Zu .i. uocales: Fauni a fando . uel .ΑΠΟ ΤΗC ΦΩΝΗC. dicti . quod uoce non signis ostendere uiderentur futura. In lucis enim consulebantur a paganis . et responsa illis non signis . sed uocibus dabant. Is et VIII xi 87; siehe Dolch S.364.

J144 1-10 zu Únde bis héizent: Appellanturque panes .i. panos discipuli . fauni et fones a fando dicti uel a responsis . satyri a saturitate uoluptatum . siluani a siluis . nymphę aquarum deę . fatui uel fatuę qui infatuant homines .i. amentes et energuminos reddunt . fanę a quibus et fana dicta .i. templa . fana autem dicta a fonis .i. responsis quę ibi dant dęmonia. Ω
SATYRI ludentes. SILVANI qui in silvis habitant. PANES discipuli Panos. FAUNOS ET FONES ab uno verbo veniunt quod est fando. FANTUI qui fatuos homines faciunt, hoc est inanes. JS nach Lutz 70,5-8
PANES quia multi sunt. Pan enim omne dicitur. FAUNI a fando. FONES a fontibus. Anon nach Lutz 3,1/2

2/3 zu íh bis archadię: Pan deus Arcadiae venit, quem vidimus ipsi/.... Pan deus Arcadiae captam te, Luna, fefellit,/ Verg ecl 10,26 und geo 3,392

4-6 zu uuánda bis fingendi: Satyra loquitur ad martianum quę omnes fabulas huius libri composuit.... Quam .s. fabulam lusit satyra .i. ludendo composuit .... Hęc .s. satyra uel fabula .... finxit .s. ipsa satyra .i. simulauit. RA nach Lutz 12,2/3 367,20/21 368,2,15 zu MC IV §327, IX §§997/998 nach Dick/ Préaux 151,11 533,12/13,16 534,2
Siehe auch NL zu 3,3/4.

4 in saltacione erinnert an den Tänzer Bathyllus als Satyr.

Chironomon Ledam molli saltante Bathyllo/Tuccia vesicae non imperat..../ Juv sat 6,63/64

Haec miscere nefas, nec cum sis cetera fossor,/tris tantum ad numeros satyrum moveare Bathylli. Per sat 5,122/123

Siehe auch 122,12 tripudia .i. saltationes.

10-12 Zu Téro bis begágenda: Satyri homunciones sunt . aduncis naribus . cornua in frontibus . et caprarum pedibus similes . qualem in solitudine antonius sanctus uidit. Is et XI iii 21; siehe Dolch S.357/358.

Ęgipanis monstris partim hominibus . partim capris similibus.... Ęgipanes quales pinguntur .s. deest tales existunt. Pinguntur enim cum cruribus caprinis pube tenus . sunt uero hominibus similes uersus caput.... hircipedem .i. ęgipanem . nam ega capra. RA nach Lutz 153,13 155,10-12 309,14/15 zu MC VI §§667, 674 und IX §906 nach Dick/Préaux 331,20 335,17 480,12

13/14 Zu Tíse bis ménnisken: Keine Glosse.

14/15 Zu Dánnân bis longeui siehe 143,17 longeuorum und 19 lánglíbon mit NL.

14 macrobitę] *macrobiotę bzw. *macrobii; macrobitę etwa in Anlehnung an Moabitae und coenobita, so Dolch S.365.

15/16 Zu .i. impetum faciendi, 16-18 zu Síe bis scádônnes: Incursandi .i. irruendi et impetum faciendi contra hcmines. Pręsentissimam .i. [fallacissimam uel N-T E-T IG, N¹ El; fehlt β N²] facillimam potestatem. Ω
INCURSANDI hoc est irruendi. JS nach Lutz 70,9
PRAESCIENDI divinandi. INCURSANDI id est adiuvandi. PRĘSENTISSIMAM facillimam, id est dum vivunt. Anon nach Lutz 3,3/4

18 Zu .i. terrę proximiores, 19 zu .i. iuno, 19/20 zu Únder bis tôdigero: Inter priores .i. terrę proximiores genios consistit tua diua adhuc mortalis uirginis .i. quę tua erat cum esses mortalis. Ω
TUA DIVA id est tuus genius hic manebit quia altius non potest ascendere. Aeria IUNO usque modo fuit, nunc vera AETHERIA. JS nach Lutz 70,10-12

20 Zu díu dín uuíelt tôdigero siehe NL zu 144,21-145,1 (ego quę potestatem huius aeris habeo ... et diua sum mortalium).

144,21-145,1 Zu Nû bis nû: Hic iuno de se ipsa per tertiam personam loquitur quasi de alia. Est autem sensus . ego quę potestatem huius aeris habeo usque ad confinium arcis ętherię et diua sum mortalium . inter priores genios .i. uiciniora terris numina consisto. Iam postquam inmortalis et diua facta es . tua diua non ero . sed potius conuertar tibi in diuam ętheriam et inmortalium potentem. Hic enim uocor ętheria iuno seu uesta .... Uesta dea ignis . ipsa est iuno. Ω

INTER PRIORES Iuno hic de se ipsa tamquam de alia loquitur tali sensu: Ego quae potestatem habeo huius aeris huc usque, id est usque ad culmen arcis aeriae, et diva mortalium inter priores Genios, id est inter propinquiora numina, terris consisto, tua quae adhuc mortalis eras diva non eram; modo vero dum immortalis divaque facta es, ero tibi in divam aetheriam et immortalium potentem. Hic enim Iuno Aetheria vocor et Vesta.... Sic ordo: Consistet igitur diva mortalis virginis tua adhuc inter priores Genios; eccam, id est quam conspicis, me videlicet, Iuno seu Vesta. Martianus loquitur. Anon nach Lutz 3,5-11,13-16

Notker habe an dieser Stelle die breite, langatmige Ausführung der Quelle gekürzt, wobei er aber das Wesentliche herauszugreifen gewußt habe - so Schulte S.109 und Anm.6.

21 Zu hímeliskiu siehe Ω zu 16,12-17 (ętherios recessus . hoc est cęlestia secreta).

J145 2/3 Zu .s. ad cęlum siehe 110,5 .i. sublimata de terris ad cęlum mit Ω.

3/4 Zu Únde bis brâhtív: Et tibi pręcipio iam . sede in concilio iouis directa .i. eleuata et sublimata. Ω

Et tibi praecipio. Anon nach Lutz 3,12

5/6 Zu Tára-nâh bis róuh-fáze: Sumit partem .s. aromatis. Ω
DEMUM ad ultimum. ACERRA incenso. Anon nach Lutz 3,17

6/7 Zur Überschrift siehe 10/11, 17/18 und 20-22.

9/10 Zu Dés bis trégela: Tunc portitores diuę illi quatuor . labor et amor . pimelia et agrimnia. Ω

Zu den rhetorisch-syntaktischen Anweisungen 12 Suspensio, 18 Et hic *und* 22 Depositio *siehe* NL zu 7,1 Suspensio uocis.

12-17 Zu Sô bis tonum: Sed postquam conscenderant centum uiginti sex milia stadiorum. Hoc loco comprehendit et colligit spatium primum quod est a terra usque ad lunam . naturam etiam ipsius lunaris corporis quod uidelicet ex natura aquarum constet eo quod nihil habeat proprii luminis . sed a sole illustretur.... In luna ergo sistrum [zu 146,5 sistra] dicit fuisse propter primum tonum qui est a terra usque ad lunam. Ω
SISTRA NILIACA dicit propter sonum qui in primo tono constituitur. JS nach Lutz 70,13

SED POSTQUAM In hoc loco colligit et spatium primum a terra ad lunam et naturam lunaris corporis, id est quod ex superna aquarum natura est factum et quod eadem luna nil proprii luminis habet sed iaculis radiorum solarium illuminata revibrat. LEVITATE id est aura. AC TONUM id est spatium. PTONGIS sonis. Anon

nach Lutz 3,25-31
Sed Pythagoras interdum ex musica ratione appellat tonum quantum absit a terra luna, ab ea ad Mercurium dimidium eius spatii, et ab eo ad Venerem tantundem, a qua ad solem sescuplum, a sole ad Martem tonum, id est quantum ad lunam a terra; ab eo ad Iovem dimidium, et ab eo ad Saturnum dimidium, et inde sescuplum ad signiferum; ita septem tonis effici quam diapason harmoniam vocant, hoc est universitatem concentus. Plin nat II xx 84, *auch* N-T RG *zu 159,22-160,1*

13 *Zu* lôuft-mâlo: Est autem stadium mensura qua greci spatia uiarum suarum metiuntur. A terra autem usque ad lunam centum uiginti quinque milia stadiorum sunt. Ω *zu 135,5 stadiorum*

13/14 *Zu dero* hímeliskôn gágen-lûtôn *siehe* Ω *zu 20,19-21* (Tangit autem hoc loco non solum musicam cordarum . uerum etiam illam cęlestem musicam septem planetarum).

15/16 *Zu* tien uuázeren án dero érdo *siehe 57,7 dero uuázero dôzes hier in* érdo *mit* Ω (sonitum aquarum in terra).

16 *Zu in* sesquioctaua proportione *siehe* Ω *zu 20,13-17* (Octauis .i. sesquioctauis siue epogdois. Iuncturis .i. consonantiis) *und 95,12-14* (collationibus . hoc est proportionibus).

18/19 *Zu* în *bis* rôuchentíu: Supplicando .i. sacrificando. Ω
LUNAREM INGRESSA CIRCULUM Describit quae continentur in corpore lunari.... NIDORIBUS odoribus. Anon *nach Lutz 3,32/33 4,3*
diuę .i. iunonis N-T IG
nidoribus .i. odoribus N-T E-T IG

19 *Zu* iunoni *siehe auch 144,20* iuno.

19 *Zu* rôuchentíu *siehe auch 5/6 und 133,12/13* atque litauit aromatibus ... únde sî íro geróuhta.

J146   22 *Zu* .i. respergere, *145,22-146,3 zu* Sáh *bis* skímen: Conspicatur globosum .i. rotundum globo similem et speroidem . compactum ex leuitate superni roris . leuitate .i. subtilitate et teneritudine. Globus enim lunę ueluti speculum ex rore constare dicitur . unde et humoribus pręest et susceptum splendorem solis reuibrare .i. reddere potest. Conspicatur illud corpus reuibrare .i. respergere et reddere radios fulgoris .s. solis adiaculati sibi .i. inmissi. Ω
GLOBOSUM rotundum. TENERUM ex natura aquae et aeris. LEVITATE subtilitate. COMPACTUM compositum. ADIACULATI repercussi, id est immissi splendoris solis. REVIBRARE splendere in eo. Anon *nach Lutz 4,4-8*

3-5 *Zu Dero bis* uuíderlíehsene *siehe* Ω (naturam *bis* illustretur) *und* Anon (et quod *bis* revibrat) *zu 145,12-17.*

5/6 *Zu* Dâr *bis* hórn: In eo .s. corpore lunari uidebantur sistra niliaca. Sistrum genus est organi uel tubę quo tantum ęgyptii utuntur . quod etiam in simulacro ysidis depingitur. Ω
Sistrum organum est, quod genus tantum apud Aegyptios invenitur. JS *nach Lutz 70,14*
Per SISTRA NILIACA fontes omnium fluminum.... SISTRA species est indumenti quae maxime circa Nilum sive Aegiptum invenitur. Anon *nach Lutz 3,34 4,8/9*

6/7 *Zu* Uuánda *bis* planetis *siehe* NL *zu 147,1/2* (cornicularis . et habet uersa cornua ad orientem .... cornicularis . sed uersis cornibus ad occasum).

7-12 *Zu* Tero *bis* héizen: Lampas eleusina . eleusis ciuitas est grecię in qua regnauit salmoneus . qui uolens arrogare sibi diuinos honores fecit pontem ęreum super alpheum fluuium . per quem currus agitando uideretur imitari tonitrua . et super quemcumque facem iecisset iubebat eum occidi uolens imitari fulmen. Ergo lampadam eleusinam ibi dicit fuisse propter facem quam ex sole suscipit luna . siue etiam facem dicit ibi fuisse quia luna pręest seminibus quę in terra ex rore proueniunt qui de corpore lunę cadit. Apud enim hanc ciuitatem primum ceres celeo regi usum serendarum frugum ostendit . et ideo per lampadem eleusinam fertilitatem uult ostendere frugum . cuius causa in luna est. Ω
ELEUSINA regina Greciae, inventrix totius quę ferebat iugiter lampadas, quoniam omnia semina quae nascuntur in terra ex rore lunę veniunt, et ideo lampas dicitur Eleusina. JS *nach Lutz 70,15-17*
Per ELEUSINAM aeternum splendorem. Salmoneus fuit rex Eleusinae civitatis qui fecit pontem aereum volens imitari tonitruum Iovis et fulgora, nam faculam emittebat ad quemlibet sibi oppositum. Quo percusso a Iove facula illius ad caelum est translata, quae modo est luna.... ELEUSINAQUE musicam describit in luna. Anon *nach Lutz 3,34-4,2,11/12*

12/13 *Zu* .i. dianę, *13-15 zu* Únde *bis* latine: Arcusque dictinnę .i. dianę. Dictinna dicitur diana a greco quod est dictis .i. rete. Est enim dea uenantium . luna enim est diana. Arcum autem habet quia dea est uenatorum . uel quia uenatores arcu utuntur . uel etiam quia uenatio maxime noctibus ad lunam pabulatur. Ω
Ops dicitur quia multum appropinquat terrę. ARCUS DICTINNĘ quia ops venatrix dicitur, Ops ab ope....; arcus Dictinnę dicitur quia quando nutrivit Ops suum filium in Dicteo monte arcum et sagittas habebat. Ideo fingitur lampas quia Olimphus mons iuxta civitatem est constitutus. JS *nach Lutz 70,17-23*

Dicte, id est rete; DICTINNĘ retialis. Ipsa est Diana a Dictinno oppido quia venatrix fuit. Anon *nach Lutz 4,10/11*

14 *Also* retiatrix *bei Notker analogisch nach* venatrix *bei JS und* Anon.

15-17 *Zu* Áber *bis* íst*:* Dianam autem [aiunt] uocatam quasi duanam . quod luna et die et nocte appareat. Is et VIII xi 56 *nach Dolch S.366*

17 *Zu* .i. terrę, 17-20 *zu* Únde *bis* tympanis*:* Tympanaque . cybele ipsa est mater deum .i. ops quę est et terra . cui dantur tympana . quia terra duobus cęli hemisperiis uallatur. Ergo lunę tympana cybeleia dicit quia cum omnia elementa mundi in motu sint et musicam de se efficiant . sola terra quę in statu est nullum de se sonum emittit . utitur tamen proximo sono lunari. Ω
CYBELE alio nomine vocatur propter soliditatem; JS *nach Lutz 70,20*
CYBELEA id est Veneris quia corpora a luna sumuntur per Venerem. CYBELEA TIMPANA lunae deputantur quod cum omnia dicit corpora, maxime dum in motu sunt, musicam de se mittunt, sola vero terra, quae in statu est, nullum sonum de se reddit vel promit, proximo tamen sono, id est lunari, utitur. Anon *nach Lutz 4,12-17*

146,21-147,1 *zu* Án *bis* máhtigi*:* Rutilabat .i. refulgebat etiam in luna . uertigo .i. reuolutio . triformis et discolor .i. uaria. Ω
VERTIGO revolutio. Quicquid in terra nascitur, quoniam ex rore nutritur. JS *nach Lutz 70,24/25*
DISCOLOR quia ex illa parte qua accenditur lucet, ex altera pallescit. VERTIGO motus conversio. Anon *nach Lutz 4,26-28*
rutilabat .i. resplendebat N-T E-T IG

J147 1/2 *Zu* Uuánda *bis* fól*:* Est enim monoides .i. cornicularis quando est prima. Est et diatome .i. media sectio cum est octaua. Est et pleroselenos .i. plenilunium cum est quarta decima . quando et amphicirtos dicitur. Prima ergo forma lunę est ab ortu eius usque ad octauam . quando dicitur cornicularis . et habet uersa cornua ad orientem. Secunda ab octaua usque ad uicesimam secundam in quo spatio aut plena aut prope plena est. Tertia forma eius est a uicesima secunda usque ad tricesimam . quando est item cornicularis . sed uersis cornibus ad occasum. Siue triformis est luna quia aut cum sole est . aut ex latere solis . aut ex aduerso solis. Cum sole est cum est in coitu et noua est . ex latere cum est octaua uel uicesima secunda . aduersa uero .i. e regione solis cum est .xiiii. uel .xv. i. plena. Ω
Fingitur Ops in luna TRIFORMIS; νουμηνύα id est prima luna, διατομή octava quasi media sectio, πανσέληνος plenilunium. JS *nach Lutz 70,25/26*
TRIFORMIS est luna propter varietatem motus; prima forma cornicularis usque

ad octavam cornua habens ad orientem; secunda ab octava usque ad xxii, in quo spatio iam plena est aut prope plena; tercia a praedicto termino usque ad novam, et est tunc etiam cornicularis, sed versis cornibus ad occasum. Item TRIFORMIS dicitur luna cum aut cum sole est, aut ex latere solis, aut ex adverso solis. Cum sole est cum in coitu est et nova est; cum de latere est, octaua est vel xxii et semiplena; cum ex adverso est, xv est et plena est; cornicularis, medialis, plena. Anon *nach Lutz 4,18-26*

3/4 *Zu* .s. tribus *siehe* 146,20 Triformis *und* 9 tria uirginis ora.

4-9 *Zu* Ûnde *bis* uuêndinon: Quę licet crederetur cornigera .i. corniculata . et aspera propter acumen cornuorum . aggestionibus .i. mutationibus et crementis. Legitur et egestionibus .i. euaporationibus . quia ut sępe dictum est rorem de se egerit et emittit. Oportuna tamen .i. utilis et conueniens erat nutriendis frugibus. Et pręferebat felen . felis bestia mitissima est ut ferunt capreolus uel damma. Felen ergo et ceruam pręferebat uel propter uelocitatem uel propter luminis claritatem quia hę bestię acutissime uident . siue etiam propter hoc quod supra dictum est [*siehe* Ω *zu* 146,13-15] quia ipsa est diana dea uenatorum. Ω

EGESTIONIBUS evacuationibus. FELIS mitissima bestia est. Quando emittit luna humorem, clarissima est. JS *nach Lutz 70,27/28*

ASPERA quia acuta in cornibus. AGESTIONIBUS mutacionibus ab his quae geruntur. OPPORTUNA secundum opportunitatem temporis, vel moderata. FELIS id est damma vel simia. Anon *nach Lutz 4,29-32*

9 *Zu* tria uirginis ora: De qua uirgilius [aen 4,511] . tria uirginis ora dianae. Is et VIII xi 57

9-12 *Zu* Éiniu *bis* primam: Et conuersiones bis binas . quadrifaria enim est conuersio lunę. Primus motus eius est a prima usque ad octauam quando est cornicularis. Secundus ab octaua usque ad plenilunium quando est amphicirtos. Tertius a plenilunio usque ad uicesimam secundam quando est iterum amphicirtos. Hinc fit quarta mutatio a uicesima secunda usque ad tricesimam quando est iterum cornicularis. Ω

BIS BINAS Conversio lunaris bis bina dicitur propter quadrifariam mutacionem. Primus enim motus est a nova usque ad octavam; secundus ab octava usque plenilunium, in qua mutacione amphicirca vocatur; deinde a plenilunio usque ad xxii, in qua etiam simili modo amphicirca dicitur; hinc usque ad xxx cornicularis. Anon *nach Lutz 4,33-5,1*

Siehe auch NL *zu* 1/2.

12 *Zu* A LUNA AD MERCURIUM SCANDENS *siehe* 13/14.

13 QUĘ UIDERIT faßt sonst den Inhalt des Abschnitts zusammen.

14-16 Zu Tánnan bis mânen: Exhinc .i. deinde uenit ad circulum cyllenii medio .s. spatio quam ascenderat ad lunam. Ω

MEDIO id est emitonio. JS nach Lutz 70,29

EXHINC MEDIO id est de medietate. Anon nach Lutz 5,1

15 Zu mercurio siehe Ω zu 148,5-9 (cyllenio .i. mercurio).

15 Zu fóne érdo siehe Ω zu 145,12 fóne érdo ûf (a terra usque ad lunam).

17 Zu .s. mercurii, 18/19 zu Démo bis sólta: Emitonio permeato .i. excurso et pertransito multiplex populus ministrorum .s. mercurii occurrit ei nubenti .i. philologię. Ω

PERMEATO transcurso. LAETABUNDUS similis laetanti. Anon nach Lutz 5,2/3

J148   147,22-148,1 Zu Únder bis chústa: Inter quos ministros occurrebat ei femina ipsa est facundia splendentis formę et habitus. Promptę .i. copiosę . pręparatę et manifestę. Peruenit usque in eius osculum confisa .i. secura . salutata ipsa uirgini pro uirginem .i. postquam eam salutauit. Dicimus enim saluto te et saluto tibi licet raro. Ω

PROMPTAE facillimae. OPULENTA dives. SALUTO tibi dicimus. Anon nach Lutz 5,4/5

5-9 Zu Áber bis nîd: Syrus quidam philosophus qui de nuptiis philologię scripsit. Sed mirabatur illa multitudo obsequentium. Quid mirabatur? Quod illa femina .i. facundia quam etrusci dicebant nuptam fuisse ipsi cyllenio .i. mercurio constrinxerat uirginem complexa illam nulla inuidia titillata .i. commota uel stimulata. Titillari autem proprie est stimulis uoluptatis uel inuidię permoueri. Ω

ASTRUIT docet. DUO MILIA fuerunt obsequentes. TITILLATA tacta. Anon nach Lutz 5,6/7

multitudo .s. quid mirabatur . parentesis N-T E-T IG

8 Zu brût siehe 147,18 nubenti dominę.

10-12 Zu Tíu bis hóue: Hęc autem .i. facundia. Deinde per parenthesin dicit. Nam hoc erat ei uocabulum . memorabat se ortam uel educatam in penatibus philologię. Facundia enim per sapientiam adquiritur. Ω

PENATIBUS secretis locis. EDUCATA quia Facundia a Sapientia nutritur. Anon nach Lutz 5,8/9

14-16 Zu Únde bis fûorâ: Nec indignum esse .s. memorabat quod sibi pręlata est alumna .i. nutrix et educatrix sua. Alumnus autem et eum qui nutrit et eum qui nutritur significat. Quę philologia prębuerit sibi .i. facundię ornatum .i. cultum et ornamentum . et prębuerit pabulum multis disciplinis aliis. Ω

QUOD SIBI id est Facundiae. ALUMNA nutrix. PRAELATA pręposita. QUAE subauditur Philologiae. ET SIBI id est Facundiae. Anon nach Lutz 5,9-12

17-19 Zu Chám bis hûses: Quę .s. erat custos cyllenię .i. mercurialis domus. Domicilium enim mercurii in uirgine est . ideo fertur esse custos cyllenię domus. Nam et ipsa uirgo quę est erigone uenit obuiam philologię. Ω
DECENS honesta. PUDICISSIMA castissima. CUSTOS cubicularia. PRĘSUL deus qui inferorum potestatem habet et superorum, quasi ostiarius. Anon nach Lutz 5, 13-16

18 Zu méisterina siehe 107,7 pręsul .i. magistra.

20/21 Zu Sî bis contentiosa: Uerum dicebatur themis. Themis obscuritas uel caligo interpretatur. Aut astręa .i. stellata uel siderea. Aut erigone quę contentiosa uel litigiosa interpretatur. Ω
TEMIS caligo. ASTRĘA sidera. ERIGONE aut angulus aeris aut contentiosa femina interpretatur; ἔρις contentio, γυνή mulier. Ideo hoc fingunt quia luctatio semper est in Mercurio cum sole. JS nach Lutz 70,30-71,3
VERUM certe. THEMIS obscuritas, caligo. AUT ASTRĘA stellata. AUT ERIGONE virgo, vel luctata. Anon nach Lutz 5,17-19

148,21-149,1 Zu Dáz bis domicilium: Domicilium enim mercurii in uirgine est . ideo fertur esse custos cyllenię domus.... Erigone autem custos domus cyllenię ipsam artem negotiatoriam significat. Ω
Absis Mercurii est in Erigone, hoc est in Virgine. JS nach Lutz 71,3/4
Erigone autem custos domus Cilleniae ipsam artem negociatoriam significat. Anon nach Lutz 5,22-24

J149   1/2 Zu âlso bis zéichenen siehe 51,13-15 mit Ω.

2/3 Zu Dáz bis rhetoricam: Hęc omnia rethori conueniunt. Sermo enim rethorum aliquando obscurus est et inuolutus . aliquando clarus . non numquam etiam lites et iurgia prouocat. Ω

4 Zu .i. tabellam und .i. indiciis, 4-7 zu Áher bis zéichenen: Afferebat illa spicas in manu et cęlatam .i. pictam pinacem .i. tabulam. Quidam pinacem dicunt esse capsam organi in qua finguntur calami. Hic tamen tabulam significat ex ebeno. Ebenus genus est ligni quod incisum in lapidem uertitur. Talibus argumentis .i. talibus indiciis qualia in sequenti loco dicuntur.... Quidam hanc tabulam sub figura artis negotiatorię exponunt. Ω
SPICAS habebat quia cum sol est in Virgine tunc colliguntur messes. EBENUS nigra. Qualiscumque tabula, si picta fuerit, PINAX vocatur; proprie tamen capsa dicitur organi. JS nach Lutz 71,4-7
CAELATAM sculptam. PINAX est capsa organi in qua finguntur calami. Haec tabula sub figura artis negociatoriae describitur. Anon nach Lutz 5,19-21

celatamque .i. scriptam N-T E-T IG

Spicas ... Quia eo tempore quo sol in uirginem ingreditur messes teruntur. N-T RG

4 Zu tabellam siehe auch 150,14/15 tabellam.

5 Zu álso bis spera: Táz mág man uuóla séhen . án déro spera . díu in cella SANCTI GALLI nouiter gemáchôt íst . sub PURCHARDO ABBATE. Sî hábet állero gentium gestélle . únde fóne díu . sô man sia sô stéllet . táz ter polus septentrionalis ûf in ríhti síhet . sô sínt sex signa zodiaci ze óugôn . septentrionalia . sex australia sínt kebórgen. Nb nach A97,15-19
Siehe auch die Zeichnung von Virgo gegenüber S.109.

8/9 Zu Târ bis stórh: In medio .s. tabulę erat ibis .i. ciconia ęgyptiaca inimica serpentibus . unde et grece OPNION OΦIΦAΓION dicitur .i. serpentes comedens. Fertur autem rostro aluum purgare. Ab incolis .s. ęgypti. Ω
IBIS ipsa est ciconia; interpretatur autem ὄρνιν ὀφιοφάγον, id est manducans colubras. JS nach Lutz 71,8/9
YBIS id est ciconia. AB INCOLIS id est Aegiptiis. Anon nach Lutz 5,32

10-12 Zu Áber bis mercurii: Sed uidebatur uertex atque os pulcherrimum cum petaso. Petasum grece . latine uolatile a uerbo peto .i. uolo. Petasum etiam dicitur calciamentum mercurii alatum. Pulcherrimum os .i. rostrum. Facundia enim rethorum pulchra est.... Mercurius namque dicitur quasi mercatorum kyrrios .i. dominus.... quę [ars negotiatoria] habet formam et imaginem petasi . quia omnis negotiator uelocissime omnes terras et regiones amore pecunię quasi quoddam uolatile perlustrat. Ω
Πέτομαι volo, inde PETASUM. JS nach Lutz 71,10
Mercurius namque quasi mercatorum kirios, id est dominus; ...; quae [ars negociatoria] habet formam et imaginem petasi, quia omnis negociator velocissime omnes terras et regiones amore pecuniae motu suo quasi quoddam volatile lustrat.... PETASO talaribus. VERTEX summitas. Anon nach Lutz 5,21/22,24-26,33

12 Zu .s. caput] *.s. os bzw. rostrum, 13/14 zu Táz bis vuúrm: Quod .s. rostrum lambebat .i. lingebat implexio gemini serpentis. Ω
QUOD scilicet petasum, vel os. IMPLEXIO circumdatio. Anon nach Lutz 5,34

14 Zu Der bis vuúrmo siehe NL zu 8/9.

14/15 Zu sô bis dínge: Per geminos serpentes uenenosa et acuta rethorum facundia accipitur.... Habet [ars negotiatoria] serpentes quia negotiatorum lingua uenenosa est ad fallendum. Ω
Per GEMINOS SERPENTES venenosam intellige locutionem rhethorum. JS nach Lutz 71,11/12

Habet [ars negociatoria] serpentes quia negociatorum lingua venenosa est ad fallendum. Anon *nach Lutz 5,26/27*

Siehe auch 112,11-13 Atque *bis* mûote *mit NL und NL zu 149,22-150,2*.

15/16 *Zu* Ér *bis* rêdo *siehe NL zu 149,22-150,2*.

16-18 *Zu* ér *bis* liberat: Gemini autem ideo quia sermo rethorum damnat et liberat. Ω

Siehe auch NL zu 118,22-119,1 íh *bis* suôno.

18-20 *Zu* Únder *bis* gérto: Subter .i. in inferiore parte illius pinacis erat prenitens uirga . per hanc uirgam sermo rethoris accipitur . quia sicut uirga rectus et inflexibilis iustitię debet esse. Ω
SUBTER subauditur illam tabulam, id est petasum, vel os. NITENS splendens. Anon *nach Lutz 5,35/36*

21/22 *Zu* Tíu *bis* suárzív: GLAUCA viridis. PICEUS nigerrimus. Anon *nach Lutz 5,37*

J150 149,22-150,2 *Zu* álso *bis* ubertêilet: Cuius caput auratum . media glauca . piceus finis quia sermo rethorum primo pulcher uidetur . deinde exasperatur . ad ultimum damnat reum.... Habet [ars negotiatoria] uirgam quasi ipsam artem quę primo introitu quasi pulchra uidetur . in processu uilescit . quod per glaucum significatur colorem . in fine ad mortem deducit . quod per piceum colorem demonstratur. Ω
CAPUT AURATUM quia sermo rhethoris primo pulcher videtur, deinde etiam exasperatur, deinde condemnat reum. JS *nach Lutz 71,13/14*
Habet [ars negociatoria] virgam quasi ipsam artem quae primo introitu quasi pulchra videtur sed in processu vilescit. Quod per glauceum significatur colorem in fine ad mortem ducit. Anon *nach Lutz 5,27-30*

2-4 *Zu* Únder *bis* scorpio: Sub dextra .s. parte illius pinacis erat testudo et minitans nepa. Testudo genus est animalis durissimo corio protectum. Nepa genus scorpii qui fertur filios suos deuorare . uno in setis dorsi eius inhęrente et sic mortem euadente. Ω
NEPA coluber. JS *nach Lutz 71,15*
SUB DEXTRO TEXTU .i. ordine, compositione. DOMINITANS dominans. NEPAA scorpio. Anon *nach Lutz 5,37-6,1*

4/5 *Zu* uuánda *bis* scorpio: Per testudinem et nepam item sermo rethoris figuratur. Nam sicut testudo undique durissimo tergore premunitur . ita sermo rethoris ex omni parte circumspectus et inreprehensibilis esse debet . et sicut scorpio repente aduersarium percutere. Ω

5/6 *Zu* Ze *bis* rêdo: A leua .s. parte uidebatur caprea.... Per capream uelocitas sermonis in rethore significatur.... Per capream uelocitas mercatorum significatur. Ω

Per CAPREAM velocitatem et acumen rhethoris significat. Acumen rhethoris sępe sentit venena alterius. JS *nach Lutz 71,15/16*

Per capream velocitas mercatorum significatur. Anon *nach Lutz 5,30/31*

7 Zu .s. caprea *und* .i. formidinem serpentium, 8 zu .i. ore canentium *und* .i. experimenta, 9-11 *zu* Âber *bis* strȋt: Sed pulsabat dilophon alitem .i. ibin. Dilophon dicitur ibis quasi delia ophon .i. formido serpentium . quę sit mitior .i. ore canentium auium . pulsabat .i. prouocabat in temptamenta .i. experimenta certaminis . hoc inquit pictum erat ibi quasi caprea prouocaret ibin ad certamen serpentium quia non numquam ipsa uelocitas et acumen rethoris prouocat illum ad loquendum et ad impugnandum aduersarios. Ω

ˮΟϕις serpens, δειλία formido, inde DILOPHON formidans serpentes. JS *nach Lutz 71,16/17*

DILOPHON ALITEM ubi iste dicit quod a lęva fuisset caprea, dilophon dicit quod fuisset ales pugnans cum serpentibus. OSCINUM MITIOR id est mitissima omnium avium ore canentium. TEMPTAMENTA impedimenta. PULSABAT percutiebat ut certamen haberet cum serpente, quia lites per sermonem sedantur. Anon *nach Lutz 6,1-7*

12 Zu .i. gorpeios, 12-14 *zu* Sélbêr *bis* nouember: Ipsa uero ibis pręnotatum .i. pręstitulatum gerit nomen cuiusdam mensis memphitici .i. ęgyptii. Memphis ciuitas est ęgypti per quam totam ęgyptum significat. Memphitici mensis .i. gorpeios . ipse est nouember quando sol in scorpione est. Gorpeios autem apud ęgyptios et mensis et signum dicitur. Ω

Avis IPSA quae est IBIS. MENSIS CUIUSDAM SCORPEIOS ipse est Novembris quia tum est sol in Scorpione. JS *nach Lutz 71,18-20*

NOMEN MENSIS CUIUSDAM MEMPHITICI id est Egiptiaci Gorpeios qui et signum, id est Scorpio, et mensis vocatur, id est September. Anon *nach Lutz 6,7-9*

17-19 *Zu* Dísa *bis* lâzen: Ingestam .i. sponte oblatam . uenerata illam licet cognosceret argumentum .i. pręstigium uel indicium sponsi sui. Ω

INGESTAM delatam. JS *nach Lutz 71,20*

CUM INGESTAM adductam. ARGUMENTUM signum. Anon *nach Lutz 6,10/11*

20 Zu .i. concubitv *siehe* Ω *zu 136,15-20 (de concubitu ueneris)*.

150,21-151,1 *Zu* Dô *bis* keuuâlte: Tunc etiam superuenit candidior athlantidum. Athlantides septem fuerunt filię athlantis . ipsę sunt pliades quę propriis nominibus appellantur . quarum clarior est maia. Prouecta .i. sublimata et exaltata . congressu .i. coitu iouis et culmine .i. honore pignoris .i. filii sui mercurii. Ω

ATHLANTIDUM ipsa est Maia. CONGRESSU coitu. PIGNORIS filii. CULMINE potestate. PROVECTA sublimata. Anon *nach Lutz 6,12-14*

21 Zu suîger: maia : philologia :: *socrus ‚suîger' : nurus ‚snóra'

J151 2-4 Zu Dîu *bis* blancę: Quę quidem ne pro neque dignata est apparere in officio nurus .i. uxoris filii sui . philologię uidelicet sine libra blance .i. deliciosa. Ω

LIBRA iustitia. JS *nach Lutz 71,21*
NEC IN NURUS id est Philologiae. BILANCE id est sine iusticiae mensura. Anon *nach Lutz 6,15/16*

4/5 Zu dîu *bis* heizet: *Die richtige Herleitung von* bilanx. *Siehe auch* Libra *auf der Zeichnung von* Virgo *gegenüber S.109.*

5/6 Zu Uuâz *bis* sûne: Cum libra ideo apparuit quia sicut libra iuste et ęqualiter aliquid pensat . ita se ęqualiter cum filio suo .i. mercurio uolebat honorari sacrificio. Ω
BILANCE deliciose, id est libram dicit quia aequale sacrifitium obtulit eis. JS *nach Lutz 71,21/22*

5 Uuâz uuólta sî déro? *Noch eine rhetorische Frage.*

7 Zu .i. mercurio, 8 zu .i. immolatis, 9-11 zu Tîa *bis* ében-hêra: Quam .s. maiam uirgo uenerata cępit eam honorare cum potente lucrorum .i. cum mercurio.Ω
DUABUS PECUDIBUS id est unam dedit Philologiae, alteram Mercurio. CUM POTENTE cum Mercurio. JS *nach Lutz 71,23/24*
QUAM id est Maiam. VIRGO id est Phylologia. CUM LUCRORUM id est cum ipso Mercurio. DICATIS sacrificatis. Anon *nach Lutz 6,17-19*

8 Zu .i. immolatis *siehe auch* JS *zu* 8,2-5 (multis sacrificiis immolatis).

11/12 *Zur Überschrift siehe* 12/13 *mit* Ω.

13/14 Zu Hínnân *bis* uenere: Hinc .i. a circulo mercurii transuolatur .i. transcurritur ab ipsa philologia hemitonio .i. spatio hemitonii. A mercurio enim ad uenerem hemitonium est. Ω

14 Zu semitonium] *hemitonium *siehe* Ω *zu* 98,17/18 (Ex tonis enim et semitoniis constat omnis musica).

15 Zu .i. adplaudebat, 16-18 zu Uenere *bis* uuâs: Allubescebat .i. applaudebat . fauebat et consentiebat . quantum decebat .i. oportebat orata .i. placata et uenerata . intuita ipsa philologia quod admodum pulchra .s. esset ipsa uenus. Ω
ALLUBESCEBAT favebat; est enim dea nuptiarum. ORATA deprecata. Anon *nach Lutz 6,20/21*

19 Zu .i. contraria, 20 zu .i. spisso crine soluta, 20/21 zu .i. duplicem

rorem . uel duplicem, 151,22-152,3 zu Áber bis hîsâmen: Tamen antias draconibus circumplexa crebroque capillitio uulsa ambifariumque amital uel nital secum congressa mitificat. Locus iste corruptus scriptorum uitio est et ideo a nonnullis praue expositus. [locum pro desperato reliqui, neque uirorum doctorum quisquam ei lumen attulit. Dick/Préaux S.72 2.App.] Iohannes scottus ita sentit . ipsa quidem uenus admodum pulchra erat .i. ualde speciosa . tamen antias .i. contraria uidebatur ipsi philologię. Numquam enim uoluptas ueneria cum studio rationis concordat . unde et in sequentibus dicit. Causatur uenus quod in ueneris agro pallas sibi uendicet usum. Circumplexa draconibus uulsa .i. soluta crebro capillitio .i. spisso crine uel capillatura .s. ipsa uenus. Ambifariumque amital quod grece rorem significat. Ambifarium .i. inuium [siue β N², dafür hoc est munitum uel N¹ E¹] duplicem uel etiam ambientem et circumdantem rorem. Congressa .i. contendens et pugnans secum mitificat. Ambifarium rorem dicit quia uenus quasi media est. Est enim quę pręest turpibus amoribus . est et quę pręest castis . et ideo dicit congressa .i. compugnans in se ipsa. Legitur et ambifarium nital pro nitan .i. pro .n. sicut lympha pro nympha [. et sella etiam similiter dicitur pro sedda . mutata .d. quam habent greci . in .i. apud latinos N¹ E¹; fehlt β N²]. Nitan enim grece latine uenustas. Ambifarium ergo nitan .i. ambientem uenustatem mitificat congressa secum. Ω
ANTIAS contraria. VULSA soluta. CREBRO CAPILLICIO densis crinibus. AMBIFARIUM inuium. AMITAL ros. MITIFICAT subaudis Venus. CONGRESSA luctata. JS nach Lutz 71,25-29
ANTHIAS dea auxiliatrix virginum. CAPILLITIO VULSA habens vulsum capillum, id est solutum. AMBIFARIUM quia binis partibus favet, superis et inferis. NITAL Quidam codices habent NITALE. SED TUNC scilicet virgo pateretur. CONGRESSA complectens, scilicet eum. Anon nach Lutz 6,22-26
ambifariumque nital .i. inuium hoc est munitum uel circumdantem uenustatem N-T E-T IG

  21 Zu asperginem: obiectae salsa spumant aspergine cautes Verg aen 3,534
  21 Zu .s. uenerii seminis siehe 20 amital] *genitalis nach Dick/Préaux 72,17, 75,11 alia .i. uenus . generationum omnium mater und 118,9 repertis genitalibus .i. qui reperit genitalia .i. semina mit Verg (vere tument terrae et genitalia semina poscunt).
Plerumque etiam unus idemque [deus] . non solum diuersis nominibus . sed et uario sexu appellatur. Ω zu 50,13-17
AC DVCENTE DEO [= Venere] secundum eos qui dicunt utriusque sexus participationem habere numina. Nam ait Calvus pollentemque deum Venerem.... Est etiam in

Cypro simulacrum barbatae Veneris, corpore et veste muliebri, cum sceptro et natura virili, quod Ἀφρόδιτον vocant, cui viri in veste muliebri, mulieres in virili veste sacrificant. Serv zu Verg aen 2,632

Mercurii stella fit similis illi quam uidet . ueneris genitalis . et roscida . et prospera . et salutaris. GC ar

Huius [Veneris] natura cuncta generantur in terris; namque in alterutro exortu genitali rore conspergens non terrae modo conceptus inplet, uerum animantium quoque omnium stimulat. Plin nat II vi 38

Siehe auch NL zu 152,3 uenerius humor.

J152   3 Zu uenerius humor: Natura enim lunę humida est . et per humoris ministerium cunctis corporibus suggerit incrementum. Ω zu 25,3-6

Alia [sidera] sunt in liquorem soluti umoris fecunda. Plin nat II xxxix 105

Nam quod saturnus dicitur patri caelo uirilia amputasse . quae in mare cadentia uenerem creauerunt . quod ideo fingitur quia nisi humor de caelo in terram descenderit . nihil creatur. Is et VIII xi 79

Siehe auch NL zu 151,21 .s. uenerii seminis.

3-5 Mit Uuánda bis stíllet umschrieb Notker 151,22-152,3 Áber bis hísámen.

4 Zu pudice íóh impudice siehe Ω zu 76,7 éiniu pudica ánderiu inpudica (alter bonus et pudicus ... alter impudicus et malus).

5/6 Zur Überschrift siehe 6, auch Anon zu 8/9 und JS zu 10/11.

7 Zu Dés bis sole: Mox studium .s. fuit illi laborare .i. laboriose tendere in solarem circum pro circulum. Ω

8/9 Zu Uuánda bis stápf: Exponit quare dixit laborare. Quippe fatigabat ille circus ascensum illorum sescuplo .i. tribus hemitoniis. Ω

SESCUPLO id est in duobus hemitoniis quae sunt a luna ad Mercurium et a Mercurio ad Venerem. Anon nach Lutz 6,27/28

9 Zu .s. ascensus, 10/11 zu Ánderhálb bis zuéin: Qui .s. ascensus sescuplus habebatur tonus et dimidius. Ω

Tria emitonia contra duo, id est ad Venerem et ad Mercurium. JS nach Lutz 71, 29/30

Est comparatio ad tonum infra solem et hemitonium supra. Ibi sunt animae puriores supra solem et summi dii. Anon nach Lutz 6,28-30

10 Zu semitonia siehe 151,14 semitonium mit NL.

12 Zu .i. modum inponentem, 12-17 zu Dár bis temperatio: Ibi conspicatur quandam nauem moderantem .i. modum inponentem cursibus totius naturę. Dicimus enim moderor tibi et te.... Sol enim rector est et moderator totius mundanę fabricę. Unde et cicero in libro somnii scipionis [17]. Dux ait et princeps

et moderator reliquorum luminum mensque mundi et temperatio. Ω
IBI QUANDAM NAVEM lunare corpus depingit. Anon nach Lutz 6,31

13/14 Zu cursum solis und 14 zu fóne sînero cursu siehe Ω zu 154,16/17 (raptibus .i. cursibus tuis).

17/18 Zu Fóllez bis gefállet: Diuersa cupiditate .i. secundum conuenientiam uniuscuiusque creaturę . cunctaque .s. moderantem. Ω
DIVERSA CUPIDITATE secundum conuenientiam uniuscuiusquae creaturę, totius visibilis et sensibilis naturae fons est sol. JS nach Lutz 71,31-72,1
MODERANTEM Omnia a sole moderantur et vitam accipiunt. Anon nach Lutz 6,32/33

19/20 Zu Únde bis súnnûn: Et conspicatur illam nauem plenissimam congestione .i. coadunatione flammarum .... Uis enim et sensus caloris in sole est. Ω
CONGESTIONE cumulatione. JS nach Lutz 72,2
CONGESTIONE congregatione. Anon nach Lutz 6,34

19/20 Uuâr bis súnnûn: Noch eine rhetorische Frage.

20 Zu flures siehe auch Ω zu 154,1-3 (et origo uel ignis).

20/21 Zu .i. circumdatam, 21 zu s. animarum, 152,21-153,1 zu Únde bis animarum: Circumactam .i. circumdatam et repletam beatis mercibus quia in circulo solis dicuntur esse animę beatorum. Ω
MERCIBUS quia ibi recipiunt mercedem bonorum operum animae fideles. Anon nach Lutz 6,35/36

22 Zu ueteres siehe 162,5/6 Ueterumque ritu und 165,21/22 animęque ... beatorum ueterum.

1 Zu sedes siehe 157,11 sedes.

J153 2-4 Zu Táz bis hîna: Cui .s. naui pręsidebant septem germani nautę. Nauis ista anni gubernationem uel cursum significat. Septem fratres in prora septem dies in ebdomada. Prora enim prima pars est nauis . sic ebdomada prima pars anni. Qui bene germani dicuntur . omnes enim dies ęqualiter currunt sibique sunt similes. Quippe unaquęque dies luce constans et nocte .xx.iiii.^{ti or} horis impletur. Ω
SEPTEM FRATRES in prora, septem dies in ebdomada quibus volvuntur omnia tempora. JS nach Lutz 72,3/4
Siehe auch JS nach Lutz 43,23 zu 61,15 draconem: volvitur autem annus per horas dies septimanas menses.
SEPTEM GERMANI quia in initio creaturarum vii dies fuerunt. CONSIMILES PRAESIDEBANT IN PRORA quia per xxiiii horas impletur dies. Anon nach Lutz 6,36-7,2

3/4 Uuáz bis uuéchûn: Noch eine rhetorische Frage.

4 Zu Díe bis hîna siehe auch 163,5/6 uuánda bis náhten mit Ω (Hoc bis uol-

uitur).

5-8 Zu Éin bis gíbet: Forma leonis in arbore picta significat solem in mundi summitate constitutum et cuncta felicia mundo uisibili ministrantem. Ω
FORMA LEONIS in arbore picta significat solem in summitate mundi constitutum et omnia felitia visibili mundo administrantem, JS nach Lutz 72,5/6

8-10 Zu Ze bis crocodrillus: Sed quoniam sępe nimietate sui ardoris nocet . ideo crocodillus [N1 E1, crocodrillus β N2] in extimo .i. in extrema parte arboris uidebatur. Sunt qui formam leonis calorem ęstatis accipiunt. Tunc enim feruet sol quando est in leone. Per crocodillum uero qui est animal in aquis uiuens rigorem hiemis accipiunt. Sicut enim crocodillus sęuissima bestia deuorat homines . ita asperitas hiemis uniuersa quę per totum annum nascuntur deuorat et consumit. Ω
sed quoniam saepe nimio ardore multis nocet CROCODILLUS ibi pictus esse videtur. JS nach Lutz 72,6/7
FORMA LEONIS In Leone enim multum fervet sol. ARBORE id est malo. CROCODRILLI pro hiemalibus signum. Anon nach Lutz 7,2-4

12/13 Zu Dâr bis uuérlte: Fons .i. origo ętherię lucis fundebatur manans in lumina totius mundi cum archanis fluoribus .i. meatibus . fundebatur .i. profundebatur. Ω
FONS QUIDAM id est claritas solis. ARCHANIS secretis. FLUORIBUS madoribus. FUNDEBATUR id est eructabat. Anon nach Lutz 7,5/6

14 Zu Uuánda bis líeht: Hic [sol] reliqua sidera occultat et inlustrat. Plin nat II iv 13
Siehe auch Ω zu 38,2-5 (uel quod cuncta [sidera] illuminet).

16 Zu .s. solem siehe 155,10 Solem.

16-18 Zu Dáz bis sûs: Deprecatur deum .i. apollinem talibus .s. uerbis. Ω
CONIBENS claudens quia reverberatur. Anon nach Lutz 7,7

18 Die Überschrift faßt den Inhalt des Abschnitts zusammen.

19/20 Zu Tû bis íst: O celsa uis .i. uirtus uel potestas ignoti patris .i. iouis . ignoti .i. incomprehensibilis uel incircumscripti. Ω
IGNOTI incomprehensibilis, quem nullus novit. PATRIS id est Iovis. Anon nach Lutz 7,8/9

153,21-154,1 Zu Álde bis sermo: Uel tu o apollo prima propago patris .i. prima proles. Secundum fabulam primus iouis filius est apollo . secundus mercurius . quod figmentum hoc philosophice uult innuere . quia de generali mundi anima . quę est iouis . nascitur consilium quasi apollo. Deinde post apollinem nascitur mercurius . quia post consilium fit sermo. Ω

PRIMA optima. PROPAGO proles.... Ferunt phylosophi de generali anima Iovis consilium nasci, id est Apollinem. Post Apollinem natus est Mercurius, quia post consilium fit sermo. Anon *nach Lutz 7,9 und 8,5-7*

J154 1-3 *Zu* Sînmachig *bis* luna: Fomes .i. nutrimentum et origo uel ignis sensificus .i. sensualis uel sensum faciens. Ex sole enim uis sentiendi procedit. Hinc et macrobius [I xiv 9-11 *zu* Cic scip]. Cum sint caducorum corporum hęc duo propria . sentire et crescere. Natura sentiendi .i. ęthicon de sole . crescendi autem natura .i. phisicon de lunari ad nos globositate peruenit. Ω

FOMES ignis. SENSIFICUS sensum faciens. Anon *nach Lutz 7,10*
Siehe auch 24,8/9 álso *bis* mânen.

1/2 *Zu* Uuánda álte líute uuândon *siehe* 152,22 Uuánda ueteres uuândon *mit* NL.

3/4 *Zu* Mûotes *bis* uuâne, 4/5 *zu* Líehtes *bis* táz: Fons mentis .i. memorię uel rationis. Origo lucis .i. uitę. Hęc omnia philosophi nos a sole habere dicunt. Ω

MENTIS id est animae. LUCIS id est vitae. Anon *nach Lutz 7,10/11*

5 *Zu* Chúning tero bérohafti: Regnum naturę .i. princeps et rex. Ω
REGNUM NATURAE quia tu es rex unicuique. Anon *nach Lutz 7,12*

5/6 *Zu* Súnna *bis* díng: hic [sol] vices temporum annumque semper renascentem ex usu naturae temperat. Plin nat II iv 13 *schon zu 4,1/2*
Siehe auch JS (totius *bis* sol) *und* Anon (Omnia *bis* accipiunt) *zu 152,17/18 sowie* Ω (sol *bis* omnium) *und* Anon (quia *bis* creator) *zu 156,12-14.*

6/7 *Zu* Zíerda *bis* góto: Decus .i. honor . et assertio .i. declaratio uel demonstratio siue laus diuum. Ω
ASSERTIO laus. JS *nach Lutz 72,8*
DECUS plenitudo. ASSERTIO DIVUM demonstratio qua intelleguntur omnes dii. Anon *nach Lutz 7,12-14*

7/8 *Zu* Únde *bis* súnnun: Mundanusque oculus . hoc est illustratio mundi. Nam in magno corpore mundi sol quasi oculus est. Ω
MUNDANUS id est mundi. Anon *nach Lutz 7,15*
Siehe auch Plin *zu 153,14* (Hic *bis* inlustrat).

9 *Zu* Glízemo *bis* hímeles: Fulgor olympi .i. cęli. Ω

9 *Zu* táz *bis* lúfte *siehe* 135,6 día níderun lúft *und* 7/8 día hóhi dero óberun lúfte.

10/11 *Zu* Dû *bis* mûost: Cui .i. tibi fas est .i. licitum cernere ultramundanum patrem .i. qui est ultra mundum uel supersubstantialem. Ω
FAS EST concessum. CUI id est tibi. PATREM Iovem. Anon *nach Lutz 7,16*

11 Zu Übe bis íst: Nam iouis ipse est ęther . iuno aer. Ω zu 12,10 sociale uinculum

11/12 Zu tén bis súnna: Quibusdam riuulis .i. radiis suis intermixtis quibus [sol] non solum planetas sed etiam omnia superiora dicitur illustrare. Ω zu 23,7-12

12 Zu .i. cęlum siehe Ω zu 9 (olympi .i. cęli), zu uel ętherem 11 ęther mit Ω.

13 Zu iouem siehe Anon zu 10/11 (PATREM Iovem).

13 Zu ána-skînen: Spectare .i. intueri. Ω
Siehe auch Ω zu 11/12 (illustrare).

13/14 Zu .i. mundanę sperę, 14/15 zu Tír bis suêibes: Circulus ęthrę .i. spera mundi. Sol enim contra mundum currere fertur . ut suo cursu contrario frenet et sustineat impetum mundi. Ω
CIRCULUS ĘTHRAE quia omnes planetae sunt in aethere. PARET obtemperat. Anon nach Lutz 7,17/18

14 Zu der hîmel siehe 38,14/15 tîa óberostun hîmel-speram, 57,6/7 dero lûtreistun hîmelspero und Ω zu 16/17 (.s. sperę cęlestis).

15 Zu tuêlest siehe auch 20 coercens mit NL, zu suêibes auch 159,12 congressione .i. conuolutione und 14/15 suêibe.

16 Zu .s. planetarum, 16/17 zu Únde bis planetas: Orbes .s. sperę cęlestis siue planetarum circulos . inmensis raptibus .i. cursibus tuis. Ω
RAPTIBUS cursibus. ORBIS planetarum circulus. Anon nach Lutz 7,18/19

17/18 Zu Uuánda bis dír²: Ideo inquit moderaris orbes planetarum quia curris medium iter in medio planetarum constitutus . habens supra te tres planetas . tres iterum infra. Eum enim locum obtinet sol in musica cęlesti . quem mese .i. media corda in musica artificiali. Ω

19/20 Zu Lîeba bis stérnon: Dans .i. dum das tu solus amicam temperiem superis diis .i. stellis. Stellę enim frigidę calore solis temperantur. Ω
SUPERIS stellis. Sunt enim stellę frigidę, sed temperantur calore solis. JS nach Lutz 72,9/10
AMICAM placidam. TEMPERIEM serenitatem. Anon nach Lutz 7,20/21

20/21 Zu .i. planetarum, 21 zu Iágonde bis planetas: Compellens .i. impellens . mouens et incitans ad currendum . atque coercens .i. continens a uelocitate quando eas retrogradas facit. Radiis enim solis nunc incitantur planetę . nunc retrogradantur . nunc stationarię fiunt. Ω
CONPELLENS quando in statione fiunt, COERCENS quando retrograda sunt. JS nach Lutz 72,10/11
COMPELLENS ATQUE COHERCENS id est movens in eundo, in morando. DEUM pro deo-

rum. Anon *nach Lutz 7,21-23*

22 *Zu Sô bis férten:* Cum addis .i. imponis uel addis .i. das legem cursibus .s. ipsorum siderum. Ω

CURSIBUS ADDIS id est facis ea retrograda et stationaria. Anon *nach Lutz 7,26*

J155 1-3 *Zu Hínnân bis fíerda:* Hinc .i. hac de causa quod ius .i. ratio uel potestas est tibi decurrere .i. meare quarto circulo . in ordine enim planetarum quartum locum tenet sol. Siue circum annum dicit. Cursus enim solis per olympiades .i. per quatuor annos agitur. Demum quarto anno eisdem locis et horis sideralibus suum cursum redintegrat. Ω

HINC EST id est hac de causa. IUS id est ratio. Anon *nach Lutz 7,27*

2/3 *Zu Nídenân bis fíerda siehe auch 154,17/18 mit* Ω.

3 *Zu .s. perfectus siehe* 94,19 Ideoque [quaternarius] perfectus est.

4/5 *Zu Dáz bis ähto:* Ut probetur .i. approbetur iste numerus .i. quaternarius perfecta ratione sui. Probetur tibi .i. in laudem tuam uel tibi pro a te.Ω

PERFECTA id est quaternaria. NUMERUS quaternarius. PROBETUR laudetur. Anon *nach Lutz 7,28/29*

5-7 *Zu Tîa bis fîeriu siehe* 94,16-19 Nam *bis* denarium.

7 *Zu .s.* ratione, 8/9 *zu Ne-máchôst bis na:* Nonne das tu geminum tetracordum hac .s. ratione principio .i. a principio. Geminum tetracordum dicit quia inter terras et cęlum duo tetracorda .i. soni sunt. Ω

PRINCIPIO Iovem. JS *nach Lutz 72,12*

NONNE HAC scilicet ratione, vel est adverbium locale, id est ex illo quarto circulo, vel a principio, id est a chao, ut subaudiatur mundi, vel cum suo principio facit hoc. GEMINUM et superum et inferum inter caelum et terram. Gemina sunt tetracorda, id est duo. Anon *nach Lutz 7,30-34*

9/10 *Zu Fóne bis* disiuncta: Cum enim sint septem planetę . duo tetracorda faciunt . et in primo tetracordo quodammodo prima corda est lunaris circulus . secunda mercurialis . tertia uenerius . quarta solaris . in quo finis est primi tetracordi et initium sequentis. Secundum uero tetracordum est cuius quasi prima corda est .i. solaris circulus. Ω

Septenarius enim planetarum numerus duo tetracorda efficit. Prima corda lunaris circulus, secunda Mercurialis, tertia Venerialis, quarta solaris quae etiam finem prioris tetracordi et initium sequentis obtinet, sicut mese in musica. Est igitur secundum tetracordum cuius quasi prima corda solaris circulus, secunda Martis, tercia Iovis, quarta Saturni. Anon *nach Lutz 7,34-8,4*

DE TETRACHORDIS. An dîen fínfzên séitôn . záltôn sie quatuor tetrachorda. Án áhto séitôn zuéi disiuncta . án síbenen zuéi coniuncta . dáz chît zuéi **geskéi-**

deníu . zuêi úngeskéideníu. Nm *nach Piper 854,8-12*

11/12 *Zu* Latini *bis* hóubet-hafti: Uocat te latium solem .i. italia. Exponit nunc causam diuersorum nominum solis. Uocat te latium solem eo quod solus tu sis apex lucis post patrem .i. iouem. Ω

POST PATREM id est Iovem.... LATIUM Italia. Anon *nach Lutz 8,5,8*

13/14 *zu* Únde *bis* skîmen: Et ideo sol uocaris quod perhibent sacrum caput tuum ferre aurea lumina cum bis senis radiis. Ω

14 *Zu* éinen *siehe* 10 *und* 18 *2mal* solus.

15/16 *Zu* Uuánda *bis* stúnda: Bis senis .i. xii. Hę sunt et gemmę .xii. in corona apollinis .xii. uidelicet signa et .xii. menses. Perhibent .s. astrologi uel philosophi. Ideo .s. perhibent sacratum caput tuum ferre bis senos radios quod .i. eo quod conficis totidem menses .i. xii. Ω

BIS SENIS propter xii signa dicit per quae sol discurrit. MENSES in anno; HORAS in die. Anon *nach Lutz 8,9/10*

17/18 *Zu* Tîh *bis* rós: Dicunt te ipse philosophi flectere quatuor alipedes cum habenis tuis . Ω

QUATTUOR solis equi iiii elementa significant, id est ignem, aerem, terram, et aquam. ALIPEDES veloces equos. DICUNT scilicet phylosophi. Anon *nach Lutz 8, 11-13*

19/20 *Zu* Uuánda *bis* máchont: eo quod solus domites quadrigam quam dant quatuor elementa .i. regas fabricam mundi . quam quatuor elementa faciunt. Siue etiam quadrigam quam dant quatuor elementa . annum dicit qui quatuor constat temporibus. Quę tempora proprietates singulas elementorum habent. Nam uer aeri . ignis ęstati . hiems aquę . autumnus terrę conuenit. Ω

QUOD id est eo quod. SOLUS DOMITES id est gubernes. QUADRIGAM propter iiii tempora anni secundum numerum iiii elementorum. Anon *nach Lutz 8,14-16*

21 *Zu* .i. aperis *und* .i. quantum illustratur nox, 155,21-156,1 *zu* Tû *bis* hábet: Retegis .i. aperis et declaras quod lucet cęrula .i. quantum illustratur nox . cęrulam noctem dicit. Nam cum sol die luceat . ipse tamen facit etiam lucem noctis quia stellę ut sępe dictum est ab eo in ministerium noctis illuminantur. Ω

RETEGIS declaras, aperis; a te est enim lux noctis. JS *nach Lutz 72,13*

CĘRULA nox. Anon *nach Lutz 8,12*

J156 1/2 *Zu* .s. temporis, 2/3 *zu* Fóne *bis* mélden: Hinc .i. propter hoc uidelicet quia tu obscura declaras . perhibent .i. dicunt te phębum prodentem .i. aperientem occulta futuri .i. futurorum uel futuri .s. temporis. Ω

Plato solem Apollona appellatum vel cognominatum scribit ἀπὸ τοῦ ἀποπάλλειν τὰς ἀκτῖνας, id est a iactura radiorum. FUTURI quia Apollo praeest divinationibus futurorum. PHOEBUS interpretatur prodens occulta aut dissolvens nocturna amissa. Phoebus novus uel imberbis vel terribilis vel crinitus. Anon *nach Lutz 8,18-22*

3/4 *Zu* Álde *bis* nȃht-scúlde: Uel quia dissoluis .i. detegis et manifestas nocturna admissa .i. crimina quę admittuntur noctibus. Legitur et amissa . quod si est . ita soluitur . dissoluis .i. renouas nocturna amissa .i. perdita. Species enim et color amissus nocte . oriente sole renouatur. Ω
DISSOLUIS renovas. JS *nach Lutz 72,14*

4/5 *Zu* .i. iustum, 5/6 *zu* Dȋh *bis* osyrim: Te ueneratur nilus isęum serapin. Serapis maximum idolum fuit ęgyptiorum. Isęum autem uel ab iside cuius maritus fuit quęque ei honestissimum sepulchrum fecit . uel isęum .i. iustum uel ęquum. Isos enim grece ęquus uel iustus dicitur. Nilus ęgypti fluuius per quem ęgypti habitatores intellege uel inferiorem ęgyptum. Memphis ciuitas est ęgypti per quam intellege superiorem ęgyptum. Ueneratur te osyrim . dissona sacra .s. uenerantur te . siue ueneratur te memphis osyrim per dissona sacra quia diuerso modo coleris sicut et appellaris. Ω
SERAPIS maximum idolum est Aegyptiorum et vocatur alio nomine ISĘUS, id est aequus vel iustus. JS *nach Lutz 72,15/16*
ISĘUM Serapin. Serapis rex Ęgiptiorum fuit, quo mortuo ac inter deos translato, Isis regina ei sepulchrum fecit, unde et Isęus ei adicitur. Ipse vero ab Ęgyptiis deus adoratur, sicque etiam Apollo nuncupatur. MEMPHIS pars Aegipti. Anon *nach Lutz 8,23-27*

7-11 *Zu* Dȋh *bis* sublimem: Uenerantur te mitram .i. diadema uel coronam . sic te quidam uocant. Uenerantur te quędam sacra ditem .i. diuitem . et uenerantur te quędam sacra forum .i. speculum et lucem ferentem . uel forum uocant solem quia in foro eius statua adorabatur. Et sicut forum locus est publicus . sic sol spectaculum est mundi . in omni enim mundi regione uidetur. Uocant te typhonem quędam sacra .i. superbum uel magnum. Ω
MITRA diadema. FORUM speculum. TIPHONE superbum. DITEM quia ditat homines. JS *nach Lutz 72,17/18*
DISSONA dissonant iam sacrificia. MITRA regina Ęgipti fuit. DITEM Plutonem. TYPHONEM Frater Osiris est Typhon. Anon *nach Lutz 8,28-30*

7/8 *Zu* sacerdotes: a rotatione capitis quam exercebant in eius sacris galli .i. sacerdotes illius. Ω *zu 8,19* cybele

8 *Zu* uuȃnda *bis* gemmis *siehe 155,13/14 mit* Ω, 11 *zu* sublimem *158,17* sublimis.

12-14 *Zu* Dȗ *bis* sȋnt: Item .s. diceris tu pulcher attis. Attis secundum fabulam puer fuit quem amauit berecinthia. Attis interpretatur flos . in cuius figura adoratur sol quia ipse est princeps et causa florum omnium . quem amauit berecinthia .i. terra. Terra enim constricta frigore hiemis desiderat relaxari et refoueri calore solis. Iohannes scottus attin puerum uel impetum siue proximum dicit interpretari. Et sol puer et inberbis depingitur quia cotidie renascitur. Ω

ATTI puer interpretatur, impetus vel proximus. JS nach Lutz 72,19

ATTIS Graece flos dicitur, quem amavit Berecinthia, id est altitudo terrarum, atque ideo Attis in solis adoratur figura, quia omnium florum princeps est sol et quodammodo creator. Attin Porphirius florem significare perhibuit. Anon nach Lutz 8,31-9,1

15/16 zu Dû bis triptolemus: Et .s. uocaris almus puer curui aratri .i. triptolemus . qui iubente cerere docuit agri culturam per totum orbem. Ω

ET PUER id est Triptolemus. ALMUS sanctus ab alendo. Anon nach Lutz 9,1/2

16 zu .i. lybię, 16/17 zu Dv̂ bis hammon: Uocaris etiam ammon arentis lybies . genitiuus grecus . nominatiuus autem est lybie. Arentis .i. siccę. Ęstuat enim ardore solis hęc regio africę . unde lybia dicta quasi lybsia .i. egens suco .i. pluuia . uel quod inde flat lybs uentus. Ω

ARENS dicitur Libies propter ferventissimum ardorem quem sustinet. Anon nach Lutz 9,3/4

17 zu .i. cantans, 18/19 zu Tû bis ębere: Ac uocaris tu biblius adon. Biblius .i. ęgyptius. In ęgypto biblus genus papiri abundat. Quidam dicunt biblos ciuitatem esse ęgypti. In biblo enim ciuitate ęgypti uocaris adon. Adon cantans interpretatur. Fuit autem puer amasius ueneris ab apro interfectus et a uenere multum fletus. Allegoriam huius fabulę require in glossis primi libri. Ω

Hiemale enim tempore omnium rerum pulchritudo quodam exitio deperit. Unde est ficta illa fabula adonis et ueneris. Uenus plangit adonem fusis lacrimis ab apro interfectum . quia terrę pulchritudo quę significatur per uenerem . plangit solem qui significatur per adonem . ad australes circulos descendentem spurcitia hiemali . quasi dentibus apri interfectum . tuncque lacrimas imbrium et fluentorum terra producit. Ω zu 28,21 Hæc bis exitium

Biblos civitas Aegypti inde BYBLIOS. ADON cantans interpretatur. JS nach Lutz 72,20

BIBLIOS Ęgiptius vel Niliacus. ADON solem significat. Venus quae illum dilexerat terrenam superficiem aestivo tempore omni genere florum pulchram atque honestam; aper qui Adonem interfecit hiemem significat. Adon igitur ab apro vulneratur, id est sole ab altissima parte signiferi descendente quasi in inferioribus signiferi partibus absorbetur; ibi celerrimum cursum super terras agit ut vix a nobis videatur. Sed dum sol hiemali tempore in austrinis partibus moratur, tunc tota terrae superficies pulchritudinem deponit et copiam fluminum gignit quasi Venere totam pulchritudinem et copiam lacrimarum fundente. Anon *nach Lutz 9,4-14*

20 Zu Sô *bis* uuérlt *keine Glosse.*

156,21-157,1 Zu Héil *bis* stérnôn: Salue uera et indubitabilis facies .i. pulchritudo deorum. Ordo est. Salue uera facies paterna ipsa .i. similitudo patris et uerus uultus .i. uerus aspectus deorum. Ω
VERA FACIES quia ipse solus manifestat omnia. JS *nach Lutz 72,21*
SALVE quia in te resplendet facies deorum et facies patris. Anon *nach Lutz 9,15*

21/22 *Die chiastische Stellung* bílde dínes fáter . únde dero góto *gegenüber* deum facies . uultusque paterne *beruht auf der Wortfolge von Remigius' Auslegung, wie Schulte S.104 ausführt.*

156,22-157,1 Zu uuánda *bis* stérnôn *siehe auch* 153,14 Uuánda *bis* líeht *mit* NL.

1 Zu stérnôn *siehe auch* 55,3 uuánda sô mánig cót sô mánig stérno.

J157   2 Zu .i. T H T, 3-6 zu Drî *bis* planetarum: Cui conformat trina littera .i. tres litterę sacrum cognomen et omen mentis octo et sexcentis numeris. Cognomen .i. HYC . omen .i. THT. Sic enim macrobius [II iii 3 zu Cic scip] solem dicit appellari .i. ducem et principem cęlestium orbium. Octo et sexcentis numeris. Tau enim trecentos .H. octo . item .T. trecentos. Iohannes uero solem uocari dicit HYC .i. deum in quo idem numerus reperitur .H. octo .Y. quadringentos .C. ducentos . fiunt simul sexcenti et octo. Cognomen mentis .s. mundi.Ω
COGNOMEN nomen et OMEN numen, id est potestatem. OCTO ET SEXCENTIS H Y C H octo, Y cccc, C cc. JS *nach Lutz 72,22/23*
TRINA T ccc, H viii, T ccc. Macrobius Apollinem NYCTHT vocat quasi principem et ducem orbium ceterorum, quia NYCTHT princeps vel dux mentis dicitur. Anon *nach Lutz 9,16-18*

5/6 Zu Uués *bis* planetarum *siehe auch* 152,14-17 álso *bis* temperatio.

5/6 Uués *bis* er: *Noch eine rhetorische Frage.*

6 Zu planetarum *siehe* 154,16 orbes .s. planetarum.

7/8 Zu Tû *bis* ûf-mánigi: Da tu pater mentis ut sit genitiuus . uel da tu pater mentes nostras ut sit accusatiuus pluralis. Conscendere ęthereos cętus.Ω
AETHERIOS ultra firmamentum. MENTIS qui in mente sunt et ratione utuntur. Anon *nach Lutz 9,19/20*
Da pater menti .s. eius . conscendere augustam sedem. Tû dáz tûost . kíb sínemo

mûote . dáz iz hína-ûf kestîgen múge . ze dînemo chéiserlíchen stûole . táz iz hímeliskíu díng fernémen múge. Nb *nach A151,4-6*

8 *Zu* .s. tuo, 9 *zu* Únde *bis* námen: Et da noscere astrigerum cęlum sub sacro nomine .s. tuo . uel sub sacro numine .i. ut sim sacra et diuina cum cęlum conscendero. Ω

NOSCERE CAELUM id est ut ego dea dicar. Anon *nach Lutz 9,21*

10 *Zur Überschrift siehe* Ω *zu 14-16* (A sole enim ad martem) *und 22 in* iouialis syderis ... fulgores.

11-13 *Zu* Sô *bis* fáren: His .s. precibus audita .i. exaudita ipsa philologia .s. ab apolline iussa est permeare .i. transcurrere. Ω

HIS scilicet precibus. EXAUDITA Philologia ab Apolline. PERMEARE transire. Anon *nach Lutz 9,22/23*

14 *Zu* .i. igni similis, 14-16 *zu* Áber *bis* circulus: Subleuatam .s. ipsam philologiam emitonio. A sole enim ad martem emitonium est. Inmoratur illam .i. retardat circulus pyrois .i. igneus. Pyr enim grece ignis . oys ęqualis. Hinc pyrois .i. igni similis et ęqualis. Ω

PIROIS Martis; πῦρ ignis, ἴσος aequalis, id est ęqualis igni. JS *nach Lutz 72,24*

VERUM pro sed. HEMITONIO id est a sole usque ad Martem. PIROIS id est Martis. Anon *nach Lutz 9,23-25*

16/17 *Zu* An *bis* súnô: In quo .s. circulo fuerat maximus filiorum iouis .i. mars. Ω

MAXIMUS pro ardore. JS *nach Lutz 72,25*

IN QUO scilicet circulo. MAXIMUS id est Mars. Anon *nach Lutz 9,25/26*

17 *Zu* est, 18-20 *zu* Fóne *bis* hélla: Supra iam expositum est [*siehe* Ω *zu 143,10/11*] quod ex martis circulo hic fluuius in lunarem decurrat in quo fertur esse infernum. Ω

PYRFLEGETON igneus vel sulphureus. DEMEARE descendere. Anon *nach Lutz 9,27/28* uisus .s. est N-T E-T IG

20 *Zu* die álten uuândôn *siehe* 152,22 ueteres uuândon *mit* NL.

J158   157,22-158,2 *Zu* Tánnân *bis* erlîden: Quo .s. circulo transgresso peruenerunt in fulgores iouialis sideris. Cetera per parenthesin dicuntur. Neque enim fuerat labor transcurrere interiecta .s. spatia emitonii. Ω

QUO id est hemitonio Martis. INTERIECTA scilicet spatia. Anon *nach Lutz 9,28/29* Quo .s. circulo martis N-T E-T IG

2/3 *Zu* Tés *bis* tonum: Cuius .i. iouis circulus personabat ptongio .i. integro sono. Ω

PTONGIO diminutivum est ab eo quod est ptongo, id est dimidius tonus. JS *nach Lutz 72,26/27*

CUIUS scilicet Iovis. PTONGIO integro sono. Anon *nach Lutz 9,30/31*

3/4 *Zu* Dâr *bis* máchungo: Uiuifici .i. uitalis. ℧
ILLIC id est in Iovis circulo. TEMPERAMENTI vivificationis. Omne temperamentum, ut dicunt phylosophi, a Iove descendit. Anon *nach Lutz 9,31-33*

5/6 *Zu* Iôh *bis* uuîzi: Et .s. erat ibi salubris .i. salutaris effulgentia . hoc est temperies uel splendor. Uibrata ipsa effulgentia blandis candoribus. ℧
EFFULGENTIA id est lux. VIBRATA radiata. Anon *nach Lutz 9,33-35*

8-11 *Zu* Sînes *bis* nîdenân: Ex commixtionibus .i. temperamento caloris et humoris quia enim iouis inter martem et saturnum est . utroque temperatur et a saturno humorem a marte trahit calorem. Quadam tranquillitate prosperitatis quia prosperam habet constellationem. ℧
EX CALIDIS ex parte Martis inferius et ex humore superius Saturni. JS *nach Lutz 72,28*

EX CALIDIS id est ex parte Martis. HUMIDISQUE id est ex parte Saturni. Anon *nach Lutz 9,36/37*

10/11 *Die Verkehrung* ôbenân ... nîdenân *verzeichnet Schulte S.110.*
Aut comitetur iter gelidi senis . miles corusci syderis. Álde iz sîh keébenoe stellę saturni . tíu dero planetarum diu ôberôsta íst. Nb *nach A185,9-11*

10 *Zu* châltên *siehe auch* 17 *in* algido *und* 20 *in* châlti.

11/12 *Zu* Ter *bis* târ *keine Glosse.*

13-15 *Zu* Sélbêr *bis* hîmel-hêrote: Nam ipse iouis dicebatur commeasse .i. transisse ad imperium et ad senatum cęlitem collustrans membra .i. partes totius mundi. ℧
CAELITEM id est ad intellectuale caelum. Anon *nach Lutz 10,1*

15/16 *Zur Überschrift,* 18 *zu* est, 18-21 *zu* Tîsen *bis* irréichen: Pręteгgressa hunc circulum iouialem parili interiectione .i. ęquali spatio . emitonio uidelicet. Creatorem deorum .i. saturnum . rigidissimum .i. algidum et frigidum .... Hęrentem in algido .i. frigido et sublimi .s. loco . niualibus pruinis. Causa autem huius rigoris est quia longe abest a sole . uel ut quidam dicunt propter supercęlestes aquas. ℧
PARILI INTERIECTIONE tonum dicit eo quod integer tonus ibi est. HAERENTEM tarde currentem. JS *nach Lutz 73,1/2*

HINC id est ex hoc loco. CIRCUM scilicet Iovialem. INTERIECTIONE spatio vel tono. RIGIDISSIMUM asperrimum, id est Saturnum. ALGIDO frigido. HĘRENTEM fixum, quia longe est a sole. CONSPICATA EST id est vidit. Anon *nach Lutz 10,2-6* conspicata est N-T E-T IG

J159   158,22-159,2 Zu Áber bis síngent: Orbis .i. circulus saturni quem nitebatur illa philologia circumire . tinniebat melo dorio .i. grauissimo sono. Hic secundum eos loquitur qui dicunt in saturni circulo grauissimum esse sonum . in luna uero acutissimum . quamquam uerius esse uideatur acutissimum sonum esse in circulo saturni . grauissimum in circulo lunę. Quod .i. ut acutissimus in saturno sit et grauissimus in luna . si ita est . in hoc differt musica cęlestis ab hac terrestri et artificiali. Dorius tonus est grauissimus in musica. Toni autem musicę ex uocabulis gentium denominantur . phrygius . lydius . yastius . dorius . inter quos grauissimum sonum obtinet dorius. Ω
MELO DORIO grauissimo sono. JS nach Lutz 73,3
MELO DORIO id est modulatione Dorica, id est acuto sono.... In hoc differt musica caelestis a terrestri quia in quantum sunt breviores fistulae sive cordae in terrestri, tantum acutiorem sonitum reddunt, et quantum sunt longiores, tantum graviorem. In caelesti vero musica quantum sunt angustiores circuli planetarum, tantum sunt e contra graviores, ut est in circulo Lunae; quantum autem longiores vel vastiores, tanto acutiores, ut in circulo Saturni. Anon nach Lutz 10,7,14-20; In[1] bis Saturni auch N-T RG

3 Zu .i. principi, 5-9 zu Áber bis zâlâ: Ipsi presuli .i. principi . saturno uidelicet . uidebatur nunc .i. aliquando facies draconis propter nimietatem frigoris . nunc rictus leonis propter nimium ęstum caloris. Nunc uidebantur illi cristę cum aprinis dentibus. Per cristas cum aprinis dentibus intemperantia omnium elementorum et singulorum temporum significatur. Saturni enim sidus secundum mathematicos contrarium est et aduersam habet constellationem [β N[1] N[2]; constillationem E[1]] . unde et a mathematicis malitiosus uocatur. Exitialis .i. pestifer. Ω
EXITIALIS mortifer. DRACO propter ferocitatem hiemis. RICTUS LEONIS propter ardorem. CRISTĘ CUM APRINIS DENTIBUS asperitatem singulorum temporum significat. JS nach Lutz 73,4-7
PRAESULI id est Saturno. DRACONIS FACIES pro ipsa ferocitate frigoris. EXITIALIS periculosus. Anon nach Lutz 10,8-10

8 Zu dáz bis fatum siehe 97,11/12 Dér úrlag bis constillatio und Nb zu 98, 1/2 Álso bis fatur (fatum úrlag).

10/11 Zu Dôh bis uuâs: PRO CIRCI GRANDITATE quia in xxviii annis ipsum percurrere perhibetur. Anon nach Lutz 10,11/12

12 .i. conuolutione stammt wohl von Notker. Convolutio nom.act. fehlt bei den Klassikern, obwohl convolvere verb. ‚herumrollen' bei Cicero, Plinius,

Seneca und Vergilius vorkommt.

Siehe auch Ω *zu 46,10-16* (uertigines . hoc est reuolutiones . circumactiones siue rotationes) *sowie* Ω *und Anon zu 158,22-159,2* (in circulo saturni).

13-15 Zu Sî *bis* circuli: Denique perterrita ipsa philologia . arpis .i. musicis instrumentis. Arpa autem dicta a gente arporum qui primi hoc musicum instrumentum reppererunt. Bombisque .i. acutissimis sonis. Diffugit .i. celerrime pertransiit. Tam intoleranda congressione .i. tam difficillimo itinere uel conscensione .i. propter intolerandam conscensionem. Ω

ARPIS id est sonitibus. BOMBIS clamoribus. CONGRESSIONE conscensione. *Anon nach Lutz 10,13*

15 *Zur Überschrift siehe 16 mit* Ω *und 18-20.*

16-18 *Zu* Dánnân *bis* tonum, *19 zu* .i. pictum, *20/21 zu* Uuánda *bis* ána-stânt: Inde .i. a circulo saturni euehuntur sescuplo cum maximis conatibus. A saturno enim ad signiferum tria emitonia esse dicuntur et ad ambitum .i. ad globum cęli laqueatum .i. pictum et ornatum stellis. Ω

SESCUPLUM tonus et dimidius dicitur. JS *nach Lutz 73,8*

INDE id est ex circulo Saturni. *Anon nach Lutz 10,21*

EVEHUNTUR scilicet Phylologia cum pedissequis. SPERAE circuitus. GLOBUM rotunditatem. LAQUEATUM ornatum. AMBITUM quia ibi sunt omnes stellae fixae. *Anon nach Lutz 10,22-25*

17/18 *Zu* dáz *bis* tonum *siehe auch* 152,8 hálbes téiles mêr . dánne éin tonus sî.

20 *Zu* in drîn emitoniis *siehe auch* 152,10 táz sînt tríu semitonia.

J160   159,22-160,1 *Zu* .i. ipsi defecti et fatigati, *1/2 zu* Únde *bis* stadiorum: Sicque fatigati illi defecta lassitudine stadiorum. Nota secundum martianum quod unus tonus habet cxxvi milia stadiorum. Defecta lassitudine ypallage est pro ipsi defecti conscensionibus sex tonorum. Recurre per singulos circulos et in musica cęlesti sex tonos inuenies. Ω

SICQUE SEX TONORUM, id est a luna usque ad firmamentum. DEFECTA LASSITUDINE hypallage. *Anon nach Lutz 10,25-27*

A terra usque ad lunam tonus . item a luna ad mercurium emitonium . a mercurio ad uenerem emitonium . a uenere ad solem tonus et dimidius . a sole ad martem emitonium . a marte ad iouem emitonium . a ioue ad saturnum emitonium . a saturno ad speram cęlestem tonus et dimidius . qui vi tonos faciunt restante dimidio quod deponitur. N-T RG; *siehe* Plin *zu 145,12-17.*

3/4 *Zu* Tánne *bis* héllen: Cum aduerterent consonare diapason symphoniam quicquid emensi erant. Diapason .i. duplam . quicquid emensi erant .i. quicquid pertransierant. Ω

DIAPASON SYMPHONIAM id est duplae proportionis sonoritatem. EMENSI FUERANT id est mensuraverant. Anon nach Lutz 10,27-29

aduerterent .i. intellegerent N-T E-T IG

6/7 Zu Ấn bis dâr: Absolutę .i. plenę modulationis. Ω

8/9 Die Überschrift faßt den Inhalt des Abschnitts zusammen.

Zu den rhetorisch-syntaktischen Anweisungen 10 Suspensio, 13,15,18 161,3,6, 8,12,14 8mal Et hic und 162,3 Depositio siehe 7,1 Suspensio uocis mit NL.

10/11 Zu Philologia bis skrícchendíu: DESILIENS descendens. Anon nach Lutz 10,30

12/13 Zu .i. amenitatem, 13/14 zu Tấnne bis stílli: Campos .i. planitiem et ęqualitatem. Uerna neutraliter dicit .i. amęnitatem et florida. Ω

IMMENSOS id est magnos. CAMPOS id est spatia. AETHERIAE caelestis. VERNA amoena loca. Anon nach Lutz 10,30-32

15-17 Zu Únde bis flégent: Formasque decanorum. Decani dicti dii qui in decima regione manent . siue decani dicti doniferi .i. dona quinque sensuum ferentes. Ideo autem decani quia sensus non solum in utroque sexu . sed etiam in uno eodemque homine geminantur. Sunt enim corporis . sunt et animę sensus. Quinarius enim geminatus denarium perficit. Ω

DECANI sunt qui et doriferi dicuntur qui aliis ferunt dona. JS nach Lutz 73,9

DECANORUM principium. Anon nach Lutz 10,33

Singula signa in tres partes diuiduntur, singulae autem partes habent singulos decanos, ut sint in singulis signis terni decani, quorum singuli ex triginta partibus denas possident partes et dominium suum ac potestatem in X partes exerunt. Sunt autem infinitae potestatis et infinitae licentiae et qui fata hominum suae potestatis auctoritate designent. Jul math II iv 1-6

18 Zu .i. solutores operum, 18-22 zu Únde bis íst: Octoginta quatuor liturgos. Liturgi sunt ministri cęlestes. Octoginta autem .iîîi. ideo quia omne spatium quod est inter terram et cęlum in octoginta et quatuor uarietates diuiditur. Liturgi secundum quosdam sunt dii qui morbos ingerunt mortalibus. Dicti liturgi quasi lętargi . siue liturgi sunt resolutores terrenarum operationum . unde liturgi dicti quasi litos orges .i. solutores laboris. Ω

LITURGI ministri. Spacium quod intra terram et firmamentum est in OCTOGINTA et QUATTUOR varietates dividitur. JS nach Lutz 73,10/11

TUNC id est cumque. LYTURGOS terrenarum, id est carnalium, operationum solutores; dictos liturgos quasi litos orges, id est solutores laboris, unde liturgi dicuntur, id est omni actu soluti.... Loethos obliuio interpretatur, erge opus;

LYTURGI sunt qui oblivionem dant animabus a corpore exeuntibus. Anon *nach Lutz 10,34-37 und 11,5/6*

J161   1/2 *zu* Únde *bis* stérnôn: Et .s. uideret fulgentes globos crebrorum siderum . globos .i. speras et rotunditates stellarum in cęlo fixarum. Ω
GLOBOS corpora stellarum dicit. JS *nach Lutz 73,12*
CREBRORUM assiduorum, quia ibi sunt omnes stellae fixae. Anon *nach Lutz 10,38*

3 *zu* Únde *bis* éin-ándere: Et cum uideret texturas .i. commissuras alterna illigatione. Hic tangit commissuras circulorum dum unaquęque planeta in regionem alterius incurrit atque ideo uidentur mutare colores. Ω
HIC TEXTURAS commissuras absidarum dicit dum unaquaeque planeta in regionem alterius planetę currit atque ideo mutant colores. JS *nach Lutz 73,12-14*
TEXTURAS commissuras. Anon *nach Lutz 11,1*

5/6 *zu* Únde *bis* drâti: Ipsamque speram quę coercet ultimum ambitum . speram cęlestem dicit . quę coercet .i. cogit et constringit ultimum ambitum quia extra eam nihil est. Incitatam .i. commotam . miris raptibus .i. mira uelocitate. Ω
AMBITUM COHERCET firmamentum circumdat et colligit intra se. SPERAM quicquid extra firmamentum est extra corpus est. Anon *nach Lutz 11,2-4*

6/7 *zu* Únde díe hímel-gíbela, 7 *zu* .i. directvm, 8-11 *zu* Únde *bis* neíst: Et cum uideret transmeare profundam terram polos .i. uertices cęli . septentrionalem qui et arcticus et australem uel notium qui et antarcticus dicitur. Et axem uibratum .i. directum ex summitate cęli. Axis est intellegibilis linea a polo usque ad polum. Ω
AXIS linea de polo ad polum ducta. VIBRATUM directum. JS *nach Lutz 73,15/16*
POLOS ET AXEM id est Arcticum et Antarcticum. VIBRATUM splendidus. Anon *nach Lutz 11,7/8*

10/11 *zu* Díu *bis* neíst *siehe auch* Ω *zu 160,15-17* (Sunt enim corporis . sunt et animę sensus) *und 161,21-162,1* (neque per corpora neque per imagines corporum) *sowie* Anon *zu 162,18-20* (SENSIBILIS corporalis).

11 *zu* .s. axe, 12/13 *zu* Únde *bis* uuérlt/zímberes: Atque ab ipso .s. axe torqueri .i. uolui. Ω
ATQUE subauditur cum conspiceret. AB IPSO scilicet loco. Axis vacuitas est inter Arcticum et Antarcticum. Anon *nach Lutz 11,8-10*

12/13 *zu* uuérlt/zímberes *siehe* Ω *zu 164,10-12* (mundanę fabricę).

14-18 *zu* Lúzzel *bis* angelorum: Non sciens .s. antequam cęlum conscenderet . cum adhuc esset mortalis . secessisse deum .i. iouem etiam ab ipsa notitia deorum. Tangit opinionem philosophorum qui dicunt summum deum effugere omnem

intellectum atque ideo esse incomprehensibilem in tantum ut etiam notitiam quorundam deorum transcendat. Ad hoc pertinet quod apostolus dicit . pax dei quę exsuperat omnem sensum [Philp 4,7] .i. non solum humanum . sed etiam angelicum intellectum. Ω
SECESSISSE Non enim omnibus diis noticia unius dei plene patuit, attestantibus phylosophis, quoniam summum deum multi etiam deorum ignorant. Anon nach Lutz 11,11-13

17/18 Zu Uuánda bis angelorum: Schulte schreibt S.108 und Anm.4 Notkers Schaffensdrang dieses ungenau wiedergegebene Bibelzitat mit 17 gótes sapientia für pax dei ‚gótes frído' zu. Dessen Befassung mit der sapientia Dei, bei der er an Remigius' Behandlung des Begriffs anknüpfte, kommt auch 12,8 47,15/16 93,1/2 109,17/18 und 129,1-3 zum Vorschein. Weiteres zum Thema steht bei Backes S.155-161.

20 Zu .i. igneo, 161,21-162,1 zu Uuánda bis sízzen: Ideo inquit intellegebat deum secessisse a notitia quorundam deorum quia cognouerat gaudentem illum deum quodam empyrio et intellectuali mundo. Empyrio .i. igneo et intellectuali . hoc est diuino et inuisibili . ad quem neque per corpora neque per imagines corporum sed solo peruenitur intellectu. Ω
EMPIRIO igneo. Duo ignes empirii sunt, unus invisibilis et incomprehensibilis qui inplet totum mundum, alter supra totum mundum et intellectualis. JS nach Lutz 73,17-19
ENPYRIO sine igne, inignito, id est extra ignitum caelum perrexit ubi nulla sunt corpora neque imagines corporum sed intellectuales. Anon nach Lutz 11, 14-16

22 Zu gesâligôten siehe auch 152,22-153,1 sâligero sêlon ... beatarum animarum.

161,22-162,1 Zu uuérlt/stûole ... sízzen siehe auch 165,4/5 in suggestu maximo ... residens.

J162 2 Zu .i. soliditatem, 4/5 zu Sélbemo bis lángo: Extimi ambitus .i. ultimi et extremi circuitus. Murum soliditatem superi firmamenti dicit. Annixa genibus .i. geniculata uel annixa .i. conata genibus . geniculata enim deprecabantur. Coartata .i. collecta intra se ipsam . tota acie .i. obtutu mentis dum deprecatur silentio .i. cum silentio. Deum enim non eget strepitu uerborum . uoce mentis .s. non corporis. Ω
EXTIMI AMBITUS extremi circuitus. MURUM soliditatem firmamenti dicit. ANNIXA inclinata. COARTATA collecta. VOCE MENTIS id est sensu, illa est vox interior. Anon nach Lutz 11,17-20

4 Zu hímele siehe Ω zu 161,5/6 (ultimum ambitum . speram cęlestem dicit).

7 Zu .s. syllabarum, 8 zu .i. coniunctis, 8/9 zu .i. pronuntiata, 9-13 zu In bis latine: Dissonas .i. diuersas . uaria .s. illa uocabula . numeris .s. syllabarum . ignota sono .i. cuius linguę essent . iugatis .i. coniunctis . et alternatis .i. uicissim positis . inspirata . hoc est pronuntiata. Ω
INSPIRATA pronunciata. JS nach Lutz 73,20
DISSONAS discrepantes. IUGATIS iunctis. ALTERNATIS diversis, non in eisdem sillabis. INSPIRATA spiritu prolata ipsa vocabula. Anon nach Lutz 11,21-23

12 sô gót teutonice, 13 sô deus latine: Von Notker ergänzte Belege. Sciendum autem quia philosophi unum dicunt esse deum cęli et terrę et rerum omnium creatorem qui pro multiplici dispositione qua mundum uariis modis regit . diuersis appellatur uocabulis. Ω zu 50,13-17
Siehe auch 161,13 deum und 16 gót.

14/15 Zu Únde bis uuérlte: Ueneraturque deos pręsules intellectualis mundi uerbis .i. uocibus mentis intellectualis . hoc est spiritalis et inuisibilis.Ω
INTELLECTUALIS id est ubi non sunt corpora sed spiritus et angeli. Anon nach Lutz 11,24/25

14 Zu flíht-kóta siehe auch 52,1 flégare, 137,4 flíhtâre und 166,1 flégera.

15-17 Zu dâr bis stât: In anno quo mortuus est rex OZIAS uidi dominum sedentem super solium excelsum et eleuatum . et fimbrię eius replebant templum. Seraphim stabant iuxta eum. Is 6,1/2
Qui deducis uelut ouem ioseph . qui sedes super cherubim appare. Dû ioseph leitost also scâf . unde an cherubim sízzest . oûge dih incarnatum. Np 79,2 nach R291,4-7
Quia in ipso condita sunt uniuersa in cęlis et in terra . uisibilia . et inuisibilia. Siue throni . siue dominationes . siue principatus . siue potestates. Omnia per ipsum . et in ipso creata sunt. Col 1,16

18-20 Zu Ióh bis sínt: Eorumque ministros uenerabiles potestatibus sensibilis sperę .i. qui ministrant. Tales ac tanti erant ut ipsis quoque potestatibus sensibilis sperę essent uenerabiles. Ω
SENSIBILIS corporalis. SPERAE mundi. POTESTATIBUS diis qui sunt intra firmamentum, id est insensibilem mundum. Anon nach Lutz 11,26/27

19 Zu dírro ánasíhtigûn uuérlte siehe 129,6/7 tírro ánasíhtigun uuérlte und Ω zu 114,5-8 (Mundus enim iste uisibilis).

20 Zu tîe liturgi héizent siehe 160,18 liturgos.

21 Zu .i. circumscriptum, 162,21-163,1 zu Únde bis sî: Uniuersumque totum .i. totam uniuersitatem .s. ueneratur. Coercitum .i. circumscriptum et compre-

hensum illud uniuersum . profunditate infinibilis patris .i. interminati et incomprehensibilis . quia uidelicet ipse est intra et extra mundum . ipse est supra et infra . et ut beatus gregorius ait . supra quem nihil . infra quem nihil
. extra quem nihil . sub quo totum . in quo totum . et cum quo totum est. Cir-
cumdando implet mundum . implendo circumdat . presidendo sustinet . sustinendo
presidet. Profunditate .i. maiestate uel potestate. Ω
UNIVERSUMQUE TOTUM id est totam universitatem. INFINIBILIS incomprehensibilis
et infiniti, supra quem nihil, infra quem nihil, extra quem nihil; sub quo totum, in quo totum, cum quo totum est simul. COERCITUM id est circumdatum illud
totum. Anon nach Lutz 11,28-32

J163   1/2 Zu Férgota bis infernorum: Poscit quosdam tres deos .i. celestium
. terrestrium et infernorum . siue tres deos propter tres temporum uarietates
. presens . preteritum et futurum. Ω
VERBIS id est vocibus mentis per tres deos, caelestium et terrestrium et infernorum deos, ostendit. JS nach Lutz 73,20/21
TRIS DEOS superos, medios, inferos. Anon nach Lutz 11,33

3 Zu .i. septies, 3-6 zu Únde bis náhten: Poscitque alios deos diei et noc-
tis . septimo dicit pro septies radiatos. Hoc autem dicit propter septem dies
quibus omne tempus uoluitur. Ω
SEPTIMO pro septies, septem pro planetis, septem dies septimanae attribuunt.
JS nach Lutz 73,22/23
SEPTIMO RADIATOS id est septies, septem donis Spiritus Sancti illuminatos.
Anon nach Lutz 11,33/34

5/6 Zu uuánda bis náhten siehe auch 153,3/4 Uuáz bis hína mit NL.

6/7 Zu .i. fontem uite, 7/8 zu Únde bis íst: Fontanam uirginem .i. fontem
et originem uite . quod nihil est aliud nisi deus. Ω
FONTANAM fons totius vite. JS nach Lutz 73,24

7/8 Uirgo bei Martianus + deus bei Remigius > deitas bei Notker.

8 Zu î. semel und î. bis, 9 zu î. substantia, 9-12 zu Sî bis essentia: My-
steria .i. secreta . hinc et simmystes consecretalis ΑΠΑΞ ΚΑΙ ΔΙC ΕΠΕΚΙΝΑ.
ΑΠΑΞ semel et uenit a greco quod est EIC .i. unus . ΔIC .i. bis et uenit a dia
.i. duo . ΕΠΕΚΙΝΑ .i. substantia .s. una . ΑΠΑΞ pater . ΔIC filius . ΕΠΕΚΙΝΑ
super omnia preterita et futura. Apax ergo et dis .i. semel et bis uel unum et
duo .i. pater et filius unum sunt in essentia . duo in personis uel secundum
grecos in substantiis. Ω
ΑΠΑΞ ΚΑΙ ΔΙΣ ΕΠΕΚΕΙΝΑ quicquid est super omnia praeterita et futura. Ἅπαξ Pater, δίς Filius, ἐπέκεινα substantialis et consubstantialis amborum, unum et

duo et tria; unum principium a quo duo; principium per quod tria omnia, principium medium et finis. Semel locutus est Deus et Locutio Dei semel quid aliud est nisi bis? Semel ergo et bis, Pater et Filius, duo in substantiis, unum in essentia. JS *nach Lutz 73,25-30*

ΑΠΑΞ id est quae semel, ET ΔΙΣ id est et bis, ΕΠΕΚΕΙΝΑ id est praestantia, subauditur sunt. Anon *nach Lutz 11,35/36*

12 *Zu* .s. uerbis, 14-18 *zu* Sûs *bis* dîngen: His .i. talibus uerbis . uel cum his .s. potestatibus deprecata est diutissime florem ignis .i. filium patris. Flor enim ignis nihil est aliud nisi lux. Deus ignis est . flos ignis filius dei . lux de luce. Atque illam ueritatem existentem ex non existentibus . ueritatem .i. filium dei existentem .i. genitum ex non existentibus .i. non ex subiecta aliqua creatura . sed ex substantia patris. Ω

FLOREM IGNIS lucem patris. JS *nach Lutz 73,31*

HIS scilicet precibus. FLOREM IGNIS lucem unde ignis floret. VERITATEM id est deam, nomina potestatum intellectualium. Anon *nach Lutz 11,37-12,2*

14 *Zu* uestam: *Nur bei Notker heißt der* flos ignis Vesta, *die sonst 51,3 62,15-63,1 144,20/21 und 168,4,7 vorkommt bzw. genannt wird.*

18/19 *Zu* Sî *bis* sî: Pater a nullo est factus nec creatus nec genitus. Der fáter ne-íst ketâner . noh kescáffener . noh kebórner. Filius a patre solo est non factus nec creatus sed genitus. Der sún ist fone einemo demo fater nals ketâner . noh kescáffener . nube gebórner. Spiritus sanctus a patre et filio non factus . nec creatus nec genitus sed procedens. Der heîligo Geîst íst fóne démo fater . unde fóne demo súne . nals ketâner . noh kescáffener . noh keborner . nube chómener. N ath *nach R572,10-17*

20 *Zu* est *und* .i. nominatim distinguere, 163,21-164,2 *zu* Dô *bis* uuésen: Tum uisa .s. est secernere .i. nominatim distinguere apotheosin .i. deificationem siue purgationem. Et uisa est meruisse ipsa sacra. Ω

APOTHEOSIS purgationis deus. VISA est ab aliis. JS *nach Lutz 74,1*

SECERNERE nominatim distinguere. APOTHEOS deos consecrationum. MERUISSE pro meruerant. Anon *nach Lutz 12,3/4*

163,22-164,1 *Zu* dáz *bis* góta *siehe* 6,8/9 uuánda *bis* uuérdên *und* 83,21-84,3 dáz *bis* dára-géronnes mit Ω.

1/2 *Zu* sîh sélbûn gehéilegôta uuésen *siehe* 115,12 .i. deificationis tuę.

J164 3 *Zu* .i. tractim, 3-8 *zu* Táz *bis* uuésen: Quippe defluebant quidam candores lactei fluminis efflammantibus .i. fulgorantibus uel resplendentibus stellis . tractu pro tractim dixit. Per hoc uidebatur meruisse sacra quia sternutationes .i. uaporationes quędam diuinitatis ad similitudinem lactei

fluminis defluebant. Ω
TRACTU pro tractim. JS *nach Lutz 74,2*
CANDORES LACTEI FLUMINIS quod est in firmamento. TRACTU longo ductu. Anon *nach Lutz 12,5/6*

3 *Verschriebenes* effluentibus *für* *efflammantibus, dem verbum finitum* defluebant *angepaßt, stammt wohl vom Schreiber.*

Notkers Übergangsglied 3/4 Táz uuás fóne díu . uuánda *entspricht dem lat.adv.* 2 Quippe.

6 Zu lacteus circulus *und* 7 zu dero góto gesâze *siehe 10-12 mit* Ω, *auch* 85,1 in lacteo zirculo *und* 5/6 Omnisque ille deorum numerus . sedes proprias *mit* Ω. Uuír séhên uuîza strâza uuóla bréita án demo hímele . quę lacteus circulus dicitur. Nk *nach B45,9/10*

Mit 6-8 Uuánda *bis* uuésen *umschrieb Notker 1/2* únde *bis* uuésen *und 3-6* Táz *bis* blécchezentên.

9 *Zu* gratiasque] *gratesque, *10-12 zu* Fróuuíu *bis* gesámenôte: Grates feminini generis est .i. gratias. Iter in galactium flectit .i. in lacteum circulum. Macrobius [I xv 4-7 zu Cic scip] de lacteo circulo sic ait.... Diodorus [lacteum circulum dixit] ignem esse densatę concretęque naturę in unam curui limitis semitam discretione mundanę fabricę coaceruatione concretum. Ω
Γάλα lac, inde GALACTEUS. Radii solis repercutiunt signa signiferi et repercussio signorum signiferi facit lacteum circulum. JS *nach Lutz 74,3/4*
GRATES TESTATA id est gratias agens. IN GALACTIUM scilicet circulum. DEUM pro deorum. Anon *nach Lutz 12,7/8*

12 *Die Überschrift geht von 13 aus, faßt aber den Inhalt des Abschnitts zusammen.*

13 *Zu* Tár *bis* hûs: IBI id est in Galactio circulo. Anon *nach Lutz 12,9*

16 *Zu* .i. ornaret, *16-19 zu* Sólchez *bis* gefrôniskôti: Possideret mundanum ambitum .i. circumdaret et ambiret. Et decore .i. pulchritudine sua uinceret .i. superaret fulgorem siderum . et decusaret .i. ornaret et decoraret signiferum circulum nouitate .i. magnitudine uel pulchritudine sui situs .i. suę positionis. Ω
MUNDANUM caelestem. AMBITUM circuitum. Iouialem enim circulum lacteus tangit, lacteum signifer in Geminis et in Cancro et in Sagittario. NOVITATE SITUS id est magnitudine positionis. DECUSARET ornaret, in Geminis videlicet et Capricorno ubi eum tangit. Anon *nach Lutz 12,10-15*

21/22 *Zu* Únde *bis* uuâre: Materia argenti ob claritatem assimilatur argento. Ω

RENIDEBAT scilicet domus Iovialis. UT ARGENTI Sicut argentum temperatius est omnibus metallis, ita et stella Iovis omnibus sideribus temperatior dicitur esse. Anon *nach Lutz 12,16-18*

J165   1 *Zu* .i. uirgatum *und* .s. fasciis, 2/3 *zu* Scôniv *bis* brôrten: Ibi albicabant candentia septa . et albicabat ibi culmen septatum .i. ambitum uel pictum siue uirgatum . limbis .i. fasceis uel ordinibus niualibus. Limbus proprie est fascea [N², fascia β N¹ E¹] qua ora uestis circumdatur. Ω
SECTATUM pictum. LIMBUS proprie dicitur orbis in quo capita deorum videntur compicta. JS *nach Lutz 74,5/6*
SEPTA muri candidi. SECTATUM ductum, caelatum ambitum. LIMBIS orbibus. NIVALIBUS candidis. Anon *nach Lutz 12,19-21*

5-8 *Zu* Iuppiter *bis* châmin: IN SUGGESTU sede. SUBSELLIIS circulis. LACTEIS candidis. SPONSALES PRAESTOLATUR scilicet Mercurii et Phylologiae. Anon *nach Lutz 12,22-24*

5/6 *Zu* sîn chéna *siehe* 8,7 coniugis *und* 9 dero chénun, *auch* 43,1 coniugem *und* 3 sîna chénun.

8 *Zur Überschrift siehe* 9/10.

9 *Zu* ut, 11-13 *zu* Sô *bis* brûote-gómen: Qui simul .i. mox .s. ut percepit. Ω
DISSONIS variis. MELA DULCIA modulationes suaves. PERCEPIT audivit. PRIORI LOCO ad priorem locum circa se. Anon *nach Lutz 12,25-27*

11 *Zu* dero brûote *und* 13 *zu* den brûote-gómen *siehe* 5 sponsales *mit* Anon.

14-16 *Zu* Sáment *bis* apollo: Cum quo .s. cyllenio liber et delius .i. apollo germani sui ex parte uidelicet patris. Ω
GERMANI non Mercurii, sed inter se. JS *nach Lutz 74,7*
LIBER pater. DELIUS id est Apollo. Anon *nach Lutz 12,28*

15/16 *Zu* dionisius *siehe* 140,1 dionisius *mit* Ω (Dionisius ipse est liber pater rex thebanorum).

18-20 *Zu* Hercules *bis* uuérche: Et quicquid deorum progenitum est de ioue .i. omnes filii iouis. Ω
UTERQUE CASTORUM id est Gemini. GRADIVUS Mars. Anon *nach Lutz 12,29*

18 *Zu* pollux mít castore *siehe* 40,5 geminos *und* 8/9 tero brûodero ... castoris únde pollucis, *auch* 74,5 CASTOR ET POLLUX *mit* Ω.

19 *Zu* mars *siehe auch* NL *zu* 8,12 gradium *und* 15 ten uuîgcot (Gradiuus .i. mars).

J166   1-3 *Zu* Dero *bis* îmo: Presides .i. principes . pulchra multitudo .s. adherebat illi . beatorum ueterum .i. antiquorum philosophorum uel poetarum. Ω
PRAESIDES id est dii. PULCHERRIMA venerabilis. VETERUM id est antiquorum. Anon

nach Lutz 12,30-32

165,20 Zu Elementorum ... pręsides *und* 166,1 zu Dero elementorum flégera
siehe 54,14 elementorum pręsules *und* 15 tîe méistera dero gáskeftô.

1 *Bei* scôna *richtete sich Notker nach* pulchra *des Kommentars gegenüber* pulcherrima *des Textes; siehe Schulte S.100.*

4-6 *Zu* Tû *bis* sîngente: Conspiceres .s. si adesses .i. conspiceret aliquis qui adesset linum. Linus poeta apollinis filius qui theologica carmina scripsit.... Omerus uates grecus qui primus heroica carmina scripsit. Mantuanum .i. uirgilium. Redimitos .i. edera [N¹ N² E¹; hedera β] coronatos. Ω
LINUM HOMERUM ipsum poetam. MANTUANUMQUE id est Virgilium poetam. REDIMITOS ornatos. CONSPICERES scilicet si adesses. Anon *nach Lutz 12,33-35*

5 *Zu* heroum *siehe* NL *zu* 141,15 hértinga álde chûeniga.

6-8 *Zu* Uuánda *bis* séit/sánge: Orpheus et aristoxenus lyrici poetę et citharistę optimi fuerunt. Orpheus calliopeę musę [N¹ E¹; nimphę β N²] filius. Ω
ORPHEUM ATQUE ARISTOXENUM Isti sunt citharistae. FIDIBUS cordis. Anon *nach Lutz 12,36/37*

9/10 *Zu* Tîe *bis* uuâren: Platonem archimedenque. Hi greci philosophi fuerunt. Speras aureas .s. intellectualis mundi . deuoluentes .i. mouentes . uel quia astrologi fuerunt. Ω
SPERAS AUREAS quia astrologi erant. JS *nach Lutz 74,8*
PLATONEM ARCHIMEDENQUE Isti fuerunt astrologi; disputauerunt enim de cursibus vii planetarum. SPERAS AUREAS circulos rutilantes. Anon *nach Lutz 12,37-13,1*

10/11 *Zu* Tîsêr *bis* uuórteniu: Eraclitus gloriosus interpretatur . hic dixit omnia ex igne constare . ideo dicit ardebat. Ω
ERACLYTUS gloriosus. JS *nach Lutz 74,9*
ARDEBAT splendebat. HERACLITUS, UDUS THALES Isti de ignea vi disputauerunt. Anon *nach Lutz 13,1-4*

11-13 *Zu* Mît *bis* originem: Udus tales. Hic de mileto fuit . unus ex septem sapientibus qui dixit omnia ex humore consistere. Ω
ESIODUS aequum carmen, TALES Milesius; sapientissimi Grecorum fuerunt. JS *nach Lutz 74,9/10*

14-16 *Zu* Tîser *bis* uuérlt: Uidebatur democritus circumfusus athomis. Democritus iudex populi uel iudex publicus interpretatur. Circumfusus athomis dicit quia dogmatizabat quattuor elementa ex athomis constare. Ω
DEMOCRITUS iudex populi vel iudex publicus. JS *nach Lutz 74,10/11*
DEMOCRITUS qui de re invisibili, hoc est de athomis, scripsit quomodo iste mundus de athomis venit. Anon *nach Lutz 13,4/5*
Sed [epicurus] originem rerum athomis .i. insecabilibus ac solidis corporibus

adsignauit . quorum fortuitis concursionibus uniuersa nascantur et nata sint.
... ATHOMOS PHILOSOPHI VOcant quasdam in mundo corporum partes tam minutissimas ut nec uisui pateant . nec thomen .i. sectionem recipiant . vnde et athomi dicti sunt. Is et VIII vi 16, XIII ii 1

Siehe auch 134,22 concurrentibus athomis und 135,2/3 ûzer gesámenotên athomis mit Ω.

17/18 Zu Tîsêr bis er: Samius pithagoras de samo insula replicabat cęlestes numeros . quia ipse fuit inuentor arithmeticę. Ω
PHITAGORAS inventor arithmetricae artis. JS nach Lutz 74,12
SAMIUS Beneventanus aritmeticus, qui de arithmetica disputavit. Anon nach Lutz 13,6/7

20/21 Zu Aristotiles bis perfectionem: Aristoteles requirebat endelichiam. Ipse enim de origine animę plura disputauit. Endelichia interpretatur quasi endos lechia .i. intima ętas siue absoluta perfectio. Ω
ENTELECHIAM originem animę. JS nach Lutz 74,13
ARISTOTELES musicus. ENDELICHIAM summam partem animae. SCRUPULOSIUS subtilius. Anon nach Lutz 13,8-10

21/22 Zu uuánda bis túrnet siehe 129,7-9 Dáz bis uuérben mit NL.

J167 1-3 Zu Epicurus bis uoluptatem: Epicurus apportabat mixtas rosas uiolis. Hic sibi summum bonum statuit uoluptatem. Ω
EPICURUS disputator amorum. VIOLIS ROSAS id est amores cum castitate. Anon nach Lutz 13,10/11

4/5 Zu Zeno bis scréib: Zeno stoicorum princeps de nuptiis disputauit. Ω
ZENO scripsit de nuptiis.... Virginitas, quamvis praecellat caeteros naturae ordines, non prohibet tamen nuptias, sed laudat. Ideo Pallas venit ad nuptias. JS nach Lutz 74,14-17
ZENO magister Stoicorum qui de nuptiis scripsit. PROVIDENTEM prudentem. Anon nach Lutz 13,12/13

6 Zu Tîsêr bis fógalen: Archesilas collum columbinum intuens . quia iste de natura auium disputauit. Ω
ARCHESILAS scripsit de natura avium. JS nach Lutz 74,15
ARCHISILAS qui de avibus disputavit. Anon nach Lutz 13,13

8-10 Zu Târ bis lêra: Populus palliatorum .i. philosophorum. Philosophi enim palliis utebantur. Dissonabat discrepantibus studiis propter diuersitatem dogmatum. Ω
PALLIATORUM philosophorum, sicut episcopi habent sua pallia. DISSONABAT sicut fuit unicuique suum studium. Anon nach Lutz 13,14-16

8/9 Zu in chrîechiskûn gemántelôte: pallio circumactus quia grecus erat. Philosophi enim greci palliis utuntur. RA nach Lutz 68,7/8 zu MC V §429 nach Dick/Préaux 212,24

10 Zu sectam: Uerba enim quasi quędam semitę sunt animi. Hinc et sectas dicimus philosophorum. Ω zu 36,4 pectus] *sectus
Uuánda epicurei únde stoici . únde achademici strîten . únde téiltôn sîh in mísseliche sectas. Nb nach A9,11-13

12 Zu .i. altercatione, 13/14 zu Téro bis bráhtîn: Rabulatu .i. acclamatione uel nimio sono. Rabulatus proprie dicitur altercatio quę fit cum ira . et est pars rethoricę artis. Ω
PERSTREPERENT sonarent. RABULATU sonitu rabido et cum intentione. Anon nach Lutz 13,17/18

16-18 Zu Sô bis góto: Ueneratus .i. deosculatus uerticem ingredientis cyllenii. Ω

19-21 Zu Sélbêr bis pallade: Eum .i. cyllenium propter . hoc est iuxta suum consessum . sociata pallade a dextra .s. parte. Ω
PROPTER iuxta. PALLADE Minerva. Anon nach Lutz 13,19

19 Zu iouis siehe 168,11 ioue.

21 Zur Überschrift siehe 167,22-168,1.

J168 1-3 Zu Sâr bis gândero: Matre .i. fronesi pręambula . hoc est pręduce et pręuia . corrogatur .i. conuocatur. Ω
INTERIECTU id est spatio. AMBITA circumdata. MATRE id est Fronesi. PRAEAMBULA praevia. CORROGATUR convocatur. Anon nach Lutz 13,20-22

2 Zu brût siehe 165,5 sponsales mit Anon.

2, 14/15 Zu 2mal camenis siehe 3,7 camena und 11 sáng-cúttenno mit NL.

6-10 Zu Sô bis stánches: Qua .s. philologia ingrediente ac refundente illam quasi ostendentis est. Olacem .i. odoriferam et bene olentem acerram cui uestę nutrici deum et pedissęque eidem .s. philologię. Arabicis halatibus dicit non quod solum in arabia nascantur aromata . sed quia pręcipue et maxime ibi inueniuntur. Competentes portiones .i. partes odoris ex acerra. Ω
SIBI UNICUIQUAE ATTRIBUENS Vesta ipsa enim distribuit aromata, id est bonam famam Philologiae. JS nach Lutz 74,18/19
QUA scilicet Philologia. VESTAE igni. PEDISSEQUAE comiti. OLACEM olentem. AROMATIS aromatibus. CAELICOLUM pro caelicolarum. PORTIONES scilicet odoris. HALATIBUS id est odoribus. Anon nach Lutz 13,23-27

9 Zu gôtelîh siehe Anon zu 169,6-8 (CAELITUM deorum).

13-15 Zu Únde bis uuésentero: Confinio .i. lateri ipsius iouis . admota .i.

adiuncta et sociata. Ω

CONFINIO lateri, vicinitati.... COMPEXERAT vel CONSPEXERAT. Anon nach Lutz 13, 28,37

15/16 Zur Überschrift siehe NL zu 19-22.

16 Zu ANCILLIS siehe 101,9 ancillam und 19 dotalia mancipia.

19-22 Zu Tô bis bechâme: Quicquid pręparauerat maiugena .i. mercurius sub nomine sponsalium .i. dotalicii. Ac demum .i. post modum . hoc est postquam mercurius ostendit septem liberales artes . tunc demum et philologia traderet septem mechanicas artes. Ω

DOS A VIRGINE ac si dixisset: Postquam Mercurius dederit septem liberales artes, tunc virgo dabit septem mechanicas. JS nach Lutz 74,20/21

MATER Fronesis. Pallas in significatione summae sapientiae quae incorruptibilis et incomprehensibilis est ponitur. Phylologia vero inferior intelligentia per quam intellegimus res visibiles et invisibiles significatur. Quae tunc Mercurio copulatur quando sermone comprehenditur. Igitur Mercurio copulata Pallas non est quia inferior sapientia cum sermone comprehenditur; a summa sapientia, quae incomprehensibilis est, removetur. Anon nach Lutz 13,29-36, auch N-T RG

DESPONSALIUM dotalium. DOS a dando. Anon nach Lutz 13,38-14,1

J169 1-4 Zu Únde bis fúnden: Tuncque .s. poscit ut sinerent recitari tabulas ubi dos scripta erat. Papiam et popeam legem. Papias et popeus duo fuerunt consules romanorum qui ad hispanias directi sunt . et ibi romanas leges scripserunt. Ω

PAPIUS ET POPPAEUS duo iudices a Roma missi ad Ticinam, id est ad Hispaniam, ibi Romanas scripserunt leges. JS nach Lutz 74,22/23

TUNCQUE scilicet poscit. AC scilicet ut. PAPIAM POPPEAMQUE id est publicam legem. Poppaeus et Papius scriptores de nuptiis. RECITARI rememorari. Anon nach Lutz 14,2-5

3 Zu álso iz síto uuás siehe Ω zu 84,14-17 (Tangit uero morem romanorum).

4 ze romo] *in hispania

6-8 Zu Tô bis uuúrtîn: Probarentur .i. examinarentur . offerenda .i. dotalia. Ω

OFFERENDA sunt mancipia, id est septem liberales artes. JS nach Lutz 74,24

CUIUS scilicet Fronesis. IUSTISSIME aptissime. CAELITUM deorum. OFFERENDA dotalia. PROBARENTUR examinarentur. Anon nach Lutz 14,5-8

11-15 Zu Dô bis gedûhtôn: Non detrectans .i. non spernens et non renuens. Ac singulas .s. quę secuntur quę pro dote tradebantur . quas quidem apollo cyllenio . cyllenius uirgini tradebat. Ω

ADMOVERE tradere, id est Phoebus dabat artes singulas Cyllenio et Cyllenius virgini. JS *nach Lutz 74,25/26*

HIC PHOEBUS in articulo temporis. FRATRIS id est Cyllenii. DETRACTANS id est spernens. AC SINGULAS scilicet dotales. EX FAMULITIO id est ex servitio. DILECTU dilectione. QUAE scilicet dotales. Anon *nach Lutz 14,8-12*

15 *Zur Überschrift:* Epilogus est martiani patris ad martianum filium suum. RA *nach Lutz 367,16/17 zu MC IX §997 nach Dick/Préaux 533,11*

17 *Zu est,* 18 *zu .i. deficere,* 169,19-170,1 *zu Tero bis* chérzûn: O lector transcursa .i. terminata et finita .s. est fabula ex magna parte. Quę .s. fabula implicata .i. impedita et irretita siue inuoluta . tam morosis .i. ualde tardis et prolixis ductibus .i. narrationibus quibus quasi uiis ducimur ad intellectum. Coegit crepusculum .i. ortus diei instans .i. imminens iam et .s. innitens .i. conans uel innitens .i. ualde lucens et resplendens. Quid coegit? Palpitare .i. deficere a sua claritate lucernam cum tenui lumine. Creperum dicimus dubium . hinc crepusculum dubia lux inter diem et noctem. Ω
TRANSCURSA Iambicum senarium. PALPITARE deficere. JS *nach Lutz 74,27/28*
TRANSCURSA scilicet est O LECTOR. EX PARTE non per totum tamen. QUAE scilicet fabula. MOROSIS longis. DUCTIBUS id est ambagibus. PALPITARE deficere, quia non habeo unde amplius narrem. COEGIT impulit. INSTANS imminens. INNITENS apparens, lucens. CREPUSCULUM dubia lux. Anon *nach Lutz 14,13-20*

19/20 *Zu 2mal* satyra *siehe* Ω *zu* 144,4-6 *(.s.* satyra uel fabula*)*.

19/20 *Zu* uuánda *bis* sînt, 21/22 *zu* îh *bis* sînt: Sicut in nouena uolumina .i. in nouem libros decidit .i. finita est. Septem enim sunt de liberalibus disciplinis et duo de nuptiis philologię et mercurii fabulose scripta . ideoque miscillum famen dicitur . partim namque ueritatem artium exponit . partim fabulas fingit. RA *nach Lutz 367,30-368,1 zu MC IX §997 nach Dick/Préaux 533,15 Siehe auch 170,9-13.*

J170 1/2 *Zu* nisi, 3 *zu* .i. aspectu *und* nisi, 4-6 *zu* Únde *bis* fénster: Ac ni pro nisi purpuraret .i. decoraret et uenustaret culmina .s. domus meę aurora. Quare purpuraret illa? Rosetis .i. roseo splendore. Amant enim poetę purpureum et roseum siue croceum pro pulchro ponere.... Conuenustans .i. conlustrans et condecorans .s. illa culmina . primo habitu uel aspectu .i. primo fulgore suo. Et .s. nisi dissecaret fenestras lumine suo surgens illa aurora . dissecaret .i. discinderet per rimas fenestrarum suos radios ingerens. Ω
PURPURARE tinguere. JS *nach Lutz 74,29*
AC NI id est nisi cogeret. AURORA prima illuminatio. CONVENUSTANS condecorans. DISSICARET penetraret. Anon *nach Lutz 14,21,27/28*

7/8 Zu Sô bis gebréittív: Adhuc compararet .i. adinueniret pagina iugata .i. coniuncta . seruans uidelicet tenorem suum largiorem circulum .i. prolixiorem ambitum fabulę. Ducta .i. euagata . quocumque .i. in quacumque parte. Sensus est . nisi iam apparens aurora ortum diei induceret . adhuc fortassis extenderem fabulam. Per quod significat se nocte ad lucernas hanc fabulam scripsisse [siehe 6,14-20]. Ω

IUGATA continua. COMPARARET inveniret. PAGINA ratio. QUOCUMQUE DUCTA id est in aliam partem potuissem extendere sermonem. Anon nach Lutz 14,29-31

10/11 Zu Nû bis spél, 12/13 zu tér bis mithus: Nunc ergo infiunt .i. loquuntur et dicunt terminatas esse mithos .i. finitas fabulas libri . qui .s. libri asserent .i. explanabunt et docebunt sequentes artes liberales. Ω

MITHOS fabula. JS nach Lutz 74,30

MITHOS fabulas.... ARTES SEQUENTES ASSERENT affirmabunt, docebunt finitas esse fabulas. Anon nach Lutz 14,22/23,32

11/12 Zu Tér bis neîst: Fabula neque uera est . neque uerisimilis. MC V §550 nach Dick/Préaux 273,25

Siehe auch RA zu 169,19/20,21/22.

12 Zu satyrę siehe NL zu 169,19/20 2mal satyra.

13 Zu .i. doctrina uera: Per coronam .vii. radiorum perfecta scientia septem artium designatur . quę idcirco liberales dicuntur quia liberaliter fruge ueritatis animam pascunt. Ω zu 49,12-16

Siehe auch Ω zu 95,6 .i. doctrinam (Omnis enim doctrinę perfectio in .illi. artibus continetur) und 170,10/11 (asserent .i. explanabunt et docebunt).

14 Zu Sîe bis uuâre: Nam dimouent .s. illi libri omne fictum .i. omnem fictionem fabularum . uera fruge .i. uero et simplici intellectu. Frugem pro utilitate ponunt scriptores . et re uera magna est utilitas cum aliquid uere et absque figmento exponitur. Ω

FRUGE VERA intellectu perfecto. OMNE FICTUM id est omnes fabulae. DIMOVENT removent. Anon nach Lutz 14,33/34

15/16 Zu Únde bis lírnunga: Et annotabunt .i. describent .s. illi libri sobrias .i. moderatas disciplinas artium. Ω

ANNOTABUNT scribent. SOBRIAS stabiles sine falso. Anon nach Lutz 14,24

16/17 Zu .i. fabulas, 17/18 zu Sîe bis téile: Nec uetabunt ludicra .i. fabulosa pro multa parte. A ludo uero uenit ludicrum. Est autem ludicra res lusui apta . et aliquando pro uili et contemptibili ponitur.... In initiis enim et in fine librorum sequentium quędam fabulosa interserit artium ipsarum habitus et gestamina depingendo. Ω

PRO PARTE id est ex aliqua. In principio namque sequentium librorum et in fine aliquid interponit meretricie fictum. LUDICRA iocosa. Anon *nach Lutz 14,35-37*

16/17 .i. fabulas *aus* fabulosa *umgebildet nach* NL *zu 10-13* (mithos .i. ... fabulas).

19-22 Zu Nṽ *bis* lyra: Habes .i. percipis et intellegis tu o lector quid instet .i. quid consequatur siue faueat potestas cęlitum et si faueant musę et si faueat latoia chelis .i. apollinis lira. Ω

CHELIS LATOIA lyra Apollinis. JS *nach Lutz 74,31*

HABES QUID scilicet narrare de vii disciplinis. INSTET immineat. CAELITUM deorum.... CHELIS LATOIA citharista Diana. Anon *nach Lutz 14,25/26,38*

MARTIANI . MINEI . FELICIS . CAPELLAE . AFRI.CARTAGINIENSIS . LIBER .II. EXPLICIT DE NUPTIIS PHILOLOGIAE. Br

EXPLICIT LIBER SECVNDVS MARTIANI MINNEI FELICIS CAPELLĘ DE NVPTIIS PHILOLOGIAE. β

MARTIANI MENEI FELICIS CAPELLĘ DE NUPTIIS PHILOLOGIĘ LIBER SECUNDUS EXPLICIT. N-T E-T

INHALT DES TEXTBANDES 4 (Martianus Capella)

	S.
Vorwort	V
Einleitung	VII
Entstehung, Aufnahme und Überlieferung einer spätantiken Dichtung	VII
Der Martianus Capella und der Kommentar Remigius' von Auxerre in St.Gallen	VIII
Die Quellen	XII
Der Codex Bruxellensis 9565/9566	XIII
Die Codices latini Monacenses 14271 und 14792	XIII
Der Codex Bernensis B56	XIV
Der lateinisch-althochdeutsche Martianus Capella	XV
Die älteren Ausgaben	XXI
Die Richtlinien dieser Ausgabe	XXI
Zum Anlautgesetz	XXII
Zu den Gegensätzen *e/i, ze/zû(o), ûo/ûe/û, û/íu*	XXIII
Zu den Akzenten	XXIV
Zur Orthographie und Graphetik	XXV
Zu den Abkürzungen und Ligaturen	XXVI
Zur Getrennt- und Zusammenschreibung	XXVII
Zur Interpunktion	XXVIII
Zu den ausgerückten Satzinitialen	XXIX
Verschiedenes	XXIX
Literatur- und Abkürzungsverzeichnis	XXXI-XXXVI
Text mit Lesarten	2-170
Nachträge und Berichtigungen zum Textband 5 („Categoriae") und 6 („De interpretatione")	171

Aufnahmeregister

	gegenüber S.
Codex Bruxellensis 9565/9566 (Br), Text des Martianus Capella mit Rand- und Interlinearglossen aus Remigius von Auxerre, f.13v	4
Codex Bernensis B56 (β), Text des Martianus Capella mit Rand- und Interlinearglossen aus Remigius von Auxerre, f.25v	5
Codex latinus Monacensis 14271 (N-T), Text des Martianus Capella mit Rand- und Interlinearglossen aus Remigius von Auxerre, f.6v	56
Codex Sangallensis 872 (J), Notkers des Deutschen Bearbeitung des Martianus Capella, S.57	57
Codex latinus Monacensis 14792 (E-T), Text des Martianus Capella mit Rand- und Interlinearglossen aus Remigius von Auxerre, f.7r	92
Codex Sangallensis 872 (J), Notkers des Deutschen Bearbeitung des Martianus Capella, S.93	93

NACHTRÄGE UND BERICHTIGUNGEN ZUM TEXTBAND 4 (Martianus Capella)

S.XIV, Z.27	*lies:*	auf ff.41v,7-182r,22 (bis *flamine* = D534,7 *flemine*).
S.7, 1.App.	*lies:*	6 *dero hímel bûôn
S.19, 2.App.	*ersetze*	4 cyrram] *cithęronem *durch* 4 *cirrham
S.28, Z.18	*ersetze kursives* erat *durch normales* erat	
S.30, 2.App.	*ergänze:*	19 ratis *nach* D; satis L Br β N-T E-T
S.37, Z.3	*lies:*	U I R T U T E.
S.39, 1.App.	*lies:*	9 sî = thalia *bzw.* auis; *ér = álbiz *bzw.* cignus
S.47, 1.App.	*ergänze:*	12 ...; *hóhero
S.51, 2.App.	*ergänze:*	4a ...; zu nereus für neptun(u)s siehe Préaux III, S.224-227.
S.53, Z.3a	*lies:*	fóre-geládot.
S.64, 2.App.	*lies:*	9 *lychnis
	ergänze:	19 *lychnos
S.68, 2.App.	*ergänze:*	3 *septembre 16 *octobre 20 *nouembre
S.70, 2.App.	*ergänze:*	6 *decembre
S.73, 1.App.	*lies:*	10/11 dia *zênzegô/stûn = frugem
S.78, 2.App.	*ergänze:*	8 ...; siehe Schulte S.103/104 zu fa(c)ta.
S.97, 2.App.	*ergänze:*	12 *homiliis
S.107, 2.App.	*lies:*	16 uel] *quidue *nach* D L Br β N-T E-T
S.110 ganz oben	*lies:*	Liber secundus
S.112, 2.App.	*lies:*	9 M.] *C.J.
S.143, Z.20/21	*lies:*	brúnnôn.
S.151, 2.App.	*lies:*	20 ... Préaux II; ...
S.164, 1.App.	*ergänze:*	8 *kehéilegôta
S.168, 2.App.	*lies:*	17/18 sposalium; *sponsalium *nach* D L Br β N-T E-T
S.170, Z.7	*lies:*	Sô
2.App.	*ergänze:*	14 ...; also *omnem fucum *bzw.* omne *fictum

www.ingramcontent.com/pod-product-compliance
Lightning Source LLC
Chambersburg PA
CBHW060418300426
44111CB00018B/2895